周勋初文集

门弟子徐兴无敬书

周勋初文集

无为集

周勋初 著

凤凰出版社

图书在版编目（ＣＩＰ）数据

无为集 / 周勋初著. -- 南京 : 凤凰出版社,
2022.12
　（周勋初文集）
　ISBN 978-7-5506-3766-5

　Ⅰ. ①无… Ⅱ. ①周… Ⅲ. ①社会科学－文集 Ⅳ.
①C53

中国版本图书馆CIP数据核字(2022)第193114号

书　　　　名	无为集
著　　　　者	周勋初
责 任 编 辑	孙　州
装 帧 设 计	徐　慧
出 版 发 行	凤凰出版社(原江苏古籍出版社)
	发行部电话 025-83223462
出版社地址	江苏省南京市中央路165号,邮编:210009
照　　　　排	南京凯建文化发展有限公司
印　　　　刷	苏州市越洋印刷有限公司
	江苏省苏州市吴中区南官渡路20号,邮编:215104
开　　　　本	880毫米×1230毫米　1/32
印　　　　张	14.25
字　　　　数	344千字
版　　　　次	2022年12月第1版
印　　　　次	2022年12月第1次印刷
标 准 书 号	ISBN 978-7-5506-3766-5
定　　　　价	98.00元

(本书凡印装错误可向承印厂调换,电话:0512-68180788)

周勋初简介：

周勋初，上海市南汇县人，1929年生，副博士研究生肄业。

现为南京大学人文社会科学荣誉资深教授，历任南京大学研究生院副院长、古典文献研究所所长、中国古代文学重点学科学术带头人，兼任江苏省文史研究馆馆长。

周勋初文集

江苏古籍出版社

无为集

7

《周勋初文集》 江苏古籍出版社 2000 年 9 月出版

序

　　小时读《唐诗三百首》，内有唐玄宗的《经鲁祭孔子而叹之》一诗，首二句曰："夫子何为者，栖栖一代中。"当时难以理解其涵义，今日思之，则似为自己栖栖遑遑一生的写照。

　　这样说，颇有拟于不伦之感。自知下愚，岂敢妄攀上圣？但栖身教育界数十年，教的又是颇有古董色彩的古代文学，因而时常被朋辈戏称为"夫子"。新中国成立之后，运动不断，突击任务不歇，但职业可是固定的，几十年来从无改变，而且自研究生时起没有再离开过南京大学一步，这比起当年自比丧家之犬的孔子来，生活要稳定得多，似难用上"栖栖"二字。然而身处危机四伏的运动之中，竭尽心智应付连绵不断的突击任务，回首前尘，细数这段心路历程，似乎也只有用"栖栖"一词才能形容彼时境况。

　　我自1950年入大学读，直到1984年被国家教育委员会特批为教授，一生的黄金时代，都处在计划经济的历史阶段，因而正像列宁所说的，当了一只小小的螺丝钉，旋在教育这部机器上。这段时间内，真是党叫干啥就干啥，个人没有任何打算。从当时的形势来看，也不可能在上级交下的任务之外再有什么个人的发展计划。否则，这不是闹个人主义，走个人奋斗的资产阶级道路了么？

　　大学阶段，经常敲锣打鼓，上街游行示威。尽管那时肺病复发，住在疗养宿舍，但好多政治活动还得参加。大学毕业，分配到中国文字改革委员会汉字整理部，从事《汉字简化方案》的编制和发布工作。1956年底，重新考回母校，从胡小石师当副博士研究生。只是学了一年多的甲骨、金文,随即改为助教,投入大编教材的活动。当时南京大学中文系的知名教授胡小石、罗根泽等先生先后谢世,底气已很不足,外面却仍是轰轰烈烈,什么小将上马、大批判开路等等,学术界也随着运动的起伏不断改变其脸色。上级号召小将大编教材时,他们笑脸相迎,表示热诚期待;但当运动一停,我等几个年轻教师偕同小将送稿子到上海一家出版社时,却受到好多编辑的冷嘲热讽。尽管带领我们前去的一位负责同志声称这是对待小将的态度问题,表示要反击,但运动的风头已过,人家不理你这一套,只能偃旗息鼓打道回校。

我在政治运动之中,始终处在危险状态,但在有关学术的运动之中,常是承担重要的具体任务。因为政治条件太差,只能埋头做做具体工作。自知只是当前业务上有此需要,裹挟到了运动中去,工作中是主力,身份却不明,不知是资产阶级代表呢,还是革命队伍中的一员?这样也就没有什么主人翁感。大编教材而受到出版社的奚落时,心中倒也没有什么抵触,反而觉得本来就是如此。革命口号震天响,内容空洞无物,而且不时冒出知识性的错误,被人笑话,活该!这也说明我的政治觉悟确实低,对革命行动有二心,又怎能委以重任,担当什么头头脑脑的角色?

我前后教过四年中国文学批评史,因此一会儿被吸收到文艺理论教研组,一会儿被安排在古代文学教研组。中国文学批评史本来与古代文学史关系密切,理论是从创作中总结出来的,理当合在一起;但中国文学批评史讲的是古代中国文学理论,与当代中国文学理论合在一起,才能建设中国式的马克思主义文艺理论。这样看,两边都说得通,都有其道理,这样我也就不时摇摆于二者之间。只是“文革”期间,我被吸收进了注释《马恩列斯文艺论著选读》的编写班子,却是从未想到过的殊荣。心想这与个人的政治条件相距太远,不该参加这项尖端性工作;但以前教批评史,也算是吃理论饭,这时召唤你入闱,又怎能推脱？这时还有人拉我一起去教毛泽东诗词，则岂敢当此大任，赶快敬谢不敏。

这一时期的知识分子，就像棋盘上的一只小卒，让人随手抛掷。"文革"之中又让我去编《辞海》，暑假时集中到上海，住在工作室中，热气蒸腾，但不提供席子，只供应厚被。"文革"结束，我又奉命赴辞书出版社去修改前此的修订稿，将工农兵三结合时绞尽脑汁增加进去的革命用语统统删掉。我们南京大学中文系负责拟写的词条，其部首在全书末尾，前面还有南京师范大学中文系的人在修改，但该社领导为了方便，让我一起去，在上海等上二十天，才接手干。在他们看来，知识分子浪费一点时间又算得上什么？反正好吩咐，只要在一个空房间内放一张铁床，让你晚上能睡觉就行了。我的前半生，就是这么七颠八倒地任人摆布，生命消耗在种种"革命"行动之中。但当时并不感到难过，因为这样干总能日亲书本，比起放逐农场时无书可读要好得多了。

1981年时，南京师范大学段熙仲先生指导的魏晋南北朝阶段的硕士生毕业，请了曹道衡、沈玉成二先生来南京参加答辩，他们在书店里买到了我撰写的《〈韩非子〉札记》一书，甚感惊讶，问我"怎么会写起有关韩非的书来"，我笑答曰："这没有什么奇怪，因为参加了法家著作的注释工作，也就随手写了这本札记。"这已成了我立身处世的原则：君子随遇而安，干啥学啥写啥，为公为私、为人为己一个样。几十年来到处突击，本已没有什么专业可言，随笔抒写，倒也有些不拘一格的味道了。

我这样说，并不是抱怨过去。历史发展到某一阶段，总会发生这一时期的特有问题。人处其中，随波逐流，只有那些得天独厚的人和善于利用形势者，才能大显身手，像我这样方方面面条件都差的小知识分子，只能顺顺形势，利用空隙，做些他人不屑做的工作。"文革"之中，百无聊赖，写了几部稿子，这样做，也只是书生积习难除，随手涂抹罢了。当时也没想到日后会有正式出版的一天。时来运转，今日能有机会将往日各种各样的文章陆续编集成册，实非始料之所及。

我把记录个人生活片段的一些文章汇编成册，取名"无为集"，觉得这一名词或许还能体现我的个人特点。按"无为"一词，本为道家的专用术语，按照词典上的解释，本有顺应自然而不着力之意。我这颠来倒去的一生，教过的课多，写的东西五花八门，实是不由自主。用新的词语来说，"无为"者，无自主权，无个人计划，无奋斗目标之谓也。这是我的人生特点，也是我的治学特点。

但老庄哲学中又有"无为而无不为"之说。看似"无为"，实则什么都干，这也可为我的人生写照。除了形诸文字的活动外，一生还经历过许多与教育与科研无关的事，诸如"四清"等等。拿社会活动来说，高考出题，前后就参加了三次，照例隔离半年。这些恐怕也是高等学校中的古代文学教师所没有经历过的吧。一生精力分散，也是无可奈何之事。所幸者，改革开放之后，个人稍有自主权，但前此的格局已经定型，势难再有什么改弦更张的开拓了。

20世纪80年代，《文史知识》编辑部约我写作过一篇治学之道，当时即以"顺其自然地登攀"为题。若用传统文化中的哲理来说，或许也可以说是道家的处世态度和儒家的进取精神相结合吧。"无为而无不为"，是否可作如此理解？怕会遭到哲学家的嗤鄙，但我却就是这么认为的。我很庆幸，像我这样一个容易招惹是非的人，居然能在诸多风浪中自全，而且在学术上还能留下一些踪迹，这可不能不归功于"无为"，而栖栖一生，"无不为"云云，也就可以不必多所嗟叹，应是无所遗憾地去回顾前尘了。

目　录

写作一得

《楚辞》研究的传承与发展

《九歌新考》一书，在我已出版的十多部著作中情况很特殊。这是我的第一部专著，凝聚着学生时代的心血，是在即将改行之前即兴写下来的一些心得。除此书外，我在《楚辞》方面没有再写过一个字。

回首往事，常是想起胡小石师讲授古代文学史时的情景。

1953年暑假前，我是南京大学中文系的三年级学生。新中国成立之初，百废待兴，政府需要大量补充新干部，于是决定将三年级学生提前毕业，分配工作。按理我也应和大家一样离校，但我当时肺病初愈，顾虑很多。因为我在高中三年级即十七岁时突然大口吐血，始知患了严重的肺病，卧床三年，濒死者再，靠着当时新输入的链霉素才挽救了生命。入大学后一直住疗养宿舍，到这时才有条件参加正常的学习生活。而且新中国成立之初政治运动不断，我因有病而少学了很多课程，这时也有补读一些课程的要求。于是我便去和系主任方光焘先生商量，希望继续留校学习。方先生向来爱护学生，立即答应了我的请求。他思考了一下说："你也不必再学其他什么课程了。下一学年胡小石先生要开文学史。他已将近七十高龄，以后不可能再开课了。机会难得，你可要集中精力学好这门课，不必再分散精力。"光焘师的这一安排，对我一生的发展都有重大影响。

小石师晚年对神话传说感兴趣，因此花在上古神话与《诗经》《楚辞》上的时间很多。光讲《楚辞》，就用了近两个月的时间。我则围绕着讲课找书来读，前后大约花了半年的时间。可以说，这是我大学生阶段读书最见成效的一门课程。

1954年毕业，分配到中国文字改革委员会搞简化汉字工作，前后历时两年半,也就把《楚辞》方面的学习丢下了。1956年小石师开始招副博士研究生,希望我回去,于是我于年底考回母校,再次接受小石师的指导。

研究生两年,一直跟小石师学甲骨、金文。当时政治运动迭起,也已难于安心学习了。中苏纷争骤起,"副博士"云云成了讥讽对象。文艺领域中亟须摆脱以往苏联模式,于是中国文学批评史又走红起来。各校竞开此课,而我系罗根泽先生却因身患重病而不能再上课,于是俞铭璜主任决定让我中断学习,改教批评史。就在这改变方向的前夕,我抓紧时间,写下了这部《九歌新考》。

当时很难看到境外新书,但有一次我去古籍书店,却买到了一本寓居香港的饶宗颐先生的《楚辞书录》。此书后附著作目录索引。那时我刚结婚,妻子祁杰还未南下,每学期都要去探亲,其时中央正在号召"大跃进",假期都不放假,妻子无法陪我,我就常到北京图书馆去看书,按照《书录》上的提示找旧杂志看。新中国成立前后学风丕变,学界不断批判资产阶级学术观点,我却还去垂顾那些被人贬视的"明日黄花",在当时来说,有违时尚。这也符合我这样一个落后分子的脾性。像孙作云的《九歌司命神考》等文,发表在《清华月刊》一卷一期,外地很难看到。我之所以要去寻找,也有一份好奇心在驱使。但由此我却了解到不少过去有关《楚辞》研究的情况。

同窗谭优学君非本校毕业生。他仰慕小石师的声名,希望讲一下《楚辞》,于是小石师于1959年10月起开始讲授。我在重听此课的过程中不断受到启发,前时积累下的一些问题,这时一一贯穿起来,形成了许多新的论点,也就一气呵成写了下来。我很明白,这次改教批评史,日后很难再回过头来研究《楚辞》。小石师本想让我作神话方面的毕业论文,为此我已读过《山海经》等书,这时已无可能继续深入下去,只能在构思较为成熟的《楚辞》方面留下一些文字了。

理论突破

《九歌新考》一书的前期准备工作尚称规范。先搜集材料，对前人的成果进行总结，确定哪些方面可以吸收，哪些方面应当扬弃，然后提出自己的新说。从事研究工作而缺少这一步，各家一味自我申述，那学术界就会出现一片混乱，有些讲不通该淘汰的学说依然如故，有些新鲜观点夹杂于中不能脱颖而出，学术研究势难出现波浪式前进的正常态势。

在当时来说，我对《楚辞》方面的文献掌握得比较全面。

小石师认为，阅读《楚辞》，三部著作最重要：一是王逸的《楚辞章句》，二是朱熹的《楚辞集注》，三是戴震的《屈原赋注》。这恰好代表了汉学、宋学和清代朴学的成就。就《九歌》而言，王逸的阐释殊不足信，《楚辞章句》中云"上陈事神之敬，下见己之冤结，托之以风谏"，这与《九歌》本义暌违颇远。但王逸此书毕竟是屈赋的第一部注本，保存着不少古义，因而仍应重视。朱熹的《楚辞集注》与王逸注本情况类同，但在分清章节与校雠文字异同方面下了功夫，因此在文本的解读方面已进了一步。《九歌》中对答之词最为纷扰，要到戴震《屈原赋注》出来后才分别清楚，每一句都有着落。这些文字解读工作，是研究的前提，必须重视前人的成果。

千百年来，有关《楚辞》的著作汗牛充栋，势难读遍。我在精读三书的基础上，又对蒋骥《山带阁注楚辞》等书加以泛读，并对清儒的一些研究成果，如《日知录》等书中有关《九歌》诸神的考订，广为搜讨。

民国之前，各种新兴的社会科学如宗教学、民俗学、神话学等还未输入，因此在《楚辞》研究的理论领域内还未出现新的解说。"五四"前后，各种新学竞相传入，从而产生了不少研究《楚辞》的新著作。我对每一阶段有代表性的成果也加以研究,并作了小结。这就是《九歌研究》中的《〈九歌〉异说综述》一章。

我把截至20世纪50年代的《九歌》学说,按照历史发展,和诸说出现的先后,分为四类,即"忠君爱国说""民间祭歌说""楚郊祀歌说""汉人写作说",并对四类学说之间的交错关系和相互影响也作了阐述。如以近年来的情况而言,则似还可再增加一项"民俗比附说",即以《九歌》中的描写与西南少数民族中的民情风俗相比附,或与海外某一民族的民情风俗作比附,阐发《九歌》中的微义。这一后起的学说实际上更具方法论上的意义。因为各个民族之间的发展千差万别,有很多不同情况存在,比照的双方又有时间与空间上的隔离,很难找到沟通的直接证据。因此,有的研究者提出的某些例证只能作为参照的材料运用,启发人的思维,却很难作为铁证而据此作出结论。或许《异说综述》中提出的四种学说仍有其普遍意义,后起的各种学说都是从中衍化出来的,即以"民俗比附说"而言,与"民间祭歌说"似也有因缘。

上面说的是我对此前《九歌》研究所作的总结,下面谈谈我所提出的新说。有关这一点,仍应首先介绍小石师对我的指导和启发。

小石师是《楚辞》名家,40年代任教云南大学时,讲授《楚辞》,享誉一时。当时闻一多、游国恩在西南联合大学任教,也讲《楚辞》,呈鼎足之势。只是小石师未将研究成果撰为专著,因而其影响远逊闻、游二人。我对闻、游二人的著作颇为欣赏,闻先生天才横逸,在在给人以启发,但他得出的结论,却难信从;游先生的《楚辞概论》是当时最好的一本入门书,但我对他在《九歌》方面的研究,也难信从。

我在听小石师讲课之时,常将当代诸家的学说与之作比较,最后结论是,小石师的说法最为可信。因此,《九歌新考》中的很多论点,即阐发师说而成。

比起闻、游等人来，小石师的年辈略高一些。他于清末进两江师范学堂，学的是农博，当时学堂监督李瑞清（梅庵）先生倡导新学，请了许多日本学者来教授，因此小石师很早就通日语。他又喜博览，新旧学术无不贯通。《楚辞》之学，如想要有大的突破，应具很高的识见，小石师即在见解高明这一层上胜人一筹。例如他在民国十年（1921）任教北京女子高等师范时，即以人神恋爱的新说解释《九歌》中的许多爱情描写，其后有学生撰写成文，把《楚辞》研究推进到了一个新的阶段。

小石师讲《九歌》时，提出神有地方性的问题，对我启发极大。小石师举例说，北方祀泰山女神碧霞元君，江淮之间不祭；海边祀海神天妃，北方的人不祭。依此类推，楚人就不能祭祀河伯，因此《九歌》不可能是楚国的祭神之歌。我曾据此检核各种材料，确信此说可以成立，于是依据此说而作了很多发挥。

王逸、朱熹首倡忠君爱国之说，以为屈原之作《九歌》，乃因"楚国南郢之邑，沅湘之间，其俗信鬼而好祠。其祠必作歌乐鼓舞以乐诸神。屈原放逐，窜伏其间，怀忧苦毒，愁思沸郁。出见俗人祭祀之礼，歌舞之乐，其词鄙陋，因作《九歌》之曲。上陈事神之敬，下见己之冤结，托之以讽谏"。但河伯明为北方黄河之神，他又怎能落脚南方而受楚人祭祀呢？胡适、陆侃如等人排除了此说中的牵强附会之处，改从文学进化观入手，将《九歌》定为屈原之前楚国原有的民间祭歌，但仍无法摆脱上一说的困厄：河伯何以会到"南郢之邑，沅湘之间"去接受祭祀？

闻一多、孙作云等人认识到了祭典有礼制上的规定，平民不能祭祀《九歌》中的大神，从而否定《九歌》为民间祭歌之说。他们把《九歌》升到宫廷中去，以为《九歌》中的一些神，只有楚王才能祭祀，于是又提出了《九歌》为"楚郊祀歌"的新说。闻一多还通过想象，把《九歌》视为楚王祭东皇太一时所用的乐曲。其中湘君、湘夫人为一对,大司命与小司命为一对,河伯与山鬼为一对……联翩出场,演出一幕幕歌舞剧。但我仍可紧紧追问:河伯怎能进入楚王宫廷中去作为伴祭对象?

我遵循师说,对此作了进一步的考虑。我国古代将神区分为天神、地祇、人鬼三类。我认识到,天神、人鬼的祭祀大都没有区域性的限制,如风、云、雷、雨之神,关公、岳飞等鬼,各地都可祭祀。地祇的本义就是地方的保护神,祭祀的地区自然有局限,外地的人与他没有什么关系,也就毋庸施其恭敬。因此,地祇的活动范围常有明显的地区性。

河伯问题实为一根硬骨头,卡在诸多研究工作者的喉头,使他们申述时动多障碍。于是有人举出楚庄王于鲁宣公十二年北上参加邲之战时曾祭祀过河伯;有人以为楚的疆域曾扩展到黄河边上,故可祭祀河伯……各家纷纷作出类似的解释,无非是想解决祭祀河伯这一难题。在我看来,各家之说无一能够成立。为此我写了《楚祀河伯辨》一章,逐一加以驳正。我先写了"诸侯祀其土之山川"一节,征引《国语》、《公羊传》、《礼记·祭法》和《王制》中文,说明典礼中有明确的规定,并举先秦两汉时人对待社神的态度作旁证。下面三节"楚人信守'祭不越望'的原则""楚国疆域从未扩展到黄河边上""战国时人对楚国疆域的描述",征引大量材料,说明楚国疆域从未到过河边,楚王从未把祭河列入正式祀典。再下面一节"河伯传说的区域性",则将夏代至东周时期有关河伯的大量材料按国别排列,说明曾经出现过河伯传说的国家,都在黄河流域之内;相反,一些远离黄河的国家,则都没有出现过什么关于黄河的传说。最后一节"有关河伯的一些材料的订正",则对陆机《要览》、《好大王碑》和《魏书·高句丽传》中的河伯故事作出解释,以为均与先秦时期北方的河神无关。

我还注意到了另一种情况,即某位神祇定要由该地区的神巫来祭祀。"巫"字之前常标地名,《史记·封禅书》上说:"其河巫祠河于临晋,而南山巫祠南山、秦中。"其他的巫,如梁巫、晋巫、秦巫、荆巫等,所祠者当然也是该地区的神了。

《九歌》中的这些神,到底属于哪些地区的呢?我把《史记·封禅书》作为重要资料而进行论证。历史是有继承性的,汉承秦制,秦又采择六国礼仪,因此我们可以按照历史发展的顺序,研究祀典的继承和演变,从而探讨《史记·封禅书》中所反映的各地宗教情况。在《秦汉宗教一般》一章中,我在"《史记·封禅书》的分析""祭祀典礼中的地方色彩""从汉代宫廷中巫祝的身份推断东君、云中君是晋地之神"三节中作了论证,最后又在"《东君》《云中君》《河伯》中的北方景象"一节中作了补充说明。

《史记·封禅书》是研究先秦两汉宗教问题的重要文献。有关各地的神祇,周天子与地方诸侯以及秦、汉朝廷中奉行的祀典,其中都有详细的记叙。神话、传说问题与宗教问题密切相关。因此我以《史记·封禅书》为重要依据而阐述先秦两汉的神祇情况,也可说是一项文献上的开拓,前人似未注意及此。饶宗颐先生在为中华书局成立八十周年而写作的纪念文章《历史家对萨满主义应重新反思与检讨》中就介绍了《九歌新考》中的《秦汉宗教一般》一章。

小石师在讲课时,还根据《史记·封禅书》中"亳人谬忌奏祠太一方"一语,考知这里指的是北亳,战国时为齐济西地,因而说明谬忌的身份实为燕齐方士,从而推断东皇太一是齐国的神。我又从中得到启发,对此作了进一步的论证。我把东皇太一一名分开来讲,以为犹如"土地菩萨""玉皇大帝""耶稣基督""佛陀毗湿纽"等名词一样,实为两个名词的复合。太一原为道家表示宇宙本根的专用名词,战国之时方士利用它而成了上帝的代名。为此我从天上有太一星,地上有太一神,齐地自命居天下之中故可奉祀太一等方面作了广泛的论证。

其后我从有关上帝地位的变化中加以考察。自西周中后期起,王室权威下移,影响到大神地位的下降;中央政权削弱,君临全国的上帝也为之减色,分处各地的诸侯国中却产生出许多富有地方色彩的"上帝"来。时至战国后期,齐、秦并称东帝、西帝,反映到神界,也就出现了东皇、西皇的称号。

东皇、西皇之称,均见之于屈原笔下。《离骚》中有"诏西皇使涉予"之句,《史记·淮南衡山列传》中也称秦王之使为"西皇之使",则是我把"东皇太一"一名解作东方的上帝太一,或齐国的上帝太一,应当说是文献足征的了。

就全书而言,我对《东皇太一考》《楚祀河伯辨》和《秦汉宗教一般》三章的写作最为满意,行文最为酣畅,理论成分也最浓厚。

感谢小石师在理论上的启迪,引导我在《楚辞》研究中披荆斩棘,走出了一条新路。

当时我的年龄才三十上下,而我与之商榷的许多学者,大都是老师宿儒,我在河伯的地祇性质上与之辩诘,颇有初生犊儿不畏虎之感。当然,我的这一说法是否可信,还应接受检验和批判。但我体会到了研究工作首先要在理论上进行突破的重要性。现在年轻学者作论文时,常是感叹笔头钝,进展慢,我就时而以早年写作《九歌新考》为例而予以劝说:只要你对某一问题考虑成熟,找到了症结所在,那么行文之时必然势如破竹,几万字的文章不日即可完成。

文献处理

小石师出于李瑞清(梅庵)先生门下,受沈曾植(子培)先生的影响很深,继承清代朴学传统,对文献的处理要求非常严格。

小石师以时代先后为准,把有关神话传说的材料分为五等。

一等材料为《诗经》《尚书》。《诗经》中的《生民》《玄鸟》等诗,保存着先民的感生说。《尚书》中可发掘部分材料,但此书已历史化,故对之不能存很大希望。

二等材料为《楚辞》中的《离骚》《九歌》《天问》等文。《山海经》《穆天子传》很重要,先秦诸子中《庄子》《吕氏春秋》等书中也有材料可发掘。

三等材料,如今文中的纬书,《易乾凿度》《诗含神雾》《春秋潜潭巴》《孝经钩命诀》等,已多残佚,带有浓厚的方士色彩。《淮南子》和《史记》中的材料具中等价值。

四等材料,如《列子》、皇甫谧《帝王世纪》、干宝《搜神记》等。

五等材料,如王嘉《拾遗记》、沈约《宋书·符瑞志》、《神异经》、《汉武故事》、《汉武帝内传》等。

研究神话传说时,首应援用一、二等材料。在一般情况下,不宜援用四、五等的材料去论证先秦时期的神话传说。

但在目下的一些研究著作中,常是可以看到材料混用的情况。例如有的专家论证河伯这一神祇的特点时,就列举出河伯的妻、女、子、侄、外甥等等,构成了一个庞大的家族体系。他们引用的材料,则前后杂糅,有的还出自后代的地方志和笔记小说,这类说法出现很晚,不能用以说明先秦时期黄河之神的特点。

有关神话传说的研究,当然可以采用多种方法。由于我国古代神话传说遗存的材料比较零散,对于某些神祇缺乏系统的记叙,因此有的研究者就常是采用杂缀的办法,将各种材料混合编排,构拟成一个个有头有尾的故事。这项工作当然也是有价值的。但应该说明,这是在编故事,而不是在做研究,二者性质有别,不能混为一谈。做研究工作,目的在于辨明真相,说明神话传说的原始意义,将先秦时期的神话传说归之于先秦时人观念中的产物，这就不能将后人编造的东西羼杂进去。我在写作《九歌新考》时严格遵守这项学术上的通则，即以征引文献而言，也按照清儒的做法办事，凡见之于《左传》的材料，就决不用《史记》来代替。

先秦典籍散佚特甚，神话传说的资料嫌零碎，很不完整，研究工作中有时不得不依个别材料加以推论，但应少用此法为宜。目下《楚辞》研究工作中仅凭孤证而作推论者过多，有些问题不易得出共识，这也可能是原因之一。因此，学者进行论证之时，还应努力多方搜求材料，考核排比，运用归纳法以得出结论。我在"河伯传说的区域性"一节中按国别排比有关河伯的材料，就是向此方向所作的努力。

有的研究者坚持说，湘水地区的水神也可称河伯，河伯不一定是黄河之神。这我可不能接受。因为在先秦时期，河是黄河的专称，群经诸子中找不到一条湘水可称"河"的例证。后世当然有称有水的地方为大江大河或小江小河者，但在先秦时期则否。如果我们不注意训诂的正确运用，那么也就很难得出正确的结论。

值得深思的是：为什么闻一多、姜亮夫等深通训诂的前辈学者都不在"河"字上大作文章，是否他们对屈原的作品理解不深？知识结构上有什么缺陷？思想上还不够解放？因而不敢贸然称河伯为湘江中的水神。当然，学术研究是不断向前发展的，《楚辞》研究也不能停步不前，但在文献处理上必须有一定的规范，在训诂运用上必须遵循科学的通则，这样才能求得可信的结论。在当前的《楚辞》研究工作中，这些问题必须达成一种共识。

出版前后

此稿于1960年完成，随即送交中华书局上海编辑所要求出版。

但我当时毕竟年轻,思想上很幼稚,看不清复杂的政治形势。当时上峰正在号召"千万不要忘记阶级斗争",这类不合时宜的稿子,自然不能让它出笼。到了1964年9月,稿子退了回来,编辑所附上"(64)华沪二字"第1489号一信,云是"尊著《九歌新考》对于《九歌》及有关问题所作的考证都较翔实,亦有创见。但由于其中多数的考证,如《秦汉宗教一般》《东皇太一考》《楚祭河伯辨》《楚神杂论》等,对于今天的读者如何正确理解《九歌》似乎并无多大影响;同时由于这些考证都属于古代宗教制度或宗教传说方面的问题,在目前出版似亦不大适宜。我们研究的结果,暂时不拟接受"。

"文革"结束,学术活动趋于正常,我则忙于整理其他几部稿子出版,直到1981年时才能转向此书。这时重读旧稿,发现颇有芜杂之病。年轻时写作,舍不得割爱,有些节外生枝的文字,大量夹杂其中。过了二三十年,毕竟老到了些,也就大加改削,整理出了眼下这一本子。当时就阅览所及,也增加了一些新材料,因此有的引文出于20世纪80年代,但全书的基本格局未变。

到了1986年时,此书始由上海古籍出版社出版。历经磨难,终见天日,不可不谓之大幸。上海古籍出版社的陈邦炎、高章采、邓韶玉等先生大力帮助,请上海著名装帧家张苏予先生规仿元张渥《湘君图》绘制封面,加上小石师生前的题签,更使此书具有纪念意义。邓韶玉先生将此书安排在上海印刷四厂排印,该厂刻字工人水平奇高,把我援用的籀文"雷"字、"畾"字、"鸑"、"蘽"等字,刻成五号字、六号字时还笔画清楚,字形规范,这也使我深感欣喜。

我因研究方向不断变化,教学与社会活动不断增加,无法再对《楚辞》问题加以关注,因而也不太了解《楚辞》学界对此书的总体评价,仅因读书所及,看到一些书上介绍过我这一著作中的若干论点。近承多位朋友见告,且蒙周建忠先生惠寄材料,得知此书社会反响尚佳。有人介绍各家之说,将我列为"南方文学"说的代表人物。因为我在《屈原创作说申述》一章中说:"《九歌》各篇之中,神的性质不同,但因都有神话传说为背景,故而都有奇幻诡异的特点;神的来源国别不同,但因出之楚人手笔,所以又增加了南方文学特有的地方色彩。这些作品都是屈原的创作,和其他作品合观,风格已趋一致。"或许因为论证比较充分,所以得到他人认可的吧。学生时代的习作,有此成绩,似亦差可告慰平生的了。

评法批儒运动的参与和两种《韩非子》
著作的产生（上）

大约是在 1974 年暑假过后不久，我和洪诚、许惟贤三人到上海参加集体修订《辞海》的工作。一个星期天，本地人都回家去了，许惟贤同志也已在前几天回南京，我和洪先生无处可走，就去参观第一届党代表大会遗址。看到里面还有一些书在卖，内有陈奇猷的《韩非子集释》新版。"文化大革命"中，有关古代文化的书籍都已作为"封、资、修"的大毒草而遭到铲除，这时江青等人兴风作浪，搞什么评法批儒，《韩非子集释》一书这才得到了再版的机会。

按照江青等人提出的观点，中国历史是由法家推动而向前发展的。对于这类梦呓，我想凡是神经不出毛病的人，都是不屑一顾的。但当时无书可读，多少年不买书了，积习难除，也就想买一套拿回去翻翻。只是翻开一看，发现这书印得很马虎，删去了原有的附录和增补，这就使我很不满意。况且那时公共汽车拥挤不堪，提着两厚册书，也不方便，决定还是回到住所就近购买。此事也就作罢了。

回到住处瑞金二路 272 号原农业出版社的小楼里（现为上海古籍出版社社址），许惟贤已回来了，并带来了最新消息，说是副校长徐福基同志最近去北京，领回了评法批儒的任务，中央文革小组让南京大学负责法家著作《韩非子》的注释工作。他们倒也引进了竞争机制，每一种法家著作都由两家承担，据说另一种《韩非子》注本由上海总工会负责。听到这消息后，立即想到陈奇猷的《韩非子集释》可不必买了，校方不久就会发一套给我。

我之所以有此预感，是以几十年的经验为基础的。我很明白，一搞运动，凡属政治斗争性质的，我每充当批判对象或反面教员；但如略带学术气息的，则每充当主力，吸收进革命阵营中去。果然，不到一个星期，南京就传来通知，叫我赶快结束手边工作，回校报到。

我对策划评法批儒的那些政客的险恶用心和荒诞行为深恶痛绝，但身处恐怖政治的高压下，只能随顺世故，参与其中。不过我对工作的对象还是满意的。韩非是标准的法家，这是没有疑义的，对其学理进行阐发，只要尺度把得准，也就不失为一部正规的学术著作，或可取得成绩。不像王安石、龚自珍等人，定要给他们奉上一顶法家的桂冠，闹得牛头不对马嘴，结果定是白费气力。

"文革"后期形势极为复杂。按当时情况来说，一般人认为，上海是受"四人帮"控制的，江苏省委彭冲等人则是听邓小平的，两边关系很紧张。这时上海、江苏各搞一套法家著作《韩非子》，上海由总工会的理论班子负责，必然忠实贯彻"四人帮"的政治意图，为他们篡党夺权的阴谋服务；我们编《韩非子》的注释本，自不能跟着走，应该老老实实地干，把这编成一本富有学术气息的读本，尽量忠于原著，少用那些乱七八糟的政治用语。这番设想，很快在编写组中达成共识，这就为日后的成书获得了保证。

江苏编写组的外部环境还是比较好的。全书的编写工作均由南京大学的教师负责，省里不派什么人来，也不传达什么旨意。其时风行大兵团作战，江苏人民出版社参加进来的编辑人员，主要是由省级机关中下放的几位操笔杆子的干部，责任编辑则为省社会科学院中的一位原研究人员，和我们参与此事的教师属于同一类型的知识分子，彼此共同语言很多，容易相处。三结合中的另一股力量，南京化学工业公司理论组派来的几位工人师傅，都是新从大学毕业的学生和高中毕业生，平时很爱学习，对我们这些"臭老九"都很客气。厕身这一写作班子，在当时来看，也可算是知识分子难能遇到的一个安乐窝了。

这时全国已经恢复党的组织活动，南京大学党委随即组成了一个庞大的领导班子，总管全局。参加的人员，则实行工人、学生、教师三结合。这时的学生号称工农兵学员，因此从阶级成分来看，那是绝对可靠的。全部成员八十多人，分成七个小组，每一小组十人左右，内有教师两位。我则负责全书的总体设计和统稿工作。但我出身不好，无党无派，不久之前还被革命小将和革命教师确认为地主阶级的孝子贤孙，这时自不能担当什么领导职务，于是他们给我安了一个头衔，叫做"顾问"。另一顾问为周钟灵先生，他写过一本《韩非子的逻辑》（人民出版社1958年版），于此研究有素，自可发挥作用。但他只负责全书的标点和分段，这方面的工作做得十分出色。

我把《韩非子》全书五十五篇文章也分为七组，并且将各类文章打散，让每一个小组负责八篇左右。这种分配方式，一下去后就有教师表示异议。他们认为应该按类分配，例如哲学系的几组，就可负责《解老》《喻老》《扬权》《主道》等哲学论文，这样既可学好哲学，又可提高质量，加快进度。事后思之，这一意见有其道理。工农兵学员和教师本从文、史、哲三系中来，各人的专长和关注的对象不同，应该注意每一位参与者的特点。但我这样安排，正反映了我的治学特点。我一直认为目下文科分工过细，读中文的不懂历史、哲学，反之亦然，这样必然会限制学生的发展。我国古代向有文史不分之说，先秦诸子更难说是某一专业的人物，学生自可趁此进行一些综合研究的锻炼。我总认为，后人若想在文科领域中取得较高的成就，应该进行综合研究。

为编法家著作，省里拨下巨款，领导小组决定将全部人员集中到朝天宫党校招待所。用现在的眼光来看，这时的生活水平自然是极为低下的，但对历经磨难习惯于席地而睡的教师来说，也可算是难得的居住条件了。

参加注释的学生每参与一次突击总要停上两个月的课。有的学生不耐寂寞，常是溜回学校去，此地又近闹市，有的学生就常去逛街。大家集中精力攻读革命的法家著作，本来指望提高觉悟，但据说有的学生却是中了法家的毒，在卧室的墙上贴了些韩非的语录，总是有关人情好利恶害和使用各种权术的精到分析吧。于是领导小组感到光是学习法家著作不行，还得正面进行毛泽东思想的教育，从而加强了党团组织的活动。

"文革"中，不论做什么事情，都要求直接向工农兵取经。《韩非子》的注释稿反复几次后，就得直接向工农兵征求意见了。领导小组与江苏省总工会挂钩后，事情很顺利，约定某日去他们那里开座谈会。那天从几个工厂里来了几位工人，大约都是一些对古代文史较感兴趣的理论骨干，提了哪些意见，现在已一无记忆。因为局面很平和，因而没有什么突出的印象。大约稿子是由工农兵学员提出的，来路有保证，因而不必剑拔弩张吧。

请解放军提意见时，却遇到了一些麻烦。挂钩单位是编号×××的一支警卫部队。他们派出了几位战士，接到稿子后说是看不懂，提不出什么意见。原来那个时期的战士一般只有小学文化水平，自然对文字艰深的先秦典籍无法理解，不像工人理论班子中的人，大都具有高中或初中的学历，故能勉强应付。怎么办？工农兵的意见总得听取，于是领导小组派出了几个善于表达的学生，先给战士上课，然后再去虚心听取宝贵意见。

听取农民的意见最为困难。上级指定我们到郊区著名的十月公社去取经。时值夏季大忙，农民劳累一天后，还要文绉绉地来谈什么法家著作，无疑是一项不受欢迎的额外负担。但对上级交下的政治任务，却也不能推卸。于是定下一个晚上，由工农兵学员赶去受教。学生事后讲，那天晚上简直有些惨相。大屋子里，一灯如豆，队长叫来的一些农民实在累得支撑不住，有的就靠在墙上睡着了，只有几个会说话的农民高谈阔论了一番，也就草草收场，交差大吉。

战斗继续进行，兵团却越来越小，集中突击，大约两个月后休整一次，调整班子，重新组团。开始时参加者有八十多人，随后缩小为四十多人，再后又缩小为二十多人。这样轰轰烈烈地干了将近年把，注释稿反复了三四次。到了1975年夏初，全书注释完成草稿，这时大家就想利用思想战线上的这项头等大事出外征求意见，公私兼顾，旅游一番了。

出版局批准了我们的计划，兵分两路，北路由王友三同志负责，到北京、天津、沈阳、大连等处的高校中去征求意见；南路由刘仲明同志负责，经武汉至广州，再由杭州至上海，然后回家。我参加南路的一支。登上轮船直奔武汉时，面对浩渺的江水，多年郁积，不觉为之一舒。

我们到武汉大学征求意见时，听到了哪些宝贵意见，现在一点记不起来了，只记得和我们座谈的一位教师诉苦，说是他们从农场回来时，系里书籍已损失殆尽，至今系里只有半部《辞海》云云。

我们住在一家招待所里，三个人一间，很干净，伙食也不错，感到十分满意。抓紧时间玩了东湖，饱览山光水色，和南京的玄武湖相比，各有巧妙不同。

刘仲明等几位组织观念很强，遵照上级批准的路线，直接去了广州。我和周一展同志则以瞻仰革命圣地为名，绕道去了长沙和韶山。周一展已患高血压多年，平时工作不出力，因此出版局本不批准他去，他来和我商量，说是以后不可能再有出门的机会了，希望我为他争取一下。毕竟我在这一工作中任主力，经我力争，上面还是同意他去了。他在高校工作一生，很不得意，这次畅游鄂湘粤浙，可以说是最为惬意的一次长征了。

到了广州,和刘仲明等会合。一路劳累,身上很脏,但招待所里只有冷水供洗澡,又怕感冒。刚巧徐福基副校长到这里开编纂《汉语大辞典》的动员会议,住在东方宾馆,于是大家以拜访领导的名义,前去轮流揩油洗澡。

我们到中山大学访问时,校内正在贴大字报,声讨容庚教授。原来评法批儒起来后,中山大学领导让众教授一一表态,容庚表示决不批孔,上面如果逼他,他就步老师王国维的后尘,跳到珠江中去自杀。在政治如此黑暗的年代里,此老还能有此表现,真是铮铮铁骨,可作知识分子的楷模,听后肃然起敬。

到杭州大学向王焕镳教授征求意见,却又感到可怪。他在"文革"之前出版了《韩非子选》一书,这时又重印了。应该说,此书学术水平颇高,新见很多,但喜改字,有的地方整句、整段地移动,颇与传统的校雠之学相左。当我就此向他提问时,此老认为理该如此。古书原来是文从字顺的,如今文字不通顺,说明传流过程中发生了差错,我们今天就应该把它改顺,这样也就恢复了原貌。这番议论,听后将信将疑,最后只能以"道不同不相为谋"来对待。

到了上海后,就和上海钢铁三厂理论班子中的一位工人联系,我在修订《辞海》时认识他,也就请他带进车间去看炼钢的整个过程。转炉出钢时,钢花四溅,甚为壮观。出钢前,工人先舀出一勺,有人戴着墨镜观看,大约是看成色吧,然后让人抛了几块铁饼进去。我问向导,这样做什么意思。他说观测后感到成分不行,所以抛入铁饼去改变成分。以前我听理科的教师讲过,国外早就采用光谱等技术分析钢铁成分了,中国工人粗枝大叶地干,能炼出好钢来么?但我自知外行,也不敢多加追问。

回校之后,重新组织人马,继续战斗。学生不再参加了,编写人员由教师、工人、编辑三方面组成,集中到江苏人民出版社的一个招待所，位于后宰门原共青团团部的一幢楼里，关门注书。参加人员除《韩非子校注·后记》中提到的十一人外，还有出版社的牛钊、汤敬昭、李仕安三位同志。

这时的写作班子已与前时大有不同。洪诚先生为中文系的教授，小学名家，全书的训诂由他把关；刘毓璜先生为历史系的教授，专攻中国思想史，史学方面的问题由他把关。其他人员，不是任教多年的教师，就是具有大学学历的干部和工人，讨论起来，也就深入得多。我们采取集体讨论的方式，一篇一篇地读，各抒己见，作风是很民主的。这时回过头来读梁启雄的《韩子浅解》（中华书局 1960 年版）等书，也就不断发现错误，里面的串讲部分每与原文意思不合。

到了 1976 年的下半年时，全书已接近尾声，是否抓紧时间出书，大家可犯难了。讨论过程中，大家深感韩非此书贴近现实太近，有些话就像是对今人说的，弄得不好，就会被人视作借古讽今，惹出大祸。例如《主道》篇中说："有功则君有其贤，有过则臣任其罪。"（作出了贡献，君主享贤能之名；犯下了错误，则由臣下担当罪名。）《二柄》中说："君见恶，则群臣匿端；君见好，则群臣诬能。"（君主表现出厌恶什么，群臣就会把这方面的事情掩盖起来；君主表现出爱好什么，群臣就会吹嘘有这方面的才能。）现实生活中不是常见这类情景么？《五蠹》篇中提出，要"誉辅其赏，毁随其罚"，犹如林彪荣任接班人后，大家就得尽情歌功颂德一番；刘少奇被废黜后，则还要加上叛徒、内奸、工贼的恶名，使之永世不得翻身。《韩非子》中类似的理论很多，读时常感毛骨悚然。大家深深觉得中国的社会发展太滞后了，几千年来政治领域中的肮脏东西居然能延续至今，读《韩非子》时，犹如读当今的政治教科书一样。我就觉得学了一段《韩非子》后，对中国历史和当前现实有了深一层的认识。

有些篇章，更是叫人无法落笔。例如《八奸》一文，分析君主身边潜藏着八种奸人，文曰："凡人臣之所道成奸者有八术：一曰在同床。何谓同床？曰：贵夫人，爱孺子，便僻好色，此人主之所惑也。托于燕处之虞，乘醉饱之时，而求其所欲，此必听之术也。为人臣者内事之以金玉，使惑其主，此之谓'同床'。二曰在旁。何谓在旁？曰：优笑侏儒，左右近习，此人主未命而唯唯，未使而诺诺，先意承旨，观貌察色以先主心者也。此皆俱进俱退，皆应皆对，一辞同轨以移主心者也。为人臣者内事之以金玉玩好，外为之行不法，使之化其主，此之谓'在旁'。三曰父兄。何谓父兄？曰：侧室公子，人主之所亲爱也；大臣廷吏，人主之所与度计也。此皆尽力毕议，人主之所必听也。为人臣者事公子侧室以音声子女，收大臣廷吏以辞言，处约言事，事成则进爵益禄，以劝其心，使犯其主，此之谓'父兄'。……"按照原定体例，每一段略为难解的文字必须有相应的串讲，但像上述一段，若是用口语翻译出来，有人上纲上线，诬为实有所指，那可是有口难辩的事，势必闹出个杀身大祸。"文革"前后这类文字狱难道还少见么？大家踌躇再三，不知怎么办。有人提出这类句子索性不加串讲，只保留原文，那就不关我们的事了；但有人立即指出，这不是又会让人说，我们是在故意引人注目而在此处留下一段与全书体例不同的文字么？当时正处"文革"结束前夕，"四人帮"利用周总理去世、邓小平再次被打倒的时机，抓紧抢班夺权，和我们对垒的又有另一家《韩非子》的写作班子，假如他们咬我们一口，那不就会招惹飞来横祸了么？思来想去，无计可施，定稿之事也就拖下来了。

　　《韩非子》编写组内人员关系融洽，想法相同，大家都对"四人帮"的所作所为又恨又怕。正在彷徨时，北京传来了"四人帮"被抓的消息。牛钊同志与旧省委关系深切，当他私下里告知这一消息时，无不心情激奋，觉得中国历史上最黑暗的一页即将过去了。这时倒是大家应该认真考虑《韩非子》注释稿如何正式出版的时候了。原来的稿子，在训诂等方面具有一定基础，但还得认真检查，清除"四人帮"的余毒。尽管编写者人人痛恨这帮败类，但身处极左思潮之中，难免受到沾染，必须认真对待，清理一番之后，才能公之于世。

我们决心将此书改写成为一部真正的学术著作。于是上级委我以重任，由我负责改写定稿。我就想到，必须先在文字上取信于人，增加校勘部分。我们在讨论之时对字词曾有很多推敲，但当时计不及此，没有做什么记录，这时只能到各大图书馆中去广求善本，作一番版本方面的校对，再吸收清代和当代学者的校勘成果，寻求根据。为此，我在北京崇文门旅馆中住了两个多月，每天到北京图书馆去校书。当时借书限制较少，我乘此机会，看到了不少善本，大饱眼福。

《韩非子》诸善本中，最为名贵的，或许要数黄丕烈校影宋钞本《韩非子》了。此书原藏清初钱曾（遵王）家，其底本也是宋乾道黄三八郎刻本，黄丕烈求得钞本后，曾用李书年家所藏的宋代原刻校过，并"以别纸影钞宋刻之真者附于末"。后因宋乾道本失传，故此最得"宋刻之真"的十四页文字更显得可贵。后来的《四部丛刊》本即据此影印。我为留一书影，要求借出原书一观，借睹庐山真面目。北京图书馆珍重异常，轻易不肯提出此书，他们要我去文化部开一介绍信，我照办后，终于让我看上了十多分钟。全书装帧极为精美，书别子用象牙制成，刻成两只象形。黄丕烈和孙毓修的校语，分别用朱墨二色书写，可惜《四部丛刊》影印时未加套印，不能显示原貌。

《道藏》本《韩非子》开本宽大，原为梵夹本，道光年间重配了书套。后有白云观的印记。左右无边栏，涵芬楼影印时，为便读者查检，于上端边栏外加上了页码，故与原书已有不同。

北京图书馆中有一种翁同书的《韩非子》（管韩合刻本）点校本，附记当日大事。翁同书为翁同龢之兄，当时正在曾国藩幕府内，利用读书之便逐日记载与太平天国军队战斗的进程，真实具体，可以据此研究这一阶段的历史，可惜至今似乎还未有人注意这一史料。

我将几种善本制成书影，下附简要说明，附在书后，增加《韩非子校注》的学术分量。

我请刘毓璜先生在《中国历史地图集》中春秋、战国时期地图的基础上，加上《韩非子》书中的地名，制成《春秋时期略图》《战国时期略图》两幅历史地图，并请我校地理系许培生同志绘制，后用彩色套印，附于书末，以便读者查检。

在全书的编写工作中，我最感到遗憾的一点，是一些编写人员过于注重个人专业。教师大都只对与己有关的篇章感兴趣，文章内容距离个人专业较远时，也就不予关注了。全书将成时，我就希望有人来做一个人名索引，这是当代的学术著作必须具备的附录。但经多次提出，却无一人肯做。或许他们认为这类工作只有支出，对个人没有什么提高，故而宁愿闲谈消遣，也不愿动手的吧。不得已，我在统稿的百忙之中，只能利用空隙时间，细加考辨后制成这一索引。

这项工作的直接受害者是南京图书馆。他们借出吴鼒本《韩非子》一书，编写组翻来覆去地用，交还之时已接近残破。处在当时的情况下，大家对善本图书根本谈不上爱惜二字，此书没有被人中饱私囊，已属大幸。"文革"初起，红卫兵小将进驻中文系资料室，他们中的一些人把汪辟疆先生捐献的善本撕下来擦屁股，正像当年王金发的大兵在山东聊城海源阁中用宋版书擦鸦片烟枪一样，那么这部吴鼒本《韩非子》总算还能"全尸"归库，也已算是幸事的了。

1978年时，此书已近完成。全书面貌与原先的设想大有不同，故决定以《韩非子校注》一名问世。出版社提出，全国形势与前已有根本不同，此书的编写者中不必再加上南京化学工业公司理论组的名字。对此我坚决反对，认为应该保留历史原貌。南京的这批工人师傅与我们相处数年，关系很好，实属难得，不能因为目下形势变化而抹杀他们的存在。最后大家统一了认识，全书编者用《韩非子》校注组的名义，后记中则详列后宰门阶段参加人员的名单。

我在完成集体著作《韩非子校注》时，还完成了一本个人著作《〈韩非子〉札记》。两部书稿同时交出时，我曾声明希望先出集体著作，后出个人著作。但《韩非子校注》采用注释不过页的排版格式。工人排版时，每页正文和注释的字数都要有精密的计算，在技术上要求很高，据说全国能排这种格式的工人不多，江苏新华印刷厂中也只有两位工人能承担。当时厂里业务繁忙，而此书篇幅很大，因此厂方一直拖着不肯排印。直到1982年出版系统在北京举办一次全国性的出版物展览，江苏人民出版社要把这部《韩非子校注》作为重点读物展出，出版局才下令新华印刷厂将此书突击出来，这时《〈韩非子〉札记》却已出版多时了。

此书毕竟经过众多人士的反复推敲，质量尚有可观，出版后反映良好，一万多册书瞬即售罄。陈奇猷、张觉在《韩非子导读》一书中介绍本世纪内的著作时说："……其中最值得称道的，当然是《韩非子校注》。作者校勘时利用了国内各大图书馆珍藏的善本，取舍比较慎重，凡有校改，必列出校记。注释虽也有不妥当的地方，但大多比较简明精确、深入浅出。所以，该书也可以说是一种雅俗共赏的《韩非子》读本。"（巴蜀书社1990年版）

我很庆幸，处在史无前例的"文化大革命"中，演出这幕评法批儒的荒诞剧时，不幸卷入其中，但巧用机缘，个人还能完成公私两部著作，不但在学识上有所提高，而且对学术界也未造成损害，反而增添了一些可供参考的研究成果。与我们对垒的上海总工会负责的那部《韩非子》注本则烟消云散，早就化为一堆废纸了。

评法批儒运动的参与和两种《韩非子》著作的产生(下)

我在后宰门招待所里负责统稿时,工作极为辛苦:白天参加集体讨论,晚上改稿,每天总要忙到半夜两点后才睡觉。生活作息时间无法和大家一致,出版社就让我单独住上一间,工作时可不相互干扰。

因为这是突击任务,不受他事影响,精力非常集中,一年多后书已很熟了。一个晚上,突然感到某篇文章之内有一个问题前人尚未讲过,可以阐发,只是改稿任务太重,无法精心组织成文,不过还是觉得应该立即记下,以免日后遗忘。可手边连一张白纸都没有。出版社为怕外界指责我们过世外桃源生活,每天派人到新华日报社去拿试印样张来看。这种报纸只印半面,我就把它裁成十六开样,制成笔记本,随手记下心得。

此事一开了头,真像打开了思想的闸门一样,差不多每天都有新的想法涌现。照例,我先拟一个题目,然后立一个简单的提纲,一、二、三、四……把论点记下来,附上所依据的篇目。引文则暂时不录,因为书已很熟,一看篇名就可知道要用的是哪几句话,这时不必多费时间抄录。

星期天回家,就把这一提纲演绎成文。因为每一篇文章一般只有三四千字,一天也就完工了。

工作一段时间后,就会休整一次,或半月,或一月,料理家事。我就用来加工此稿。文章接近定稿时,我就送请洪诚、刘毓璜等先生提供意见。

写作这一类文章，只是出于自娱，处在那种环境下，不可能想到正式出版。但我知道此生投入法家著作的学习与注释纯出于偶然。有些想法如不及时记录，必然随着岁月的流逝而消失，因此笔头还是勤快的。没有多久，案头就堆积起厚厚的一叠了。

　　因为只是读书的心得，而且是在一篇篇精读的基础上产生的，因此在正标题外，还要附上一个副标题——读《××》札记。几篇之后，突发一愿，应该写满全书五十五篇札记。不管是阐发理论也好，考订史实也好，编排材料也好……都要提出一些前人从未触及的东西来。当时也确实这么做了，但随后发现，前后交叉重复太多，因而不得不改变计划，又依主题归类，以"札记"为名而行兼收并蓄之实。各篇的编排，除第一篇外，隐然仍依五十五篇文章的原有程序。

　　我自己也感到奇怪，像我这样一个思维迟钝、学术底子又薄的人，怎么可能每读一篇《韩非子》就产生一种新见？事后思之，这可能与学术界的现状有关。清末以来，子学逐渐兴起，"五四"之后，学人开始注意先秦诸子各家学理上的贡献。但学术上的分科发展日益明确，研究哲学的人不再留意文学与史学，反之亦然。《韩非子》一书，这时已被列入"哲学"一科，自后也就少见有人从其他学科的不同角度去研究了。我自年轻时起就喜欢泛读，对文、史、哲都有些兴趣，读《韩非子》的文章时，就想在他人注意不够的地方，从每一篇文章中发掘出一点新见。

　　我的本业是中国古代文学，几篇有关文学的札记，像《韩非写作手法上的一些特点》，分析《观行》这一小品，分别从排比、比喻、结构三方面探讨其特点，觉得还够水平；《历历如贯珠的一种新文体——储说》，从各家体例的异同分析韩非经说体的独创，还说出了一些道理；但像《寓言漫谈》一文，虽然题目不错，可当时一无参考书可读，也不知国外学者对此有无新见，因此在理论上颇感困惑，只能就目之所见略事申述。有关"寓言"的定义，只能采用当时几种小词典上的解释，也可见到我的窘迫了。

有关哲学的几篇，普遍感到弱。《"坚白""无厚"综述》等文，因为发掘出了一些资料，理了一下哲学术语的线索，或有可供参考之处。但像《形名之术的由来》等文，颇欲辨析名理，只是困于素养不足，未能臻于深化，只能徒唤奈何。

有关历史的几篇，则尚有满意的地方。《战国时代的封君》《战国时期的几起变乱佚史》等文，有关若干国家史实的考订，前人均未道及，辨析还是比较细致的。《韩非与"百国春秋"》《〈战国策〉与〈韩非子〉》等文，前人议之者已多，但我在对历史文献进行探讨时，有些地方似乎更为深入些。

有关版本目录的几篇，则是这次参加工作后的新收获。我不懂版本目录，以前也从未系统地学过。1978年，为了增加校勘部分，看到不少《韩非子》的善本，积累了不少版本目录方面的知识，也就写下了几篇这方面的札记。因为这是专门之学，事后一直不敢自信。20世纪80年代认识了这方面的专家黄永年先生，就拿列于全书之首的《〈韩非子〉版本知见录》一文向他请教，承告所言无误，心中始安。

自知于此本是外行，只有经过目验的才敢发言，因此批评一些专家的错误时，他们只能默认。

有些问题，习非成是，即专家也不免于此失足。王力先生主编《古代汉语》，介绍法家思想时说："韩非反对'用人唯亲'，提倡'用人唯贤'。"这样说，只是根据儒法对立的现象加以推论，与实际情况不符。我就写了《"用人唯贤"不是法家观点》一文予以纠正。

有些札记，纯属积累资料，如《说图像》一文，把我当时所能见到的有关材料集中在一起，以备日后检索。

有些札记，从学科归类而言，我也不知道该属何类。如《圣人解》

《〈有度〉辨》等文，着重辨析这一时期某些名词的特殊含义。反正想到就写，不受绳束，文字则力求生动。

我在写作过程中，有意识地提高自己的分析能力，因此《韩非论君臣关系》等文，自以为分析得还是比较酣畅的。《〈十过〉的真伪问题》一篇，初在淮阴师范专科学校主办的《活叶文史论丛》上发表时，受到该校几位教师的高度评价，认为分析得比较透辟。

《论商鞅》一文，用历史发展的观点辨析王道、霸道、强国之术的递嬗与运用，自信前人从未说过。《周主·周君·周天子》一文，从主、君、天子三词的运用上识别西周君与东周君的地位，从而说明周天子帝毂之下的纷争，可以帮助大家解决《韩非子》中的一些难点，比之清儒苏时学《爻山笔话》中的有关论述，应当说已有很大的提高。

我力图打破写作学术论文的程式，不拘一格，采用了各种研究方法，写成风格各异的札记。例如《韩非的偏见》一文，仅限于归纳材料，让论点自行浮现；《〈亡征〉史实例证》等文，则用注释的方法提示相关的历史事件，借以说明产生法家理论的政治背景；《〈韩非子〉版本小议》等文，则用统计的方法将研究成果列表说明，让读者易于掌握《韩非子》各种版本的异同。

这种列表说明之法，我用得很多，例如《韩非对吕不韦的批判》等文，就将叙述同一事例的两段文字对照，可以有力地展示二者之间思想上的歧异。《郭偃之法》《论申不害》等文，则将征引到的各家之说前后并列，说明彼此之间的继承发展关系，借以显示韩非法家思想的形成和发展。《〈战国策〉与〈韩非子〉》一文，详列二书中的同一故事，进而探讨《说林》等文的性质，以及《战国策》的作者问题。

总的看来，《〈韩非子〉札记》中的四十八篇文章大体都能贯彻我原先的写作意图。有话则长，无话则短，随心所欲，信笔抒写。最长的几篇，如《韩非与"百国春秋"》《战国时期的几起变乱佚史》等，大约有八千字;短的一篇《当涂之人——韩玘》,不过千字略过。从我自己来说,不断变换手法,颇有兴味;对读者而言,文章错落有致,或许容易引起他们的兴趣。

南京大学领导为了支持我们搞法家著作,特地印了一批很好的稿纸供誊录。实则此时工作班子中另有两位打字员在操作,已无需再誊抄,因此这批稿纸一直没有使用。那时稿纸奇缺,大家决定将此瓜分给每一位参与者,我就利用它将全部札记誊清了一遍。1978 年,《韩非子校注》的初稿已告完成,《〈韩非子〉札记》的写作同时告一段落,责任编辑汤敬昭同志来我家商量《校注》出版事,看到桌子上堆着厚厚的一叠稿子,这时才知道我同时还完成了另一著作《札记》。承他好意,也就拿去正式出版了。

此书出版后很受各界欢迎。我也不太明白此中原委,但《札记》内容不一,采用综合研究的方法,目下很少见到同类著作,当是受到注目的原因之一吧。通过此书,我结交了好些本行之外的学者。1995 年后多次去台湾访问,遇到不少新的朋友提及此书,"文革"时期的著作居然还能得到大家的青睐,实属意想不到的事。

通过此书,我还结交了几位国外的朋友,如日本东京大学教养学部的法律系长尾龙一教授和时任马来亚大学中文系主任的郑良树教授。长尾教授于 1999 年信山社出版的《古代中国思想ノート》的后记中还叙及此事,文曰:

> 1982 年赴美期间,我利用华盛顿国会图书馆中的中国部、日本部藏书,将在日本未及写就的《韩非子论》完成,即本书中的《韩非子笔记》。在那儿,我发现了研究韩非子的、具有敏锐智慧和渊博知识的大陆学者周勋初的著作,在"文革"的狂风暴雨中,居然有这样的智慧幸存下来。这使我深受感动。

回国后，我将周书的复印本交给台湾留学生李纯如，她查明周先生乃是南京大学的教授，于是我们开始通信。1991年我访华时，在上海籍留学生姚胜旬的陪同下，我去了南京，拜访了周勋初先生，向他请教了有关白川孔子、渡边墨子和韩非子传的意见和感想。后来周先生来日，我陪他在东京游玩了一天，驹场宿舍的污秽，曾令他目瞪口呆。

长尾先生说的驹场宿舍，是在我的要求下，前往参观的东京大学学生宿舍。日本大学生在校期间的浪漫，与工作之后的谨饬，反差太强烈了，不由得不引起我极大的惊诧。由此我又想到，要想真正了解其他国家的文化或国民性，谈何容易。长尾教授还说他本想把《〈韩非子〉札记》译成日语，但后来觉得有的文章不便下笔，因而作罢，这就引起了我的警觉，随之对全书作了进一步的检讨。

"文革"结束后，我对《校注》和《札记》都曾作过一些检查，删去了一些极左的论点和言辞。当时也发现了一些全局性的问题，如不称"孔子"只称"孔丘"等。不过这时还自有一套自圆其说的道理，觉得现在的人对先秦诸子的称呼不必厚此薄彼。"子"字自是尊称，对孔子等人动必称"子"，无此必要，应当与韩非一样对待，直呼其名。因此，文中每逢其他各家，也都直呼墨翟、庄周……只有老子例外；李耳一名，一般读者不易理解到底指谁，因此只能采用老聃一说。

问题出在学界已成定势的阶级斗争观点和社会发展阶段论，尽管评法批儒的错误已经昭然若揭，但不管你叫不叫它儒法斗争，二者之间存在矛盾却是无可否认的。在当时来说，阶级斗争的观点仍然要贯彻，战国时期的社会处在什么发展阶段，除了采用郭沫若提出的奴隶制说外，也别无选择。《〈韩非子〉札记》中仍然保留着《禅让与儒法之争》《耕战与儒法之争》等文，正是20世纪70年代末虽已感到此中存在问题但却无法处理的尴尬局面的自然流露。

时隔数年，随着社会上思想解放运动的开展，对于《札记》中的问题也就看得更清楚了一些，觉得个别地方的论述已不太像是学术著作的应有格局。例如《田常与宰予的斗争》一文中，说是田常杀掉陈恒，"旧秩序的维护者孔丘听到这个消息后，如丧考妣"云云，读后自觉不是味道。"五四"以来，随着反封建潮流的涌现，嘲弄孔子的文字不断见诸报章杂志，但像我这样的论证，用阶级斗争的观点考察齐国的政争，从而批判孔子的保守，正是当时极左思潮尚未清除干净的表现。

这事促使我认真地反思。本来我以为自己只是一个纯粹的知识分子，在学术上没有什么偏见，还曾努力排除"四人帮"的干扰，因此不可能与极左思潮沾上什么边。现在看来，情况并非如此。身处极左思潮主宰一切的时代，很难做到截然与之决裂。他们所散布的毒液，年深月久，人们受其侵染，往往不知不觉地表露出来。例如我虽抓住每一个机会，痛斥"四人帮"的荒谬，文中动辄联系政治，而且动辄引用马恩列斯的语录以壮声势，这在我的其他文章中是不多见的；但在论及西门豹、司马错等人时，却又不加论证地将之归为法家人物，这就降低了此书科学论证的水平。因此我感到，中国学人如欲摆脱错误理论的羁绊，既要抓紧时间清除，也还需要经历一段时间的反思。

有些朋友向我建议，这书既然还受到大家的欢迎，那何不修改一下，进一步清除错误思潮的痕迹，我可不想再动了。人的一生，很难摆脱时代的影响，在每一个阶段都会留下一些特殊的痕迹，那么就让《〈韩非子〉札记》一书留下我在 70 年代的烙印吧。

《唐诗大辞典》的策划和突击

1989 年秋，中国唐代文学学会第四届年会在山西太原举行。我代表江苏五所高等院校（南京大学、南京师范大学、苏州大学、扬州师范学院、徐州师范学院）提出一提案，希望接办下一届年会，学会同意了我们的请求。五校人员随即商定，推举我担任这届会议的筹备委员会主任，统筹一切事务。

我们觉得，唐代文学已成一门国际性的学问，很多国家都有人在讲授并作研究，应该交流成果，提高彼此的认识与学术水平。以往的几次唐代文学会议也有个别的国外学者参加，但仅限于一些正在国内访问的学者，未能广泛地邀请到世界各地的唐代文学研究人员前来。我就想到，应该举办一次高水准的唐代文学国际会议，不论是在学术水平上，还是在文化交流上，都应把唐代文学的研究与传播推向一个新的水平。

中国步入改革开放的新时期后，唐代文学的研究发展迅猛，取得了极为可观的成就。在这次会议上，应该通过某种方式，将十年来的成果集中地反映出来，让与会的国内外代表了解与把握。我就想到，可以编写一本辞典，通过众多辞条的撰写，将唐诗研究中各方面的成果集中加以反映。这一辞典应起里程碑的作用。它是 20 世纪 80 年代唐诗研究成果的全面总结。90 年代的唐诗研究，应该在此基础上进行，再谋求发展。

唐代文学年会间隔两年举办一次。这一辞典必须在两年内编成，并正式出版，时间极为紧迫。估计全书的印刷，从发稿到出书，大约总要留出半年多时间，这样全书的辞条也就必须在一年内定稿，才能前后衔接。这就要求我们拟订一个周密的工作计划,高效率地进行,将此辞典突击出来,才能作为第五届唐代文学年会暨国际学术研讨会的一份礼物,贡献给国内外的代表。

我对全书内容作了规划,共分八类,计为:1. 诗人;2. 体类;3. 著作;4. 名篇;5. 格律;6. 典故;7. 成语;8. 胜迹。由于我与学术界许多领域中的学者一直保持着密切的联系,这时就向各个领域的专家求助,撰稿人员很快落实下来了。其中"成语"部分,商请蒋荫楠、许结二位撰写;"格律"部分,商请顾易生、汪涌豪二位撰写。他们于此钻研有素,熟悉材料,也就按时交出了高质量的草稿。

我们为每一类辞条提供一份写作的体例,并分别撰写了三份样稿,分发给每一位作者,请他们根据这一份体例并参考样稿撰写。体例的规定甚为具体。江苏古籍出版社一直把这作为编纂辞书与撰写辞条的重要参考物,提供给其他辞书的撰稿人,作为借鉴。

在这八类文字中,诗人、著作二类分量最大,特别是诗人一目,计有 3800 余条之多。刚好厦门大学的周祖譔先生受中华书局约请,正在编纂《中国文学家大辞典》中的唐代部分,他约请了金涛声、吴企明、吴汝煜、陈允吉、陈尚君、吴在庆、贾晋华等几位分工撰写,这批学者我都熟识,于是我在求得周祖譔先生同意,并在中华书局傅璇琮、许逸民二先生的支持下,分别约请上述数位专家为《唐诗大辞典》赶写辞条,这就加快了成书的速度。为了与《中国文学家大辞典》唐代部分的辞条明显地区别开来,我们在《唐诗大辞典》的体例上作了新的规定。《中国文学家大辞典》唐代部分兼收诗文作者,《唐诗大辞典》中只收诗人,介绍诗人生平和成就的文字,要求用接近口语的文言表达,力求精炼。为了避免雷同,我们还对唐诗中的四五十位大作家另外约请专家撰写,如有关李白的辞条,全部由郁贤皓教授撰写;有关杜甫的辞条,全部请山东大学《杜甫全集》注释组人员郑庆笃、张忠纲、焦裕银、冯建国四位教授撰写。这就使《唐诗大辞典》中诗人部分的辞条具有与其他辞书明显的不同。人们如将各种辞书合观,当不难发现。

中国大陆地区的学者在80年代诗人行历的研究方面取得了极为丰硕的成果,其中成绩最为突出者,如陈尚君同志等人,在发掘逸诗的同时,对许多中小诗人的事迹也作了甄辨。诗人辞条汇集后,我又商请陶敏同志帮着复看稿子。陶敏对唐代文献的熟悉与专精,那是学术界一致公认的,他把个人撰写《全唐诗人名考》时的考订心得全部融入了辞典中,从而使《唐诗大辞典》中诗人部分的写作质量又有了新的提高。

上述诸撰稿人,都能抓紧时间,在规定期限内交出草稿,这对保证全书按计划编纂完成,起了决定性的作用。对于他们的支持,我很感谢;对于傅璇琮、许逸民、周祖譔诸先生的支持,我也一直铭记在心。

"著作"辞条的撰写,也有其难度。撰写某一辞条的人,对这一部著作,如没有读过,或是读后不能掌握要领,那是无法拟稿的。我们对唐诗方面的专家作了广泛的调查,分头约请他们为研究有素的著作撰写辞条,也就收到了预期的效果。全部400余条,内容极为广泛,例如一些流传不广的总集,如《唐诗正》《寒瘦集》等;一些奇特的版刻,如"颜色套印唐诗集"等;近代新发现的资料,如"敦煌遗书中之唐诗"等,有关唐代诗歌的诗格类著作,如《缘情手鉴诗格》等;以及域外有关唐诗的钞本,如《新撰类林抄》等,都有介绍。一编在手,可对许多不易找到答案的疑难问题有所解答。

可以说,《唐诗大辞典》中的八类文字,集中了80年代的研究成果,包括最近取得的一些新的资料和新的观点。因此,此书是对前此的研究成果所作的全面总结。

除正文八类外,我还设计了三个附录,一为"唐诗文献综述",二为"唐诗大事年表",三为"唐代地理分图"。这些都是为指导读者作进一步研究而撰写的。"唐代地理分图"部分,可以利用《中国历史地图集》中唐代部分的已有成果,加上唐诗中经常出现的地名,今古对照,按道分制,使读者便于掌握与领会。这对读者甚为有用,但后因印制地图在技术上要求很高,编制不易,只能付之阙如。

《唐诗文献综述》内分文集、史传、小说、谱牒、碑志、壁记、登科记、书目、诗话、艺术、地志、政典、释道书等十三类。说到"文献",则范围至广,似乎无所不可包容,例如类书等,均可列入,但限于时间,也限于学力,只能限于上述数类。况且这一附录按原定计划只能写上五万字,与《年表》合在一起,字数不能太多。

这五万字,写得还是比较顺畅的,前后花了三四个月的时间就完成了。大约个把星期写好一类。我因平时工作就比较忙,教学、行政与社会活动老是压得人喘不过气来,这时见缝插针进行突击,可以说是艰苦奋斗。因为牵涉至广,而我步入唐代文学研究领域只有十多年时间,还不能做到全身心的投入,因此每当概括某一类文献的来龙去脉和必须注意的要点时,常有力不从心之感。但我黾勉从事,力求融会贯通,深入浅出。经过这一场奋斗,自觉也有一番提高。过去从事唐代文学研究工作时,因为工作忙乱,头绪繁多,只是干啥学啥,从未系统地积累过资料,梳理过问题,这时逼着自己构拟出一个唐诗文献研究的体系,对各类问题进行系统的清理,这才看出自己的长处究竟在哪里,不足在哪里,从而对该补的知识尽可能地作了一些弥补。

莫砺锋同志负责编纂《唐诗大事年表》。他在博士生阶段主要从事宋诗研究,毕业至今还不到六年,承担《年表》的编制,驱使材料,已能运用自如。程千帆先生培养学生时,极为注意文献学方面的训练。从莫砺锋编制《年表》的过程来看,或从这份《年表》的质量上来考察,可知我们培养学生时注意文献的努力方向,还是颇具实效的。

自拟定编写方案,约请撰稿人,到稿件陆续寄来,用了大约一年的时间。因为撰稿人的总体水平很高,这就为全书的按期完成提供了基本保证,但也有个别撰稿人交出的稿件未能达到预期的质量要求,有的撰稿人还按平时的书写习惯撰写,与统一的体例不合;有的将稿子一交了事,也不复核原文,留下明显的错误。为此我们又作了最后的审订和加工,由副主编莫砺锋同志负责初审,并统一体例;我作为主编,负责定稿。最后由另一副主编严杰同志负责复核。严杰同志对唐诗文献颇为熟悉,工作态度认真负责,由他最后把关,又扫除了不少错误。三人集中办公,采取流水作业,工作效率很高。事后江苏古籍出版社的负责人和责任编辑曾感叹地说,编写工具书,像我们这样,主编和副主编亲自动手,做审订和复核工作的,不多见。由于我们在定稿时认真地作了审订和加工,故全书风格一致,各部分相互照应,这在目下的工具书中也是不多见的。

全书完成,我们又一次发动大家进行检查,看有没有什么遗漏或差错。这时发现还有几十个问题需要补充,诸如著作、诗体、事类等方面,都有一些缺失,我等随即组织人力分工弥补。全书最后的一大类"胜迹",就是在最后阶段决定添加,并由大家分头撰写而补入的。

为便读者查检,我们编制了一份四角号码的综合索引,诸如诗人的排行、别号等,都可循此检索。当时大家还不会使用电脑编制,只能将辞条一一先制成卡片,然后编排。时当暑假,南京有"火炉"之称,我们古典文献研究所内的一些同志集中在一起,突击了两个月,终于如期完成交稿。

我们与江苏古籍出版社的责任编辑配合得很默契,稿子分批交出,他们作了技术加工后,立即送上海印刷三厂用电脑照排。交稿后立即审稿,排版后立即校对,循环往复,进展甚速。但最后一校,连带印好后装订成册,只留下两个月的时间。出版社派出四名精干的校对人员,加上我所严杰、程章灿二位同志,一起到厂里坐镇。任务紧急,日夜突击，大家累得腰都直不起来。如果没有出版社与我编写人员的紧密合作，而我编写人员如缺乏忘我的奋斗精神，那么这本辞典也就无法如期完成。

出版社提出，可以加上彩色插图 8 幅，封面也可用彩色图片印制。为此我又勤翻有关图谱，挑出了与唐诗有关的几种古画与碑刻。插图首页为清道光十四年芸叶盦刊五色套印本《杜工部集》的书影，此书用五色套印，可以反映出我国古代印刷艺术方面的先进技术，而且色彩斑斓，效果极佳。三幅唐代绘画，《游骑图》《宫乐图》和《韩熙载夜宴图》，分别反映盛唐、中唐、晚唐五代时期的民情风俗和服饰器用，其中《宫乐图》一幅原藏台北"故宫博物院"，是根据该院一种画报上的图片复制而成。其他两种古画《游骑图》《韩熙载夜宴图》和杜牧的《张好好诗》真迹，据北京故宫博物院提供的反转片印制。敦煌莫高窟 156 窟壁画《张义潮出行图》，据敦煌博物院提供的反转片印制；宋拓《慈恩雁塔唐贤题名》，据中国社会科学院考古研究所提供的相片印制；日本真福寺珍藏的唐钞《翰林学士集》一幅，则根据日本某出版社的《唐钞本》一书印制。这些图片都与唐诗有关，分别反映了唐代社会文化生活的各个方面，且材料可贵，可使全书文字相得益彰。封面上的图片则采用辽宁博物馆的镇馆之宝周昉《美女簪花图》，诸仕女雍容华贵，与唐诗的整体风貌相吻合。

唐代文学国际会议于 1990 年 11 月 21 日至 25 日在南京大学如期召开，江苏古籍出版社及时派车赴上海运回此书，我们将此作为一份厚礼赠送给与会代表，得到大家的一致好评。

江苏古籍出版社的负责人后又委托程千帆、郁贤皓二先生向与会的代表和若干专家征询意见，得到了好多人的回应。他们选出中国大陆地区的程千帆、王运熙、罗宗强，中国台湾地区的罗宗涛；日本的松浦友久、村上哲见六位教授的意见，编成专辑，以《创新·完备·精到——海内外专家学者谈〈唐诗大辞典〉》为题，发表在《社会科学辑刊》1992 年第 5 期上。六位教授对《辞典》作了全面的评述，指出这是一本有用的书，质量很高，总结了当代唐诗研究的成就。全书容量大，包罗极广，融知识性与学术性于一炉，言必有据，很少废话，在文献资料上是完全可以信赖的。我本人作为会议的主持人和《辞典》的主编，身体几为繁重的工作所压垮，中间曾生了一场大病，连续发了七天高烧，免疫系统遭到严重破坏，但看到会议的成功和《辞典》的如期出版，则又深感庆幸。我中文系古典组和古籍所内的全体成员齐心协力，并得各方友好人士大力支持，共襄盛举，这也可以说是中国唐诗研究领域中取得集体成绩的一件大事吧。

写作《高适年谱》的机缘与甘苦

或许由于我正在指导唐代文学的博士生和硕士生,有些人就称我为唐代文学专家。每当听到这一类话,心中就暗自嘀咕,深知自己根底浅薄,没有在这领域中长期下过功夫,又怎敢享此美誉?但我毕竟写过一些有关唐代文学方面的东西,而且得到过学术界的好评,那么若把自己这一段"速成"而有"实效"的经历介绍出来,或许会对热心向学的读者有些帮助,这是我胆敢草此小文的原因。

我之踏入唐代文学研究领域,是从写作《高适年谱》开始的,而我何以会在众多的唐代诗人中看上高适,则纯出偶然。

"文化大革命"前,我是教中国文学批评史的。当时高校中似有一条不成文的法规,各人的教学和科研的界限很清楚,一般不大滥入其他教师的主管领域。我在研究生阶段学的是甲骨、金文,改为助教教批评史后,从先秦讲到王国维,牵涉到的东西太多,吃力得很,因此从未在唐诗上下过功夫。可以说,当时只是停留在读读《唐诗三百首》的水平上。

"文化大革命"时,横扫"封、资、修",家中只留下《毛选》四卷,其他"黑书"都奉命上缴了。当时倒真是赤条条一身无牵挂,上山下乡走"五七"道路,连着有好几年,把"之乎者也"都忘得差不多了。1972年回城,正处在工农兵学员"上大学,管大学,用毛泽东思想改造旧大学"的新阶段,继续横扫"封、资、修",仍然无书可读。

正当奉命回城前后,古典文学领域中突然冒出了一本郭沫若的《李白与杜甫》,因为它有来头,工宣队倒也开起禁来,允许教师到资料室中去借古书看。那时确实闲得无聊,系里就组织大家讨论讨论,我也被指定为发言人，于是可以有恃无恐地读起唐诗来了。

对这本书，大家议论纷纷，对郭沫若的扬李抑杜大都表示异议，我倒以为这不算什么，换一种角度，对李白讲得好一些，对杜甫讲得坏一些，只要符合事实，应该允许。但书中对高适的批评，我却产生了疑问。

郭沫若对高适批评得很苛刻，说他内战内行，外战外行，与杜甫分属拥护玄宗和拥护肃宗的不同派别，至死不能解开疙瘩，倒像参加了"文化大革命"中的两派群众组织似的。过去我有个印象，杜甫入蜀之后，生活艰难，是靠老朋友高适、严武接济为生的，《李白与杜甫》中的说法与此相距太远了，我就想到，可以找本高适的集子来读读。

到资料室去借来了一本《四部丛刊》本《高常侍集》，翻阅之后，颇觉茫然。高诗不编年，分不清哪一首是少作，哪一首是晚作。唐人称呼好用排行或官衔，不大称名字，这就让人难以断定这些诗歌的投赠对象是谁。古今地名差别很大，高适诗中提到的地名很多，我就分不清他到底去过哪些地方，其路线又怎样。……反正那时没有什么硬任务，读不下去也就算了。找新、旧《唐书》中的高适传记来读，增进了一些了解，但与他诗集中的作品仍然联系不起来，也难以判断他跟杜甫及其他诗人到底是什么关系。

后来从《文学遗产增刊》中找到了一篇高适的年谱，读过之后，对有些作品的写作年代和内容增进了一些了解，对他的历史知道得也细了一些，但仅至于此，很难再深入下去。隔了不久，从另一本书上却发现了一条材料，说是《郡斋读书志》上有记载，高适是在天宝八载（749）制科（有道科）中举的，这时我想起前一本年谱上说高适于开元二十三年（735）登第，二者相差太远了，到底哪一种说法正确，我被引起兴趣来了。心想，反正无事可做，不如围绕这类问题借些书来读吧。

那时我跟学生编在一起，开门办学，到浦镇车辆厂去写调查报告。

大家集体住在等待拆毁的两节硬席卧铺的破车厢里。报告是由学生写的，教师不过参加些讨论，大部分的时间只是看看工人干活，逛逛大街。我就向工宣队头头说，自己个子高，睡时脚伸在铺位外面，容易着凉，要求单独住到原来列车员休息的房间中去，工宣队批准了我的请求，于是我便经常把自己反锁起来，躲在这间斗室中读唐诗。

那时每星期可回家一次，我便定时到资料室去借《全唐诗》及其他书来读，定期更换。

拿《全唐诗》中的《高适集》和《四部丛刊》本《高常侍集》作比较，发现二者颇有出入，例如《高常侍集》卷一中有《宋中送族侄式颜时张大夫贬括州使人召式颜遂有此作》，颇怪题目何以会那么长，读《全唐诗》后，始知自"时张大夫贬括州"之下，原来是注文，《四部丛刊》本是活字本，只有一套模子，无法用大小字体区分开来。《全唐诗》本的诗题当更近原貌。

《全唐诗》中的《高适集》中的这一类注，当为高适自注，故至堪珍视，例如《东平留赠狄司马》诗下，有注曰"曾与田安西充判官"，后来我查明，狄司马曾随安西都护田仁琬从军新疆，田仁琬于天宝元年(742)去职，狄亦随之东归，故高赠诗慰勉。高诗自注提供了考查的线索，意义重大。

这两种《高适集》中的诗，还有出入，《全唐诗》中多出四首，即《自淇涉黄河途中作十三首》中的"皤皤河滨叟"一首、《玉真公主歌》二首、《途中酬李少府赠别之作》一首，这些诗篇是否可靠，必须从唐宋时人的记载中找到旁证才是。为此我又勤翻各种文集、总集、笔记等典籍，发现这些诗在《文苑英华》、洪迈《万首唐人绝句》和葛立方《韵语阳秋》中均已记载，这就更使我相信：《全唐诗》本的《高适集》的文献价值要比《四部丛刊》本为高。这与讲版本的人重视《四部丛刊》而轻视《全唐诗》的看法不同。

过去乱翻书时曾有印象，郑振铎编的《世界文库》中曾有高适的诗集,查阅之后,发现里面还有校记,内如《四库全书》本的高适集中,还有一些不见其他本子的原注,如《别孙诉》题下注曰:"时俱客宋中。"可见传世各本高适集的内容都有一些不同,做研究或校雠工作时,应该广征异本,择善而从,没有一种高适集是完美无缺的。

其后我到北京整理《韩非子》,曾有一段时间在北京图书馆看书,查阅《四库全书》本《高常侍集》,可证郑振铎的校语无误。这时我又看到了几种《高常侍集》的明刻本和影宋钞本,也就对高适集子的版本问题有了更全面的了解。后来我又翻阅了《唐诗纪》一书,经过详细的比照,始知《全唐诗》本的《高适集》是抄录《唐诗纪》而成的。

这样,我对高适集子的版本算是了解颇多了。本来还有想法打算就此写一篇文章,总结一下,但当时还以为自己搞唐诗,只是逢场作戏,因而并不认真对待,拖着没有动笔,结果当时构思的内容随后也就淡忘了。

再说我在列车员的专用房间里读唐诗的事。和高适同时的诗人,上起开元之前,下至大历阶段,前前后后翻了几遍,把和高适有关的诗摘了出来。这时才知杜甫的赠诗数量最多。杜诗又多注本,可以从注中发现新的线索,于是我又借出钱谦益、仇兆鳌、浦起龙、杨伦等人的注本来看。这样的读书方式,倒是有些近于所谓"并读"之法,不但查到了许多有关高适的新材料,而且掌握了各家注杜的风格特异处。例如钱注的特点为以史证诗,仇注的特点为富赡博综,浦注的特点为层次明晰,杨注的特点为简练精到。

过去老师曾有教导,做学问时,应该重视材料的最早出处。研究高适和杜甫的交往,似也应找最早的杜诗注本读,为此我又找了九家注、蔡梦弼注、黄鹤注等来读,从中果然发现了好些珍贵的材料,例如高适入川任职,史书都记作先任蜀州刺史,后任彭州刺史,朱鹤龄和钱谦益都指出了这一错误,并引黄鹤注为证。黄鹤则引柳芳《唐历》和房琯《蜀州先主庙碑》为证。柳、房二人与高适同时,材料最为可贵,惜二文已佚,然残留在宋人旧注中。这些都是查考高适剑南任职时最早也最可信的材料,于是我懂得了读诗也应该重视古注。

在高适友朋的赠诗中,发现了一首刘长卿的《秋夜有怀高三十五适兼呈空上人》诗,颇为特别,前人似未注意过。内云:"晚节逢君趣道深,结茅栽树近东林。吾师几度曾摩顶,高士何年遂发心?"推详诗意,高适晚年似已信奉佛教,而这在其他文献中是没有记载的。史书上说他曾任淮南节度使,时驻节九江,地近庐山,"结茅栽树近东林",确是有此可能,但这里怎又说是晚年的事?查高适抗吐蕃失败,内调为京官,死在长安,中间没有可能再去庐山隐居,那么这个"东林"指的又是什么地方呢?

我在翻检过《全唐诗》后,终于在韦应物的集子中发现了三首有关东林道士的诗,才知紫阁峰的西边有一处东林道士的精舍,高适的"茅"舍,当建在彼处,所以诗的结尾有"不见支公与玄度"之语。

但这个"空上人"又是谁呢?我知道,和尚一般取两个字的法号,称呼时可仅用下一字,那么这个"空上人"就有可能名叫"×空"了。为此我就找记载和尚事迹的书来读,知道宋释赞宁修的《大宋高僧传》记载的唐代和尚最多,结果果然从中查到了一个不空和尚,还知道此人当时名望极大。不空为密宗高僧,我过去也听人说过西藏的佛教属于密宗一系,内有摩顶等仪式,这不是又与"吾师几度曾摩顶"可以联系起来了么?

那时查资料,可真有一不做二不休的气概。学校大图书馆阅览室中放一部《大正新修大藏经》,内有"史传部",翻阅之后,发现里面还有赵迁写的《不空行状》。不空的材料很多,《不空三藏表制集》中还有飞锡撰的《大广智三藏行碑》等,里面都曾说到天宝十二载到十五载(754—756)时不空曾应河西节度使哥舒翰之请,为设道场,"节度已下，一命之上，皆授灌顶"，其时高适正任节度使的掌书记，必然也参加了不空的灌顶仪式。综合这些材料来看，高适之为密宗信徒，那是绝无疑问的了。

高适是因抗御吐蕃失败而回京任职的，按例应该贬官才是。他任剑南西川节度使时，官从三品，入京任左散骑常侍，官正三品下，反而晋升了一阶，这可难以理解。况且唐代前期重内职，轻外职，高适的情况为什么这样特殊？为此我查了很多典章制度方面的书，方知散骑常侍一职，入唐之后已成安置罢退大臣之名位，故有"貂脚"之诮。"盖崇其爵禄而置诸闲散，聊示统治者之所谓恩荣而已"。无怪他在晚年能到远郊去"结茅栽树"，看来他已处在半退休状态，不必经常上班了。

刘长卿的这首诗，《全唐诗》的《皇甫冉集》中也收了。刘、皇甫都与高适同时，这诗到底出于谁手？我考证了好久，却得不出结论，总是受到材料的限制吧。但《全唐文》的《高适集》中收有《皇甫冉集序》一文，却被我查出底细来了。此文原载《唐诗纪事》，本是《中兴间气集》中的评语，因为宋时有把高适说成字仲武者，所以《全唐文》中才有这一错误。我又根据独孤及为《皇甫冉集》作的序，考知皇甫冉死时高适早殁，进一步断定了高适此文的真伪。

我对高诗中提到的人一一试加考证，倒像解答数学难题似的，兴致很高。例如高适有《酬裴员外以诗代书》一首，自叙生平，是了解高适历史的重要材料。这裴员外又是谁呢？高诗中云"兄弟真二陆，声名连八裴"，可知此人颇有文名，且出自著名族望。查李华《三贤论》中叙及好多高适的友人，内云"河东裴腾士举，朗迈真直；弟霸士会，峻清不杂"，似可与"二陆"之说互证。再查《新唐书·宰相世系表一上》"南来吴裴"下记裴宽兄岐州刺史裴卓二子，即腾、霸，而《旧唐书·裴宽传》中即称其"子侄亦有名称"，"兄弟八人，皆明经及第，入台省、典郡者五人"。这又可与高诗中的"八裴"之说呼应。但他兄弟二人都曾任员外郎之职,高诗所酬者又是何人?查李华有《祭裴员外腾》一文,而独孤及在《检校尚书吏部员外郎赵郡李公中集序》中又说此文已于安禄山之乱中遗失,可知裴腾殁于至德之前。那么高适的赠诗对象裴员外,定然是裴腾无疑的了。

就是这样地,我把高适诗文中提到的人考出了不少。可以说,目前大家所知的高诗中的人物,绝大多数是我考出来的。这也可说是我的一份贡献吧。

我在破车厢中作了一番摸底的工作,为回校后的深入钻研打下了基础。正因为我对唐代的情况太陌生了,阅读之时不断发生问题,随之就找有关的书来读。这样不断跟踪追击,大量检核最基本的文献,知识也就不断扩大深化。像《唐尚书省郎官石柱题名考》等书,过去连听都没有听到过,这时也知道使用了。地方志也翻了不少,并对其体例和价值也有了些了解。敦煌遗诗也一一查检,王重民等人的著作给了我很大的帮助。这样,掌握的材料越来越多,围绕着高适的问题对有关唐诗的文献全面地翻检了一番。

但我总觉得有一件憾事要弥补。查考高适生平,对他的家世却一无所知,心想现存文献中不可能再有什么线索可寻找,但近百年来的出土墓志,还可以再爬梳一番,为此我又翻检起石刻资料来。也算皇天不负苦心人吧,我在《千唐志斋藏石》中居然发现了一方《大唐前益州成都县尉朱守臣故夫人高氏墓志文》,经考查,知墓主高嫔就是高适的亲姊,其父高崇文,韶州长史,与《旧唐书·高适传》中的记载相符,只是旧《传》用同音字记作"从文"罢了。这时始知高适乃高宗时名将高偘之孙。这一结论,已为学术界所接受。

有关高适的研究不断深入,有些结论前人似未说过,为了防止事后遗忘,我就找出一堆烂稿纸,利用背面简单地作了些记录。成果越来越多,不断涂改添写,自己也难看清了,反正无事可做,索性重新抄清一遍。这样加工了三次，大体上也就成了目下《高适年谱》这个样子。从读《李白与杜甫》起，到初稿的完成，大约只花了一年多一些时间。当时万想不到日后还能公开出版，因此全书用简单的文言写成，以省笔墨。

"文化大革命"结束，上海古籍出版社表示可以考虑出书。这时我可犯难了。心想这种白手起家的急就章，难免没有错误，总得请人审读一遍，才能放心。当时我还不认识孙望先生，于是转请他人介绍，将稿子送了过去。过了些时候，孙先生的意见来了，一共写了三四页纸，连错别字和标点符号的错误也不放过。孙先生把长期积累的宝贵资料全盘托出。例如高适有《赠畅大判官》一诗，我起初以为是畅当，但又觉得年代不合，翻检《元和姓纂》等姓氏书，也不得要领。孙先生告诉我章定的《名贤氏族言行类稿》中有材料，可确证此人为畅璀。这种无保留地支持后学的热诚，我将永志不忘。

最近二三十年中，学术界已先后出现了八九种高适年谱，有专家评论说，我这书"在高适的家世、行踪、信仰、交游及诗文编年诸方面都有许多创见，内容翔实，贡献尤为突出"，虽觉受之有愧，但也未尝不感到愉快。心想这么一本初学者的习作，竟能和诸多老手的著作颉颃，得力处可能就在自知水平低，因而在一个个具体问题上都不敢轻易放过。龟兔赛跑，迟钝的人有时反而会有成功的希望。

后来我参加了一系列的唐诗会议，和专家交往时，谈到贞石、壁记、佛藏、谱牒、地方志等方面的唐人资料，总也能说上几句，不致显得太寒碜。看来当年的学习还算对路，才能在短期内突击奏效。但心中还常是在暗想："惭愧，惭愧，靠的就是这么一年多的死功夫，才不至到处出丑。"

（原载《古典文学知识》1991 年第 2 期）

唐宋两朝历史人物轶事汇编的编制

一

有关历史人物的奇闻轶事，自《世说新语》等书问世后，一直受到知识阶层的重视和喜爱。只是这类随笔式的著述，内容庞杂，水平良莠不齐，古人一般评价不高，将其归入小说一类。"小说"也者，道听途说、街谈巷议之谓，势难据为典要，与正史并列。

傅斯年与陈寅恪于 20 世纪二三十年代分别提出了"正史""小说"应等量齐观的观点。两人都认为私家篆述易流于诬妄，官修之书其病又在多所讳饰，因此他们强调今人治史应"详辨而慎取之，则庶几得其真相"。这种观点的出现，实为史学思想上的一大进步。

清代已有一些学者强调扩展史料范围的重要性，如王鸣盛在《十七史商榷序》中提到，他曾努力搜罗偏霸杂史、稗官野乘、山经地志、谱牒簿录、小说笔记等文，尽取以供佐证。这是因为清代朴学重考据，首求材料的齐备和态度的客观，于是轶事类的著作才能提升到重要的地位。清末民初缪荃荪等人注重刻印唐宋笔记小说，继承并发展了朴学的传统。

傅斯年以中央研究院历史语言研究所为据点，倡导"历史学就是史料学"，则自有其西学背景。傅、陈二人于 20 年代同在德国学习，曾受兰克（Ranke）学派的影响，该学派以"客观主义"和"科学方法"为号召，以为历史学家的治学要像自然科学家的治学一样，应该最大限度地掌握资料，然后进行精密的考查。这种史学理论，体系更为完整，自比清人之说更为深入。

陈寅恪还提出了"通性之真实"的理论，为史料的活用打开了大门。他举康骈《剧谈录》中所记载的元稹求见李贺遭到拒绝一事为例，说明唐代重进士轻明经的社会风气。从这一记载的真实性而言，可以说是荒谬，元稹明经擢第时，李贺才四岁，又怎能发生这一事件？但若把这看作其时特有的社会风气的反映，则可觇知唐代文人的普遍心态，就得承认这一记载确是不失为珍贵之社会史料。

陈氏的这一理论，以及他所提供的例证，可以给人以很大的启发。唐代文人尽多这类有趣的故事。例如《方舆胜览》卷五三中有一则轶闻说："磨针溪，在〔眉州〕象耳山下。世传李太白读书山中，未成，弃去。过是溪，逢老媪方磨铁杵，问之，曰：'欲作针。'太白感其意，还卒业。媪自言武姓。今溪傍有武氏岩。"《锦绣万花谷》续集卷十一亦载此事，可征其传播颇广。"只要功夫深，铁杵磨成针"的成语，显然出于此一轶闻，但世人大都不知道此说原与诗仙李白有关。

这类事情是否属实，很难断言，看来只像是一则寓言。人们可能还会产生疑问：李白天才卓荦，应当咳唾成珠玉，不似苦吟派中人物，学诗之时用不到下铁杵磨针般的苦功夫。

但《酉阳杂俎》前集卷十有云："白前后三拟词选，不如意，悉焚之，唯留《恨》《别》赋。"传世的李白集中仅见《拟恨赋》一篇，则是《拟别赋》又已佚去。但从"三拟词选"的记载中也可看到李白所下功夫之深了。

李白喜作古诗，不喜近体，这自然与他不受绳束的个性有关。只是从他早年的创作来看，如《访戴天山道士不遇》《寻雍尊师隐居》等五律，工致的当，足征他在诗歌格律上确是下过很大的苦功。《本事诗·高逸》中还记载，唐玄宗尝因宫人行乐，遂命召李白前来吟咏，"上知其薄声律，谓非所长，命为《宫中行乐》五言律诗十首。……白取笔抒思，略不停缀，十篇立就，更无加点。笔迹遒利，凤跱龙拿。律度对属,无不精绝"。从现存的八首五律来看,可证孟棨的记载不误。这一轶闻,再一次地证明了李白早年曾在近体的格律上下过苦功,才能在需要时一气呵成,挥洒自如。这样看,"铁杵磨成针"之说虽似无稽之谈,但不是恰好反映了李白创作上"看似容易却艰辛"的一面,因而弥足令人叹服么?

二

上述有关历史人物轶事的著作,近人大都称为笔记小说。人们如把一代著述集中起来,与正史并读,不就可以掌握该一历史阶段人物的总体面貌了么?

《唐诗纪事》《词林纪事》等书,所记录者,只是文人的史实与轶闻。有人将记载各类人物的相关著述集中起来,于是有《宋稗类钞》《清稗类钞》一类著作行世,只是这类著作一般编得都不理想。原书经改写后,随即抹去作者与书名,而且编者任意删节,甚或歪曲原意。他们本将这类作品视为茶余饭后的消闲之具,因而大都草率从事。若从学术的角度来看,自不足据为典要。

民国年间,丁传靖辑成《宋人轶事汇编》二十卷,可以说是这类典籍中的上乘之作,研究宋代文史的人一直把它视作案头必备之书。但吴梅先生在金陵大学授课时曾介绍说,丁氏编此书时已在晚年,精力有所不及,他仿白居易辑《六帖》的做法,置备了许多坛子,将抄录剪裁下的材料分别投入,只是老眼昏花,时常发生错乱,抄录时书名亦常有误,这就影响到了成书的质量。吴、丁二人乃老友,故所说可信。我在写作有关宋代文学理论的一篇文章时曾吃过苦头。查《宋人轶事汇编》卷十二引《清波杂志》曰:"崇宁、大观间,海外诗盛行,朝廷虽尝禁止,赏钱增至八十万,禁愈严而其传愈多,往往以多相夸。士大夫不能诵坡诗,便自觉气索,而人或谓之不韵。"这是有关苏诗风靡朝野的生动记录。当我将要发表此文而核对材料时,发现原书中无此文字,向人请教,也无结果。大家都很熟悉这一条文字,但不可能贸然记得它的出处,因此文章延搁了很久不能发出。后来我翻冯应榴《苏文忠全集笺注》,在后面的附录中方才找到上述文字的原出处——《风月堂诗话》。《宋人轶事汇编》中这类问题很多,还有前面提到的问题,删节或改写时不作任何交代,这些都使当代的研究工作者难以接受。

我从 80 年代起应友人之约,整理了《唐语林》一书,朋友们就怂恿我继续开拓,进行唐人笔记小说的研究和整理。他们认为我为《唐语林校证》一书设计的体例较好,这时我就想到,应该吸取《宋人轶事汇编》的经验教训,编一本高质量的《唐人轶事汇编》。

我向全国高校古籍整理研究工作委员会申请立项,得到批准,获得经费上的支援。我古典文献研究所内的三位成员——严杰、武秀成、姚松负责全书编纂的具体工作。他们花了三四年的时间,先作长编,后作考核,始行定稿。交稿后,上海古籍出版社的责任编辑丁如明同志又认真审稿,抓紧时间很快出版了。

如上所言,此书总结了前人的经验教训,在内容上有了进一步的考量,在体例上有了很多新的建树。全书共一百七十余万言,分为四十卷,引用唐宋文人所撰的杂史、传记、故事、小说近三百种,所收人物二千七百多人,内容可谓宏富。又加体例上有很多长处,读者使用时,咸称便利。

《唐人轶事汇编》中每一位人物的事迹,采取编年与分类相结合的方法排列,这样可以看出人物自幼成长的过程,也可看到他在其他方面的种种表现。材料的择取,集中于文史类内,排除那些荒诞无稽的记载,但对某一方面的特殊材料,如有关一行、张果等人的某些事迹,涉及宗教与民间信仰,或与自然科学方面的问题有关,故亦慎择摘取。

好些辞条共记一事,则按照著作的先后或记载的完整程度排列,读者不但可以掌握首出的与完整的材料,还可以了解到这些事件传播的广泛程度。有的辞条涉及多人,则用互见法加以解决。但这在工作上却增加了不少麻烦。总的说来,我们在内容和材料的审辨上下了很多功夫,多方发掘,继之以考证,每一个环节都可看出编纂者的努力。

此书问世后,颇获各界好评。上海古籍出版社社长李国章同志在纪念该社的创办而撰写的《四十载辛勤耕耘结硕果》一文中称《唐人轶事汇编》是"专题性古籍整理的集成性作品";尚古轩在香港《大公报》上撰文,则称轶事爱好者读是书时"似深入宝山,定可满载而归去"。

三

由于此书取得了成功,学术界很多朋友劝我继续从事这一方面的活动。程千帆先生多次提及丁传靖的《宋人轶事汇编》亟应改编,这时他更督促我抓紧时间完成这一工作。为此我又约请葛渭君、周子来、王华宝三位同志承担这一著作的具体编纂任务。

经过讨论,我们一致认为:不能在丁氏原书的基础上修修补补,应该参照《唐人轶事汇编》的体例,扩大著作的规模,预计全书完成后,将达二百五十万字左右,人物也将超过丁书数倍。这一部书,我们仍将命名为《宋人轶事汇编》,俾与《唐人轶事汇编》连接,成为前后相续的姊妹篇。目下这一工作正在进行之中,预计将要花上三四年功夫始能完成。

我在多年摸索之后,加深了对这类古籍整理工作的理解,尤感深切的是,从事大型汇编的编纂,体例问题首应考虑,那种号称思想性可统括一切的观点,实属不动脑筋的懒汉作风。

古人的成功经验可供我们借鉴。从事大型编纂工作,必须先制成长编,集纳材料,详辨而慎取之,最后组织成文。编者斟酌择取的过程,应在书中有所反映,以便读者考量与复核。我们编纂这类书籍,应以结构科学、材料可信与方便实用为最高原则。尽管有些人对这类著述不感兴趣,认为显示不出学术水平,实则学者水平的高下在编纂思想与著作体例中不难看出。我相信,夸夸其谈的人决然编不出什么高水平的著作来。

（原载上海古籍出版社主办之《古籍新书报》第 166 期,2016 年 6 月 28 日）

《唐语林校证》惨淡经营始末

1992年初,国家新闻出版署颁布了首届古籍整理图书奖,《唐语林校证》一书获二等奖,对此我当然感到很高兴。因为这次评奖规格颇高,新闻出版署聘请了许多专家对十多年来出版的古籍作了一次全面的评比,共评出一等奖10种、二等奖29种、三等奖50种。其中获一、二等奖的著作,都是著名学者毕生精力所萃的力作。我为《唐语林》一书作校证,从我个人学力来说,远难与前辈专家相比。况且我在从事整理《唐语林》前,对唐代笔记小说的情况知之甚少,差不多是边学边干,摸索着前进的。最后能够取得如此效果,也不可不谓之大幸了。

我用上海古籍出版社重印的这本书作工作本,该社用的是1958年8月中华书局上海编辑所的纸型,而这又是沿用1957年4月古典文学出版社的纸型。原来这书的校点工作做得不太细,标点方面问题尤多,必须重新推敲。例如卷八"凡造物由水"一条中"故江东宜绫纱,宜纸镜,水之故也。蜀人织锦,初成必濯于江,然后文采焕发"自应改为"故江东宜绫纱,宜纸,镜水之故也。蜀人织锦初成,必濯于江,然后文采焕发"。又如卷七"进士放榜讫"一条,中有"〔丁稜〕口讷,貌寝陋,迨引见,连曰:'稜等登。'盖言'登科'而卒莫能成语,左右莫不大笑。"我把其中"稜等登"一语改为"稜等登……",加上了省略号。此处原意本为表达丁稜口吃,故不能成语,从而引起他人发笑。此处如不用标点符号显示,也就难于表达原文的喜剧效果。

古典文学出版社此书是据《守山阁丛书》本排印的。守山阁主人钱熙祚刻此书时,依据的是武英殿聚珍本,为此我又依据聚珍本校了一两遍。

严格说来,《唐语林》此书没有什么版本问题可言。根据我后来的研究,王谠此书本没有定稿,当时似乎也没有刻出,所以宋人书目中的记载就有很多差异,卷数多寡不一,而且对著者也不甚了了。目下所见到的《唐语林》,体例非常特别:前四卷中还保留着一些原书面貌,存《德行》至《贤媛》十八门;后四卷中的条文则按所记之事的年代排列,以《补遗》的名义附后;第八卷中所记之事无年代可依,则又略事汇辑纂于全书之末。这也可以说是我国典籍中仅见的奇特体例了。所以如此,则是因为乾隆时修《四库全书》,利用《永乐大典》中的佚文重新编出了好多种书,于武英殿中以木活字排印,世称"武英殿聚珍本丛书"。其中《唐语林》一书,是现存《唐语林》最早的也是唯一的一种足本,所以我把它作为整理的底本。其后各地据此复刻或重刻,从版本上来说,同出一源,已经没有什么校勘价值了。

　　《唐语林》存世的最早刻本,仅存明嘉靖二年桐城齐之鸾刻的《唐语林》残本二卷,武英殿聚珍本《唐语林》的前四卷就是据此刊行的。这书也不是什么好本子,齐氏自云"惜予所得本多谬",其中文字"又有不能意晓者",可见明代初期即已难得《唐语林》的可靠本子了。这一本子也很难得,南京无此书,我就只能利用暑假,到上海图书馆去读书。1982年第二次去时,此书已制成胶卷,阅读机放在一间四面无窗仅有一门出入的屋子里。时当盛夏,酷热异常,虽有两台电扇不停地吹,仍如置身蒸笼里一样。半天下来,汗流如注,连续工作几天,也可称够辛苦的了。

　　由上可知,传世的《唐语林》一无古本可依,二无善本可据,在校勘上遇到了很大的困难。而《唐语林》历经分合与传写,错误至多,又必须细加校正。整理古籍的第一步工作,得通过校勘完成一种可靠的定本,但《唐语林》的校勘却又无法采用校勘中最基本的方法——对校法。因为此书原是汇编多种笔记小说而成的,各人记叙的方式和材料来源不同,因而又无法采用本校法定是非。采用理校法吧,风险太大,而且全书篇幅很大,纯出臆断,也不像校书的样子。这样,校书四法中就只有他校法可供采择了。

应该说用他校法治《唐语林》,回旋余地还是较大的。因为《唐语林》所依据的原书,半数以上还流传于世,宋元时人的总集、类书、别集、笔记中也保存了许多可供参证的材料。只是材料分散,情况复杂,要想做好工作,也不容易,得花大力气才行。

起初我对此事想得较简单。因为聚珍本《唐语林》正文之前,有一份《唐语林原序目》,这是四库全书馆臣从《永乐大典》中抄出来的,里面列出了王谠编纂《唐语林》时所依据的五十种书的书名,尽管里面已经佚去两种书名,但若把其他四十八种书一一找出,和《唐语林》中的条文核对,不是可以一一追溯到原出处了么?

仔细一看,事情可没有这么简单。里面有些书,非但没有听到过,甚至还不知到哪里去找。有些书吧,像《谭宾录》《戎幕闲谈》《太平广记》等书中有佚文,可以发现内与《唐语林》中条文有重合者,借此可证王谠采录的是这些书中的文字。有些书,如《贞陵遗事》《续贞陵遗事》《常侍言旨》,在《类说》《绀珠集》等书中有收录。于是我就阅读《四库全书总目》,看宋代流传至今还有哪些重要的类书,并且力所能及地去进行查对。最后得出的结论是,《太平广记》《类说》《绀珠集》和元代陶宗仪的《说郛》搜集笔记小说最多,《太平广记》记叙比较完整,《类说》《绀珠集》删节较多,《说郛》则情况不一,视书而异。此外,像《新编分门古今类事》《古今合璧事类备要》《白孔六帖》《海录碎事》《锦绣万花谷》《近事会元》,甚至篇幅甚小的《五色线》《续释常谈》等书中都有可资参证的文字。

《唐语林》中记载的事情,可与史书互参者甚多。《新唐书》曾吸收小说入史,这是古今一致的看法,岑仲勉在《唐史馀沈》卷四《总论〈新唐书〉》中有介绍，实际上可不止他所列出的几条，我在校证《唐语林》时曾将接触到的材料随手记在《新唐书》有关志传的书眉上，不下百余条之多，后以无法作精密统计而作罢。《旧唐书》中也已旁搜小说入史。我常将《唐语林》中的记载与《资治通鉴》正文对读，判断所记事件的年代。这样，也就涉及了《资治通鉴考异》中的许多珍贵资料。

研究唐代笔记小说，《资治通鉴考异》一书亟应重视，这不光是因为书中所录笔记小说的文字接近原貌，司马光对记载的可信程度有所判断，而且有些征引的小说，像林恩的《补国史》等，不见其他任何记载，《唐语林》卷一叙高崇文伐蜀事，卷二叙杜悰议抚云南事，卷三叙李固言诫刘从谏事，卷六前后叙及文宗问《春秋》大义与李训的解释，篇幅都很长，只保存在此书中。《补国史》叙事首尾完整，颇近纪事本末体例，由此可知袁枢首创这一史体时也是有所承受的。

司马光等人编纂《资治通鉴》时，先以年月为纲，纂成长编，将搜集到的材料归在一起，详加考辨，然后定稿，这是编纂较大型的著作时必须遵行的操作过程。我将《唐语林》八卷逐条剪开粘贴在稿纸上，将有关材料附后，制成长编，分装八册。工作时，放在一只大包里，时常翻来翻去，倒像是账房先生在查账似的。

为了查对方便，我把每一条条文编了号，该条出于哪一种原书，查到之后随即记下。我把《国史补》等笔记小说原书，《太平广记》等总集，《太平御览》等类书，《能改斋漫录》等笔记，以及其他有关材料，一一翻检。有时看到某条材料，似乎与《唐语林》中某一条对应，但后者的条文有一千多，猛然要想知道它究竟在何处，可没有这种天分，于是我又把书中人名制成索引，一有疑惑之处，就查检人名索引，进行核对。笨人也只能用笨办法来解决问题。

经查对后，发现《唐语林》中有些文字本是摘引几种书中的若干条文字编成的，例如卷四《贤媛》引柳婕妤事，自"婕妤生延王"始，原出

《因话录》卷一，而前面的"玄宗柳婕好有才学"部分，则不知出于何书。这样我就必须将之分成两条，全书又只能重新编码。随着工作的深入，这类情况不断发现，重新分条与剪贴的工作也就反复了多次。

《唐语林》此书之成，有其先天的缺陷：此书未定稿，工作较草率；《永乐大典》编者将其条文散入全书，却又常是误标书名；《四库全书》馆臣工作同样草率，一方面将许多标明《唐语林》的文字漏收，一方面将误标书名的文字编入。对后一类文字进行溯源，从而将之剔出《唐语林》，最为难办。因为这像大海捞针一样，不易发现。但经努力，终有所获，计有十多种书的条文被检查了出来，中如卷六"张权舆谏幸骊山"一条，原出杜牧《樊川文集》卷十二《与人论谏书》；卷八"唐人酒令"一条，原出《容斋续笔》卷十六。洪迈生于王谠之后，四库馆臣将此编入，颠倒之甚。

前人翻刻《唐语林》时也曾做过校勘与溯源的工作，其中《守山阁丛书》本做得较好，因为主持这项工作的张文虎、顾观光等人，都是知名学者，因此成绩颇为可观。但这些人的工作也不能说是很到家的。因为他们用以校勘的，仅限于现存有单行本的若干笔记小说，而如《次柳氏旧闻》等书，用的又不是好本子，文字每与《顾氏文房小说》本有异。这里有一例证，足以说明前人轻视小说的观念对整理古籍甚为有害。钱熙祚用齐之鸾本对校，发现四库馆臣刊行聚珍本时，漏辑了八条，刻入《校勘记》中。其后陆心源又以齐之鸾本对校，发现了佚文十四条，于是刻入《群书校补》卷四中；比之钱氏《校勘记》，又补充了六条。但他们的工作实际上还有遗漏，《唐语林》卷三"牛僧孺奇士"一条，齐之鸾本原有，各家均未发现。由此可知，此书仅有的一部明刻本，薄薄两卷文字，大家都不愿下功夫查检。我的工作能够有所提高，无非肯下笨功夫，态度比较认真就是了。

我曾将《永乐大典》的影印本从头到尾翻了一遍，将《唐语林》中文字所出的原书一一检出,发现现在流传的一些笔记小说原来也有残佚,例如《唐语林》卷三《方正》薛元赏杖杀无礼军将一条,《永乐大典》卷一八二〇八曾引,云出《玉泉子闻见真录》。该书基本内容当与《原序目》中的《玉泉笔端》亦即传世的《玉泉子》相近,然通行本已失载。又如《唐语林》卷五有"元伯和、李腾、腾弟淮、王缙,时人谓之四凶"一条,颇怪王缙何以会与元载之子并列,查《永乐大典》卷二九七九亦有此文,云出《刘公嘉话录》,"王缙"作"王缙之子",则是《永乐大典》此文不但可正《唐语林》之误,而且可补今本《刘宾客嘉话录》之失。

就是这样地,我对《唐语林》中的每一条条文作了校雠和考核,对五十种原书一一作了研究,对滥入此书的条文作了追踪,可以说是对唐代笔记小说作了认真的研究。后来我将研究心得写成《〈唐语林〉援据原书提要》,作为附录;后又进行综合研究,写成《〈唐语林〉原序目考辨》一文,收入论文集《文史探微》中。文中把书名的混乱情况分为"书名夺误""异称淆混""题署不常""篇章窜乱""附文随入""无法印证""疑莫能明""难以决断""钩沉可得""似佚实存"十项,这是我国笔记小说中常见的现象,这里所作的典型分析,或许对读者会有启示作用。

这项整理工作,从 1981 年下半年始,历时三年,于 1983 年完成。其后我又陆续作了些加工,终由中华书局于 1987 年刊行。

如果此书取得了一些成绩的话,下列三点似可注意:

一、操作过程比较规范。不偷懒,不取巧,标点逐一推敲,文字逐一考核,从头到尾,一步一个脚印地前进。我的做法可说是很传统的,先作校勘,后作长编,广搜材料,细作考辨,务使整理过后的《唐语林》文字可靠,考辨可信,辑佚无所遗漏。

二、总体设计比较科学。我对全书的整体构架曾作反复考虑,针对读者的需要,撰写各种有关材料。除正文、辑佚外,还有附录六种:即(一)《唐语林》援据原书提要;(二) 宋元明三代书目著录;(三) 前人序跋与题记;(四)参考书目;(五)援据原书索引;(六)人名索引。各部分相互呼应,融为一体,务使读者多获知识,使用时感到方便。

三、研究工作比较深入。学术界都认为必须在研究的基础上进行古籍整理,赵守俨先生曾从这一角度对《唐语林校证》大加揄扬,虽觉受之有愧,但我确是处处不忘寻根究底,多方探索。我为《唐语林》涉及的五六十种笔记作了提要,对书中难解的俏皮话与双关语作了解释,并且写了两万字的前言,详细分析《唐语林》的文献价值和流传过程中出现的问题,这里都有我研究的心得。这些成果,正是从逐字逐句的推敲中提炼出来的。

后来我把整理过程中发现的许多问题慢慢扩大为专题论文,前后总计也有二十多万字。目下我已加工成《唐人笔记小说考索》一书,以此作为《唐语林校证》的姊妹篇而供并读。

多年的劳碌总算有了收获。《唐语林》此书,学者以其材料可贵,都想援用,但又因其杂乱异常而不敢贸然从事。《唐语林校证》出版后,一些朋友来信说,他们敢于大胆使用此书了。程千帆先生称赞此举是救活了一本死书,虽觉过誉,但看到自己的劳动有益于人,也感到当年的惨淡经营完全值得。

但由于水平的限制,也由于精力常是分散,书中还留下不少错误。不论在标点上、考订上,也不论在前言里、原书提要里,都有不少有待改正的地方。目下我的研究重点已经转移,但仍在为修订《唐语林校证》而积累材料。原来我从《侯鲭录》卷八中发现一条文字,与《唐语林》卷七"宗室凌迟"一条切合,证明了《原序目》中的《齐集》实为《岚斋集》之误。盖"斋"形讹为"齐",而又夺一"岚"字,致有此误。后来严杰同志告诉我,《唐语林》卷四"湖接两头,苏连三尾"一条,亦出《岚斋集》,《吴郡志》卷十二中有记载;台湾东吴大学王国良教授给我寄来"中央图书馆"藏钞本《姬侍类偶》的复印件,可证《唐语林》卷六中"武三头"一条亦出《岚斋集》；可知《唐语林》中援用《岚斋集》的文字，至少有三条。而我以前发现《邵氏闻见后录》卷十七中"唐人知贡举者有诗"一条，《全芳备祖》卷十九中"陆龟蒙醉赋"一条，均出《岚斋集》；这样，《岚斋集》中存世文字，目下所知者，已有五条。这些成果的取得，似乎微不足道，但作古籍整理，却就是这么琐碎而辛苦。我从事过多种研究工作，可谓辛苦略尝，因而对"不相菲薄不相师"的说法特别欣赏，平时每对某些鄙视古籍整理而好作高论的人敬而远之，总希望有人不辞劳苦从事这方面的工作，因为这是有关传统文化的基本建设，一人劳而万人逸，对子孙后代都有裨益。

（原载《古典文学知识》1994 年第 2 期）

《中国文学批评小史》写作中的点滴心得

屈指算来，我在南京大学教书已有数十年了。任务多变，开过不少课，其中中国文学批评史课教了四遍，已经算是我开过的课中时间最长的了。其间我写了一篇论文《梁代文论三派述要》，一本书《中国文学批评小史》，两本教材《中国文学批评重要专著篇目索引》和《文心雕龙解析》；后二者都没有正式出版，要到将来空闲些时再来考虑如何加工问世。

现在一切都要讲效益。回头看来，这一时期的成果效益不差。《梁代文论三派述要》一文发表在《中华文史论丛》第五辑上，并列作者都是老一辈的知名学者，如高亨、谭其骧、夏承焘、唐圭璋、唐长孺、俞平伯等，而我当时三十刚出头，因此"文化大革命"中有人开玩笑，说我是削尖脑袋往资产阶级学术权威的队伍里钻的。其后台湾杨家骆将此文编入《中国学术类编》(鼎文书局)内的《中国中古文学史等七书》，罗联添编入《中国文学史论文精选》(学海出版社)、《中国文学史论文选集续编》(学生书局)，改革开放后见到不少台湾朋友，好些人都一见如故，就因读了这篇文章。

《中国文学批评小史》的效益也不差。初版八千多册，几个月就卖完了。以后不少人来函索取，但已无货供应。1986年参加汕头大学举办的韩愈国际学术会议，遇到新加坡国立大学讲授中国文学批评史的杨松年先生，承告已将此书列为主要参考书。1993年韩国学者多人前来南京大学访问，汉城大学的李炳汉先生告知，他曾用此书作教材，其他几所大学的教师也先后告知，他们曾用或至今仍在使用此书作教材。而在前年，韩国全弘哲等三位先生又将此书译成韩文，已由该国理论与实践出版社出版。日本奈良女子大学横山弘教授以此作教材，指导学生译为日语，且加注释，最后由其审订，公开出版。鹿儿岛大学高津孝副教授也已将此书译为日文，正谋求出版。

此书曾被台湾崧高书社盗版私印，韩国某出版社又据此私印。为了满足社会上的需要，避免以讹传讹，我作了一些必要的修订，分别于1994 年与1996 年由台湾的丽文文化公司和沈阳的辽宁古籍出版社再版。

此书为什么具有这么好的效益？分析起来似有一些问题可供他人参考。

首先是个定位的问题。不论做什么事，总要先考虑对象，写一本书，也应考虑对象是谁。文学批评史的读者对象较窄，连本国一些大学里的中文系都未必开此课，更不要说是中小学或其他单位了。它的读者只能是大学生和一些中国古代文学爱好者，以及部分文学理论研究者。但目下学习中文的学生各种课程负担很重，不可能抽出时间来读分量很大的著作。对此我还有另一种体会。年轻时读书，总想找一本纤悉无遗的大书来看，依仗记忆力还好，可毕其功于一役。事后总结，往往效果不佳，读后似懂非懂，记不下多少东西。后来明白，学习确是应该循序渐进，先把这一学科的基本问题弄懂记住，然后再求提高。贪多务得，往往欲速则不达。

目下有关中国文学批评史的著作已有一二十种之多，篇幅一般都很大，写大书固有难处，但也有容易的地方。篇幅小的批评史，至今为数很少，也可见其难处。我的《小史》定位在"小"上，确是不够大气，但我追求的是"少而精"，或许正是在"小"上适合了读者需要。有的朋友问我是否还有计划扩展成大书，我可不想动，即使这次略作修订，也不破坏原有格局。

对象既明，就得考虑他们学习时会遇到哪些困难。批评史中有许多术语，现在的人很难把握，这得想办法解决。例如《古诗源》《唐诗别裁》《清诗别裁》的编者沈德潜属格调派，这一名词怎样理解，李梦阳《潜虬山人记》中说："夫诗有七难，格古、调逸、气舒、句浑、音圆、思冲、情以发之，七者备而后诗昌也。"又《驳何氏论文书》曰："高古者格，宛亮者调。"说明沈氏所追求的艺术境界，以及他所继承的文学传统与七子有关。又如姚鼐在《古文辞类纂》的"序目"中提出："凡文之体类十三，而所以为文者八，曰：神、理、气、味、格、律、声、色。"我解释道：神当指精神，理当指义理，气当指气势，味当指韵味，格当指体式，律当指法度，声当指音调，色当指辞藻；并引谢应芝《蒙泉子》曰："文以理为主，神以运之，气以充之，酝酿以取味，抑扬以取韵，声贵能沉能飞，色淡而不黯，丽而不耀。"这样就可让读者自行研索，求得正解。我不太喜欢用理论界常用的术语像现实主义、浪漫主义等名词去解释，因为中西文化背景不同，有时嫌不贴切。

有些风格方面的问题，更是抽象，难以把握，我就试用作品去印证。例如江西诗派中三祖之一的陈师道在《后山诗话》中提出"宁拙毋巧，宁朴毋华，宁粗毋弱，宁僻毋俗，诗文皆然"。不熟悉古代诗文作品的人，就很难理解，我就酌举一些诗句作为例证加以说明。杜甫《即事》"一双白鱼不受钓，三寸黄柑犹自青"，是谓"拙"；陈师道《示三子》"喜极不得语，泪尽方一哂"，是谓"朴"；薛能《自讽》"千题万咏过三旬，忘食贪魔作瘦人"，是谓"粗"；孟郊《秋怀》"商叶堕干雨，秋衣卧单云"，是谓"僻"。江西诗派刻意寻求的就是这类诗句，读者自可玩味得之。

在历史书中，我很喜欢读范文澜的《中国通史简编》。范老国学基础深厚，文笔省净，而又见解高，看问题一针见血。评论古人，说好说坏，态度鲜明，不迎合世俗之见。我在写作《小史》时，颇欲效其笔法，只是限于水平，而又受到其时极左思潮的影响，有的地方批评古人过严，例如对江西诗派与黄庭坚的评价就有片面之处。这次修改，适当地做了些纠偏的工作。

文学批评史是建立在历史、文学史、文学理论等多种学科之上的一门科学。由于中国古代文人往往兼作家与理论家于一身，专业的文学理论家很少，纯理论的著作也不多，因此批评史上的思潮起伏，流派纷争，都应放在当时的历史背景下，结合文学史而进行阐发，这样或许更切合中国的实际，写起来也有血有肉些。当时感到中国的历史那么长，要想理清文论的历史发展线索，如何下手，很费斟酌。记得曾经拟过几个题目，对每一个时期文坛上发生的重大事件进行剖析，或许能够执简御繁，先把古代文论发展史上的几个重要阶段的轮廓勾勒出来。我为先秦拟的题目为"儒道两家对文论的影响"，两汉拟的题目是"王充与两汉文风"，魏晋南北朝拟的题目是"梁代文论三派述要"，唐代拟的题目是"元和文坛的新风貌"，宋代拟的题目是"北宋文坛上的派系与理论之争"，明代拟的题目是"王学左派影响下的文坛演变"，清代拟的题目是"新旧交替过程中的王国维"。后因"文革"陡起，这项计划无法实现，写好的一些稿子，只发表了一篇《梁代文论三派述要》，"文革"之后又发表了《王充与两汉文风》《北宋文坛上的派系与理论之争》二文。《元和文坛的新风貌》一文，还是为了筹备唐代文学国际会议而重新写作的。

由此可见，我在研究中国文学批评史时，重点放在考察文学流派的递嬗兴替上。我很注意产生各种理论的时代思潮，分析理论之间的继承发展关系，把这放在文学史与大文化的背景下考察。论述的内容，不光限于传统的诗文，明代之后，着重介绍小说、戏曲理论方面的成就，还有一章专门介绍有关民歌的理论。麻雀虽小，五脏俱全，有关批评史的基本知识，似乎无所遗漏。

上面拟的题目，摊子仍然铺得太大，无法在短期内完成。于是我又把魏晋南北朝和明代的文论列为研究的重点。前者上继先秦，下开唐宋；后者则对近代文学起到滥觞的作用。若能研究好这两个时期的文论，那么对于其他时期的文论也就融会贯通了。这种看法，我至今仍然坚持。

由于其时运动不断，任务多变，涉猎此途的时间过短，因而好多计划无法完成，只对魏晋南北朝时期的文论下了一些功夫，线索理得比较清楚，因而还能在《小史》中列出几张表格加以表示。

我年幼时多病，高中、大学阶段长期生肺病，因而体质很差。这时毕竟年轻，读书还算用功，在这四五年内干的事确实不少。当时学生学习中国文学批评史的热情很高，而又苦于难以入门，缺乏合适的辅导读物。刚巧我在1963年时有一个学期轮空无课，我就利用这段时期，每天上午到南京图书馆去看书。这样坚持了半年，也就编成了一本《中国历代文学理论批评专著篇目索引》。

我对各种著作的版本初步摸了一下，挑选一种常见而又可靠的列于首位，让学生易于借阅。例如欧阳修的《欧阳文忠公集》，有《四部丛刊》、《四部备要》、《国学基本丛书》、世界书局刊行等诸本，我把《四部丛刊》本列于首位，从中选出《水谷夜行寄子美圣俞》（卷二）等诗文共十九篇，并在《水谷夜行寄子美圣俞》《梅圣俞诗集序》《送徐无党南归序》《答吴充秀才书》《答祖择之书》等文之前加圈，表示这些文章尤为重要。我还在《水谷夜行寄子美圣俞》下提示程千帆、缪琨《宋诗选》（古典文学出版社）有注，《梅圣俞诗集序》下提示王水照《宋代散文选注》（中华书局上海编辑所）、中国人民大学语文系文学教研室《历史文选》（中国青年出版社）有注，《送徐无党南归序》下提示黄公渚《欧阳永叔文》（商务印书馆《学生国学丛书》）、高步瀛《唐宋文举要》（中华书局上海编辑所）有注，《答吴充秀才书》下提示王焕镳《中国文学批评论文集》（正中书局）有注。最后我又加按语曰："欧阳氏诗话后来通称《六一诗话》，单行者有《历代诗话》本、《丛书集成》本等多种，近人民文学出版社出版了郑文的校点本,最便阅读。"其他著作的介绍也大体如此。

这份教学辅导材料,当然谈不上有多高的学术水平,但颇适合学生自学需要,因而也有它的价值。而我通过这番踏实地阅读原作,就对批评史的内容了解得具体多了。这对我后来写作《小史》无疑有很大的好处。

20世纪80年代以来,我的研究重点转移,古代文论方面的研究不得不暂时放下,但迫于形势,有时也不得不重弹旧调。例如1984年时复旦大学举办《文心雕龙》国际会议,我应邀参加。会议规格很高,与会者很多是中国内地、香港地区与日本的负有盛名的《文心雕龙》专家,我则过去从未写过有关《文心雕龙》的文章,这次滥竽充数,可也不能太辜负邀请者的盛情,于是我在旧稿的基础上,写了一篇将近两万字的论文《刘勰的主要研究方法——"折衷"说述评》。罗宗强教授于1991年新加坡国立大学主办的"国学研究的回顾与前瞻"会议上还特别提到此文,作为研究刘勰理论特点分析深入的范文而推举。我想此文要说有什么特点的话,那也就是从刘勰《文心雕龙》的文本出发,而不去学过去与目下理论界常见的工作方法:介绍一些苏联的或西方的文艺理论来指引,然后征引《文心雕龙》中的文句为例证,从而构成一些与现代理论切近的论文。我的研究,一般都是在大量原始材料的基础上进行概括和提炼,《小史》的写作似有不同,实则同样体现出我的个人特点,即以大量的文献资料为基础,然后进行理论阐发。

(原载《古典文学知识》1995年第5期)

序跋评语

《唐诗大辞典》前言

唐诗乃中国文学之瑰宝。国人每称韵文之达到高度成就者曰唐诗、宋词、元曲，而唐诗作品之多，显然超过后二者。清代御定《全唐诗》共收诗人2200多人，诗48900余首，已使人有望洋兴叹之感。日本学者根据彼邦文献保存之佚诗，编成《全唐诗逸》3卷，又得诗人128人（其中82人不见于《全唐诗》），诗66首，断句数百。而自清代末年敦煌发现遗书之后，从各种卷子之中又得不见著录之诗人多名，佚诗达数百首。现代学者于金石、方志、类书、笔记、佛书、道藏以及后人别集等多种材料中细加检索，所获更丰。即以中华书局出版之《全唐诗外编》《全唐诗续拾》（合称《全唐诗补编》）而言，又得诗人1500人左右，诗5000余首，残句1500余句。由此可见唐代诗歌作者之众与诗篇之富。

我国灿烂之古代文化，对丰富与发展世界文明曾起重大作用。唐代文化，则是我国古代文化中最为光辉之部分，曾对东亚各国及世界上其他许多国家产生过难以估量之影响。近人或称发源于我国，具有独特体系与鲜明特色之此一文化为东方文化，而唐代文化，包括其中成就最高之诗歌，则是其有代表性之高峰，自应予以高度重视。无怪乎世界上有如此之多的学者喜爱唐代文化，更有众多学者集中精力研究唐诗。

为给广大唐诗爱好者提供一部高质量之工具书，我等约请全国众多之唐诗研究者编写此一《唐诗大辞典》。举凡喜爱唐诗之人，研究唐诗之人，或一般接触过中国文学之人，均将发现此乃至为实用之工具书。或可如是而言，此一辞典实为集成之作，全面反映出我国唐诗研究之成果。我等希望此一著作能起里程碑之作用。后起之唐诗研究工作者自然前程无量,然于鼓翼腾飞时,均可利用此一辞典作为基地。

南京大学古典文献研究所以整理唐代文献为职责。为编好此一《唐诗大辞典》,所里人员齐心协力工作将近一年。由于时间紧迫,更由于水平限制,其中必然仍有甚多错误与不足之处,希望海内外读者予以批评指正。

（《唐诗大辞典》,江苏古籍出版社 1990 年 11 月出版）

《程千帆先生八十寿辰纪念文集》序

江南素称人文荟萃之区。南京一地之于全国，不论是在政治上，还是在文化上，都占有重要的地位。时至近代，培养人才的任务主要由高等学府承担，中央大学和金陵大学的历史都很悠久，两校的教授又常相互兼课，他们培养出来的学生，遍布国内外，对推动我国学术的前进起到了重要的作用。1949 年中央大学改称南京大学，1952 年全国高等学校院系调整，南京大学和金陵大学的很多系科合并，统称南京大学。南京大学中文系就是在原来这两所学校的基础上筹建而成的。

从 1903 年三江师范学堂算起，南京大学已有 90 年的历史了，其间学者云集。20 世纪 20 年代前期，以古文知名的姚仲实（永朴）先生和以骈文知名的李审言（详）先生都曾在此任教，20 年代中后期和 30 年代初期，黄季刚（侃）和胡小石（光炜）等先生也都在此任教。季刚先生学问博大，尤以经学与小学著称；小石先生则研究当时的新兴学科甲骨文、修辞和文学史。可以说，南京的这些大学里学派纷呈，极一时之盛，学生处在这样浓郁的学术气氛之中，如沐春风，如浴春雨，中央大学和金陵大学的毕业生中人才济济，是与这种优良传统有关的。

千帆先生于 30 年代前期毕业于金陵大学，受到过黄、胡先生的指授，在校雠学、文学史和诗文创作等方面都下过很深的功夫。毕业后赴武汉大学等处任教，70 年代后期又回母校工作。在这一段时间内，正经历着时代的巨变，但他不论是处在颠沛流离的入川时期，还是以非罪获遣的流放阶段，都没有放弃学术活动。借用朱熹的两句诗来说，可谓"旧学商量加邃密，新知培养转深沉"，他在努力汲取新知的同时更加深了对旧学的领悟。

十年动乱结束以后,我国的历史翻开了新的一页。千帆先生心情舒畅,积极开展学术活动,并以饱满的热情培养学生,在不到十年的时间内,培养出了几十名博士生和硕士生。千帆先生的教学思想是:学生应敬业乐群,德行与学业并重;治学应沟通古今,融文史于一炉,考据与批评并举,严谨与创新并重。这是他继承了南京高校的传统学风,加入自身的深切体会,才作出这番要求的。在他的精心指导下,学生大都斐然有成,不少人已崭露头角。《庄子》上说:"指穷于为薪,火传也,不知其尽也。"他在教学事业上的成绩,将与他在学术上的贡献并重。

　　自南京大学中文系建立硕士点和博士点起,我一直参与着教学工作。后又和千帆先生合作培养博士生。正当千帆先生欢度八十大庆之际,由本校的一些及门弟子发起,联合他校的同门,各撰一文为先生寿,这自然是一种很好的纪念方式。我对千帆先生的悉心教学向抱敬意,而又看到学生们的健康成长,心中忻悦,故乐于为学术界介绍这一文集的始末。

　　(《程千帆先生八十寿辰纪念文集》,江苏古籍出版社 1992 年 9 月出版)

《欧阳修年谱》序

严杰同志编著的《欧阳修年谱》就要出版了。他多年来的研究工作终于有了良好的结果，我不仅为他个人的成就感到庆幸，也为学术界增添了一部新的有价值的学术著作而感到高兴。

有些人对年谱的重要作用认识不足，甚至认为年谱不能算是学术著作。这是很错误的。实则年谱的编纂，往往体现为对谱主研究工作的总结与开拓，是学术界对谱主的研究水平达到何种程度的体现。而对读者来说，如想了解某位历史人物，最简捷可靠的办法，就是先阅读该人的年谱。一部好的年谱，应把读者所要了解的事情明晰地展示出来。欧阳修是在宋代历史上发生过重大影响的一位人物，古来一直把他和唐代的韩愈并列，苏轼在《居士集叙》中说："愈之后三百有余年而后得欧阳子。其学推韩愈、孟子以达于孔氏，著礼乐仁义之实，以合于大道。……士无贤不肖，不谋而同曰：'欧阳子，今之韩愈也。'"但是后人对他们二人个人历史的研究却差距太远了。韩愈的年谱传世者有近二十多种之多，在宋代就有四五种，有的还颇为详尽，欧阳修则只有三四种年谱传世，而且编纂得都不太理想，这就需要有一部高水平的《欧阳修年谱》出现。

韩愈与欧阳修在文学领域中的主要贡献，都在主持并推动了古文运动，并在诗歌的创新方面作出了贡献。但韩愈为人倨傲，与时人交往不太紧密，他培植"韩门弟子"取得了很大的成功，但受教者人数却是不多的。欧阳修的情况不同，他交游至广，一直参与重要的政治活动，且主持文坛数十年，培植了大批文士，转变了风气，使宋代文化出现前所未有的繁荣景象。但前人在为欧阳修撰写年谱时，却是对其交游之广认识不足，严杰此谱抓住了这一重要方面，通过谱主展示了北宋文坛上的群体活动,这就使得《年谱》的内容不局限于个人活动而反映出其时各种文化活动的丰富内涵。

欧阳修在学术领域中的许多方面都有重要创获,除文学外,诸如经学、史学,以及金石之学等等,都给后代留下丰硕的成果并发生过深远影响,比之韩愈,他所涉足的领域要宽泛得多。因此,严杰为之编纂年谱,要有多方面的知识。现在看来,他已取得了很好的成绩,许多问题论述得很精到,这是难能可贵的。

从大体来看,严杰在考订与理论方面都很见功力。诸如景祐四年(1037),欧阳修曾往许州迎娶薛奎女,又到随州奔叔父丧,然后还夷陵任所。严杰指出诗文中的"山行"一事当在本年,并非三年赴夷陵的行踪,解决了前人缠绕不清的问题,很有说服力。又如他在天圣九年(1031)下叙谱主与西昆体的关系,熙宁四年(1071)下论谱主对佛教的态度,都曾进行过细致的辨析,并提出了可信的见解。诸如此类,不胜枚举。读者自可发现此谱在许多地方提供了新的结论。

严杰在中学阶段,适逢"文化大革命"运动,下乡插队十年,又至工厂做工五年,但他勤学不辍,终于1983年以同等学力考入我系当硕士研究生,专攻古代文学。他勤奋异常,在吴翠芬教授的指导下,写下了这部《欧阳修年谱》,作为硕士论文,并取得了学位。其后他在南京大学古典文献研究所工作,继续研究欧阳修,并对其论文多次修改,然后定稿。今经评审通过,列为文献研究所的专刊,由南京出版社正式出版。我忝为他的老师,又为他任职单位南京大学古典文献研究所的所长,目睹他的成长,知道这一成果取得之不易,故乐为读者介绍此一著作的撰述经过。严杰目前正在孜孜不倦地进行唐宋文献的整理研究工作,今后将向学术界展示新的研究实绩。我预祝他不断地取得成功。

(《欧阳修年谱》,南京出版社 1993 年 11 月出版)

《宋代笔记研究》序

从 20 世纪 70 年代起，我对唐代文学产生了兴趣，断断续续地进行过一些专题研究；80 年代初期，我的注意力又转向唐代笔记小说，并且做了一些整理和研究工作。本想顺流而下，对宋代的笔记、笔记小说也作一番耕耘，但社会活动突然大量增加，简直抽不出什么完整的时间再进行专题研究。对于一个长期从事科研工作的教师来说，不无怅怅之感。刚巧那时张晖同学正在考虑做毕业论文，他对笔记小说也很有兴趣，便想以《宋代笔记研究》为硕士论文的题目。当时我的心情是一则以喜，一则以惧。喜的是自己未能完成的课题有学生来接着做；惧的是宋代笔记数量多、内容杂，以一个硕士研究生来做这一论文，能否掌握与驾驭材料，达到硕士生的应有水平？我在帮他考虑选题时，有过一番踌躇，但在经过一段时间的考察之后，终于同意了他的这一申请。

现在看来，由他来做这一工作甚为合适。这部专著《宋代笔记研究》的公开出版，就是明证。这是他勤奋工作的生动记录，也是社会对他付出的劳动的公开承认。作为他的指导教师，我是深知这一阶段工作的甘苦的。南京大学对于研究生的要求是颇为严格的，入学一两年内，要读好多门课程，着眼于各种基本知识和各项基本技能的普遍提高，对于外语也有很高的要求；最后用在做论文上的时间，只有一年，最多不过一年半。而张晖要读的书，却是那么多，需要配备的辅助知识，又是那么广，但他以过人的勤奋，顽强的毅力，终于克服了困难，取得了成绩。尤其难能可贵的是，他的少年时期正处在"文革"前后的动乱阶段，中学时期没有上什么正规的课，上山下乡又用去了不少时间。

大学阶段,读的是一所师范学院的分校,条件较差。因此入学之初,他所遇到的困难是不少的,但他终于以加倍的努力克服重重困难,迅速提高了水平。有志者,事竟成,这一论文终于达到应有的水平,并如期完成。

笔记、笔记小说这一类著作,过去不太受到重视,很少有人致力于这方面的研究。研究学问,需要积累,前人留下的成果少,后人凭借的东西也就少,张晖于此实有白手起家的意味。他先作了广泛的阅读,读过的笔记不下数百种,摘录的卡片达到上万张,然后进行归纳和分析。而他整理研究成果时,又采取了很科学的现代方法,如统计制表等。读者不难发现,这部著作的分析性文字固多精辟之见,就是附录中的一些表格,也有重要的参考价值。即以《部分宋笔记所载唐宋重要文学家生平轶事一览表》而言,就可为研究唐宋两代的文学史工作者省却翻检之劳,提供许多有用的材料,这是稍有文史知识的人不难看出的。可以预计,这书定会受到学术界的广泛欢迎。

但这里也应说明,张晖写作此书,毕竟受到时间和学识的限制,尚有需要增补材料和加强论证的地方,但这并不妨碍此书的问世,因为这一著作已经具备了公开出版的应有条件。目下张晖仍在继续进行这方面的研究工作,我期待着他以更丰硕的成果贡献于社会。

(《宋代笔记研究》,华中师范大学出版社 1993 年 8 月出版)

《中国古代散文艺术》序

我国的文化源远流长。商代的甲骨卜辞中,有些记叙文字组织工致,具有文学意味。《尚书》中有"周诰殷盘",已是长篇的散文;《周书》中有同类文字,这些距今都已有几千年的历史了。周初的钟鼎文中有长篇的记叙文字,可称存世最为可信的散文。

我国的诗歌也起源很早。按照民俗学者的研究,人类总是先有诗歌,后有散文,这或许符合实际。但在我国的信史中,却是散文的传世年代更早。不过,自《诗经》《楚辞》出现后,后人常以"风骚"一词作为文学的代称,历代学者钻研文学理论,也就把精力集中在诗论上了。

文学史上出现了反差强烈的不平衡现象。我国的散文创作与诗歌创作都已有几千年的历史,都曾取得辉煌的成就,但作为总结创作经验和进行理论探讨的文论与诗论(此处乃就散文与诗歌的理论述作而言,文论仅指散文理论)却是差别很大,前者冷而后者热。这是什么原因造成的呢?

文学创作都有其抒情的成分,但在古人看来,散文以其实用价值为重,诗歌则以抒情功能为重。学术界的这种看法,到了魏晋南北朝时更为明确了。陆机《文赋》中论文体之区分曰:"诗缘情而绮靡,赋体物而浏亮,碑披文以相质,诔缠绵而凄怆,铭博约而温润,箴顿挫而清壮,颂优游以彬蔚,论精微而朗畅,奏平彻以闲雅,说炜晔而谲狂。"这里对诗所提的要求,所谓"缘情""绮靡",后来虽有人表示异议,但绝大多数的人实际上都接受。其他文体,例如"诔"吧,也很强调感情的抒发,但其应用的对象和范围是固定而有限制的,尤其是那些不重韵律而区分为不同文体的散文,差不多都有其固定的使用对象和范围,因此在我国文学批评史上占重要地位的文体论,都以钻研各别文体的特殊功能为其目的。

刘勰著《文心雕龙》,也把文体论的研究放在首位,所谓"论文叙笔,则囿别区分……上篇以上,纲领明矣"。而他又把各种文体的创作成就融会贯通而作综合研究,写成《文心雕龙》下篇,所谓"下篇以下,毛目显矣"。可见古代文人对于文体论的重视,以为其意义之大超过对文学的综合研究。因为封建社会的特点是把各色人等区分为各种等级,规定出系统的礼制,按照各人的身份与具体情况,使用合适的语言。人与人交往时,要求立言得体,因此文体论的研究首先受到人们的重视。这种只注意个别文体的研究而忽视对文章作综合研究的倾向,限制了古代文论的发展。例如吴讷《文章辨体》、徐师曾《文体明辨》的序说,对各种文体的写作要求规定得很具体,但细碎烦琐,所缺乏的,也就是将各种文体融会贯通而作出宏观的综合研究。

自宋代起,诗话的创作日趋兴盛,这种短小精悍、片言中的的文字,深得读者喜爱。与此类似的文话,像陈骙的《文则》、李涂的《文章精义》等,也随之而起,但其盛况则远不及诗话。何以会有这种差异?原因当然很复杂,分析起来,或许也与二者文体上的不同有关。诗歌的篇幅一般都较短小,创作时技巧上的要求较高,如何将微妙的感情与复杂的技巧处理得宜,个中情味,颇为诱人,而且介绍文人雅士事迹的小品文字,也有吸引人的力量。散文之中向以说理性的文字为重,写作这类文字,古人认为必须重视个人的道德修养,才能在文字中申述微言大义。所谓"气盛言宜"云云,即寓此意。自从"文以载道"之说兴起后,文人如果致力于写作技巧,更会被人诋为玩物丧志。这些错误的观点,都对散文艺术的发展起阻碍或破坏的作用。而且散文的篇幅一般都较大,想用三言两语阐发其中经验性的体会,而又常是偏于探讨如何申述微言大义，那么这类文字之不如诗话的隽永有味，也就是必然的了。

有关散文的理论著作，要到清末民初才有系统阐发的理论著作问世。姚永朴著《文学研究法》二十五篇，颇负时誉。但此书着重宣扬桐城派的理论，而从时代的发展来说，也已处于封建文化衰微之时，因此其理论上的建树，也就难于对新兴的文学起到指导的作用了。

新中国成立之后，散文的研究仍然远远落后于诗歌的研究。其间曾有几种偏于赏析性的著作较为畅销，但对散文这一内容丰富的重要文体的研究来说，却是缺乏总体的把握和全面的阐述。因此，学术界对此企盼甚殷，希望能有体制宏大的著作出现，填补学术领域中的这一空白。周明教授的这一著作《中国古代散文艺术》可以满足读者的要求。作者从事散文的教学与研究已有数十年之久，曾经发表过很多有关散文的文章，深得读者赞赏。如今他又把多年来的研究心得总结提高，从宏观上作理论阐发，又从微观上作具体分析，举出许多名篇作个案研究，构成完整的体系。这种宏观与微观相结合的研究方法，显示出作者的功力，也使此书的理论建设达到了一种新的水准。这样的研究著作，定会得到学术界的好评，受到读者的欢迎。我为能有机会首先读到这一著作而高兴，故乐于为此作介绍。

（《中国古代散文艺术》，江苏教育出版社 1994 年 12 月出版）

《汉朝的本土宗教与神话》序

　　王青君于 1989 年考入南京大学中文系,从我和莫砺锋教授学习,三年之后获得博士学位。他对神话、宗教等学问饶有兴趣,借此解读汉代文献,得出了许多新的结论。现在他在博士论文的基础上改写而成的《汉朝的本土宗教与神话》一书即将出版,索序于余。对此我有一些不成熟的想法,借此机会一并提出,以求教于方家。

　　汉代是我国历史上最为辉煌的王朝之一。在中国漫长的封建社会中,汉朝的文物典章制度对后代有巨大的影响。陈寅恪以为中国人受道教的影响至大,而道教即为汉代出现的本土宗教。因此,如果想了解中国人的思想,不能不研究道教。但汉代去今已远,文献记载残缺不全,研究某一具体问题,常是缺乏系统的记载。而且自武帝起儒家即已定于一尊,儒家不语怪力乱神,有关宗教、神话方面的问题不入士人眼帘,记载更不完整,这是从事这一课题首先会遇到的难处。

　　历史是有继承性的。汉承秦制,秦又采择六国礼仪,其中的曲折经过,细碎而难于清理。战国上承春秋,又处社会发生剧变之时,制度上的变化极为复杂。先秦文字古拙,记载又不完整。研究汉代问题,势必要从史的角度整理出一条发展线索,这项工作颇为不易。这是研究汉代学术的人都会遇到的另一个难题。

　　中国古代的学问,都综合到了经学中去。汉代即为经学极盛之时。西汉盛行今文学派,东汉兴起古文学派,魏晋南北朝时续有著述,唐初儒者综合前人之说而出现了许多经典的"正义"。宋学崛兴,又有新的解释;清儒代兴,经学上创获更多。有关汉代礼制上的许多问题,如"封禅""明堂"等,本为扑朔迷离之事,各家先后发表许多见解,虽对这些问题的方方面面作了细致的探讨,但也给人以治丝益棼之感。研究汉代学术,要对经学上的问题有所了解,并有所评判,而这又是极为繁难之事。这又是研究汉代学术的人都会遇到的又一个难题。

研究汉代学术十分重要,却又困难重重,这是人们喜谈汉唐气象而研究汉代的学者稀少的原因。处在目前一切讲求效益的时代,学人致力汉代文物典章制度的研究,难免会有投资多而效益差的感觉,这或许是目下研究先秦两汉的学者人数减少的原因。

况且目下研究两汉学术的人,必须具有新的眼光,要有许多新兴学科的知识,才能对流传下来的材料重作阐释,抉发其中隐含的新义。也只有具有各种新兴学科知识的人,才能对前此学者研究成果作出新的鉴别,明辨是非。

阅读此书的读者当可发现,本书作者具备上述各项条件,因此书中诸多新鲜观点的获得,绝非侥幸所致。他对研究这一阶段宗教、神话所需的文献尽可能地搜集齐备,细加甄别,又运用神话学、宗教学、政治学与哲学等方面的知识深入阐发,对历来研究薄弱的汉代国家宗教与民间宗教问题,作了系统的阐发,有益于汉代文史研究,也有助于人们理解中国传统文化的特点。

最后还可指出一点,王青的这一研究有别于时下风行的通论性著作。不是海阔天空,泛论一切,而是每一个结论都植根在大量的文献之中。不但如此,他还采用微观透视的方法,证成己说。除对人们已经做过一些研究的黄帝、老子等问题重作探讨,提出新见外,还对《列仙传》等典籍中的仙真神话进行分析,开拓新的研究领域。特别值得提出的是,他对《汉武帝内传》中西王母形象的分析,指出其与道教的传经仪式有深切关系,提出彼时现实中有女巫为其原型,最后的编订者应该是楼观道士。这类研究,前人从未涉及,视角新颖,对研究者有很好的启发作用。王青于此虽已取得很多成果,但还处于起步阶段,预见日后将有更大的发展,我预祝他不断有优秀的成果问世。

（《汉朝的本土宗教与神话》,台湾洪业文化事业有限公司 1998 年 8 月出版）

《战国策文新论》序

西学东渐之前,中国文人的思想,除受印度佛家思想影响之外,差不多一直笼罩在先秦哲学的影响之下。因此,前人每言中国学术起于先秦,研究古代学术首应注意《汉书·艺文志》中有关各学派的评述,是符合事实的。

先秦时期,百家争鸣,异彩纷呈。各个学派的代表人物竞相提出独树一帜的学说,对当时的社会问题与政治局面提出整治的方案。尽管各家之说未必都是什么救世良方,但各家都曾构拟出独特的思想体系,分析现实问题时总有自己的视角,并且都曾为贯彻本学派的主张而不懈地奋斗。他们的献身精神,探求真理的毅力和勇气,都使后人叹赏。

时代不断前进,社会形势随之发生种种变化,所谓九流十家的命运,也就发生了巨大差异。战国之时并称显学的儒家与墨家,到了后起王朝确立中央集权的专制政体之后,也就采取扬此抑彼的方针了。汉王朝的建立者刘邦路过曲阜时,以太牢之礼祭祀孔子,可见儒家在他心目中的地位。墨家虽有尚同的主张,可供统治者利用,但他们着重在下层民众中发展团体,这就有可能对统治者构成威胁,而且他们不分尊卑而要求兼爱,自然遭到统治阶层的厌恶。因此,在阶级社会中,墨家因其不合时宜而遭到否定,也就逐步趋于没落了。

汉武帝罢黜百家,独尊儒术,百家争鸣的局面从此不可能再现,其他学派都遭到了冷遇或压制,其中要以纵横家所受到的打击最为深重。

儒家首重义利之辨。《孟子·梁惠王章》记孟子见梁惠王:"王曰:

'叟不远千里而来,亦将有以利吾国乎?'孟子对曰:'王何必曰利? 亦有仁义而已矣。'"当时的思想家都在考虑如何统一天下的问题,儒家主张以仁义治国,反对首先从利害上考虑;纵横家的情况正相反,处处都从政治上的利害得失着眼而分析时势,处理问题。孟子对梁惠王的答复,实际上是对纵横家的批判。

汉代定儒家思想于一尊,历代王朝也无不标榜重"义"轻"利",因此纵横家在道义上就首先遭到了否定。其后历史上多次出现过混乱的局面,也曾出现过一些纵横捭阖的人四出活动,但他们总要借重另外学派的理论作为宣传口号,中国历史上自汉代之后已无纯粹的纵横家出现。

先秦时期各学派的一些代表人物,为了贯彻自己的主张,确是躬体力行,留下了许多难能可贵的事例。例如墨子为了"非攻",阻止楚国攻宋,昼夜兼程赶到楚国,和执政者展开激烈的争论。又如墨者巨子腹䵍之独子杀了人,他婉谢秦王赦免的好意,坚持杀子以殉墨家的原则。农家许行率领众弟子昼夜劳苦,贯彻本学派中自食其力的主张。这些都是一般的人难以做到的。纵横家的代表则异于是,他们朝秦暮楚,唯求个人的飞黄腾达。例如苏秦先是赴秦国谋求发展,劝秦"称帝而治",遭到秦王冷遇后,转而奔走山东六国,合纵攻秦。在后人看来,真是出尔反尔,一无信念可言。苏秦随后曾感叹地说:"使我有洛阳负郭田二顷。"也就不会四出奔走了,可见这些纵横家志趣的卑微。儒家在政治上讲求出处大节,纵横家则唯利是图,一无操守可言。

但是我们如果不抱成见地考察战国时期的形势,看看现实生活中到底是哪些人在推动历史的前进? 则应该客观地说,各家各派都对中国的历史与文化作出过贡献,有的呈现于当时,有的影响于后世。但以顺应时势以及推动当时政局急遽演变而言,要以纵横家的贡献为大。战国七雄,此起彼伏,递为雄长,都有一批纵横家在出谋划策,自魏国的崛起到秦国的统一六国,不管服务于各国的纵横家如何思考,他们都在为结束混乱局面而奋斗,志在建立一个统一的新王朝。因此,此时奔走四方,推动历史前进的,就有一批纵横家在起作用。他们在政治上发生的影响,比之其他各家,要大得多了。

但为什么纵横家在历史上所起的作用一直被人漠视,得不到正确的评价?我想原因就在于儒家思想在起主宰作用。人们评估古人时,总是着重在道德的层面上,这样纵横家就难于得到全面、公正的对待。

我们向往未来,总是希望出现一个"善"的世界,但在过去的时代,真正推动历史前进的,却是人的欲望,是"恶"。恩格斯在《费尔巴哈与德国古典哲学的终结》中介绍了黑格尔有关人性恶的学说后,进一步申述道:"黑格尔所说的恶是历史发展的动力借以表现出来的形式。这里有双重的意思。一方面,每一个新的进步都必然是对于某一种神圣事物的凌辱,是对于一种陈旧、衰亡,但为习惯所崇奉的秩序的叛乱。另一方面,自从各种社会阶级的对立发生以来,正是人的恶劣的情欲——贪欲和权势欲成了历史发展的杠杆。例如,封建制度和资产阶级的历史,就可作为这方面的源源不绝的证据。"以此观察战国历史,可以提高我们认识问题的深度。诸侯相互残杀,进行兼并战争,所谓"杀人盈城","杀人盈野",纵横家于中取利,但也推动了统一天下的进程。这幅血染的图画,不正是人的贪欲在起作用么?不是可以用作"恶"推动历史前进的生动事例么?

《汉书·艺文志》中论纵横家时说:"从横家者流,盖出于行人之官。孔子曰:'诵《诗》三百,使于四方,不能专对。虽多,亦奚以为?'又曰:使乎使乎!言其当权事制宜,受命而不受辞,此其所长也。及邪人为之,则上诈谖而弃其信。"班固用儒家的标准衡量纵横家的活动,自然会有如此严厉的批判。他追溯纵横家的历史渊源时,以为出于行人之官,则是从二者职务上的相似之点着眼的。二者之间,由于时代不同,当然会有巨大的差异。诚如顾炎武在《日知录》卷十三《周末风俗》中所说的,"春秋时犹尊礼重信,而七国则绝不言礼与信矣"。春秋时期的行人,本为诸侯国中与君主出于同一宗族的卿大夫,他们与君主之间有着血缘关系,利害相同,自然不会利用外交活动谋取私利了。纵横家的情况不同,他们与服务的诸侯无血缘关系,一般来说,他们出身较低下,四出活动的目的,就在改变个人的社会地位。这与前时的行人有着根本的不同。因此,他们没有前人委质为臣以性命相许这一近乎宗教信仰的原则作为自处之道,在他们来说,个人利益高于一切。

时代不同了,知识阶层所受的教育,所接受的训练,也与前有别。纵横家的眼界,比之前代行人,要开阔得多。战国时期各国的地域已经大为扩大,政治形势要错综复杂得多。纵横家在分析形势时,往往就人口、都市、地形、物产等总体国力着眼分析各国之间错综复杂的关系,评价各国之间军事力量的优劣,探讨政治发展的前景。春秋时期的行人折冲樽俎时,往往就谈判的具体问题而论,视野相对比较狭窄。战国时期一些杰出的纵横家,可以说是具有战略眼光,视野相当开阔。他们具有高超的外交手腕,有力地操纵政局,使纷纭扰攘的世界逐渐出现平静稳定,中国终于步入了"分久必合"的一统天下。

假如我们用求实的态度来考察纵横家的说辞,自然会发现很多不符实情的地方。这里有很多具体问题应当考虑。一是限于当时的学术水平,社会上还未发展出各种门类的科学,因此人们掌握的知识必然会有很多局限,后人于此不应对纵横家有过多的要求。二是纵横家在游说诸侯时,为了耸动人主,往往故意夸大事实,甚或捏造事实。但后人如用文学的眼光加以审视,则又可以认为纵横家所使用的也就是夸张、虚构等手法了。

中国富有文学意味的散文就是从战国时期开始的。纵横家在游说人主时,固然注意分析,但因面陈利害,注意大处着眼,不把细节上的精确放在首位。他们以口辩说服人主，故首重气势，让人主几无进一步思考的余地，首先就被他们的说辞所折服。

战国时期各学派的代表人物无不奔走四方，游说人主，争取他们的支持，使本学派的主张得以实施。因此，他们的作风与纵横家都有相通的地方。就以儒家中的代表人物孟子来说，其说辞也是滔滔汩汩，气势慑人。所不同者，他在论述时时而加入道义上的说教，不是一味分析政治形势就是了。

墨家与法家的散文较重逻辑，但因这两个学派自汉代起就处于非主流地位，因此在中国散文史上，不占主要地位。而在文学领域中一直占主要地位的，是呈现雄辩风格的纵横家和儒家中孟子一派的风格。

但如上所言，后人每对纵横家持偏见，故而纵横家在各方面所起的作用往往受到漠视，他们在文学上的成就，也没有得到正确对待。这既不合乎实际，也不公平。处在目前一切要求价值重估的情况下，学术界应该对纵横家在中国历史上所起的作用作出全面而正确的评价了。

山东大学古籍研究所郑杰文教授近年来一直从事纵横家的研究，并已取得了可喜的成绩。他从纵横家的事迹、理论、文学创作等方面进行系统的研究，为学术界提供了令人耳目一新的系列成果。有关纵横家的记载，零碎且多矛盾，这就需要进行考辨。杰文在《中国古代纵横家论》《鬼谷子天机妙意》等系列著作中，对存在的各种有关著作都进行了深入的钻研。他的研究工作，都植根在可信的文献考辨的基础上，并非时下一些望空立论的著作可比。他对纵横家的多方阐发，言必有据，具有说服力。《战国策文新论》中的文字，同样具有上述特点，读之自明，这里毋需我再饶舌了。

总的看来，杰文的这一系列著作填补了先秦诸子研究的空白，有助于提高人们对中国哲学的全面认识,可供学术界参考。《汉书·艺文志》"诸子略"中长期被遗落的一环,终于被有识之士接续上了。对于杰文从事这项研究工作的眼光与功力,以及业已取得的成就,感到欣喜。希望他在日后的研究工作中取得更多成果。

（《战国策文新论》,山东人民出版社 1998 年 10 月出版）

《金代文学研究》序

　　传志于 1990 年考入南京大学中文系,攻读古代文学博士学位。大学阶段,他在安徽师范大学中文系读书。师从刘学锴、余恕诚等教授。他们都是卓有建树的学者,和我们南京大学的教师大都熟识。传志又是该校来此委托代培的一名年轻教师,学成之后将回校任教。如何教好这一学生,我和另一位导师莫砺锋教授都感到肩负重任。

　　担任过导师的人都有体会,培养博士生最困难的地方便是帮助他们确定论文题目。传志和徐兴无为同一届的博士生。兴无在硕士生阶段即在《中国社会科学》上发表了论谶纬的文章,攻读博士学位时仍锲而不舍,因此论文的选题已无疑难。传志作什么样的题目,却一时难以定下来。

　　我们订有定期讨论问题的制度,每次见面,常是让学生先谈谈近期读书心得。有一次,传志谈到他最近在读元好问的《中州集》,发现里面的记叙错误较多,这引起了我们的注意。金代立国为时甚短,作家人数不多,元好问为金代著名文士,由他记载同时的人,怎么会有这么多的错误呢?

　　我总觉得,元好问可算是位不大不小的文人,《中州集》可算是部不冷不热的著作。上比之唐代的李、杜,宋代的苏、黄,元好问的成就难以相比;下比之明代的李梦阳、何景明等人,则又似乎要高上一筹。他所编纂的《中州集》,因存一代文献之故,一直有人阅读,但因诗学上总体水平不高,深入玩味者不多,因而很少见到杰出的研究论著。对这样的人物和著作进行钻研,也就有其难度,往往投入很多,却难以取得令人瞩目的成果。

但在和传志多次交换意见后,却又觉得可以此题作为培养学生的一次尝试。我中文系古代文学的教师在研究工作中,注重文献与理论并重,培养学生时,也注意双管齐下,让他们受到全面的训练。传志在论述元好问的《中州集》时,既涉及文献整理,又发表了许多新见,我们就觉得可以由此着手,让他作一篇水平较高的博士论文,把金代文学的研究推进一步。

果然,传志不负众望,以《〈中州集〉研究》为题完成了学业,并取得了初步成绩。

他回安徽师范大学任教后,继续钻研这一课题,且扩大视野,完成了《金代文学研究》这一专著。

这一专著,比之当年的论文,水平有了很大的提高。

近年来,他在《文学遗产》等专业杂志上发表了好几篇论元好问的文章,如《〈中州集〉的流传与影响》等,引起了学界的关注。

他还发表了好几篇论金代文学的文章,如《"苏学盛于北"的历史考察》等文,也得到了学术界的好评。可知他的视野已大为扩大,正在探索金源一代文学的发展和演变。

近十年来,国内召开过好几次有关金代文学和元好问研究的学术会议,传志都参加了,每次都提出了水平很高的论文,博得了这一领域中众多学者的好评。

检阅《金代文学研究》一书,则又可知其积累之丰厚,报刊上发表的论文,会议上发表的意见,只是他的部分研究心得。可以说,《金代文学研究》的各章各节中都有他的新见,足见其钻研之勤奋和收获之丰富。内如论及蔡松年的死因等,不入章节名目,实则也是他的新见。诸如此类,发现甚多,读者自可展卷得益。

但在《金代文学研究》中所占比重最大的研究对象,还推元好问和《中州集》。从目前学术界的现状来说,这也是很难有所突破并取得优异成绩的一项研究课题。元好问为金代最负盛名的文人,所作《论诗三十首》组诗,文学批评界中的学者向来视作重要的研究对象,不断有新的成果推出,后人很难有所开拓;而他的《中州集》一书,述及的诗人参差不齐,有的成就很小,又不知名,要想就此发表意见,也就有其难度。

传志在《论诗三十首》的诠释中,表现出了理论上的很高素养。如释"其十六"一首中的"切切秋虫万古情,灯前山鬼泪纵横"句,古今学者都以为指李贺而言,传志作了全面的考察,深入的钻研,以为似非专指一人,前句当指孟郊而言。这不仅是从作家的风格上深加体会而得出的结论,而且广征文献,反复揣摩,从孟郊诗歌的意象和他人的评语中探知消息。这样的文学批评,研究者必须玩味有得,绝非率尔操觚者所能窥及。

研究《中州集》,首先就得把握此书的特殊性质,传志在指出前人的种种误解之后,提出了自己的看法,认为"《中州集》一定别有深意","如果我们仔细分析,研究《中州集》的作者小传和诗选,就会发现,其深刻用意除了以诗存史、效忠故国之外,在于及时抢救和保存即将失传的金源文化成果"。前提既明,则对书中奇特的编制、诗人小传和作品相失调的原因,以及一些不知名的人物何以列入,都可作出合适的解释。

传志除对元好问以及其他几位著名的文士如赵秉文、王若虚等作了深入的研究外,对于名望稍次的李纯甫等人,以及名望更次的李经等人,都作了深入研究。除了在文献上作了深入发掘外,还对各家的生平经历作了详细的考证,并从创作的演变上加以品味和裁定。因此,《金代文学研究》中的每一章、每一节,都包容着作者的一份心力。

若将《〈中州集〉研究》与《金代文学研究》相比较,可以看到传志迅速成长的轨迹。他努力发掘、努力开拓,终于在这很难有大收获的研究园地上取得了硕果。我为他的成就感到高兴。相信这一著作，不但在他个人的发展道路上，而且在整个学术界的金源文学研究上，都可作为一项阶段性成果看待。

传志还为金代文学何以为人忽视的原因作出了解释。这方面的意见，也是值得我们深思的。金代前后立国百年之久，女真族在北中国地区繁衍滋长，文化上迅速提高，与南宋朝廷同样担当着推动历史前进的重任，而且这一民族早就融合在中华民族的大家庭中，但人们为什么常是只看到南宋的诗文成就而忽视金国的诸多贡献呢？这里究竟是什么样的偏见阻碍着我们去全面认识这一阶段历史文化成果，从而有种种偏颇的评价呢？

我想这与儒家的正统观念有关。自古以来，学界向视南宋王朝为朝廷正朔之所在，北方的辽、金政权，则被视作入侵的蛮夷之邦。加之社会上广泛流传的《说岳全传》等通俗读物，以及岳飞的《满江红》词等等，都使广大的读者增加了同仇敌忾的情绪。戏曲舞台上一出现南宋王朝的人物，总是蟒袍玉带，磬管锵锵，一副文物鼎盛的样子；金朝人物出场时，常是大小花脸，颈围胡尾，一副生活在荒漠地区的蛮夷景象。这不但与当时的实际情况不合，而且影响到后人正确认识历史，这样也就势必会波及今人对金代文学的全面观照。

1999年8月，我赴哈尔滨市参加"全国古代文学古典文献博士点新世纪学科建设发展研讨会"，承主办单位黑龙江师范大学的好意，驱车前往阿城市参观金王朝的建立者完颜阿骨打的皇陵和金上京历史博物馆。皇陵气势雄伟，可见其开国时的气魄；博物馆内容丰富，足觇金王朝的文物之盛。由于这一专门博物馆的建立，金代文化才能以总体面貌呈现出来，从而使人了解到女真族在中华民族大家庭中所作出的独特贡献。

元好问在编好《中州集》后，曾以悲慨的心情题诗曰："平世何曾有稗官,乱来史笔亦烧残。百年遗稿天留在,抱向空山掩泪看。"可能他在当时对金源文化的能否遗存还是没有什么信心,所以才会如此悲切的吧。假如他能逆知今日在其种族发源地有博物馆的建置,诸多文物都已得到很好的保存,那他定会含笑于九泉。这使我想到,化干戈为玉帛的理想,也只有在天下一家的观念深入人心后始能实现。

（《金代文学研究》,安徽大学出版社 2000 年 5 月出版）

《全唐文》(点校本)序

我国有"稽古右文"的传统。新的王朝建立之后,都要编写前代的历史,或对过去的文献做一番整理和总结的工作。中国五千年的文明史,在政治、经济、文化等领域内都保存着完整的、系统的记叙,是与这一传统有关的。中华文化绵绵不断,每一个王朝都曾积累下可观的文献,后人自可利用这一笔遗产创造新的精神文明。

唐代文化至为发达,诗歌和散文的创作取得了巨大的成就,达到了新的高峰,向为我国的知识阶层所珍视。但唐代诗文之所以能传播广远,则与清王朝采取措施,编纂成《全唐诗》与《全唐文》两大巨帙有关。

清圣祖玄烨于康熙四十四年(1705)五月至四十六年(1707)九月,命彭定求等十人编成《全唐诗》九百卷;清仁宗颙琰于嘉庆十三年(1808)至十九年(1814),命阮元等人编《全唐文》一千卷。唐代诗文大都已网罗其中。后人阅读时,比之阅读宋元之后其他朝代的诗文,要方便得多。唐代文学研究的繁荣,也与清人这项文化建设有关。

拿《全唐诗》与《全唐文》作比较,可以看出编纂工作中的一些问题,有供后人借鉴的地方。

编纂《全唐诗》时,彭定求等人接受的前人成果甚多,因为明代之时即已出现多种汇集唐诗的总集,明末清初,更出现了两部水平很高的集成之作——胡震亨的《唐音统签》一千零三十三卷和季振宜的《唐诗》七百十七卷。《全唐文》编纂时,仅以内府旧藏缮本《唐文》一百六十册为底本。就在当时,人们已不清楚此稿的由来,仅觉得体例未协,选择不精,于是组织人力,重行编纂。应该说,二书编纂时的基础,《全唐诗》远胜于《全唐文》。但从这两部唐代诗文总集的水平来看,却是难分高下,《全唐文》的质量,绝不低于《全唐诗》,因为《全唐文》编纂时也具有很多有利的条件。

编纂《全唐诗》的十位都是翰林,内有两名状元,一名传胪,一名会元,其他几位也是社会上的名流。他们名声很大,但却未必适合于做古籍整理的工作。因为这些人生活的年代较早,其时朴学尚未兴起,而他们又并不以实学见长,大都是些文墨之士。因此,《全唐诗》的编纂工作自着手整理始,到全书刻印完毕,仅用了一年零五个月。有些本该做得更好的工作,如写作作家小传,搜求珍贵底本,校勘文字异同等工作,都草率从事,比起季振宜《唐诗》和胡震亨《唐音统签》的原有水平,反而有所降低。

编纂《全唐文》时,正逢乾嘉盛世,朴学的成就如日中天。参加编纂工作的学者,总阅官中有阮元等人,提调兼总纂官中有徐松等人,总纂官中有法式善等人,监刊官中有孙星衍等人,都是一代大儒,有的则是专精唐代文献的著名学者。经过这些学者共同努力而编成的这一皇皇大著,水平自然颇为可观了。

编纂《全唐文》之前不久,高宗弘历发起编纂了《四库全书》,前此的文献经过了一番整理,这无疑为《全唐文》的编纂提供了不少便利。为了编纂《四库全书》,馆臣还曾利用《永乐大典》,大量从中发掘材料,这也为后来《全唐文》的编纂提供了不少便利。

若将《全唐文》与保存很多唐文的《文苑英华》《唐文粹》等典籍做比较,即可知其内容之丰富远胜后者,因为此书取材的来源,已不限于总集、别集等一些常见的书,而是遍及方志稗乘与石刻碑帖。其优胜之处,从下列数端亦可看出:

一、当年编纂《全唐文》的人,看得到《永乐大典》中的绝大部分册籍,目下所能看到的《永乐大典》,只是残存的一小部分,有些为《全唐文》编者引录的文字,因为原书已佚,也就成了仅存的宝贵文献。例如《全唐文》第九四九卷中的田备《对高洁之士策》,出于《文苑英华》第五

○二卷,而文有残缺,《全唐文》馆臣据《永乐大典》补正,而《大典》此本已佚,因此《全唐文》中的这一篇文字,已成为存世最完整的一篇文章。

二、有些收入《全唐文》的碑刻,原石已佚,或原石已漫漶,而他书又无记载,因而成了仅存的宝贵文献。例如第二三四卷中有梁朱宾《大唐故朝议郎行泽王府主簿上柱国梁府君并夫人唐氏墓志铭序》,不见于《文苑英华》等总集,也不见于《金石萃编》等书的墓志部分,因而成了天壤间仅存的文字。

三、有些文章,仅见《全唐文》,其他书籍无收。例如卷三四九中的李白《北斗延生经注解序》,虽然难定其真伪,但《全唐文》提供的这一仅见文献,仍为学术界提供了探索李白思想的线索,或体现了后人对李白思想的理解。

由此可见,《全唐文》的编制完成,可以说是清代学者集体作出的重大贡献。但此书毕竟存在着官书普遍存在的一些缺点,如校订不细、时有疏漏等,过去已有许多学者指出。只是后人于批评的同时,还应考虑到此书卷帙浩繁,存在一些缺点也是难以避免的。或许可以说,学者发现的错误,还占不到全书的千分之一。因此,此书仍然应该享有其应有的声誉。

清代末年,陆心源又编有《唐文拾遗》七十六卷和《唐文续拾》十六卷,就当时所能搜求到的唐代遗文又作了一次结集,但由于其时敦煌文献尚未发现,故在《拾遗》《续拾》中均未能著录。这是时代的限制,不能以此否定诸家编纂唐文的功绩。

孙映逵教授等众多学者有见于此书具有的价值,遂对全书重作整理,加以分段和校点,并由山西教育出版社出版。此书经过整理后,也就进一步提高了价值,它的问世,必将得到学术界的欢迎。是为序。

(《全唐文》点校本,山西教育出版社 2002 年 12 月出版)

《胡小石论文集》后记

小石师于 1962 年初病逝，至今已有三十多年了。遗集的整理，历经变故，至今日才能将最后一册交付出版社。人事沧桑，参与其事者很多也已去世，他们为纪念老师作出的努力，不容湮没不彰。勋初忝列门墙，略知梗概，故草此后记，介绍先师遗集整理工作的始末。

小石师逝世后，南京大学党委、学校行政与各级领导均极重视遗集的整理工作。大家认为，小石师乃一代鸿儒，他的著作，曾在学术界产生过广泛而深远的影响，及早将其遗著整理出版，也就是为后人留下一笔精神财富，具有重要的历史意义。因此，当时就由校方主持，组织了胡小石教授遗著整理委员会，由负责文科的副校长范存忠教授任主任，并由在南京工作的前中央大学与金陵大学早期毕业的学生段熙仲、唐圭璋、吴白匋、曾昭燏、孙望诸先生参加筹划，晚年弟子侯镜昶君任学术秘书，负责资料管理和做遗集整理的具体工作。早在 20 世纪50 年代末，小石师即在侯镜昶君的协助下，整理其《中国书法史》，故遗著整理开始时，仍以《书法史》为重点，力争早出此书。据小石师生前面告，此稿已经整理到唐代颜真卿等著名书家。小石师早年师承李梅庵先生，以书学享盛誉，学术界对《书法史》的完成企盼甚殷。但直到1966 年"文化大革命"开始，此稿因循未就，以致后来受到了无法弥补的损失。

小石师去世时，长子胡令德先生正在联合国任职。他回国内治丧，欲将先师手书诗集携至香港影印问世，然南京大学校长郭影秋先生囿于当时思路，主张在内地出书，因而作罢。"文化大革命"中，此稿亦遭抢掠而失踪。小石师诗歌创作成就至高，而又书法名家，珠联璧合,实为文苑瑰宝,不幸玉碎珠沉,令人痛惜。

侯镜昶君整理遗集时,将资料集中于其时中文系所在之三层阁楼上。"文化大革命"陡起,竟将中国传统文化视作革命对象,数千年传承之文物,历代精英凝聚之心血,横遭荼毒。以破坏为革命,以愚昧糟蹋圣智,而小石师之文字资料亦遭摧残。在一群群"革命小将"的掠夺下,遗稿手迹大批散失。其后有人曾在小桃园旁地摊上发现先师平时读书用的《沙公札记》两册,但也无法追究遗著手稿流失的细节。

1976年"文革"结束,天日重光,范存忠教授复职后,立即召集吴白匋、孙望、金启华、侯镜昶诸先生,重议整理先师遗集事。其时曾昭燏先生已去世,段熙仲、唐圭璋先生年老体衰,已不能任事,故改由上述诸人分工负责。当时已无整理《中国书法史》之可能,故改以整理已出版之著作及未出版之讲义为主。经联系,出版工作概由上海古籍出版社负责。经过十多年的努力,此一计划逐步得到实施。

侯镜昶君负责整理先师正式发表过的文字,先从关于文学、书法、文字、器物考订等领域辑出十四篇,加上吴白匋先生辑存之《愿夏庐诗词钞》,成《胡小石论文集》,于1982年出版。

1991年,《胡小石论文集续编》出版。其中《中国文学史讲稿》部分,是据1928年上海人文社出版的《中国文学史讲稿上编》重印的。此书是用当时金陵大学学生苏拯君的听课笔记付排的。金启华先生又据40年代诸生零星笔记,增补"宋代文学"一章,共成十二章。吴白匋先生则据1934年与1942年先师的讲课笔记,整理出《唐人七绝诗论》十六章。又1986年中文系资料室中突然发现先师遗物一大捆,大部分为先师已发表论著之底稿与授课时所发之油印参考资料,尚有1913年初至1914年四月赴长沙明德中学任教时所作之杂钞诗词函稿,与1917年至1919年在上海任李梅庵先生家庭教师时所作题跋稿。吴白匋先生以此为主,增补先师后来写作之诗词、题跋,成《愿夏庐诗词补钞》与《愿夏庐题跋初辑》《续辑》两种。每种辑成后,白匋先生均附跋文,详叙始末。

白匋先生 30 年代初期毕业于金陵大学,其后与先师长期保持着密切的联系,熟知先师情况。他为先师写作的传记,发表在《文献》杂志 1986 年第 2 期,详赡核实,具有文献价值。他并在桑作楷先生的协助下编成《胡小石书法选集》一书,1988 年于江苏美术出版社出版。他还为此撰写了前言,详叙先师书法上的成就。白匋先生笃于师生情谊,为整理先师遗集作出了很大的贡献。

先师遗集,计划分为三册。第一册出版后,侯镜昶君于 1986 年不幸去世;第二册出版时,白匋先生年已八十开外,势难再做繁重的文字工作。1992 年时也以高寿而终。而先师有关语言文字方面的著作尚有待于整理,此前吴白匋先生已约请吴永坤君整理《说文部首》《说文古文考》二种,至此我再约请万业馨君整理《甲骨文例》《金文释例》《卜辞中之𡚾即昌若说》《读契札记》《文于二氏所藏汉熹平石经〈周易〉残石校字记》《书库方二氏藏甲骨卜辞印本》《寿春新出楚王鼎考释》等著述多篇。吴永坤君毕业于北京大学古典文献专业,后又受教于北京师范大学陆宗达先生;万业馨君为本校毕业生,后又受教于洪诚先生,洪诚先生则于 30 年代毕业于中央大学,实为小石师的早年弟子。二君师承有自,由他们负责整理小石师语言文字方面之遗著,实为合适人选。

《胡小石论文集三编》与前二种情况有别,因内多古文字,无法用铅字排印或用电脑照排,只能书写后付印,于是我又请万业馨君负责抄写。万君书法秀美,颇著声誉,由她抄写成书,实为我系最佳人选。但她教学任务繁重,个人家庭生活也要安排,然而接受太老师遗集的整理工作后,黾勉从事,费时费力,表现出了至可宝贵的敬业崇德精神。小石师的文章发表年代比较早,其时印刷条件欠佳,所用甲骨与金文的拓片时有不清晰处,万君一一访求有关金石碑版之文集或拓本,并作考证校雠,表现出了深厚的功力。自 1988 年起,历时五载,始告成功。她放下了自身的研究工作,首先完成这一任务,表现出了自我牺牲的精神。

总的说来,这项工作因受时局影响,历经磨难,经过三十余年,始告完成,但如《书法史》等著作,终告阙如,庆幸中又有很多遗憾。参与的人中,除上举吴永坤君外,都是先师的弟子或再传弟子,绵延三世,始克成功,也可说是不幸中之大幸。此事前后还得到了其他学者的帮助,如中山大学古文字研究室陈炜湛先生复印了余永梁写本《甲骨文例》寄来,北京大学中文系裘锡圭先生提供家藏的明义士《殷虚卜辞》一书,如果没有广大的热心人士的支持,此事也是难以完成的。

上海古籍出版社慨允承担先师文集的出版工作,为这一成果的问世创造了良好条件。该社前社长李俊民先生,原是先师任教武昌高师时的高座弟子,他和继任的领导同志一直热情地支持遗集的整理和出版,责任编辑王海根先生做了大量的具体工作,凡我同门都应向他们表示诚挚的谢意。

1990 年 6 月,我主持了胡小石、陈中凡、汪辟疆三教授百年诞辰纪念会,出席者达六七十人,小石师三子胡令闻先生夫妇自美国赶回参加了会议。其时胡令德先生在母校中文系设立了胡小石教授古典文学奖学金,胡令闻先生设立了胡小石教授图书基金。其后我将历年来纪念胡、陈、汪三先生的纪念文字集合起来,在南京大学古典文献研究所编纂的《古典文献研究(一九八九——一九九〇)》上辟为专辑,并于1992 年由南京大学出版社出版,借作永久纪念。

胡小石师的业绩,将随文集的流传与诸多纪念活动的开展而永垂不朽!

《胡小石论文集三编》,上海古籍出版社 1995 年 10 月出版)

《魏晋南北朝文学论丛》后叙

自 20 世纪 80 年代起,我先后出版了几种有关唐代文学的著作,主持过几次唐代文学国际会议,还担负了几项编纂唐代诗文总集的主管工作,因此学术界也就确认我是唐代文学的研究人员。实则我在中国古代文学的各个领域中不断奔波,本无专业可言。虽曾东涂西抹,亦复难以称得上在哪些方面成绩更为突出。

目下年事日高,回首平生,觉得早年本与魏晋南北朝文学有缘,只是随顺世故,身不由己,竟至无法于此投入较多精力。今蒙江苏古籍出版社的好意,将我前此所写的文字汇成一册,内心的感受,真所谓欣慨交集。想到既有向学界请教的机会,不如把我写作这些文章时的情况,以及有关的一些想法,附于全书之后,供学界参考。

我于 1954 年在南京大学中文系毕业后,分配到北京,曾在中国文字改革委员会工作了两年半,后应导师胡小石之召,回校当副博士研究生。先生以为治学应该打下深厚的基础,故亲自讲授《说文》、甲骨、金文。只是这种宁静的读书生涯为时不到一年,"鸣放"即起。接着运动不断,什么反右派、交心、拔白旗、"大跃进"等等,轰轰烈烈地展开。知识分子需要改造,敲石子大炼钢铁,打麻雀"除四害",加上平时的政治学习和大搞卫生,花去的时间比起学习的时间还要多。运动后期又紧接着三年困难时期,饭都很难吃饱,油水严重不足,虽然每晚仍坚持读书至十二点始就寝,但已饥肠辘辘,只能枵腹入梦。

不少人在运动中受到了无端的打击,例如谭优学兄仅因对无法静心读书不满,竟至被划为阶级异己分子,遭到清除出党的严惩。我在一次又一次的运动中能一一渡过难关,也可算是幸事的了。

一直到 60 年代初期,高等院校中的空气才逐渐有所缓和。这时社会主义阵营已发生分裂,中国高举反对"苏修"的旗帜,要求肃清前时苏联文艺学的影响,建设中国式的马克思主义文艺理论,于是"中国文学批评史"这一学科重又得到重视,各校纷纷开设此课。1949 年之前,这一领域中以郭绍虞、罗根泽、朱东润三位先生的著作最有代表意义,此时郭、朱二先生在复旦大学任教,罗先生在我校中文系任教,再加上第一位写出《中国文学批评史》的陈中凡先生也在我校中文系任教,因此两校阵营,本可以说是旗鼓相当。无奈陈先生已年迈,罗先生患高血压与肝硬化,已难再上讲台,于是系里只能将我这个刚改为助教的肄业研究生驱前充数,开设中国文学批评史课。

　　其后周扬着手抓高等院校的教材建设。因为历史的原因,他将编写《中国文学批评史》和《中国历代文论选》的任务交给复旦大学和南京大学,让各编一套,这里也有促使双方竞赛的用意吧。然我校中文系正处在青黄不接的困境中,罗根泽、胡小石、方光焘等先生于 60 年代初接连去世,全国有影响的学者已屈指可数;复旦大学实力本已超群,这时还得到华东局和上海市委的大力支持,吸收外地外校专家学者参与,组成了阵营强大的编写组,进驻国际饭店,并由上海图书馆配合,供应所需资料。就在这样的条件下,他们编出了《中国历代文论选》三册,后又编成《中国文学批评史》三卷本中的首卷,为中国文学批评史这一领域提供了宝贵的资料和研究成果。

　　我作为一名中国文学批评史的教师,对复旦大学的成绩感到钦慕,又对自己单位的现状感到沮丧。尽管有的领导还在自得其乐,我却不胜没落之感。竞赛彻底失败,还遭到出版部门的嘲笑与奚落。那时我年纪很轻,茅庐都尚未初出,面对这种尴尬的局面,又有什么办法可想呢?

　　我的职务是教师,只求在讲台上站住脚跟。

第一遍讲课，力求对讲到的内容有真切的了解，不要传播错误知识。只是批评史内容太多，自孔子到王国维，都要一一点到。当时还有很多特殊要求，例如讲到明代时还要介绍民间文学理论等等。我虽不免借鉴他人成果，但力求把握原文，而不以稗贩郭、罗、朱的现成著作为满足。

第二遍讲课，觉得应在漫长的批评史各时段中抓住重点。像其他通史一样，批评史也可分为上下两段。上半段可以魏晋南北朝为重点，下半段可以明代为重点。前者承上启下，理论建树最为突出；后者内容丰富，戏曲、小说等理论均有可观。如把这两个时段的理论研究出个眉目，整个中国文学批评史也就可以梳理清楚了。

第三遍讲课时，我就将讲授上半段批评史时的一些读书心得慢慢写成了文章。不过在"文革"之前，只发出了两篇，其中之一即《梁代文论三派述要》。

那时我才三十稍过，平时困处一隅，与出版界素无因缘，也无师友可以推荐。南京没有什么文史方面的专业杂志可以发表，我就贸然把它寄给了中华书局上海编辑所。他们倒是不计名位，把我这一无名小卒的文章与诸多名家的文章并列，刊登在《中华文史论丛》第五辑上。

中国步入改革开放阶段后，学术界逐渐活跃起来。中国古代文学理论学会成立。我因"文革"之前教过几年文学批评史，也参加了学会的活动。诸多同行一见如故。原因何在？只是他们曾经读过那篇《梁代文论三派述要》。

不但此也，港台的学者也因此对我有所了解。原来自大陆出去的杨家骆教授时在台湾师范大学讲授目录之学，他托美国的朋友买到了《中华文史论丛》。70年代，他主编了一种《中国学术类编》，由鼎文书局出版。内有"中国中古文学史等七书"，计为刘师培《中国中古文学史》,王瑶《中古文学思想》《中古文学风貌》,拙作《梁代文论三派述要》,夏承焘《四声绎说》,詹锳《四声五音及其在汉魏六朝文学中之应用》,郭绍虞《再论永明声病说》。杨氏并在《识语》中一一介绍上述七书。其他五人,因为年辈较高,杨氏均有了解,故介绍颇详。其中说到何以不收王瑶《中古文人生活》一书,以为"实就周树人《魏晋风度及文学与药及酒之关系》一作,加以扩充而成,所论实为斯时士大夫之风尚,并非专指文人生活,故不取"。后又续云:"周、夏、詹、郭四作虽主题较专,然其深度实远逾王书,故并录之。"杨氏此说自是一家之见,对王瑶先生的批评过嫌苛刻,但他实际上不知我是何许人也,故在介绍时,只能泛泛地说"周勋初《梁代文论三派述要》,探骊得珠,久称佳制"。这一褒扬,却是过分抬举了我。前已说过,截至此时,我只写过这一篇文学论文。60 年代中国大陆学风陡变,这种学院式的文章不受重视,"久称"云云,实在是无从说起。

但到 80 年代,台湾大学的罗联添教授又将此文编进《中国文学史论文精选》,由学海出版社出版,见到的人就更多了。1993 年,我赴香港参加中文大学主办的魏晋南北朝文学会议,遇到台北师范学院的刘汉初教授,他就说到前此两岸阻隔,台湾学者不易见到大陆学者写的文章,然而《梁代文论三派述要》一文传入较早,因此台湾学者大都知道我的名字。这真是以文会友的生动事例。

1997 年时,我应美国华盛顿大学康达维教授之邀,前往讲演,他就提到《梁代文论三派述要》一文,并谬蒙赞许。可以说,我因此文而被国内外学者所接纳,取得了魏晋南北朝文学研究人员的资格。

如用夸大一些的词汇表达,我这第一篇文章可谓一炮打响,境外学者常是引用到它,而在国内却是打了一个闷炮。有的学者谈到梁代文论三派或谈到通变、新变两派时,都用表达个人研究成果的口气陈述,尽管论点与论据都与拙作相仿佛,却好像没有看到过我这一文章似的。现在大家都在谈论文章的写作规范，那么引用他人成果时，必须注明出处，是否也应该考虑与国际接轨的问题呢？

《梁代文论三派述要》发表之时，政治形势已趋紧张，"千万不要忘记阶级斗争"的号召出来后，科学研究很难进行，只能出现一系列的批判文章。我1965年在《新建设》杂志上发表了另一篇文章《关于宫体诗的若干问题》，副标题为"与胡念贻同志商榷"，却是引起了不断的悔恨。

自1962年起到1964年止，胡念贻先生在《新建设》杂志上先后发表了讨论文学遗产批判继承的几篇文章，并举宫体诗为例而申述其意见。现在看来，他是有感于当时教条主义者的扼制科学研究的现状，希望能有一个较为宽松的环境，让大家各抒己见。我这文章，则仍坚持所谓"糟粕、精华"之说，反对他开放古典文学"禁区"的主张。应该说，我写这篇文章时还是采取摆事实讲道理的态度，但在当时的气氛下，无疑还是起到了"围攻"的作用，这是我一直深感遗憾的原因。批评与商讨，本是研究工作中的正常现象，但在那样一种环境下，不管你写文章的主观意图怎样，事后观之，往往起到助纣为虐的作用。想到这些心里就感到懊恼。

前几年，台湾中国文化大学的洪顺隆教授为编《中外六朝文学研究文献目录续编》，要我复印《关于宫体诗的若干问题》一文给他。他在读过之后，来信表示赞同，说是看法跟我差不多。可能他还不太了解此间的特殊情况，因而就事论事，难得明白事情底细。当我更多地了解到其时的具体情况之后，更感到写作此文的时机与论证方式不妥。为此我在编辑论文集时，不再收入这一文字。

在当时来说，可谓不该写的文章写了，该进行的工作却不能顺利地进行。

《〈文赋〉写作年代新探》一文，"文革"前已完稿，且已寄交《新建设》杂志。"文革"中几遭湮废，全靠傅璇琮先生大力帮助，才从一堆废稿中捡回。此稿表明，我像写作《梁代文论三派述要》一样，重视综合研究，只是我所讨论的是陆机的文学理论，所以尤为重视哲学问题。

魏晋南北朝时的文人，大都喜欢进行理论上的探讨。玄学、佛理，产生的影响很大。因此，今人研究魏晋南北朝文学而对玄学与佛理缺乏了解，也就可能难于在文学研究中有所突破。

我从《文赋》受到"言不尽意"论的影响切入，揭示陆机与玄学的关系。又从陆机对世传《易》学态度的变化上进行考察，说明他在入洛后开始学习玄学，其间还援引了陆氏兄弟夜遇王弼之鬼的传说，从文化背景上加以透视，并以此为根据而推断陆机写作《文赋》的年代。因为此文观察问题的角度有与他人不同的地方，曾经受到学界的赞誉。而我之所以能在这一老问题上提出新见，则得力于当时一些浅薄的哲学知识。

1988 年时，暨南大学主办《文心雕龙》国际学术研讨会，我应邀参加，乃重操旧业，提交了一篇《〈易〉学中的两大流派对〈文心雕龙〉的不同影响》的论文，重新对玄学中的许多问题学习了一番。虽然自以为还提出了一些新见，有与他人不同的地方，或可供学界参考，但论文写得很吃力，总因平时投入的时间过少，终日为其他事务忙忙碌碌，不能进行长期的系统的考虑，因而不能驾轻就熟地操作。抽空草此论文，而又牵涉至广，又属专门之学，自然捉襟见肘了。

研究中国古代文学理论，《文心雕龙》一书自当倍加重视。我总认为，若想剖析刘勰的理论体系，必须从玄学与佛理下手，特别是玄学，更具首要意义。

但不论前此抑或眼下，研究《文心雕龙》的人，说明刘勰的思想时，大都致力于参照西洋文艺理论而构拟一套完整的理论体系。80 年代之前的《文心雕龙》研究者，大都采择苏联的文学原理，作为参照而构拟刘勰的理论体系；80年代之后，又有一些人参照欧美的文艺理论而构拟刘勰的文学理论体系。我却总想从文本出发，力求按照《文心雕龙》文章中的原有格局，勾勒出刘勰的理论体系。

刘勰的理论，熔铸了前此的经史百家之学，因此我在写作有关《文心雕龙》的文章时，总是希望找出《文心雕龙》中学说的源头，根据魏晋南北朝时的风习，说明刘勰的各种建树。例如我从《序志》篇中的"唯务折衷"之说，寻找折衷这一方法的学术渊源，说明刘勰使用这一方法所取得的成就。根据《序志》篇中提到的大《易》之数，分析刘勰与《易》学的多种联系，说明《文心雕龙》中的文原之说与结构问题。根据刘勰对《春秋》学的推崇，研究刘勰何以又会遴选潘勖《九锡》为有骨之作的代表？我的研究工作，遵循"发现问题，解决问题"的原则，虽然未必能把问题解决得很妥当，但我一直努力这样去做。

当我的研究工作进行到这一地步时，这才体会到前此阶段在艰难困苦的环境中积累下来的一些先秦两汉知识还是起到了很大的作用。中国学术起于先秦，因此不论是儒、道二家的经典，还是其他诸子百家的学术，抑或《左传》《史记》等史籍，都对魏晋南北朝时的文士产生过很大的影响。人们如对先秦两汉的学术缺乏了解，恐怕很难深入到魏晋南北朝文学的深层研究中去。有的《文心雕龙》研究者热衷于借助欧美的新兴学术理论构建刘勰的思想体系，而成效并不理想，可能即与他们对刘勰的主要学术渊源之一——先秦两汉学术了解不够有关。

80年代初期，我开过两次《文心雕龙》的选修课，遂将60年代写的一些讲义重新捡出，挑取《原道》等十三篇有代表意义的文章，编成一种取名为《文心雕龙解析》的教学用书。我不取通论式的教学方法，而是将所选的文章一篇一篇地分析。先是"解题"，因为刘勰取篇名时都很有讲究，往往与他观察问题的角度有关，反映出他不偏于一端的辩证观点。中间为对正文的"分析"，按其自然段落进行讲解，这里就得注意所讲内容的学术渊源，论点展开时的内在逻辑程序，还得注意刘勰使用骈文而形成的特殊论证方式。末复作一"小结"，发表我个人的阅读心得。这一讲义，自以为还有一些特点，可惜其后因为任务转移而始终无法加工出来。

《文心雕龙》分为上下两大部分。后一部分的理论，是从前一部分的作品研究中归纳和提炼出来的。我本想花上一段时间认真阅读魏晋南北朝时以及前此阶段所遗存下来的各种文体的作品，相信这在探讨刘勰的成就时是必不可少的基础工作，可惜因任务转移，这一计划也无法实现。

1995 年时，我因参加北京大学主办的《文心雕龙》国际会议，还写作了《"登高能赋"说的演变和刘勰创作论的形成》一文，仍然保持我在各种文化现象中穿穴的研究方式，也曾受到好评。然因教学、行政、研究头绪纷繁，精力无法集中，始终无法在《文心雕龙》的研究领域中作全面的开拓。

过去一段时间内学术界喜欢谈论评价问题。实则其时的研究者每依西方的某种理论为准则，而将刘勰等人的理论与之比附。相合者，评价就高；不合者，评价就低。有人为了提高中国古代某些理论的身价，还不惜婉转为之解说，使之与西方的理论相类。这样的评价，到底有什么意义？我以为研究某一位古人的理论，就得恢复它的原貌，然后置之于历史发展的长河中，看它所起的作用。原貌尚未弄清，或者仅凭装扮过的面貌立说，又怎能谈得上什么客观评价？

也许总是由于师承的缘故吧，我的研究工作时而像是朴学家的治经史。研究的是古代文学理论，所用的方法却很少采用演绎，不喜欢根据经典作家或领袖人物的一些言论而作推导。所采用的，主要是归纳法。讨论问题时，常将研究对象分为几个方面，然后搜集积累材料，经过归纳,提炼出若干论点。《魏晋南北朝人对文学形象特点的探索》一文,这一特点就较明显。或许我写这一文章时正处在学习古代文论的早期阶段,因而更为明显地暴露出了这一方法的斧凿痕。

50年代末60年代初,俞铭璜同志出任我系系主任。他的思想非常灵活,一再提到学习文学理论的人应该注意与文学密切相关的其他艺术,如美术、雕塑、音乐等方面的成果。我在探讨魏晋南北朝时文学的形象特点时,也就触及了这方面的问题,只是限于个人的素养,未能取得什么成果。日后更因研究方向转移,以致这方面的研究未能继续,但我以为这一方向还是正确的。研究古代理论的人不能忽视艺术领域中的一切成果,因为各门艺术之间有其相通的地方,而魏晋南北朝更多兼通各种艺术者。

拨乱反正之后,中国文学批评史课已由另外几位教师担任,我则到处打杂,社会活动又急遽增加,只是由于缺少教师,我还教过两年魏晋南北朝的文学史课。

因为讲文学史,所以对一个个作家作过一些研究。后因参加国内外有关魏晋南北朝文学的会议,也就写下了一些文章,像《魏氏"三世立贱"的分析》以及左思、郭璞、谢灵运等文章,都是应急赶出来的。

魏晋南北朝人喜欢提出一些高度概括的警句,如"陆才如海,潘才如江""北人看书如显处视月,南人学问如牖中窥日"等说,虽仅寥寥数语,底蕴却极为丰富。有人如能发此未发之覆,则对读者理解这一阶段的文化,定能有非常大的帮助。我虽不敏,也想于此有所尝试。《三都赋》出,"洛阳为之纸贵";郭璞诗为"晋中兴第一"等说,吸引我去钻研。文中作出的解释,或未妥帖,但也体现出了我的努力方向。

大家知道,魏晋南北朝时距今过远,资料遗佚过多,即使是像阮籍、左思、郭璞这样的大家名家,所能见到的诗文为数也很少。因此研究这一时期的学者,每叹研究资料不足,在这为数很少的文献中难于推出新见。我的感受也一样。但我以为，假如我们把目光仅限于纯文学的考察，那么就会受到很多限制，比之唐、宋以下的作家，材料方面的困难要严重得多。如果我们对此进行综合的研究，则以其时社会上变化之急遽，思想上交融与冲突之激烈，文学创新的多姿多态，还是可以不断深化，予以发掘。这里可能需要更多的敏感，在各个方面的交叉关系中考虑你所研究的内容，从而提出某些他人意想不到的论点。

魏晋南北朝时的文献资料虽说为数不多，然而还没有很好地整理。过去鲁迅研究小说时，曾花大力气对这一时期所遗存的小说资料加以科学的整理，辑成《古小说钩沉》一书，沾溉后学，功德无量。不过鲁迅可能意在提供一种阅读的文本，有的地方不惜改动原文，或增加文字，以期文字畅通。这对整理古籍要求严格保存原貌来说，走的是一条新的路子。我秉性保守，又喜欢什么都试试，于是我以《文士传》为题，重新作了辑佚，希望为学术界提供一种更完整的本子。现在这书已有多种辑佚的新本子问世，读者不妨比较一下，或可看出我在体例问题上的关注。今人若欲编辑资料汇编之类的书，就得郑重考虑体例问题，务求存真与便用，我在主编《唐人轶事汇编》和整理《唐语林》时都曾于此再三致意。

研究魏晋南北朝文学，《文心雕龙》是理论方面的重镇，《文选》是文章学方面的重镇，学者必须投入很大的力量才能有所成就。

我于《文选》投入力量很少，故对《选》学不敢赞一词，而我也曾做过一件惬意的事，把流传日本的珍贵古籍《文选集注》迎归故土。这书在我国书目中一无记录，然据诸多内证，可以说明它是唐人钞本，至少是后人据唐钞转录的钞本。全书一百二十卷，内有中土已佚的公孙罗注、陆善经注与《音决》等珍贵文献，即以李善注、五臣注而言，也与目下所见者有异。诸家注本中征引材料极为丰富，有的是早已亡失的佚书与佚文。大家都在慨叹魏晋南北朝一代新发现的材料不多，那么此书的出版，当对这一方面有所补益。

民国七年（1918）时，罗振玉曾请人摹写残本十六卷，以《唐写文选集注残本》为名，影印行世，其时一些知名学者如高步瀛、余嘉锡等引用过此书，可能即据罗振玉影印本。只是罗本失真之处甚多，自难据为典要。其后日本京都大学的内藤虎次郎、狩野直喜二博士编成《京都帝国大学文学部影印旧钞本丛书》，辑入二十三卷，质量有了很大的提高。我又续有所得，且请人编了几种辅助使用的材料，因此这一命名为《唐钞文选集注汇存》的本子出来后，相信可对魏晋南北朝的文史研究有所贡献。

这里应该指出的是，日本学者利用此书与其他珍贵钞本，写出了不少有关《选》学的高质量的文章。我国学者困于《选》学的文献资料，有的研究工作已显得落后。这就说明，研究中国古代文学也不能闭关自守，应该虚心地向国外同行多方面地学习，才能取得进步与发展。

客观地说，研究魏晋南北朝文学而要想发掘出大批前人未见的材料，那是不现实的，但现存材料是否已经多方发掘利用上了呢？怕也未必。还是以《文选》和《玉台新咏》为例来说明吧。

《文选》中的文体究竟分为多少类，各家意见分歧很大。有的学者据陈八郎本五臣注《文选》与唐钞《文选集注》卷八十八司马长卿《难蜀父老文》中的陆善经注，以为《文选》中尚有"难"类。实则古代文献中于此早有明确的记载，《玉海》卷五十四引《中兴书目》，记《文选》中有赋、诗、碑、志、行状等为三十卷，其中就列有"难"类，可见宋代内府所藏《文选》中即有此类。这一上好的材料，可惜大家还未注意。

又如《玉台新咏》中的宫体诗问题，更有复杂的内容需要探究。宫体之起，可谓文坛新物，应该怎样看，往往是随社会观念的变化而采取不同视角的。进入 80 年代之后，美国对同性恋者采取更宽容的态度，社会上对同性恋者不再歧视，国人的观点每随国外的动向而转移，于是便有人撰文以同性恋来解释《玉台新咏》中的一些描写。我对这些问题素无研究，故不敢妄加评论。只是根据直觉的观察，现代的同性恋者一般都能相互尊重，双方处在平等的地位上，《玉台新咏》中的那些作者，固然把娈童一类的对象描写得很美，但他们是用平等、尊重的眼光去看对方的呢，还是视作玩物？因而这种现象属于人类正常活动呢，还是一种不正常的变态的人际关系？值得进一步思考。

既要研究彼时的同性恋问题，那么自应考察《玉台新咏》中一些作者的私人生活，看看他们有没有过同性恋的问题，当时社会上有没有这种风气。可惜的是，我还没有见到过有人曾对这一问题积累过材料。前已说过，我因研究方向转移，精力无法集中，因此也没有发掘这方面的材料。然偶阅前时所作的笔记，内云《南史》卷五十一《梁宗室上·长沙宣武王懿(附猷子韶)传》中有"庾信爱之，有断袖之欢"的记载，这不是证明庾信即有同性恋的问题么？颇怪那些论证《玉台新咏》中的同性恋问题的学者何以不注意这类材料？

我很希望能对《玉台新咏》有新的正确的认识，以赎前愆。为此我也希望大家能够更进一步敞开思想，加上严密论证，对文坛上的种种复杂现象作出新的结论。

步入改革开放新时期后，学术上的清规戒律已大为减少，一些向被偏见所搁置的问题，这时才又受到重视，说明中国的古代文学研究已有很大的进步。例如赋这一种文体，因其具有高度综合的特点，向为前人所看重，故有"作赋需大才"之说。但在新中国成立之后，却因汉代大赋的内容多颂扬统治集团，小赋作者的身份类似俳优，又因其写作的方式不合西洋有关文学的定义，故而遭到否定，甚至有人认为中国一直轻视赋这一种文体。目下此说虽已很少有人相信，但如何研究这一特殊的文体，却还需要一种新的眼光。应该说，赋是一种最具中国文化特色的文体，研究人员必须具有多方面的知识，对中国的文化学术有真切的了解，才能把握赋的特殊性质。魏晋南北朝人重视作赋，在大赋与小赋的创作上都取得了很多成绩，也有很多创新和发展。我在好几篇文章的研究中都涉及了赋的问题，路子是否正确，所言当否，希望得到学界的指正。

在中国历史上，魏晋南北朝这一时期特具奇光异彩。尽管其时时局混乱，文士常遭不幸，然而思想上束缚较少，各个领域都有新的开拓。试将《汉书·艺文志》与《隋书·经籍志》作一比较，即可发现自汉入晋之后，无论哪一个方面，都有很大的变化。社会是一个整体，文学这一领域，自然会受到其他不同领域的影响。纵观全局，在各种关系中考察社会的变异，也可发现很多问题。我对其时的科技问题加以考察，说明这一领域的进步曾对文学产生影响，这一研究，也只能说是一种尝试。我本不懂科技，自难深入了解这一领域中的许多复杂问题，写作此文，也只是想在看问题时多一种视角罢了。

中国历史悠久，代有能人，在各个方面留下了众多宝贵的遗产，足以使人感到自豪。杜牧《润州》诗曰："大抵南朝皆旷达，可怜东晋最风流。"说明这一时期的文学多么具有吸引力。这时的一些杰出人物大都思想丰富，个性鲜明。他们思考问题时，往往更具纯文艺与纯思辨的特点。阅读与研究这一时期的作品，自能让人感到特有的愉悦。只是限于个人的条件，未能在此多所沉潜，往往陷于浅尝辄止，未能在跨出一步后再走下去。今日将此戋戋小册奉献学界，难以掩饰内心的怅惘。

但我作为一名教师，也有足以自慰的地方。1995 年，我校中文系和古典文献研究所联合举办了魏晋南北朝文学国际学术研讨会；1998年，又联合举办了第四届辞赋学国际学术研讨会，都取得了成功。古代文学教研组和古籍所里的成员提交了不少论文，并得到了国内外同行的认可与赞许，说明他们在中国古代文学的研究领域中已经取得了很好的成绩。我在经历过 60 年代青黄不接的困难时期之后，又经历了"文革"所造成的再次青黄不接的痛苦时期，如今终于看到本学科的复兴。经过二十年的努力，新老人员的艰苦奋斗，才能取得这些成绩。这里有我投入的一份力量，那么个人的科学研究虽然受到一些影响，也就不必多所感喟的了。

（《魏晋南北朝文学论丛》，江苏古籍出版社 1999 年 11 月出版）

读《中国文学批评通史》有感

在中国文学批评史这一学科的建设中,复旦大学中文系的几代学人作出了卓越的贡献。前辈学者郭绍虞、朱东润先生以其深厚的学养为此奠定了基础,其后有刘大杰、王运熙、顾易生等先生的《中国文学批评史》三卷本问世,最近又连续推出了王运熙、顾易生二先生主编的七卷本《中国文学批评通史》。计算起来,他们的工作已持续了七八十年之久,从其业绩中似可得到如下启示:

一是复旦大学的学人都有紧随时代前进、不断开拓的精神。20世纪30年代,郭绍虞先生与朱东润先生分别写出了两部《中国文学批评史》。当时还无遵循某一主导思想而撰述的风气,因此他们的著作都有个人特点,例如郭先生颇致力于概念的辨析,朱先生则注意研究对象思想体系的完整。两家在写作之前,都曾发表过一系列的单篇论文,他们的著作中包含着很多个人的研究成果,因而具有他人无法替代的地位。

60年代时,郭绍虞先生主持了《中国历代文论选》三卷本的编纂,为学术界提供了一系列经过精心加工的材料,推动了中国古代文论的研究。随后刘大杰先生领导部分人员写出了三卷本的《中国文学批评史》上册,就利用了前此阶段《文论选》中的材料。

《中国历代文论选》曾为中国文学批评史这一学科的发展起过巨大的推动作用,这是有目共睹的,但却也发生了一些非始料所及的负面影响。有的教师认为讲授或研究古代文论时,仅取材于这些即可,这就束缚了某些见解不高的学人的手脚。所幸者,复旦大学古典文学教研组在完成了三卷本的《中国文学批评史》中、下册之后,又在王运熙、顾易生二先生主持下组织中国语言文学研究所内的人员,撰就七卷本的《中国文学批评通史》,引导大家更上一层楼。此书不论在观点上,在材料上,都有新的发展与提高。复旦大学中文系与文学所的学人这种不断开拓的精神,值得称道与效法。

二是复旦大学文学批评史研究领域中这种火尽薪传的工作方式,不但产生了大量的科研成果,还培养出了一代代的学人。本人有幸,既接触过这一阵营的老一辈学者,也结交过很多年轻的学者,而于承上启下的一代,相知尤深。对于他们数十年内黾勉从事的热忱,深为敬佩。处在目下经济大潮的冲击下,上海滩上的学人,寒窗苦读,握管不休,需要很大的毅力。复旦校方能为他们安排一方净土,也是难能可贵之事。经过各界的协作支持与他们本身的努力,中国文学批评史这一学科的主导地位,已经无疑地为学术界所公认。复旦大学中文系与文学研究所内的这一批精英还将在这一领域中活跃数十年。

三是这一学术群体的学风值得赞扬。上至主编王运熙、顾易生二先生,下至写作组里的每一位人员,都是朴实无华的学者。因此在他们的一系列著作中,都没有用大块文章开路,大谈理论指导等等。对于材料的分析和概括,也没有过多的推论和发挥。他们的研究范围不限于中国文学批评史,其中大多还担任着中国文学史的课程与专题指导,反映在他们的著作中,便是材料的丰富、完整和视野广阔。对中国古代学术,有一种全面的观照;对古代文学,有一种总体的把握。这些治学方面的长处,可以使人很容易地区别出复旦所编批评史的特色。

我在早年也曾从事过中国文学批评史的教学与研究,后因故中辍。今日来谈复旦大学《中国文学批评通史》的成就,真有小巫见大巫之感,深以自己未能在南京大学起到同样作用而引为遗憾。在我校中文系的历史上,也曾有陈中凡、罗根泽等先生导夫先路,但后来由于历史原因,以及各种条件的限制,这一领域中始终未能建立起一系相承的队伍和相当规模的研究阵营。所幸者,目下已有张伯伟、许结、孙蓉蓉等几位年轻学者正在努力垦辟,他们注意文献的搜集、考辨,也注意综合的理论阐发,经过几年的努力,也已有了可喜的成果。而他们又与复旦《通史》的年轻作者有着紧密的联系,预见在不久的将来,都将成为中国文学批评史领域中的主将。

〔原载《复旦学报》1996 年第 6 期"庆贺《中国文学批评通史》(七卷本)出版"专辑,《中国文学批评通史》由上海古籍出版社出版〕

怎样撰写《中国思想家评传》笔谈

何谓思想史？何谓哲学史？二者有何联系，又当怎样区别，学术界似乎还未作出明确的解答。由此之故，一些专家笔下的思想史，其内容往往与哲学史类同，这样也就坐实了思想与哲学的混同。

但这显然不妥。顾名思义，"思想"的内涵应该要比"哲学"宽广。每一个人都有他的思想，但不能说每一个人都有他的哲学。尽管有些人强调说人人有其处世哲学，而这与学术范畴内所谈的哲学，那种高层次的自成体系的思维成果，显然不是一回事。

由于人们在日常生活中处处感受到政治问题的重要，所以"政治思想"一词常被运用。与此相同，又有"文学思想""史学思想""科技思想"等词。这不难理解，一个伟大的文学家，必定有他先进的文学思想；一个伟大的史学家，必定有他先进的史学思想；一个伟大的科技专家，必定有他先进的科技思想。当然，这些人也会有其哲学思想、政治思想，但最值得加以探究的，当是其先进的专业思想。

这个问题从理论上来说是容易想清楚的，但实践起来，却会发生一些困难，这里有两个方面的问题先得考虑。

一是文献问题。我国的典籍，至宋代起大增。因为印刷术发明了，对典籍的流通和保存大为有利。于是可以唐宋前后为界，在这以前的作家，有关的记载大都比较简单，留下的作品也少；唐宋之后的重要作家，材料多起来了，但常游离于政治斗争的中心之外，纯以文人的身份出现，如何评判其思想，得从多种角度仔细研究。

二是论证问题。唐宋以后的一些伟大作家，文献记载比较全备，但如何将一些片断零星的材料，甚至是一些未曾系统介绍过的思想，挖掘出来，加以系统论述，确证他在文学思想史上应占一席之地，还是需要作出一番努力的。就以千古以来人无异词的伟大诗人杜甫来说吧。他的作品，起先不受重视，遗佚很多，但流传至今的作品，还有不少。他去世不久，就有人研究其创造成就了。宋代之后，研究的人更多，因此有关他的研究资料，应该说是不少的。植根在这些资料之上，总结前人的成果，是否足够用来说明问题了呢？

一些中国文学批评史的著作，或是文论的选本，大都著录杜甫的《戏为六绝句》《偶题》等诗，因为作者在诗中系统地发表了对文学的看法，这些当然是研究杜甫文学思想的上好材料，只是这类文字为数过少，仅凭这样一些文字进行研究，也就显得太单薄，与杜甫这样一位成就至巨的诗人不太相应。杜甫的创作成就瑰丽多彩，他的思想也应该是瑰丽多彩的。

严羽《沧浪诗话》说："少陵诗，宪章汉魏，而取材于六朝，至其自得之妙，则前辈所谓集大成者也。"说明杜甫很重视继承前代的创作成就，又能博采众家之长，再加上自己的新创，才能获得如此丰硕的成果。这里就有很多问题值得研究。

六朝文学，在唐人笔下，颇多异议。李白就在《古风》第一首中说过："自从建安来，绮丽不足珍。"而他的诗作，也确是以古体的数量为多，因此有的研究者就以为李白可以作为复古派的代表。杜甫的情况正相反，他论文不薄齐梁，对于过去的作家，肯定者多，否定者少，似乎侧重继承。然而他的诗作，以近体的成就为突出，自创的风格，亦能多方面地启迪后学。自他殁后，各种流派的兴起，或多或少都曾受到过他的影响，因此有的研究者就以为杜甫可作创新派的代表。李白与杜甫在创作上各有千秋，都是伟大的诗人，这是毫无疑义的。但为什么前者在理论上否定过去，而后代偏有人称之为复古派；后者在理论上肯定过去，而后代偏有人称之为创新派。杜甫的情况尤见复杂，他是怎样处理继承与革新之间的种种关系,在构思、谋篇、用字等方面一一落实,发挥其天才的? 这里就有很多不成文的文学思想需要探讨,应该广泛而深入地进行阐发。

由此可知,杜甫杰出的创作成就,植根在他先进的文学思想之上,研究杜甫文学思想的丰富内涵,是有意义的。

古人认为,文品与人品密不可分,这是有道理的。杜甫那种民胞物与的博大胸怀,正与他那海涵地负的创作成就相应。阐明二者之间的联系,也是必要的。

由于时代不同,后人看待前人的业绩,就常是用现代人的功利眼光来衡量,不能把他们放到当时的具体环境中考核,这样也就难以作出正确评价。

过去读杜诗,总觉得他很迂阔。看他虽有"致君尧舜上"的抱负,但却看不到他提出过什么完整的政纲。甚至,他对政治形势也看不清楚。例如他最倒霉的一件事,就是疏救房琯,触怒肃宗,几遭不测,终致仕途失意。反过来一想,杜甫的"迂阔",正是他人不可及处。他从大局出发,全面衡量房琯的功过,认为不应该加以严谴。即使当时身处是非之地,而又仅任拾遗的微官,但他决不畏首畏尾。在有关国家前途的问题上不计个人安危,仗义执言,杜甫的这种风概,不正是其过人之处么? 范文澜在《中国通史简编》中曾将王维、李白、杜甫三人作比较,他们都经历了安史之乱,接受过各种考验,而其结果各不相同。杜甫"逃出贼窟,经历着很大的艰危","这种困苦狼狈的情况,李白、王维是不能忍受的,因而屈服于李璘、安禄山","大抱负与穷困生活这个矛盾,是杜甫诗丰富内容的源泉"。这话很有启发意义。杜甫的穷困生活,正是他的诗歌创作丰富内容之基础;可以说,杜甫的经历造就了这样一位伟大的诗人。而杜甫的抱负和信念,又使他不能不走上穷困之路。这里的复杂关系,有很多地方可以挖掘。

杜甫的情况如此,屈原的情况何尝不是如此,尽管屈原的情况更有其复杂处,但与杜甫的生平对照,看来仍有不少相通之处。这样说来,文献不足的诗人,还是可以通过不少途径,采用新的视角,去把握其思想,予以充分阐述的。

（原题《开阔视野,实中出新》,载《南京大学学报》1992 年第 2 期。《中国思想家评传》由南京大学出版社出版）

古田敬一《中国文学的对句艺术》笔谈

　　东坡有诗曰："不识庐山真面目，只缘身在此山中。"我国人民对待本国语言的情况，也有类于此，习焉不察，以至于几千年来缺乏系统的语法研究。这是怪事，却是事实。

　　中国是一个诗的国家，但对诗歌语言的研究，好像也有与上类似的情况，不大注意理论探讨。从唐代起，学术界出现过一些分析诗歌技巧的文字，对语言艺术进行钻研，然而大家不予高的评价。这种情况一直延续到现在。

　　相反，身在庐山之外的人，有时反而更易引起兴趣，看清此山面目。唐时日本旅华高僧空海带回崔融《唐朝新定诗格》等著作多种，编成《文镜秘府论》六卷，保存了许多本国失传的文献，有功诗学匪浅。古田教授继承大师的事业，著《中国文学的对句艺术》，对我国语言艺术中的一种特殊现象——对句作了深入的科学的分析，可以帮助我们身在山中的人领会此山景色。读此大作之后，引起了我很多感想。

　　自从清末废除科举制度，学生不再从事对课，大家也就不再钻研对对子了。这当然是顺应时代发展的好事，但对大家掌握语言艺术来说，却有无形的损害。再加上我国历来把形式技巧视为文章末事，此风近代愈甚，大家一味强调宣扬微言大义或是主观抒情的首要意义，这就更使钻研本国语言艺术的工作受到忽视。新诗的得不到迅速发展，或许即与这种偏差有关。

　　古田教授著作中也曾提到我国的诗歌讲求暗示性、装饰性，这可能是指中国诗歌重视含蓄，重视形式美，这是符合实际的判断。可惜这种传统未能在新诗中很好地继承下来。一些新诗，类似大白话，和散文差不多,读后觉得了无余味,也不能使人产生美感。读者不满足于新诗,新诗不能完全战胜旧诗,或许正在这些地方有欠缺,不能满足大家的欣赏要求。古时的一些诗人,用外国名词来说,都可称为语言大师,而近现代的一些新诗人,可以荣膺这种称号的可能不多,这就应该促使我们更多地关注本国语言的特点,琢磨对句等艺术技巧,让其中的美感因素充分发挥其作用。又如我国诗歌讲求音韵的和谐与错综变化,这也是一大特点,有助于增加诗歌的音乐性,可使语言更富魅力。古田教授阐发对句艺术时如对音韵与对句的关系作更多的阐发,则对读者将更有助益。

（原题《身在庐山之外的人反易看清庐山真面目》,载《汕头大学学报》1990年第2期。《中国文学的对句艺术》,李淼翻译,吉林文史出版社1989年7月出版）

陈文和等点校本《嘉定钱大昕全集》笔谈

近代一些著名的学者,如王国维、陈寅恪等,所以能在学术上取得重大成就,无不具有这样的特点:继承本国的乾嘉朴学传统,而又采择西洋新兴学术。即使那些新派学者,如胡适等,也与乾嘉朴学关系深切。

乾嘉学者中当以钱大昕和王念孙二人对后代影响尤大。先师胡小石先生评曰:"钱(大昕)氏之学博而能精,王(念孙)氏之学专而能通。"后人向他们学习,则似从钱氏著作入门为佳。因为高邮王氏之学偏于经子,所用典籍偏于先秦两汉,覆盖面不够大,研究方法偏于形式逻辑中的归纳法,方向太专,年轻学者所学的专业如与之距离较大,往往引不起兴趣,也不易入门。钱大昕的道路,本身就符合由博返约的原则,从他"博而能精"的光辉榜样中,容易找到个人的参照点。

陈寅恪称钱氏为清代史学家第一人,因此他在史学方面的成就,可以不再多说,《十驾斋养新录》《廿二史考异》以及《潜研堂金石文跋尾》等书,已成学习史学的人案头必备之书。而他在语言文字方面的成就,如"古无轻唇音""舌音类隔之说不可信"等说,发千古未发之覆,也是语言研究方面的大手笔,贡献之大罕与伦比。洪诚先生指出"古音纽的研究实从钱氏开始",又指出"其研究的方法有四:一、根据异文或声训研究;二、从谐音偏旁研究;三、从类隔切分析;四、从译音字研究。这四种方法,都被后人所采用"。足见其沾溉之深,亦可见其在方法上的意义。

《嘉定钱大昕全集》对钱氏遗文又作了一番认真的发掘,比之以前的全集,内容更为丰富,编排更为科学,校点更为精密。观《前言》中的介绍,可见编辑人员态度之认真。好些部分后附《校勘记》,如《廿二史考异》中的《宋史·艺文志》部分,不光用不同版本校,而且旁参相关材料,用的是他校之法。这样整理古籍,工作做得很到家,也就大大地提高了这一全集的学术价值。而此书又印制精美,潜心阅读,亦感赏心悦目。

（原题《古籍整理工作中的一项重要工程》,载《中国典籍与文化》1999 年第 2 期。《嘉定钱大昕全集》,江苏古籍出版社 1997 年 12 月出版）

薛正兴点校本《太湖备考》笔谈

苏南物产富饶,人文荟萃,吴越文化向为学界所关注,20 世纪 30 年代即有吴越史地研究会的组织。考吴越文化的形成,实赖太湖的滋养,然系统记叙太湖地区的文献却并不多见。一些县志、府志中有所记叙,但局限一隅,难睹该地区之全貌。金在理《太湖备考》一书,弥补了这一领域中的缺憾。全书篇幅大,征引广,体例善,分析细,诸凡历史沿革、自然地理、政治军事、经济文化等各个方面,均有系统而翔实的记载。一编在手,也就为关注吴越文化的人提供了一份扼要的介绍。目下太湖地区经济发展神速,旅游事业发达,《太湖备考》中也有不少可资参考的资料。只是此书传世者不多。江苏古籍出版社将之纳入《江苏地方文献丛书》,对于江苏的读者与全国的读者都有很大的助益。薛正兴同志作了细致的加工,附入吴曾的《湖程纪略》和郑言绍的《太湖备考续编》,将记载的内容延至清末,内容更见充实。全书校勘精细,标点与断句等方面均见功夫。又加设计精善,版式疏朗,字体安排合适,展卷即有纲目分明之感。前有内容精彩的《前言》,对读者了解吴越文化很有帮助。里面介绍的许多有关太湖的现代科学知识,则又为整理古籍提供了范例。

(原题《开湖泊志之先河的〈太湖备考〉》,载《新华日报》2000 年 1 月 15 日。《太湖备考》为《江苏地方文献丛书》内的一种。江苏古籍出版社 1998 年 12 月出版)

读巩本栋编《程千帆沈祖棻学记》有感

给知名学者作"学记",总结他们的学术成就,探讨他们的治学方法,具有重要意义。因为这些成就卓著的学者代表了这一时代某些学科领域内的最高水平,对于他们各个方面的成果,理当及时总结,借以激励后人,启示后学。程千帆教授为本世纪内中国古代文史领域中成果最为丰硕的学者之一。他幼承家学,接受过严格的传统教育,在经史之学上下过很深的功夫;后入金陵大学深造,得到不少名师的指点,受到近代学术的熏陶。加以天分过人,勤奋向学,故学兼中外,新旧融通,于诗学、史学、校雠学、文学史与批评史等领域均有很多开拓与建树。沈祖棻教授在诗词的创作与研究上均称一时独步,受到前辈与时人的一致赞誉,而他们夫妻两人与海内外学人广有交往,从彼此的酬酢中亦可觇一代学风,具有文献价值。

巩本栋教授为程千帆教授的入室弟子,亲蒙熏沐,熟悉乃师治学心得,故由他编就的《程千帆沈祖棻学记》,援用最精确的可信材料,排除阿谀粉饰的不良作风,纲举目张,要而不烦,为学界提供了一部全面总结一代学人卓越成就的专著,不但功在当代,且将泽及后人。贵州人民出版社能在目下锱铢必较的风气下支持是书出版,且印制精良,亦可见其识见,故乐于推介如上。

(《程千帆沈祖棻学记》,贵州人民出版社 1997 年 10 月出版)

安平秋教授担任博士研究生导师资格审查评语

一名合格的中国古典文献学博士研究生导师,必须具备三方面的能力:一是在本专业的知识范围内有相当专精的学术素养,二是能在我国传统文化的范围内有相当高深的学术造诣,三是具备组织大型科学研究工作的能力。以此衡量安平秋教授的学术成就,可以认为他已具备了担当古典文献学博士研究生导师的应有水平。从专业知识方面来看,如《〈史记〉版本述要》《〈古文观止〉版本考论》二文,都显示出了很高的学术水准,尤其是前一篇文章,博赡典实,俱见功力。古来治《史记》之学者多矣,然至今未见如是之作。而他在恪守朴学传统规范之外,尚能结合现代学术的发展,注意新的开拓。从他为《史记》所拟的系列研究课题来看,说明他对《史》《汉》之学确有所得,故能具备广阔的视野和确切的把握。再从传统文化研究方面来看,他把注意力放在文化与社会生活的紧密关系上,既注意从学理上进行探讨,也注意由此窥视我国民族精神方面的问题。目下这类文字虽很常见,但精彩者不多,从安平秋教授已发表的一些文章来看,不但具有个人研究心得,并已取得良好的社会效应,至堪嘉许。再从他在组织大型古籍整理工作方面的贡献来看,更应充分肯定。应该说,过去的一些老专家,在专书的整理工作中作出过巨大的成绩,但往往缺乏组织广大人员从事大型文献整理工作的能力,处在目前情况下,亟需出现一批具有专业知识的组织工作者。安平秋教授于此已经作出了很大的成绩,可不再多言。综合上述三者而言,我觉得他是一位不可多得的具有多方面能力的中国古典文献学研究工作者,符合中国古典文献学博士研究生导师的各种要求,故同意他的申请,并推介如上。

1996 年 4 月

孙永如《唐代文士与小说》(博士学位论文)评语

孙永如同学提交的《唐代文士与小说》博士论文,以创作与传播小说的文士阶层为主体,论述唐代小说的内涵及其变化。他突破了前此研究者就文论文的局限,将小说置于广阔的文化背景下加以透视,把研究工作提高到了一种新的层次。例如他据文士的史学意识阐述唐代小说的历史化,就能说明小说中许多新出现的特点,诸如内容的扩展,体例的创新,道德倾向的加强等现象,均可得到新的解释。又如他将唐代小说的发展分为前后两期,而从科举制度中生源的变化,行卷之风所起的作用,文士群聚说话之风的盛行等方面进行论证,也是具有开拓意义的很有说服力的工作。孙永如在进行论证工作时还努力发掘新材料,如以《唐律》中禁造祅书及祅言等规定,说明其时小说的创作受到影响。这也是旁人从未涉及的新问题。总的看来,此文视野开阔,论证严密,精意颇多,是一篇好的论文。作者如能于唐代文士的特点、史传文学的变化等方面再作一些细致的研究,则其总体水平将更上一层。

徐兴无《论谶纬文献中的天道圣统》 (博士学位论文)评语

谶纬之学,驳杂难明,学术界视为畏途,故治之者甚少。新中国成立之后,学术界又以为荒诞迷信而加以抹杀,遂致这一文化现象的研究工作沉湮达数十年之久。按谶纬盛行于汉代,顾颉刚在探讨五德终始等问题时曾附带加以讨论,陈槃则对谶纬文献进行过整理与考订。从国外的情况来说,日本学者也做了大量的工作,中国大陆学者如欲迎头赶上,必须另辟蹊径。徐兴无同学在顾颉刚与安居香山等人研究成果的基础上,更用文化学的观点加以审视,克服了顾氏研究方法中的形而上学局限,对汉代谶纬的前因后果作了新的探讨,说明宗法圣统与天道圣统之间的交替与融合,以及它作为封建王朝上层建筑的重大作用,取得了不少成果,有助于中外人士对中国文化的理解与把握。而从他对谶纬文献的整理、考订和运用来说,比之陈槃等前辈学者,也已有了新的开拓和提高。这一论文的选题与写作由他独立完成,导师审阅此文后,认为已达博士论文的应有水平,同意其提交答辩。

赵益《六朝道教与文学》(博士学位论文)评语

陈寅恪指出,道教对中国学术影响甚大,此说已为学术界普遍接受。但国人对道教的研究,却显得相当滞后,而对道教与文学之间的关系的研究,也缺乏有深度的探讨。这是因为道教本身体系庞杂,难于把握;文献记载杂乱,还缺乏整理。前此的研究积累很少,学者如欲从事这方面的研究,在很多问题上还得从基础工作做起。赵益同学鉴于这一课题具有重要的价值,决心从理论和资料两方面着手,进行全面探讨。他在《导论》一章中,对此文赖以建立的几个重要概念及其系统,如"六朝""神话、仙话与神仙传""小说""宗教""道教"等,进行语义分析。对于"南方神仙道教"的来源、发展与整合,作了周密的观察和论证,这里着重整理道教史的发展线索,纠正了近代学者习惯使用的"天师道"等名词的不科学性。有关六朝时期侨姓士族、吴姓士族以及民间大众的道教信仰,道教对士人的主体意识的影响,世俗社会的宗教生活与信仰世界等,也都一一作了分析和介绍。从文学研究的角度说,此文对六朝神仙传记与小说的关系,游仙诗的发展,《真诰》诗歌的内容、意义与表现形式,也进行了细致的分析。文中还提出南方保留着浓厚的原始巫术遗存,与山水诗的兴起有关,这些论断,也有其启发意义。看来这篇论文是花了很大气力才完成的,其价值不仅在于研究道教与六朝文学,对于宗教史、道教文献等方面,也有其价值。很多观点,可供他人参考。

郑玉顺《韩国奎章阁所藏〈六臣注文选〉文本研究》（博士学位论文）评语

郑玉顺同学是韩国人。她以韩国所藏奎章阁本《文选》为研究对象，和存世各种《文选》注本，如李善注本、五臣注本、六臣注本等作比较；所据其他版本，尚有三条家本五臣注、陈八郎本五臣注、敦煌本张平子《西京赋》李善注、尤袤本李善注、明州本六臣注、《四部丛刊》本六臣注以及《文选集注》本等多种，内容甚为丰富，考订甚为细致，用力至勤，成果亦丰。她通过比较，阐明了奎章阁本《文选》的重要地位，勾出了《文选》诸本先后之间的传承关系，并一一明辨其异同，足供治文史者参考。《选》学在我国虽有光辉的历史，但目下已趋衰落，原因之一，即为研究者不能见到各种好的版本，并不肯下苦功夫从事文献方面的比勘。玉顺同学的这一研究，可为国内学界提供资料和新的结论，颇为可贵。此文由其独立完成，教师只是起了指导作用。该生学风淳正，具有相当高的研究能力。她的专业课程均已合格，业已达到博士生应有的水平，故同意其提出学位申请。

张玉春《〈史记〉版本研究》(博士学位论文)评语

这是一篇质量很高的博士论文。综其大要，在三个方面显示出水平，表现出了很好的功力。

一、注重文献实物互证。此文以《史记》的版本作专题研究，首先从古史记载和书目著录叙起，考察古今收藏单位和藏书家有关此书的叙录，这是从目录学下手所进行的文献考证。作者随后对存世的各种《史记》版本进行具体研究，文献与实物互证，理出各种版本之间传承演变的关系，语必有据，得出的结论也就比较可信。中如 P. 75 据《麟台故事》《石林燕语》《宋会要》叙淳化时始刻《史记》，又如据藏书印章考察善本的流传，均可看出作者对文献资料的精熟和善于处理。

二、全面掌握研究资料。《史记》版本存世者多善本，分藏全国各地，不易见到。东邻日本所藏亦多，而且拥有一些魏晋六朝和唐代的古钞本，文献价值极高，但要见到原物，尤为不易。张玉春同学孜孜以求，利用各种条件，目验各种钞本和版刻，且进行细致的考核。例如他在 P. 95 上比较北图藏本和杏雨藏本的差异时从刀法上看出明显差异，非目睹者不能置喙，即见到而不作细致研究者也不能有所发现，这是作者具备如此难得的条件，而又能充分利用自己所长的显证。

三、研究方法科学多样。作者在辨析各种版本的异同，判断各种版本的年代时，不但从文献学常用的避讳、刻工等手段入手，而且从古体、异体等文字的不同上发现问题，提出了很多新见。

张玉春同学对《史记》的各种版本进行比勘时，不囿于前人成说，如 P. 203 纠正贺次君的误断，P. 207 又追踪贺氏之误实为沿袭张文虎之误，凡此均可看出他的研究水平，而这又是他从文本出发，一点一滴积累而得的成果。

综上所言，可知张玉春同学此文已取得良好成绩，达到了博士论文的应有水平，亟同意他提出论文答辩的要求，并建议授予学位。

集外馀墨

御定《全唐诗》的疏误与《全唐五代诗》的编纂

唐代国势极为强盛,文化也极繁荣,尤以诗歌的成就为高。清代初年,圣祖玄烨平定内乱外患之后,意欲追步唐太宗的盛业,遂对唐诗情有独钟①。他命曹寅征集江浙两省的在籍翰林彭定求等十人,利用胡震亨《唐音统签》和季振宜《唐诗》的现有成果,略事加工,仅花了一年零五个月的时间,编成《全唐诗》九百卷,以"御定"的名义颁行天下。《四库全书总目》卷一九〇集部·总集类五《御定〈全唐诗〉》提要誉之为"自有总集以来,更无如是之既博且精者矣"。这是臣下颂圣的门面话,自不足为据。这样的一部大书,仅花上这么短的时间就告完成,则工作的草率,可想而知。但因其为御定之书,臣下不敢多所议论,直至清廷摇摇欲坠之时,学界始见有批评的意见出现。

当代反响

其实曹寅在扬州设局组织人力编纂此书时,"全"书不"全"的问题即已暴露。当时著名学者朱彝尊正在扬州编纂《两淮盐策志》,曹寅商请他复核全书有无遗漏,朱彝尊遂开具一份书单,供其参考,但因《全唐诗》急于进呈,匆忙完工,也就没有根据书单中提供的材料多方访求以作补充。朱氏书单及与曹寅书都没有刻入《曝书亭集》。直到宣统元年(1909)清室垂亡,人们少有顾忌时,番禺沈宗琦才将《潜采堂书

---

① 参看拙作《康熙御定〈全唐诗〉的时代印记与局限》,载《中国文哲研究通讯》第 5 卷第 2 期,台湾"中央研究院"中国文哲研究所印行,1995 年 6 月。

目》四种之一的《全唐诗未备书目》刻入《晨风阁丛书》。

朱彝尊《全唐诗未备书目》中列出了一百四十种左右的集子。冯登府跋《全唐诗未备书目》尚云："〔秀水朱彝尊〕先生与曹通政寅书云：'曩承面谕补缀《全唐诗》。第十一函第七册孙元晏以下，至张元正共十四开，无考。今查出四十三人官爵，似宜注明。又李谭□六诗七首，又联句三首，似宜补入。但业经进呈，成事不说，留此以见愚者千虑之一得耳。'"可见《全唐诗》中缺误甚多，远没有官方宣称的那么完美。

本国学者中人不便议论此书，境外学者则无此束缚，相当于清高宗乾隆时，日本学者市河世宁利用彼邦文献，如《千载佳句》与中土已佚的《文镜秘府论》与《游仙窟》等书，从中辑录《全唐诗》中失收之诗，成《全唐诗逸》三卷，凡补完诗六十六首，缺文六首，诗句二百七十九题。作者共一百二十八人，其中八十二人不见《全唐诗》。此书约于仁宗嘉庆时传入中国，鲍廷博将之刻入《知不足斋丛书》。这是第一次对《全唐诗》所做的补正工作。

《全唐诗》改编工作的酝酿时期

刘师培于光绪末年在日本撰《读〈全唐诗〉发微》一文，对《全唐诗》中误收和一诗两见等问题进行抉发，指明其误。如其中一条云："张乔以进士隐九华，而乔有《省中偶作》诗，以冯唐自况，则此非乔作矣。"① 可知这是读诗随笔性质的文字，作者每取引而不发之势，后人续作论证，则仍有开拓余地。吴企明作《刘师培〈读《全唐诗》发微〉榷证》，续证之曰："刘氏所论极是。《全唐诗》卷六三九载张乔《省中偶作》和卷

---

① 原载《国粹学报》第 46 期，1908 年 4 月 14 日；后收入《刘申叔遗书·左盦外集》卷十三。

六三八《秘书伴直》，都不是张乔诗。"理由是"张乔并未能及第而进入仕途，后隐于九华山"，并举薛能《寄喈张乔喻坦之》诗为证，内有"日令销此道，天亦负明时"等句，则"张乔未入仕途明矣"①。勋初按：张乔厄于一第，康骈《剧谈录》卷下、《直斋书录解题》卷十九诗集类上《张乔集》二卷提要等文均有记载，可证刘氏所说可信。

《发微》此文篇幅无多，并非经意之作，然作者学博才高，故其言颇多可采。

岑仲勉于1939年作《读〈全唐诗〉札记》，自云未见刘氏《发微》，但二人均承清代朴学余波，故论证的方式类同。只是岑氏生活的年代要晚得多，其时典章制度与金石版刻等有关学术有了很大的发展，岑氏又是这一方面的杰出学者，他利用这类知识考史，取得了很大的成就。《札记》题记自云："斯篇之成，宁曰读诗札记，直作读史札记观可也。"②因此，《读〈全唐诗〉札记》对御定《全唐诗》中诗人小传方面的讹误发掘尤多。

考证之业，后出转精，岑氏的考证文字，也已不取点到就止的论证方式，而是引用大量资料，周密论证，故其结论可信者多。例如七函二册考白居易诗曰："白居易《村中留李三固言宿》，按元氏集七《遣病》，'李三三十九'，原注，'监察御史顾言'，前六函八册同，十二函八册亦云，监察御史李顾言，元和元年及第，此作固异。白氏集六只题《村中留李三宿》。"勋初按：平冈武夫、今井清校订《白氏文集》卷六古调诗内《村中留李三宿》诗题"李三"下注"顾言"二字，校语曰："顾，马本、汪本、《全唐诗》本作固。宋本无'顾言'二字而宿下有小注云'固言'。丽本亦无'顾言'二字，今从金泽本。"此见金泽文库本《白氏文集》第一册

---

① 载《唐音质疑录》，上海古籍出版社1986年版。
② 此文附入《唐人行第录》，上海古籍出版社1978年版。

卷六。《白氏文集》源出白氏手定之苏州南禅院六十七卷本,校勘价值甚高,足征岑氏结论可信。①

又《全唐诗》二函六册东方虬小传曰:"东方虬,则天时为左史。"此人因陈子昂作《东方左史虬〈修竹篇〉序》而著名,然事迹不详。岑氏考之曰:"按虬又尝为礼部员外郎,见《元和姓纂》。"按岑氏以撰《〈元和姓纂〉四校记》享大名,而他在此书自序中自云"取《全文》、《全诗》、晚近出土唐志及前此未得见之典籍,陆续补入之"。应该说,后人继刘师培等前辈学者之后,能以在唐史考订方面取得巨大成就,唐志的发现与利用起了很大的作用。唐代诗人传记考订工作之日趋精密,与唐志的不断发现与广泛利用密切相关。《郎官石柱题名考》《御史台精舍题名考》《唐方镇年表》《〈元和姓纂〉四校记》《唐刺史考》等一系列典籍的出现,得益于唐志者匪浅,而这些典籍之陆续问世,又促进了唐诗研究的进一步发展。

大家知道,闻一多在唐诗研究领域内曾作出过杰出的贡献。1933年9月,他刚到清华大学任教不久,曾在给友人饶孟侃的信中谈及近年来从事的学术项目,共有八项,除了《诗经》《楚辞》两项外,其他全涉及唐诗,计为:

《全唐诗校勘记》:校正原书的误字。

《全唐诗补编》:收罗《全唐诗》所未收的唐诗。现已得诗一百余首,残句不计其数。

《全唐诗人小传订补》:《全唐诗》作家小传最潦草。拟订其伪误,补其缺略。

《全唐诗人生卒年考》附《考证》。

---

① 平冈武夫、今井清校定《白氏文集》,日本京都大学人文科学研究所1973年印刷发行,属非卖品。

《杜诗新注》。

《杜甫》(传记)①。

由此可见,闻一多的唐诗研究计划甚为全面,而对校勘文字、辑录佚诗与订正小传文字尤为致意,这也确是《全唐诗》中问题最多的地方。可惜由于时局的混乱和他本人的早逝,这些计划大都未能实现。

闻氏殁后,留下遗稿甚多,而目下大家容易看到的,仅为收集在《闻一多全集》中的《唐诗杂论》与《唐诗大系》两种。《唐诗杂论》收集了他发表的一些论文,中除《贾岛》一文外,其他八篇文章都是研究初盛唐时诗的。这一情况似乎表明闻氏的唐诗研究在他本人来说,尚属起步阶段。

但据前引闻氏研究计划来看,他对《全唐诗》中的问题多方抉发,制订有详细的计划,力求多方补正,这里已有全面整理《全唐诗》的打算。

闻一多已不满足于刘师培等人那种随笔式的勘误,而是企图探讨此书致误的根源,寻找其内在规律,执简驭繁,以便对《全唐诗》作彻底的清算。他曾撰有《〈全唐诗〉校读法举例》一文,说是"最好能寻出若干构成错误的公式来,凭着公式去检验全书,问题便容易解决得多了"②。可见他对御定《全唐诗》中问题的认识,要比刘、岑等人深入。

闻一多有关整理《全唐诗》的观点和计划,由他学生李嘉言继承并加以开拓。闻氏《〈全唐诗〉校读法举例》中仅举一例,即拟订了一个勘误的公式,云:"甲集附载乙诗,其题下的署名并入题中,因而误为甲诗。"并举韩愈、卢仝《月蚀》诗等例以明之。唐人编纂诗集时,除将唱

---

① 载《闻一多全集》第三册"庚集·书信",开明书店1948年版。

② 载《文哲季刊》第1卷第5期,北京,1936年。此文原来没有收入开明书店于1948年出版的《闻一多全集》,但现已收入湖北人民出版社1993年版《闻一多全集》6《唐诗编》上。

和诗中的原唱收入外,例将和作亦行附入。后人不明这一体例,仍照后代文集的常见情况读诗,也就容易把和作也视为诗集作者的作品了。这种情况很常见,闻氏的这一论述自然是有启发性的。

李嘉言续作《〈全唐诗〉校读法》一文,将此公式扩充,又拟了七个公式,并各举数例以明之。这七个公式是:(一)甲集附载乙诗,其题下的署名遗漏,因而误为甲诗。(二)甲集里的诗,其诗意与甲的行事不相合,则此诗往往为乙诗误入。(三)甲集里的诗,其诗意与题意不相合,则此诗往往为乙诗误入。(四)多人同题,往往有误。(五)同诗异题,致多重出。(六)形近而误。(七)声近而误。可以看出,这是李氏在对《全唐诗》作全面考察之后得出的结论,说明学术界对《全唐诗》中存在的问题,已有既全面又系统的了解①。

学术界对有关《全唐诗》的认识不断提高,条件日益成熟。到了50年代,李嘉言也就正式提出了《改编〈全唐诗〉草案》。此文文字无多,颇为扼要,内分"校订""整理""删汰""补正"四大类。大类之下又分几个部分,如"一、校订类"内,又分作品重出、作品误入、佚句、小传、小注、乐府、无名氏作品、无考类、校勘误字共九部分。每一部分之下有的尚分小类,如"(一)作品重出部分"之下又分五类:甲、重出互注例,乙、重出单注例,丙、重出无注例,丁、注云一作某诗而某集不载例,戊、注云一作某诗而无某集例。作者条分缕析,确把御定《全唐诗》中的问题抉发得差不多了。李氏并云:"全部计划以校订重出作品,考订作者世次,诗集编年及补修小传四项最为重要。盖此四项工作一旦完成,《全唐诗》即可作为一部详尽的唐诗史读之矣。"②

---

① 载《国文月刊》第 9 期,1941 年 4 月;后收入《李嘉言古典文学论文集》,上海古籍出版社 1987 年版。

② 原载 1956 年 12 月 9 日光明日报副刊《文学遗产》第 134 期,后收入《李嘉言古典文学论文集》。

李氏此文发表后,学术界反应颇为强烈,随后《光明日报》又刊登了王仲闻与丁力的两封来信,并以《对〈改编《全唐诗》草案〉的补充意见》为题发表,随后又刊登了汪绍楹一文,标题同上。三人都对李嘉言的草案表示赞同,认为御定《全唐诗》中问题丛杂,实有改编的必要。王仲闻与汪绍楹是整理古籍的专家,他们都提出了一些可取的意见,如王氏建议于"草案(一)校订类似可增加'出处部分'"。前后重出各诗"似宜胪列各种异文,作为新的校记,并注明所出,不要仅注'一作某某'"。汪氏则提醒改编者应当重视作为御定《全唐诗》源头的胡震亨《唐音统签》与季振宜《全唐诗》二书,因为:"两家对于据本的来历,异文的根据,逸篇的来源等等,大都注明出处,而现行《全唐诗》在纂修时,差不多完全删掉,只存留一小部分。这对我们整理上是一个严重障碍。不过《统签》和季书现在还存在,在今天我们还能利用他来作为整理的基本资料。假如没有这两种书作参考,就不免要耗费不少时间人力,更何况有一部分资料,只能在这两种书内寻觅呢?"①

李嘉言的这一计划,得到了他所任职的学校开封师范学院的大力支持,为此还成立了一个"唐诗研究室",配备人员,添设资料,积极开展工作。随后"文化大革命"陡起,这项工作不久即告停顿。

---

① 王仲闻和丁力的信刊登于《光明日报》副刊《文学遗产》第138期,1957年1月6日;汪绍楹文刊登于《文学遗产》第151期,1957年4月7日。汪氏提到的季振宜《全唐诗》,指藏于故宫博物院图书馆中的一种精钞本,实为康熙四十五年(1706)后之物,参看佟培基《〈全唐诗〉工作底本探秘》,载《文史》第四十三辑,中华书局1997年版。至汪氏所云"季书原稿旧藏于邓孝先处,后售与南京图书馆",则大误。季书原稿流传过程很复杂,参看拙作《季振宜〈唐诗〉的编纂与传流》,载《学术集林》卷十一,上海远东出版社1997年版。今所可言者,季氏修书时之底稿今藏台湾"中央图书馆",御定《全唐诗》修书时之底稿今藏北京图书馆,均与南京图书馆无涉。

十年动乱后唐诗研究领域中的新气象

中国大陆地区的唐诗研究,"文化大革命"之后步入了前所未有的繁荣时期。大家对前此阶段研究工作中出现的弊病,那种主观武断、凭空立论、任意抑扬、倚势压人的恶劣风气深恶痛绝,于是学术界普遍要求树立一种新的风气:语必征实。于是岑仲勉等学者倡导的学风,重新得到重视。

自 20 世纪 80 年代起,经过十多年的努力,唐诗研究方面积累了大量成果。御定《全唐诗》中存在的问题显得愈发突出。就在这样的背景下,重新编写《全唐诗》的呼声又高涨起来。根据眼下的研究成果,大家觉得完全可以编出一部内容更为丰富、材料更为可靠、编纂更为科学的总集。今人阅读或研究作为一代文学之盛的唐诗,不必再仰仗清代那本匆促编就的《全唐诗》了。

今从传记、校勘、辨伪、辑佚四个方面分别作些介绍。

传记 季振宜《唐诗》中的诗人小传,大都采自现成的传记,如两《唐书》、两《南唐书》、两《五代史》及诗话、小说等,汇纂而成。胡震亨《唐音统签》中的诗人小传,取材较为广泛,除两《唐书》外,还引用了很多杂史、笔记、地志、诗话与各家别集,并对这些材料有所考订。他还采辑了许多诗人的遗闻轶事,附入小注,供学习时参考。胡氏引用的材料大都注明出处,其中好多文献今已亡佚,因而弥足珍贵。御定《全唐诗》凡例之一曰:"诗前小传,但略序其人历官始末。至于生平大节,自有史传,不必冗录。"因此这些翰林官员仅在前人材料上大加删节,而于事实的考订与补充方面没有作出多少成绩。

御定《全唐诗》小传中问题很多,岑仲勉即评曰"小传疏舛",亟应改写。郁贤皓、陶敏于 1986 年至 1991 年即在《湘潭师院学报》与《南京师大学报》上连续发表《全唐诗作者小传正补》三十余则。

自 1980 年傅璇琮在中华书局出版《唐代诗人丛考》之后，作家生平考订之作层出不穷。傅氏此作共收二十七篇文章，考察初唐至中唐共三十二位诗人的生平和创作。这些诗人，过去一般称之为中小作家，有的向来不受重视，傅氏以为研究唐诗必须考查清楚每一位诗人的生平，还应注意群体的活动，因此对于揭示唐诗各个阶段的文学集团和风格流派尤为致意。每立一说，必辑集丰富的资料，驳正旧说的迷误，这在当时来说，确有使人耳目一新之感。

十多年来，考证唐代诗人生平的专题文字，盛况空前，如年谱、行年考、生卒年考、诗人行踪考之类的文章，各种类型的报章杂志上均有发表。很多诗人有好几种考订文字出现，例如有关盛唐诗人高适的年谱，除在"文革"之前即有王达津《诗人高适生平系诗》①、彭兰《高适系年考证》②、孙钦善《高适年谱》③、阮廷瑜《高适年谱》④四种，80 年代起又有周勋初《高适年谱》⑤、徐无闻《高适诗文系年考》⑥、谭优学《高适行年考》⑦、刘开扬《高适年谱》⑧等多种年谱出现。他如补订、传论之作尚不计在内。而如王维、岑参等人，也都有两三种以上的年谱问世。至于涉及诗人生平考订的单篇文字，则很难统计，估计当在千篇以上。

这些考订文字中的上乘之作，对于诗人疑难问题的分析，可谓细

① 载《文学遗产增刊》第八辑，中华书局 1961 年版。
② 载《文史》第三辑，中华书局 1963 年版。
③ 载《北京大学学报》1963 年第 6 期。
④ 附《高常侍集校注》，台湾编译馆 1965 年版。
⑤ 上海古籍出版社 1980 年版。
⑥ 载《西南师范学院学报》，1980 年第 2 期。
⑦ 收入《唐诗人行年考》，四川人民出版社 1981 年版。
⑧ 附《高适诗集编年笺注》，中华书局 1981 年版。

入毫芒。浦江清在 30 年代作《花蕊夫人宫词考证》①，以为《全唐诗》中系于后蜀主孟昶妃名下的宫词实为前蜀主王建妃所作，此文因考辨精密而传诵一时。可以说，这类文字目下已很常见。即如傅璇琮作《刘长卿事迹考辨》②，将史籍中含混不清的仕途沉浮细析为前后实两次遭贬；又如陶敏作《陈陶考》③，以为晚唐五代时有两位诗人均名陈陶，后人不明，故多异说。这些都是读书有得之见，有助于重写《全唐诗》诗人小传者匪浅。

唐代诗人生平中的有些问题，已成古代文学研究中的热点，例如"文革"前稗山撰《李白两入长安辨》④，随之聚讼纷纭，产生了一次至四次说之间的纷争。即在"二次说"中，也有各种不同意见出现。对于这一类问题，《文史知识》等杂志经常组织专家写作一些综合报导，推动讨论的深入发展。中国唐代文学学会主编的《唐代文学研究年鉴》上，更多这类综合报导。例如 1984 年《年鉴》上有郁贤皓《李白出生地》一文，1985 年《年鉴》上有李田《李白〈清平乐〉词三首真伪问题》一文，1987 年《年鉴》上有郁贤皓《"李白几次到长安"讨论综述》一文，还有薛天纬《李白家世问题讨论综述》、倪培翔《李白卒年研究综述》二文，1988 年有葛景春《李白词真伪讨论述评》一文，1991 年有王辉斌《李白生平中十大热点问题综述》一文，这就把研究中出现的种种分歧扼要地作了介绍，也是对前此阶段研究工作的小结，有助于推动后一阶段研究工作的开展。此外，每一期《年鉴》上"一年研究情况综述"中

---

① 原载《开明书店二十周年纪念文集》，开明书店 1937 年版；后收入《浦江清文集》，人民文学出版社 1989 年版。
② 原载《中华文史论丛》第八辑，上海古籍出版社 1978 年版；后收入《唐代诗人丛考》。
③ 载《中华文史论丛》第三十七辑，1988 年版。
④ 载《中华文史论丛》第二辑，1962 年版。

还有"李白研究"专题,报导当前最新研究动态。1983年《年鉴》上还有王丽娜《美国对李白诗歌的翻译与研究》专文,引进了海外学者的研究成果。

御定《全唐诗》卷七六九至七八四,计十六卷,称"无世次爵里可考者",列三百三十一人,约占《全唐诗》所收人数的七分之一。按胡震亨《唐音统签》己签六中,有世次无考诗四卷,计一百三十六人,然均注明资料出处,御定《全唐诗》径行删去,更使这些文字难以考核。实则这些所谓"世次爵里无考者"中不少人还是可以考知的,张忱石作《〈全唐诗〉"无世次"作者事迹考索》,或考其籍贯,或探其家世,或稽其生平,或求其历官,或测其时代,钩沉索隐,所得凡七十余人①。佟培基作《〈全唐诗〉无考卷考》《续考》,一考作者时代事迹,二考诗之载籍出处,三辨作者及诗之重出,于七六九至七七三共五卷中考知一百零九人②。这些研究成果都对改写诗人的小传大有裨益。

在这众多的诗人考订工作中,有两部专著值得作些介绍。吴汝煜、胡可先《〈全唐诗〉人名考》总结了80年代的研究成果,共搜集编次他人与自己考出的人名达数千人次③。陶敏《〈全唐诗〉人名考证》的视野不囿于一家一集,既广泛占有资料,又穷究史源,而笔力所指,则集中攻治人物考证。因其方向明确,故所获至丰,堪推为这一时期成绩最为突出的一部著作④。

有关唐代诗人传记的研究成果甚为丰富,学术界乃进而对此作综

---

① 载《文史》第二十二辑,中华书局1984年版。

② 载《河南大学学报》第31卷2期,1991年3月;第33卷2期,1992年3月。

③ 江苏教育出版社1990年版。

④ 此书于80年代完成,但延至1996年8月始由陕西人民教育出版社出版。

合的处理。周勋初主编的《唐诗大辞典》,其中诗人部分达三千八百余人①,比之御定《全唐诗》中的诗人二千五百七十六人②超出一千多人,况且这些诗人大都经过考核,生平事迹了解得更清楚了。

从《唐才子传》一书的多次刊行新版中,也可看出唐代诗人生平考索的研究成果之丰富。按此书前后有王大安《唐才子传〔校订〕》③、舒宝璋《唐才子传〔校注〕》④、周本淳《唐才子传校正》⑤、傅璇琮《唐才子传校笺》⑥、孙映逵《唐才子传校注》⑦、李立朴《唐才子传全译》⑧等作。傅氏主编此书时,对书中的每一位诗人,约请专治其历史的专家进行校笺,从而从整体上反映出了 80 年代中国大陆地区攻治唐代诗人生平事迹的学术水平。

校勘 季振宜《唐诗》和胡震亨《唐音统签》二书都有很高的文献价值,改编《全唐诗》时,应当尽可能地采用二书成果,这已成为学术界的共识。但随之也会产生另一个问题,有人可能会起这样的疑问,季、胡二书的完成,距今已有三四百年,那时保留的宋元古籍,现在已经遗佚的很多,况且季振宜为清代前期的大藏书家,所谓递修本《唐诗》又是承接钱谦益残稿而来的,绛云楼藏书富甲东南,季氏《唐诗》定然会有版本上的先天优势。胡震亨家也富藏书,其时江左多藏书家,而他

---

① 江苏古籍出版社 1990 年版。

② 此据日本平冈武夫主编《唐代的诗篇》中的统计。该书为《唐代研究指南》第十一种,70 年代由同朋舍出版。今据上海古籍出版社 1989 年影印本。

③ 黑龙江人民出版社 1986 年版。

④ 中州古籍出版社 1987 年版。

⑤ 江苏古籍出版社 1987 年版。

⑥ 此书第一分册,中华书局 1987 年版;第二分册,1989 年版;第三、四分册,1990 年版;第五分册,1995 年版。

⑦ 中国社会科学出版社 1991 年版。

⑧ 贵州人民出版社 1994 年版。

与毛晋、赵琦美等友好，因此能够利用汲古阁、脉望馆等处的藏书。御定《全唐诗》在后来的加工中诚然有草率的一面，但在版本问题上享有后人无法企及的优越地位，那么后人改编《全唐诗》时，能否在校勘问题上超过前人？

对这问题，应作具体分析。尤其是胡震亨书，因为他编书时采取统一体例，把采入的书都按诗体重新分类，而在叙录中未对有的书注明所用版本，因此旁人不易明白其文字的根据。

季振宜《唐诗》的情况，比较明朗。自1976年台湾联经出版事业公司将此书底稿以《全唐诗稿本》的名义影印行世后，唐代诗人的诗集用的是哪一种本子都已一目了然。根据季氏《唐诗叙》中介绍，钱谦益留下的只是一份残稿。钱氏晚年曾以《唐诗纪事》为根据，欲集成唐人一代之诗①。刘兆祐"写在《全唐诗稿本》影印本前面"的《御定〈全唐诗〉与钱谦益、季振宜递辑唐诗稿本关系探微》一文中曾详细介绍季书的种种优胜之处，但季书实际上是以明末通行的各种本子为底本，如《唐诗纪》、《唐十二家诗》、《唐诗二十六家集》、《中唐十二家诗集》、《晚唐十二家诗集》、朱警《唐百家诗集》与汲古阁所刻各家唐人诗等。关于这一问题，严杰《纪季振宜〈全唐诗〉稿本》②与贾二强《〈全唐诗稿本〉采用唐集考略》③二文有详细的介绍与分析。

胡震亨在刊行《唐音统签》前，对其收入的文字是否作过详细的校雠，无法详考。季书原稿，则朱墨灿然。他还聘用汪、杨、徐三人帮助

---

① 钱谦益当是想参照《唐诗纪事》中诗人生平年代而编排前后卷次。今知季书初、盛部分主要依据《唐诗纪》编纂，可知钱氏主要依据此书著录。

② 载南京大学古典文献研究所《古典文献研究》（1989—1990），南京大学出版社1992年版。

③ 载陕西师范大学古籍整理研究所《古典文献研究集林》第三集，陕西师范大学出版社1995年版。

整理①,而他在若干诗集后也曾留下记录,如在第七十三册《白氏长庆集》卷十九末叶记曰:"康熙十一年正月十九日,季振宜对宋刻校,时大雪奇寒,得姜府丞、史编修书,甚温。"可见其工作之辛勤与认真。

季振宜有《延令宋版书目》一书记录个人藏书,中多唐诗善本,他在整理唐诗时,应当用上了这些本子。但他有没有向友人广泛借用各种善本进行过校勘,则已无法断言。一般说来,藏书家对善本都比较珍惜,不大愿意轻易借给人家,所以季振宜即使想要利用他人珍藏的宋元板刻进行参校,为数可能也是不会太多的。

从这一点来说,今人从事校勘工作的条件大大优于前人。对季、胡等人来说,任你是多么著名的藏书家,所藏之物毕竟是有限的。不像目前,各图书馆中所藏之物均可供我所用,尤其是近几十年来,私人藏书向公家图书馆集中的速度越发加速,这就为学者利用各种善本提供了良好条件。

不但如此,我们除了能利用中国大陆地区的藏书之外,还能利用流散在世界各地的善本。特别是东邻日本,还珍藏着很多罕见的唐钞本。例如上面提到的《白氏文集》,日本即藏有多种不同的钞本,这点清人是无法利用的。日本学者于此有许多可贵的研究成果,可供我们参考。此外,如日本那波道圆本《白氏文集》等版刻,也有很多优胜之处,足资参证。

进行校勘时,除采用各家别集外,还须采用各种总集与唐人选本。季振宜常用《文苑英华》作校勘之资。按此书为研究唐代文学的重要读物,材料可贵。然此书卷帙甚富,共有一千卷之多,板刻不易,故仅有宋刻与明刻两种行世。季振宜用以校勘的,当是隆庆元年(1567)胡维新、戚继光所刻的那一种。目下中国大陆通行的,则为中华书局据

---

① 见季振宜手简影印件,载潘承厚编《明清藏书家尺牍》。

宋刻本配明刻本影印的一种，就要比清人常用的好得多。北京图书馆还藏有另一种《文苑英华》，傅增湘曾用各种善本精校，内容更佳。显然，我们利用这一本子进行校勘时，比之前人，就更有优胜之处。

季振宜所用的某些本子，限于当时条件，别择不精，甚至还杂入某些赝本。如《全唐诗稿本》第十九册储光羲《题虬上人房》《咏山泉》二诗，季氏下注"又玄集"三字，以为此书亦录。实则季氏所见的《又玄集》一书，乃后人赝作，与季氏同时的王士禛所刻入《十种唐诗选》中的《又玄集》，即为赝本。冯班《才调集》凡例中即已指出。日本享和三年（1803）江户昌平坂学问所刻《又玄集》，则大体上还保存韦庄原书面貌。其中就没有储光羲诗，于此亦可知季书所据之书实不足据。

胡震亨、季振宜二人生活的年代尚早，其时朴学未盛，乾嘉之后，学术界产生了好几种唐人诗集的精校精注本，如陈熙晋的《骆临海集笺注》，王琦的《李太白诗集辑注》，赵殿成的《王右丞集笺注》，冯浩的《玉溪生诗集笺注》，曾益的《温飞卿集笺注》等，水平都很高；注释《杜工部集》的名著，为数尤多。中国大陆自50年代之后，也陆续推出了一些较好的注本，如钱仲联的《韩昌黎诗系年集释》，瞿蜕园的《刘禹锡集笺证》，朱金城的《白居易集笺校》，刘学锴、余恕诚的《李商隐诗歌集解》等。这里包含着校注者长期钻研的成果，也就为整治该集提供了良好的参校本。除此之外，王、杨、卢、骆、陈子昂、元结、高适、岑参、储光羲、卢纶、刘长卿、戴叔伦、贾岛、杜牧、罗隐、郑谷、韦庄等人的集子都有人整理，有的还有几种本子。由于近年来学术界重视中小作家的研究，上海古籍出版社还出版了一套"唐诗小集"，选择作品不多而有佳作传世的诗人二十余名，加以注释，附以有关的研究资料，内如谭优学注释的《赵嘏集》等，都有较高的水平。这些都为全面整理御定《全唐诗》提供了良好的条件。

辨伪 御定《全唐诗》中羼入了很多前代人和后代人的诗篇，亟应剔除。

扬州诗局众翰林官编集时，于此做过一些工作。《全唐诗》凡例中有好几条言及此事，如云"六朝人诗，误收入《全唐》者，如陈昭及沈氏、卫敬瑜妻、吴兴神女之类，并应刊正"。今人于此抉发尤多，这对后人避免以讹传讹大有好处。

在《全唐诗》中发现六朝人诗，还比较容易，因为六朝人诗传世无多，学者容易记住，看到唐诗中有近似诗篇，容易察觉，但要发现羼入其中的宋代之后的诗篇，则犹如大海捞针，难度很大。

《四库全书总目》卷一四九集部·别集类二《高常侍集》十卷提要曰："考明人所刻适集，以《太平广记》高锴侍郎墓中之妖狐绝句'危冠高髻楚宫妆，闲步前庭逐夜凉。自把玉簪敲砌竹，清歌一曲月如霜'一首，并载入之，芜杂殊甚。又《九日》一诗见宋程俱《北山集》，毛奇龄选唐人七律亦误题适作。"按前一事见《太平广记》卷四五四引《会昌解颐录》，记张立本女为高锴侍郎墓中野狐所魅，遂能吟诗，而高适亦曾官侍郎，故有此附会之说。后一事《四库全书总目》卷一五六集部·别集类九《北山小集》四十卷提要中云是"其《九日》一首，毛奇龄选唐人七律，至误以为高适之作，足知其音情之近古矣"。按《四部丛刊续编》中之《北山小集》，乃据双鉴楼影宋写本影印，卷九中即有此诗，原注引高适《九日酬颜少府》诗云："纵使登高只断肠，不如独坐空搔首。"程氏引此，意在提示己作"独坐空搔首"说之出处，明人不察，录入《高常侍集》，遂铸成大错①。

陈尚君作《〈全唐诗〉误收诗考》，内分：一、唐以前作者因事迹失考而误作唐人收入者；二、唐以前作者误归唐人名下而收入者；三、隋

---

① 参看刘开扬《高常侍集编年笺注》第四部分《误收之诗》。

唐之际作者在隋代所作诗；四、宋人因事迹失考而误作唐人收入者；五、宋人姓名与唐人相同而误收其诗为唐人诗；六、宋初人误作唐末五代人收入者；七、由五代入宋者入宋后所作诗；八、宋及宋以后人诗误作唐五代人诗收入者；九、仙鬼之诗必出于宋及宋以后人之手者；十、宋及宋以后人托名唐五代人（仙）所作诗。末云："通计全文，共考及《全唐诗》中的九十九位作者，考及《全唐诗》误收的非唐五代诗六百二十六首（其中重出者九首）又三十八句，词三十一首。"①这是一次重大的收获，作者必须具备深厚的功力。

唐人诗集中多误入之诗，这种情况何以出现，原因很多。主要原因之一，是唐代印刷术初起，诗集还只能靠抄写流传，保存不易。五代之时天下大乱，前后达数十年之久，唐人诗集遭到严重摧残，因此后人看到的唐人诗集，绝大多数是宋人编纂的。他们做了大量的辑佚工作。我们在宋人所编的书目中，经常可以看到"集外诗"一类名字。在唐人文集的后面也经常可以看到补遗之作。这类作品，往往由于搜集者鉴别不精，张冠李戴，羼入他人之作。明代书贾编纂唐人文集，意在速成贸利，态度更为马虎，于是文集之中羼入的伪作也就更多了。

钱起诗集中曾误入其孙珝《江行无题一百首》。宋代之后，即不断有人指出，胡震亨《唐音统签》戊签卷八八曰："《江行无题一百首》，旧作钱起诗。今考诗系迁谪途中杂咏，起无谪官事，而珝自中书谪抚州，其《舟中集序》云：'秋八月，从襄阳浮江而行。'诗中岷山、沔、武昌、匡庐、鄱阳、浔阳诸地，经途所历，一一吻合，而秋半、九日，尤为左验。其为珝诗无疑。"因此胡氏书中已经将其剔出，但季振宜《唐诗》却仍将之录入。按季振宜《全唐诗稿本》第三册王勃集中录《出境游山二首》，下注"海盐胡氏本作《题玄武山道君庙二首》"，可见季氏见过《唐音统

---

① 载《文史》第二十四辑，中华书局 1985 年版。

签》,但却没有采纳胡氏对于《江行无题》诗的考核意见,殊为可惜。扬州诗局众翰林们仍沿其误,却只能说是工作草率的结果了。

御定《全唐诗》中的这一错误,今人一再予以抉发,岑仲勉《唐史馀沈》卷二《钱起》①、郭绍虞《宋诗话辑佚》中《诗史》按语②、傅璇琮《唐代诗人丛考》中《钱起考》、吴企明《钱起钱珝诗考辨》③,都曾作过细致的辨析,因此有关这一问题的判断,已可成为定论。

御定《全唐诗》中,杜牧诗集与许浑诗集诗篇的相混,数量甚多,成了研治中唐诗歌的一大难题。其实这一问题已是老问题了,洪迈《万首唐人绝句序》、姚宽《西溪丛话》卷上、刘克庄《后村诗话》前集卷一都已指出有整卷的许浑诗误入杜牧集中。由于许浑与杜牧均系中唐名家,故而探讨两家诗篇的混淆情况,甚有意味,染指者众,成了唐诗研究中的热点,前辈学者中有屈万里《〈全唐诗〉所收杜牧和许浑二家雷同诗》④;大陆学者中有吴企明《樊川诗甄辨柿札》⑤、张金海《樊川诗真伪补订》⑥、吴在庆《杜牧疑伪诗考辨》⑦、李立朴《许浑诗作考辨》⑧等文;台湾学者中有陈修武《〈全唐诗〉中所收杜牧和许浑集》⑨、《〈全唐诗〉杜牧许浑二家诗集互见诗篇考》⑩。日本学者铃木修次也有《许浑与杜牧》一文进行探讨⑪。由此可见,中唐这两位名家诗篇相混的情

① 上海古籍出版社 1979 年版。
② 中华书局 1980 年版。
③ 载《唐音质疑录》。
④ 载《华北图书》第 11 期,1935 年 1 月。
⑤ 原载《文史》第八辑,后收入《唐音质疑录》。
⑥ 载《武汉大学学报》1982 年第 12 期。
⑦ 载《中华文史论丛》1985 年第 1 期。
⑧ 载《许浑研究》三《许浑诗作考辨》,贵州人民出版社 1994 年版。
⑨ 载台湾《书目季刊》第 1 卷第 3 期。
⑩ 同上第 2 卷第 2 期。
⑪ 张建群译,载《国外社会科学》1987 年第 11 期。

况虽然比较复杂,但在众多专家集中力量加以探讨的情况下,解决问题的凭据也就坚实多了。

李立朴总结其成果曰:"在《全唐诗》(包括《外编》)已收的 536 首许浑诗中,据笔者统计,共有 88 首诗与其他 24 位诗人的作品重出,甚至有的一诗三见,而许浑与杜牧一人重出之诗达 58 首之多。许浑诗被误为他人作品的情况早在唐昭宗光化三年(900)韦庄编《又玄集》时就已出现,至南宋更有整卷的许浑诗误入杜牧集,后世以讹传讹,遂成千年悬案。《全唐诗》编辑者不加考订,率尔成编,才造成今天《全唐诗·许浑集》这种真伪莫辨的局面。"

上述情况,证实了前引李嘉言的见解,即改编《全唐诗》时,首先要解决诗篇重出的问题。河南大学唐诗研究室首先编出《全唐诗重篇索引》,大概就是着眼于此的吧。按此书《关于〈全唐诗〉重出作品的类型、原因及辑录方法》一文中的介绍,"《全唐诗》重出作品六千余首,有关作家七百余人,其中情况颇为复杂。以作家而言,有本人重本人的……有本人重他人的……就作品相重情况而言,一诗见两家者颇多,亦有见三家或四家的。有组诗全部相重的……有组诗部分相重的……也有组诗中第一首重一家、第二首又重另一家的,还有数首诗在另一家合为一首的"①。实则他们统计的重篇数字尚有未尽。随着研究的深入,重出之诗续有发现。如许浑诗,李立朴即在上文"与其他 24 位诗人的作品重出"一句下加注曰:"《全唐诗重篇索引》统计为 88 首诗与 22 人重出,而卷五三八《记梦》与卷五四二许澣诗重出,卷五三二《留题李侍御书斋》与卷五二六杜牧诗重出,因首字异文,未能计入。"可见有关诗篇重出的问题,尚须广泛地加以调查后一一予以解决。

---

① 河南大学唐诗研究室编著《全唐诗重篇索引》,河南大学出版社 1985 年版。

这一问题似易实难，有的作品，既无内证，又无其他文献可作参证，仅从风格上推断，又每陷于臆断，因此要想完美地解决疑难问题，即使耗尽许多人的心力，有时也未必奏效。但因资料工作不断开拓，考据工作逐步深化，譬如积薪，后来居上，有时也会出现新的局面。例如近人考证许浑诗篇时，除了追溯各种《丁卯集》的版本之外，又发掘出了《乌丝栏诗真迹》中的许浑诗问题①。尽管这一"真迹"已非原件，但文献记载传承有自，确属可信之作。据此考证许浑之作，最为可靠。其次还有两种宋本（蜀本、书棚本）与元刊《丁卯集续补》可作根据，再参考历代选本与历代诗话的引录，也就可以得出许多可信的结论。

最后应予提及的是，佟培基作《〈全唐诗〉重出误收考》，涉及《全唐诗》中作家906人，诗6851首，是目前有关这一问题研究成果最为丰硕的一部著作②。

辑佚 《全唐诗》不"全"的问题，前在介绍朱彝尊《〈全唐诗〉未备书目》时已有介绍。康熙之后，又有唐人文集被陆续发掘出来，故《四库全书》馆臣于吹嘘御定《全唐诗》得大全之后，卷一五一别集类四中录王棨《麟角集》一卷，提要内云"又棨八代孙宋著作郎蘋于馆阁得棨省试诗，录附于集，凡二十一篇"，而这在御定《全唐诗》中则阙载。又《四库全书》于卷一七四别集类存目中著录吕从庆《丰溪存稿》一卷、谭用之《谭藏用诗集》一卷《集外诗》一卷，尽管四库馆臣对其中的许多诗篇提出了疑问，但并不能截然断定其全集皆伪。由此可见，四库馆臣的崇圣之词实际上是有保留的，后出的唐人诗集中应该说是还可能包

---

① 《乌丝栏诗》今存一百七十一篇，见岳珂《宝真斋法书赞》卷六，后有《横山草堂丛书》本，系翻刻岳书而成。《四库全书总目》卷一一二子部·艺术类一《宝真斋法书赞》提要曰："许浑《乌栏》百篇，文异殆逾千字，于考证颇为有功。"

② 此书于90年代初完成，但延至1996年8月始由陕西人民教育出版社出版。

容有不少佚诗。

其后这类诗集仍续有发现，如《秘殿珠林石渠宝笈续编》中收有李邽诗卷，《颖川陈氏开漳族谱》中转引陈元光《龙湖公集》，都有大批佚诗可供著录。

从近年来发现的一些唐诗善本中，也可发掘出大批佚诗，如从蜀刻本《张承吉文集》十卷本中，即可辑录佚诗一百五十多首，旧抄《王无功文集》五卷本中，则发现佚诗近七十首①。这些文献，前人未加注意，但却为后人改编唐诗总集提供了最珍贵的材料。

但在唐诗辑佚工作中最有价值的部分，首推敦煌石窟所藏卷子中的遗诗。估计其中可辑出千首之多。王重民首先从中发掘遗诗，并以《补全唐诗》为题发表在《中华文史论丛》第三辑，内收诗 104 首。其后又有《敦煌唐人诗集残卷》之作，收诗 62 首②。中华书局将王氏二种与孙望《全唐诗补逸》二十卷、童养年《全唐诗续补遗》二十一卷合为一书，分装两册，取名《全唐诗外编》，受到学术界的欢迎。孙、童二人之书根据的材料不限敦煌残卷，前者辑出佚诗 830 首，断句 86 句；后者辑诗千余首，断句 330 余句。但后两种书中，因所收之诗甚多，难免有疏忽之处，有些佚诗仍存于本人集内，有些则为他人之作而误标作者之名，因而不断有人指出其误，而于童氏辑本指摘尤多。中华书局乃商请陈尚君加以修订，作了很多加工，并对孙、童二书重编卷次。陈氏后附《〈全唐诗外编〉修订说明》，对删改的原因作了详细说明。中华书局又将整理过的《外编》加上陈氏自作的《全唐诗续拾》六十卷，以《全

①　参看韩理洲《王无功文集（五卷本会校）》前言，上海古籍出版社 1987 年版。

②　原载《文物资料丛刊》第一期，文物出版社 1977 年版；后收入《全唐诗外编》，中华书局 1982 年版；后又经刘修业整理，改题《〈补全唐诗〉拾遗》，编入《全唐诗补编》，中华书局 1988 年版。

唐诗补编》为名再行出版。《续拾》征引的材料极为广泛,举凡四部典籍、佛道二藏、金石碑刻、稗乘方志,无不勤搜博访,故收获亦丰。计共收诗人1000余人,诗4600余首,残句1000余则,又移正、重录、补题、补序、存目、附录诗200余首,唐诗的数量陡增。"全唐诗"之"全",虽不能从绝对意义上去理解,但比之清人之作,却是大大地接近了一步。

上述学者,都在辑录唐代佚诗上作出了很大的贡献。但也应该说明,中国大陆地区从事这一工作的人很多,决不仅限上述数人。从许逸民为《唐诗大辞典》内著作部分的《全唐诗外编》写的辞条中,就可看到截至1990年时发表的单篇论文之多。陈尚君《全唐诗续拾》的前言中,也列出了好几篇有关辑佚的重要文章。目下报章杂志上仍不断有有关文字发表。因此,不论是《全唐诗》也好,《全唐五代诗》也好,对这一"全"字应有正确的理解。犹如我们对真理的追求一样,世上少有绝对正确的真理,但不能说我们追求的不是真理。

我国以典籍的丰富著称于世。可以预言,唐代还有不少佚诗有待于发掘。举例而言,有如《锦绣万花谷别集》、宋本《庐山记》、唐钞《延历僧录》等书,均有待开发。敦煌遗书中估计存诗近两千首,徐俊等人亦在努力加以整理;《道藏》中的佚诗亦需有人前去整理。长沙窑中发现遗物上有佚诗70首,文物考古研究所周世荣等正在整理中①。

唐诗为中国文学的瑰宝,也是世界文学宝库中的珍品,它不仅博得了中国人民的喜爱,也博得了世界各国人民的喜爱。因此,唐诗的研究和发掘工作,得到了各国人民的关怀。《唐诗大辞典》编成后,日本学者植木久行发表书评,备致赞誉,但对其中的缺点也予以公正地

---

① 有关长沙窑唐诗的情况,周世荣《唐五代长沙窑瓷器题诗概说》、陈尚君《长沙窑唐诗书后》均有所说明,载《中国诗学》第五辑,南京大学出版社1997年7月出版。周世荣的研究成果《长沙窑唐诗录存》亦在该辑同时刊出。然有关此地发掘的研究专著《长沙窑》,则尚有待日后出版。

指出①。其中提到陈尚君写作的唐人为日僧圆珍送行的《唐人送别诗》，以为仅介绍了其中的五首，实则还有若干首佚诗中土未有知者，亟应补入。其后日本大阪市立大学的村田正博提供了圆城寺珍藏的国宝《唐人送别诗》的复印件，于是将来的《全唐五代诗》中又可补入高奉和蔡辅的几首佚诗。目下国际文化交流之广泛性非前代可比，这也是编纂新版《全唐五代诗》的有利条件。

纂辑《全唐五代诗》的必要性

有关御定《全唐诗》一书的来龙去脉，自本世纪起，认识逐步深入。1937 年时，俞大纲到故宫图书馆阅读《唐音统签》，乃作《纪唐音统签》一文，对御定《全唐诗》与《唐音统签》的关系作了深入的探讨②。他也看到了季振宜的《唐诗》，然未作深入探讨。1978 年我到故宫图书馆看书，对上述二书都作了一番调查，这时故宫博物院明清档案部已把曹寅的奏折给整理了出来，印行成册，因而就利用上述条件，把御定《全唐诗》由创始到完成的全过程勾勒了出来③。

学术界进而对《全唐诗》成书经过中的种种问题，开展专题研究，诸如此书产生的时代背景，编校人员的学术素养，《全唐诗》所依据的各种集子的优劣等，都取得了不少新的成果。人们对御定《全唐诗》中存在的问题有了更为全面的认识。

---

① 《〈唐诗大辞典〉短评》，原载日本《东方》杂志第 132 期，后经冢本信也译出，发表在《南京大学学报》1993 年第 3 期，《文学遗产》在 1993 年第 3 期的《海外学术信息》中以《日本学者评〈唐诗大辞典〉》为题加以转载。

② 载中央研究院《历史语言研究所集刊》第七本第三分册，1937 年版。

③ 拙作《叙〈全唐诗〉成书经过》，原载《文史》第八辑，中华书局 1980 年版；后收入拙著《文史探微》，上海古籍出版社 1986 年版。

如上所云,人们对御定《全唐诗》中的问题认识得愈真切,也就愈发感到有改编的必要,而 80 年代中又骤然积累起了那么多的研究成果,大家越发感到需要重新编成一本崭新的《全唐五代诗》。李嘉言等人的改编计划,大家也已感到不够,因为他们只是想对已有的御定《全唐诗》作些修补,而在目前的情况下,学术界认为已有条件重新改作,编出一本崭新的《全唐五代诗》,而不必在原有的格局上补苴罅漏了。

这时学术界已经自然地形成了几个研究唐代文学的据点,于是大家谋求联合,推举我(南京大学)、傅璇琮(中华书局)、郁贤皓(南京师范大学)、吴企明(苏州大学)、佟培基(河南大学)、陈尚君(复旦大学)等六人为主编,以苏州大学和河南大学为两个据点,申报全国高等院校古籍整理工作委员会立项,得到该处经济上的大力支持。自 1991年起,正式开始编纂《全唐五代诗》的工作。

我们注意到了学术界的普遍要求,恢复季、胡二书的长处。在诗篇下面注明出处。

整理唐人各家诗集时,不再以御定《全唐诗》中的集子为准,因为里面好多明人所编的集子,过嫌杂乱。例如《戴叔伦集》,问题就很严重。蒋寅叙及《戴叔伦集》版本源流时说:“元代辛文房《唐才子传》说叔伦‘有《述稿》十卷,今传于世’。则元代《述稿》尚存,而诗集可能已亡佚。经过元末兵乱,到明代戴叔伦的作品集就全部失传了。因为明人著录不见《述稿》,而今传诗集也是明人辑本。这个诗集是很奇特的,其讹乱之甚为历代别集所罕见,其中可靠作品极少,不出几种唐人选本及《唐诗品汇》的范围;《文苑英华》所收戴集原有之诗多未收,相反却窜入由唐至明历代作者的大量作品。显然,它不是在古本的基础上补辑,而是明人七拼八凑编成的。”[1]而明人尽多这种七拼八凑的唐

---

[1] 《戴叔伦诗集校注·前言》,上海古籍出版社 1993 年版。

人诗集，非但不能据之学习与研究，反而会带来很多错误与混乱。

又如御定《全唐诗》中的《殷尧藩集》，实乃根据《唐音统签》中的本子刻入。胡震亨叙曰："其集久亡，吾友屠君懋昭以乡之前献不忍遗佚，讲求数年，始得宋刻本，为诗八十七篇，庶几全璧云。"俞大纲加按语云："屠氏之藏，久已不闻于世，《统签》本虽经改订，非复宋刻旧时面目，然名骥不得，马骨自足珍也。季氏书无《尧藩集》，盖博览精鉴如延令，亦未见此集，资其编订。故今本《全唐诗·尧藩集》即依《统签》编定也。"然而经过陶敏的精密考订，终于发现此集实出明人伪造。陶氏进而指出："《殷尧藩集》收入许多元、明人诗，这并非诗集流传中的讹误，而是编诗者有意作伪。从诗题及文字的改易，即可显见作伪者的意图及其作伪手法。"①

因为明人所编的唐人诗集芜杂特甚，大都真伪杂糅，不足信据，所以《全唐五代诗》中的唐人诗集，如所据者仅有明人刻本，则一般要求重新编辑。征引的材料，都应一一注明出处，各种不同来源的文字如有异同，则作必要的校勘。这样编成的唐诗总集，其科学性才能胜过明人辑本，而这样的新辑本，自然不是御定《全唐诗》的原有格局所能限制的了。

御定《全唐诗》凡例中说："《唐音统签》有道家章咒、释氏偈颂二十八卷，〔季氏〕《全唐诗》所无，本非歌诗之流，删。"此说过于绝对，应重新考虑。僧人偈颂，寓有宗教目的，但每含有哲理，故与俗家的哲理诗难以区别。诗僧的诗，有时即以"偈"名，拾得曰："我诗也是诗，有人唤作偈。诗偈总一般，读者须仔细。"可见这些僧徒认为二者之间是不必有所区分的。王梵志、寒山、拾得、丰干等人之诗，与偈颂无异。因此，

---

① 《〈全唐诗·殷尧藩集〉考辨》，载《中华文史论丛》第四十七辑，上海古籍出版社 1991 年版；后收入《唐代文学研究》，广西师范大学出版社 1992 年版。

《全唐五代诗》中重新列入释家偈颂。对道家章咒则作严格区分,仅录那些带有文学意味的作品。

　　御定《全唐诗》中诗篇的安排,按照封建社会中典籍的常规,先皇帝,后皇室人员,其后为臣下,再按年代排列。而扬州诗局众翰林官还定出了一种新的体例,按诗人登第之年为主,这就更造成了编次上的混乱。《全唐五代诗》则不分尊卑,不分有无科名,一以生年为序。这样的编排,更能显示诗歌风格的递嬗演变,因此更有其科学性。

　　　　　　　　　　　　　　(原载《文学评论丛刊》第 1 卷第 1 期,1997 年 12 月)

《唐钞文选集注汇存》前言

我国学术界有许多称"学"的专业,内如"红学""龙学"等,都是近几十年来才兴起的。从过去来说,文学领域中仅有"《选》学"一目。这就是古今文人至为重视的《文选》之学。刘肃《大唐新语》卷九《著述》曰:

> 江、淮间为《文选》学者,起自江都曹宪。贞观初,扬州长史李袭誉荐之,征为弘文馆学士。宪以年老不起,遣使就拜朝散大夫,赐帛三百匹。宪以仕隋为秘书,学徒数百人,公卿亦多从之学,撰《文选音义》十卷,年百余岁乃卒。其后句容许淹、江夏李善、公孙罗相继以《文选》教授。开元中,中书令萧嵩以《文选》是先代旧业,欲注释之,奏请左补阙王智明、金吾卫佐李玄成、进士陈居等注《文选》。……智明等学术非深,素无修撰之艺,其后或迁,功竟不就。

《旧唐书》卷一八九上《儒学上·曹宪传》中也说"初,江、淮间为《文选》学者,本之于宪,又有许淹、李善、公孙罗复相继以《文选》教授,由是其学大兴于代"。《新唐书》卷一九八《儒学上·曹宪传》中也有同样的记载。凡此均可说明唐初"选学"即趋兴盛。

其后文士无不重视《文选》。杜甫在《宗武生日》一诗中就曾告诫儿子要"熟精《文选》理",陆游在《老学庵笔记》卷八中记载当时有"《文选》烂,秀才半"的谣谚,可见此书受重视之一斑。

清代《选》学大盛,出现了许多高水平的学术著作,如汪师韩《文选理学权舆》八卷，梁章钜《文选旁证》四十六卷，胡昭煐《文选笺证》三十卷等，都是毕生精力所粹的名著。民国时期，尚有高步瀛《文选李注义疏》八卷和黄侃《文选平点》等书，骆鸿凯亦著《文选学》一书，都是很有建树的《文选》学专著。

中华人民共和国成立之后，魏晋南北朝时期的贵族文人作品不受重视，《文选》之学趋衰。"文化大革命"之前，没有出现过什么有关《文选》的专著。但当中国步入改革开放的新时期后，《文选》之学复兴，这时大家才有机会向周边地区环顾，发现国内的《文选》研究在文献学领域内已趋落后。

日本学者研究《文选》时，凭借他们在文献方面的优势，取得了不少成绩。他们拥有许多珍贵的钞本，其中最为名贵的，即《文选集注》钞本二十三卷。以斯波六郎博士为代表的一批学者，利用这些珍贵的材料，和其他钞本、刻本作比较研究，对总集本身和诸家注本的内容有了更为深入的认识，得出了许多新的结论，推动了《文选》的研究。现将有关《文选集注》一书的情况，结合各家的研究成果，介绍如下。

一、《文选集注》的发现与传播

涩江全善、森立之于日本孝明天皇安政三年（1856）撰《经籍访古志》，卷六"总类"中首次著录《文选集注》零本三卷，云是"旧钞卷子本，赐芦文库藏"，提要曰：

> 见存第五十六、第百十五、第百十六，合三卷。每卷首题"文选卷几"，下记"梁昭明太子撰"及"集注"二字，界长七寸三分，幅九分，每行十一字，注十三四字。笔迹沉着，墨光如漆，纸带黄色，质极坚厚。披览之际，古香袭人，实系七百许年旧钞。注中引及

李善及五臣、陆善经、《音决》、《钞》诸书，注末往往有今案语，与温故堂藏旧钞本标记所引合。就今本考之，是书似分为百二十卷者。但《集注》不知出于何人，或疑皇国纪传儒流所编著者与？

文中提到的温故堂藏旧钞本《文选》零本一卷，《经籍访古志》上也已著录，内云"卷中朱墨点校颇密，标记旁注及背记所引，有陆善经、善本、五臣本、《音决》、《钞》、《集注》诸书及今案语"。可见《文选集注》一书，其时利用的人虽然不太多，但已引起人们注意。

涩江全善、森立之还介绍说此书曾藏金泽称名寺。后来发现的有些《文选集注》卷子，上面盖有金泽文库的印章，可证目下看到的《文选集注》确为金泽文库旧物。但《经籍访古志》中也提到，有人曾在称名寺败簏中发现此书零片二张，一为第九十四卷，一不知卷第，可见前时此书不太受到重视，已经有严重损毁。

光绪、宣统之际（1908 年前后），董康赴日访问，根据涩江全善、森立之书中提示，前往物色，尚得三十二卷。因语内藤虎次郎博士，反映到日本政府，遂得列为国宝①。

罗振玉对保存传播此书作出了很大的贡献。他于清末东渡，发现

① 董康《书舶庸谭》卷八下民国二十四年（乙亥）五月十三日日记云："小林询大坂某会社属介绍收购上海某君所藏《文选集注》之结果。《文选集注》者，吾国五代时写本，除六臣外，兼及曹宪等注，即六臣注亦较通行本为长。以分卷计之，当有一百廿卷。森立之《经籍访古志》言金泽称名寺藏有零本。余于光、宣之际，偕岛田前往物色之，得卅二卷。曾以语内藤博士，白诸政府，列入国宝。时吾国公使署田参赞购得残本数卷，余从田君收得诔词一卷。田君归国后悉鬻之于厂肆正文斋；今某君所藏，即从正文斋购之也。甲寅岁，余因迎玉姬，无资备办衾具，乃翻《静志居诗话》朱吉以美婢易袁宏《后汉书》故事，割让于津门某氏。嗣厂友张月岩得此卷，以万元巨值鬻于胜山，艺林共知其事，以故某君未允贱售。"胜山即日人胜山岳阳。

此书后，珍如拱璧，决心保护此书，不让其湮废。他请人摹写，加上自己所藏的两卷，共得残本十六卷，乃以《唐写文选集注残本》为名，辑入《嘉草轩丛书》，于民国七年(1918)影印行世。其中自藏的第四十八、五十九二卷据原卷影印，其余均为摹写之本，而第百十六卷前半，更据日本某家藏本用小字誊写，距离原貌更远①。

　　罗振玉于次年离开日本回国，将京都净土寺町的一所寓宅捐给京都文科大学，让其出卖后把所得款项作为影印日本所藏中国古写卷子的费用，并托内藤虎次郎、狩野直喜两位博士经办此事②。二人后来编成了一套《京都帝国大学文学部影印旧钞本丛书》，《文选集注》列在第三集至第九集，工作始于昭和十年(1935)，后于十七年(1942)完成。比起罗氏以前所印的十六卷，京都帝国大学的影印本在质量上有了很大的提高。因为后者都是依据原书影印的，而且开本宽大，保存原貌，前者则是据之临摹的，不但字划失真，而且遇到模糊之处，每径行略去。因此京都大学影印本出版后，完全可以取代前此的罗振玉十六卷本。

　　今按此书字大一点五公分见方。正文每行十一字，或十二三字；注文小字双行，每行十四至十六字。除八、九二卷出于另一人手外，其他各卷均似出于一人之手，书法秀润有致。即以书艺而言，亦有观赏价值。

---

　　①　台湾大通书局于1972年印行《罗雪堂先生全集》，《文选集注》一书于原十六卷外又多出数卷，想是后来陆续所得，而生前未及印行。

　　②　日本新美宽《新获文选集注断简》："使《文选集注》广为流传者，实应归功罗叔言翁。……翁辛亥革命间来日，卜居京都市净土寺町，归国之际，举其寓宅所得，捐赠以为东海旧钞本《文选集注》印行之资。以此托君山、湖南两先生。"载《东方学报》第八册，京都，1937年10月。参看甘孺(罗继祖)辑述《永丰乡人行年录(罗振玉年谱)》民国八年己未(1919)条，江苏人民出版社1980年版。

二、《文选集注》的编者和年代

《文选集注》一书，我国古代典籍上从无记载，日本文献中也记载不多，今将一些学术界的研究成果略作介绍。

这种集注的体例是怎样产生的呢？涩江全善、森立之疑是"皇朝纪传儒流所编"，意思是说日本古代史官所编，大约史书中有集注的体例，如《史记》有三家注等，所以有此设想的吧。小尾郊一以为"该书和《五经正义》的编撰目的相同。……《文选集注》的编撰，盖与经书的注疏本相同吧"①。屈守元则以为它是"'六臣注本'系列的产物，确定它出于南宋书坊大刊'六臣注本'一类本子之后"，"是以南宋书坊刻经书的'注疏释文三合本'，史书的'三家注本'，集部的什么'千家注''五百家注本'，这种风气为其时代背景的"②。诸说均有所见，但依其产生的时代而言，则当定为唐代某一《文选》学者参照经史著述中的合本子注体例汇编而成。

按此书征引的各家《选》注，五臣、陆善经本殿后，时当开元时，故可推断此书定当编成于玄宗之后。

从避讳的角度来看，《文选集注》遇到高祖李渊、太宗世民之名讳，大半缺笔；而遇中宗李显、玄宗隆基之名讳，则无一字缺笔；遇宋代诸帝，更无一字缺笔者，可证此书所据之本出于唐代，为唐中期之后的某一唐代《文选》专家所编。其时上距唐初已历七世，已祧不讳。太祖为不祧之祖，固当避讳；太宗功烈辉煌，唐人习惯仍然避讳：故可根据上

---

① 《译注文选·解说》，载《全释汉文体系》第三十六册，集英社 1974 年版。

② 《文选导读》第五《文选流传诸本述略》（五）集注一百二十卷本，巴蜀书社 1993 年版。

述避讳现象确定此书编著年代。

又此书每用唐代俗体书写，如"闭"作"闭"，"恶"作"恶"等，均与唐代《干禄字书》一书上的记载相合。颜元孙在序中宣称其著书目的在纂集唐人之俗书，以定正俗，此亦可证《文选集注》当为唐人钞本①。

这书又是什么时候传入日本的呢？日本平安朝中期藤原道长撰《御堂关白记》，曾载长保六年有乘方朝臣持集注《文选》与元、白集来。长保六年当宋真宗景德元年（1004），"集注《文选》"应当就指《文选集注》②。凡此均可说明此书原为我国唐人所编，唐末宋初即已传入日本。还有一些材料可以理解为前此此书已经传入，但比不上这一记载之确凿可信③。

人们目下见到的这一种《文选集注》，到底是传入的原本呢，还是日本学者据之誊录之本？大家进而推断时，一般只能依据书体和其他

---

① 邱棨鐊于《〈文选集注〉所引〈文选钞〉研究》和《唐写本〈文选集注〉第九十八卷跋》等文中都曾作过详细论证，载中国文化学院夜中文系文学丛书第一种邱棨鐊著《文选集注研究》，1978 年 10 月。

② 斯波六郎《对〈文选〉各种版本的研究》第二部分"旧钞《文选集注》残卷"于此持谨慎态度。因为中国五臣注《文选》也称五臣"集注《文选》"，故而认为尚待进一步查考。文载《文选索引》卷首，日本京都大学人文科学研究所 1959 年版。小尾郊一《译注文选·解说》则据《御堂关白记》宽弘三年（1006）10 月 20 日条下有"五臣注《文选》、文集等持来"等语，以为一人同书所载而用词有异，五臣注《文选》与集注《文选》明系两种不同书籍，集注《文选》当即《文选集注》。花房英树《关于文选第九十八卷》中也以为道长一共用了三个名词"集注文选""五臣注文选"与"折本文选"，三者自然有别。"折本文选"指"版本文选"。文载《小尾博士退休纪念中国文学论集》，第一学习社 1976 年版。

③ 日本天历二年，当我国五代后汉乾祐元年（948），藤原良秀读《汉书·扬雄传》中的《甘泉赋》时，已于"诏招摇与太阴兮，伏钩陈使当兵"句旁加注时引《文选集注》中语。花房英树据此撰文，以为《文选集注》此书已在此前传入日本，见《关于文选第九十八卷》。

类似的书籍产生的年代类推，说法分歧很大。董康以为此书是我国五代时写本，罗振玉在影印本序中则说："其写自海东，抑出唐人手，不能知也。"新美宽则认为："就今存大半残卷观之，殆属平安时期末期之书体，无疑也。"①上述诸说均为推测，难以得出共识。

1971年，台湾地区的学者邱棨鐏到日本进行学术交流，仔细阅读《文选集注》，在第六十八卷首页发现了三方印章，曰"□州田氏藏书之印"，曰"田伟后裔"，曰"审美珍藏"。"□州"当为"荆州"，"荆"字已残，但从草从刀，尚可辨识。次页又有印章四方，曰"七启盦"，曰"博古□□□"，曰"伏侯在东精力所聚"，曰"景伟庵印"。田伟藏书之处号"博古堂"，有关此名之印章甚为模糊，仅可辨其"専"旁及"古"字。邱氏据此定为宋初藏书家田氏旧藏②。只是此说仍有可疑。《文选集注》第六十八卷曾为近人田潜收藏，见本书附录田氏为《文选集注》第七十三卷残叶所作之题跋。查六十八卷"田伟后裔"一章，铁线篆阳文，不类宋代印章风貌。其他印章亦为近代篆刻风格。卷内多处钤有"潜""潜山"小印，此卷末尾尚有一方"潜叟秘笈"的阳文印章，可知卷首数枚亦

① 见《新获文选集注断简》。日本学者见解大体相同，唯在年代上尚有早、中、晚不同时期之说。

② 邱棨鐏《今存日本之〈文选集注〉残卷为中土唐写旧藏本》，载台湾《"中央"日报》1974年10月30日副刊。晁公武《昭德先生郡斋读书志》（衢州本）卷九"书目类"载《田氏书目》六卷，提要曰："右皇朝田镐撰。田伟居荆南，家藏书几三万卷。镐，伟之子也，因成此目。元祐中，袁默为之序。"叶昌炽《藏书纪事诗》卷一引《紫桃轩杂缀》："《荆州府志》载：'宋田伟，燕人，为江陵尉，因家焉。作博古堂，藏书三万七千卷。'"又引《舆地纪胜》："田伟藏书三万七千卷，无重复者。"王欣夫补正引谢肇淛《五杂俎》："……又有田伟者，为江陵尉，作博古堂，藏书至五万七千余卷。"见《藏书纪事诗》（附补正），上海古籍出版社1989年版。参看潘美月《宋代藏书家考》二《北宋承平时期藏书家》田伟部分，台湾学海出版社1980年4月版。

为田潜之印章，与宋代田伟无涉①。田潜，一名吴炤，字潜山，号伏侯，江陵人。两湖书院学生，光绪戊戌(1898)游学日本，壬寅(1902)中举，乙巳(1905)随考察政治大臣游历欧美，均以研究教育为务。曾任留日学生监督，清廷驻日公使馆参赞，故得就近购进《文选集注》数卷，从而有"伏侯在东"之说②。荆州田氏世为著姓，所以田潜上追田伟一代，作为藏书家的光辉历史。

由此可知，《文选集注》的编者和写本年代问题一时尚难得出结论，有待大家作进一步的研究。

三、《文选集注》中各家注本之介绍

今依《文选集注》中各家注本出现的先后分别作些介绍。

李善注

《文选集注》中注文的编排次序为李善、《钞》、《音决》、五臣、陆善经等多家注本，这大约是按各家出现的年代先后排列的。各家注后常有编者按语，一一指出文字差异，曰"《钞》作某""《音决》作某""五臣作某""陆善经作某"之类，但不提"善本作某"，可见正文乃从善本。

---

① "荆州田氏藏书之印"与有关"博古堂"的两方印章最为可疑。田潜于清宣统庚戌(1910)从日本购得日正平间刻本《论语集解》十卷，亦曾盖有"有宋荆州田氏七万五千卷堂""荆州田氏藏书""景伟廔印""后博古堂所藏善本""潜山读本""田伟后裔""伏侯得之日本"诸印，似可推知上述二章当为同一性质之印章。参看王重民《中国善本书提要》经部·八·四书类，上海古籍出版社1986年版。又上述"田氏七万五千卷堂"云云，显为后人的虚构夸饰之词。

② 参看第167页注①和潘重规《日本藏〈文选集注残卷〉缀语》，载台湾《"中央"日报》1975年1月12日副刊。

有关李善注本与五臣注本的文字异同，很多学者作过比较，尤袤重刻《文选》李善注时，撰有《李善与五臣同异》一卷，附于所刻《文选》之后，而像《文选考异》等书中，更多抉发。但各种李善注本之间，文字亦有异同，则是近代多种本子出现后方才引起人们注意的。《文选集注》中的李善注与传世各本差别很大，更值得重视。日本学者多人曾将《文选集注》中的李善注与其他本子中的李善注做比较，常常发现《集注》中的文字独得其真，由此亦可见其在校勘上有重要价值。

　　日本学者对于各种李善注本之间的相互关系还作了深入的研究，并开展反复的讨论。斯波六郎的工作极为踏实和细致，把《文选》研究推进了一大步。他的结论是："可知此本自李善注本身至类目、篇题、正文，最存李善本之旧。自此本问世，谓之庐山真面乃明，亦非虚言。"[1]但他在世时，中国北京图书馆藏北宋国子监本李善注与韩国奎章阁藏原出平昌孟氏校正本和天圣年间国子监本的六臣注[2]等珍贵文献还未有人介绍，因而有些判断尚有失误。

　　斯波六郎仍然相信《四库全书总目提要》中的说法，以为现行的李善注都是从六臣注本《文选》中分出来的。

　　中国大陆地区的学者程毅中、白化文考查的北京图书馆所藏北宋国子监本，为现存最早的李善注本，可以推知宋代社会上一直有李善单注本在流传。南宋尤袤《遂初堂书目》记载他家藏有李善注与五臣注本，唯独没有六臣注本，可见他所刻的《文选》并非是从六臣注本中抽出李善注而刻出的[3]。日本学者冈村繁继此续作探讨，并提出了所

------

① 《对〈文选〉各种版本的研究》。

② 韩国金学主《朝鲜时代所印文选本》，载《韩国学报》第五辑，1985 年。

③ 程毅中、白化文《略谈李善注〈文选〉的尤刻本》，载《文物》1976 年第11 期。

谓两种系统之说,以为"李善注早先是如前述唐〔永隆〕钞本一般极为简素,故后日以这简素的李善注为底本,分别定立系统,最少也编纂了两种补订本李善注:一种是《文选集注》所收的李善注,另一种是宋明刊本为祖本的李善注。二者分别属于不同的系统。另外李善注的承传过程,亦不是由完全而走向不完全,以至脱漏的方向,而是由简素走向烦琐、增殖的方向"①。森野繁夫则起而维护斯波六郎之说,并作了进一步的论证和推断,以为"刊本李注是从《集注》本中抽出李注加以修订再编而成的"②。这一问题还在继续探讨之中。

各国学者通过研究《文选集注》而对李善注增加了很多新的认识,但一时还难以得出共识,这是因为《文选》李善注从问世之日起就出现了很多差异甚大的本子。中唐时期的李匡乂在《资暇集》卷上《非五臣》中说:

> 代传数本李氏《文选》。有初注成者,复注者,有三注、四注者,当时旋被传写之。其绝笔之本,皆释音训义,注解甚多,余家幸而有焉。尝将数本并校,不唯注之赡略有异,至于科段,互相不同,无似余家之本该备也。

《新唐书·李邕传》中也说曾经帮助他父亲李善补益《选》注。这就是说,李善注《文选》时经历着一个由简单到详细的过程。这或许也只是依据一般常识作出的判断,不能排除另一种可能,李善在注出了一种详细注本之后,曾加精简而产生另一注本。

---

① 《〈文选集注〉与宋明版本的李善注》,载《加贺博士退官纪念中国文史哲学论集》,日本讲谈社 1979 年版。
② 《关于〈文选〉李善注》,载《日本中国学会报》第三十一集,1979 年。

目下《文选》李善注的各种善本陆续发现，如敦煌卷子中的《文选》零卷、九条家本《文选》二十二卷，以及奎章阁所藏《文选》等。学者还应广泛占有资料，将各种有价值的注本辗转互校，而不要停留在抽样比较的水平上，这样或许更能揭示李善注的原貌，并说明李善注本几个系统之间的不同特点。

但在研究李善注时，《文选集注》属于极为重要的一种，那是毫无疑问的。通过《集注》中的案语，可以知道目下流传的《文选》，各种善注刊出时，都已经过后人改动。《文选》尤袤本和胡克家本卷四十中均有任彦昇《奏弹刘整》一文，《文选集注》卷七十九亦录，日本原藏三条家的古钞本《文选》五臣本和原藏密韵楼的宋刻陈八郎本五臣注上也有著录。不难发现，诸本差异甚大。根据《文选集注》中的陆善经注与编者案语，可知李善注本正文中原无刘整之嫂的本状与有关人员供词中的许多文字，今本李善注将本状与供词全部录入，实乃后来刻印善注的人依傍五臣注而改变旧式。善注本在吏议"整即主"后加注曰："昭明删此文太略，故详引之。"参考《文选集注》，可知详引之文原来放在注内，今本却已归入正文了。①

《钞》《音决》

《文选集注》中引用《钞》与《音决》的地方很多，但不著作者姓名，因此异说很多，应该作些分析。

《文选钞》和《文选音决》二书，不见我国古代书目，而在《日本国见在书目录》中都有记载。该书"总集家"中著录《文选钞》六十九（公孙罗撰），《文选音决》十（公孙罗撰），列在《文选》六十卷（李善注）后。公

---

① 参看拙撰《〈文选〉所载〈奏弹刘整〉一文诸注本之分析》，载《文学遗产》1996 年第 2 期。

孙罗曾和李善一起向曹宪学习《文选》，按《传》中名字的编排，年岁应当晚于李善①。

公孙罗的注释，当时虽有名声，但已遗佚殆尽，仅《唐语林》卷二中有云：

> 《南都赋》言"春卵夏韭"，子卯之卯也，而公孙罗云："卵，鸟卵。"非也。且皆言菜也，何"卵"忽无言？②

这可能是古籍中仅存的一条公孙罗《文选注》了。《文选集注》中却还保存着公孙罗《文选钞》和《音决》中的大量文字，岂非《选》学大幸？

但据近人研究，《文选钞》与《文选音决》中矛盾很多，立论常有不同，决非一人所撰③。有人认为"《集注》所引《音决》之撰者乃采撷萧、曹、骞公等，所谓'诸音'，汇而定其然否，惟此诸家音中，无一引及公孙罗与李善。《音决》既非许淹音，又非萧、曹、骞公所撰，由此可证。至于李善注，《集注》本录于正文下，不与《音决》相次，尝考善注中所本正文与《音决》所见者颇多互异，则《音决》之书当非李善所撰。其撰者为

---

① 《旧唐书·曹宪传》附李善传，云是"明庆中，累补太子内率府录事参军、崇贤馆直学士、兼沛王侍读"。又附公孙罗传，云是"历沛王府参军、无锡县丞"。按李、公孙二人仕履而言，李善亦应比公孙罗年长得多。

② 此文当出《刘宾客嘉话录》。今本《刘宾客嘉话录》佚，唐兰援此入校辑本《补遗》，且云首句当作"'春卵'音子卯之卯也。"注曰："'春卵'下有'夏韭'两字，而无'音'字，齐之鸾本（《唐语林》）有'音'字。按'音'字当接'子卯之卯也'五字，为'卵'字作音耳。后人既增'夏韭'二字，遂以'音'字为误而删之。然《南都赋》自云'春卵夏笋，秋韭冬菁'，不云'夏韭'也。"见《〈刘宾客嘉话录〉的校辑与辨伪》，载《文史》第四辑，中华书局1965年6月。参看拙撰《唐语林校证》卷二该条，中华书局1988年版。

③ 斯波六郎《对〈文选〉各种版本的研究》。

较萧、曹、许、骞稍晚之公孙罗,殆无可疑矣"①。既然《音决》确可证明是公孙罗的作品,那么与此时有不同的《钞》当然不可能是公孙罗的著作了。

这一问题尚可深入探讨。有关《钞》与《音决》二书的研究,下面三点似应多加注意。

一、《日本国见在书目录》上记载得很明确。既然《文选音决》可以证明记载无误,那么有关《文选钞》的记载是否也已增加了可信程度?

二、不论是新、旧《唐书·曹宪传》中所附李善、公孙罗的传记,还是《旧唐书·经籍志》《新唐书·艺文志》中有关各家《文选注》与《文选音》的记载,还是《文选集注》中有关各家注本的先后排列,都与李善、公孙罗二人的著述年代相合。

三、凡以"钞"为名的著作,都有"誊录""集纳""草稿"的意思。今知公孙罗的这两种著作,都是抄撮他人著述而成,那么其间出现一些矛盾之处,也是可以理解的了。又如任彦昇《奏弹刘整》一文中首言"臣闻马援奉嫂,不冠不入;氾毓字孤,家无常子",《钞》在疏证上述两家时,仅言氾家而不提马家只字,亦可见其注释体例之草率。

《日本国见在书目录》中著录的公孙罗《文选钞》六十九,当即新、旧《唐书》中著录的公孙罗注《文选》六十卷,其中多出的九卷或系后人附益的相关文字。《文选音决》当即上述二书中的《文选音义》十卷。公孙罗撰二书之说似不宜轻易否定。

《日本国见在书目录》于《文选钞》六十九(公孙罗撰)之下,尚著录有"《文选钞》卅"一书,不知这是上一种书的另一分卷不同的本子呢,还是另一人所撰? 如为另一人撰,则与《文选音决》当然会有不同。这

---

① 邱棨鐊《〈文选集注〉所引〈文选钞〉研究》。

些地方还应深入探讨。

五臣注

吕延祚在《上集注文选表》中虽然极力贬低李善注的价值，但据历代学者的研究，五臣注中实际上大量采入了李善注的成果。如果我们再拿《文选集注》中的《钞》与五臣注作比较，更可发现后者大量吸收前者成果。由此可以勾勒出一条李善注经由《钞》而发展至五臣注的线索。目下各种有关五臣的珍贵注本陆续面世，如陈八郎本、三条家本、杭州猫儿桥钟家刻本，以及奎章阁所藏本等，比类而观，可以看出《文选集注》中五臣注的特殊地位。因为《集注》成书早，距离五臣成书的年代不远，应该保留更多原貌。

陆善经注

此书在我国书目中一无记载，唯《玉海》卷五四引《集贤注记》曰：

> 开元十九年三月，萧嵩奏王智明、李玄成、陈居注《文选》。先是，冯光震奉敕入院校《文选》，上疏以李善旧注不精，请改注。从之。光震自注得数卷。嵩以先代旧业，欲就其功，奏智明等助之。明年五月，令智明、玄成、陆善经专注《文选》，事竟不就。

可知陆善经曾参与萧嵩领导下的集体注释工作，但没有完成。陆善经是开元时期著名的学者。《新唐书·艺文志》中著录了他好几种著作，但没有有关《文选注》的记载。或许他在参与集体注《选》时家有存稿，后且注完全书，并传播在外，所以《文选集注》的编者才有可能将之采入。

四、《文选集注》的价值

由上可知,《文选集注》包容宏富,在文选学、史料学与语言学等领域中都有重要价值。今分别作些介绍。

《文选》学上的价值

在《文选集注》中,不但保存着内容丰富的公孙罗《文选钞》和《文选音决》,还有体例谨严的陆善经注,这就说明,《集注》中有极为重要的资料,可以帮助人们更好地理解《文选》,还可提供丰富的学术信息。

《文选》中的李善注和五臣注,本身也已成了学术界关注的研究对象。《文选集注》中的李善注与五臣注,与传世各本都有很多不同,可以作为重要的一种版本而供研究。

李善注有保留古注的做法,如《二京赋》用薛综注,《子虚》《上林》二赋用郭璞注等。《文选集注》卷八左太冲《三都赋序》题下陆善经注云"旧有綦毋邃注";《蜀都赋》刘渊林注题署下,陆善经注曰:"臧荣绪《晋书》云:'刘逵注《吴》《蜀》,张载注《魏都》,綦毋邃序注本。'"可知綦毋邃注当时颇为有名①。《隋书·经籍志》中亦有著录。从这一材料中,也可看出晋人竞为《三都赋》作注的盛况。

《文选》中有许多争辩不休的问题,限于材料,一时难下定论。例如《文选》中的作品,究竟分为几类?胡克家《文选考异》卷八引陈景云说,以为其中应有"移"类,这样全书就得分为三十八类,后人均承其说。而据近人研究,《文选》各种版本中均不见"移"这一文体,李善注

① 参看罗国威《左思〈三都赋〉綦毋邃注发覆》,载中国文选学研究会、郑州大学古籍整理研究所编《文选学新论》,中州古籍出版社 1997 年版。

等将之合于"书"类,故全书应定为三十七类①。有的学者参考《文选集注》卷八十八司马长卿《难蜀父老文》中的陆善经注,知《文选》中尚有"难"类,陈八郎本五臣注《文选》中亦有"难"类②,因而认为《文选》中的文体实为三十九类。这一问题,目下实难圆满解决。因为世上已无保留《文选》原貌的本子,大家所能看到的完整本子,只是李善注本、五臣注本、六臣注本等不同系统的差异甚大的各种本子,其中六臣注本乃并合而成,自难据之逆断萧统原来的文体分类。三十七类云云,不合传世《文选》版本的实际;三十九类云云,只是归纳现存各种不同系统的《文选》内出现过的文体而得的总数,无法举出一种具体的版本证实此说。按宋初编《文苑英华》,本为接续《文选》而作,内分各类文体为三十八类。我国古代典籍的编纂每有陈陈相因之处,据此似可推知,宋初文士看到的《文选》实分三十八类,虽然我们已很难列出其中到底包括了哪一些文体。只是《文苑英华》的编者所能看到的典籍,当有接近李善注、五臣注原貌的本子,也有可能看到保存《文选》原貌的白文本。因此,今人探究《文选》的文体问题时,似应更多地关注继之而作的《文苑英华》一书。

史料学上的价值

研究中古时期的文史,常是苦于材料不足。这一时期距离现在已

---

① 穆克宏《萧统〈文选〉三题》,载《昭明文选研究论文集》,吉林文史出版社1988年版;后收入《滴石轩文存》,海峡文艺出版社1994年版。按此说立论的前提是以为《文选》各种本子均无"移"体,实则日本古钞白文无注本中单列"移"体;古代刊本中,如陈八郎刻五臣注本、朝鲜正德四年刻五臣注与汲古阁刻李善注本亦有"移"体。前时学者所见版本不多,故《考异》中有"诸本皆脱"之说,今人自不能据之作进一步的推论,以为传世的各种《文选》本子中均无"移"体。

② 傅刚《〈文选〉版本叙录》,载北京大学中国传统文化研究中心《国学研究》第五卷,北京大学出版社1998年4月版;游志诚《论〈文选〉之难体》,载《魏晋南北朝文学与思想学术研讨会论文集》(第二辑),台湾文津出版社1993年版。

很遥远，也很难指望会有什么突然发现。但《文选集注》中却还保存着许多早已被人认为亡佚的材料，人们还未普遍加以发掘。

许询为东晋名流，交游甚广，而生平记载不详。《文选集注》卷六十二"许征君询"名下引《文选钞》曰："征为司徒掾，不就，故号征君。好神仙游，乐隐遁之事。"又引《隐录》曰："询总角奇秀，众谓神童。隐在会稽幽究山，与谢安、支遁游处，以弋钓啸咏为事。"《隐录》亦为佚书，不见古今书目。又《文选集注》卷八十五《奏弹刘整》一首题下引《文选钞》，转引《梁典》叙刘整家事；卷八《三都赋序》下《钞》引王隐《晋书》，叙左思作《三都赋》时"吴事访于陆机"，都是不见他书的珍贵材料。《文选集注》保存着许多不见其他典籍的重要材料，于此也可见其可贵。

魏晋南北朝时文化极为繁荣，著述繁多。以史书而言，有关著作不下数百种，观《隋书·经籍志》中的著录即可知。而自唐初朝廷大规模地修史之后，大批私家著述即告散佚。清代汤球、黄奭等人都曾努力从事辑佚，清理过不少史料，但若与《文选集注》相核对，即可了解不少书中均有材料可以补入。即如《文选集注》卷八十五《与嵇茂齐书》作者赵景真名下，《钞》引干宝《晋纪》叙嵇康与吕安之事甚详，而汤球之书全然阙如。今人为了发掘材料，竟从类书与《三国志》《世说新语》《水经注》等书的注中发掘佚文。《文选集注》之中，尤多这类散佚的著作，相信可给学术界平添不少史料。

语言学上的价值

魏晋南北朝时音义之学甚为发达。《新唐书·艺文志》中著录唐人有关著作甚多，均为集纳中古时期语言研究方面的成果而成。但前人研究音义之学，大都只重视陆德明《经典释文》一书，这当是历代王朝首重经书之故。清代以来，也有不少学者注意佛家典籍中的音义著作，如唐释玄应与慧琳分别著述而名字相同的《一切经音义》、慧苑的

《华严音义》等。但有关《文选音义》一类著作，却未引起人们重视，或许因为有关著作大都散佚，材料不易获得。其实《文选》内容丰富，各类文体中涉及的语言现象极为广泛，深加发掘，定能有所收获。《文选集注》中有公孙罗《文选音决》一书，内有包括萧该《文选音》一书在内的许多宝贵材料，人们加以研究，定会对中古时期的语言现象和文学现象增进认识。

总的来说，《文选集注》一书在文选学、史料学与语言学等方面具有十分重要的价值，亟应引起人们的注意。

五、馀　论

日本京都帝国大学文学部影印此书时，时值战争时期，流布不广，中国学者难以看到此书。中华人民共和国成立初期，文化交流之事不畅，《文选》资料更难顾及。直到中国步入改革开放新阶段，学界中人环顾其他地方学术研究情况，方有借鉴国外学者研究成果的要求。但《文选集注》篇幅巨大，定价昂贵，各地学者难以购买，大家这才感到有重印该书的必要。

我在1994年赴日本国立奈良女子大学讲学期间，得到许多朋友的帮助，复印了《文选集注》一套，借供研究。鉴于此书具有很高的价值，学术界渴望见到此书，于是我又与上海古籍出版社联系，得到他们的支持，决定重印此书，将此珍贵文献迎归故土。为此我又力所能及地征集一些新的材料，务使此书更为完整。当年罗振玉影印此书时，尚有海盐张氏所藏二卷、楚中杨氏一卷未曾印入，今得台湾"中央图书馆"的支持，得以印入《文选集注》第九十八卷，当是海盐张氏遗物。又得天津市艺术博物馆所藏周叔弢捐献的《文选集注》

第四十八卷①,并入原京都帝国大学影印本后,此卷已近完帙。又京都帝国大学影印本第七十三卷中原缺二页,今得北京图书馆帮助,提供残页胶卷,恰好可以补足;同书第六十一卷江文通《杂体诗》内潘黄门（悼亡）中原缺二十五行,经日本国立奈良女子大学横山弘教授联系,得到日本御茶之水图书馆成簣堂文库支持,提供残页胶卷,此诗始告完整。估计此书零页尚有残存,但多保存在私人手中,一时难以求得,目下只能以此付印了。与前相比,此书已经有所增益,比之罗氏印本,非但在卷帙上有增加,而且在质量上也有很大的提高。即与京都帝国大学文学部影印本相比,也已增加不少篇幅。近于完整的卷子,即有九十八与四十八（残）二卷。因此,目下存世的《文选集注》,已有二十四卷。

从此书的复印到公开出版,都曾得到国内外许多朋友,如兴膳宏、横山弘、金子和正、大平幸代、刘显叔、卢锦堂、陈尚君、程有庆、杜泽逊、傅刚等先生,在各个阶段或某一环节上给我很大的帮助。陈尚君先生还受上海古籍出版社的委托,担任此书的具体编纂工作。内藤、狩野两位博士向原藏《文选集注》残卷的藏书家或藏书单位求得原书或底片后,即按原样印入。因此,京都大学影印本的序次前后重出或颠倒的很多,不便使用。陈尚君先生悉依《文选》原来的序次重新编定,且拟篇名目录,以利阅读。责任编辑周小虹女士又作了细致的加工,凡此均请接受我诚挚的谢意。

1998 年 6 月识于南京大学古典文献研究所

（《唐钞〈文选集注〉汇存》,上海古籍出版社 2000 年 7 月出版）

---

① 此卷轴之标签上题"唐写文选残卷",下为双行小字"日本国宝金泽文库旧藏/宣统庚戌伏侯所收并记",可知此为田潜从日本购得而流出者。

《文选集注》上的印章考

　　唐钞《文选集注》上盖的几枚印章，对《选》学而言，可谓无关大局。但要说清楚这些印章的情况，却也并非易事。其难度可不下于作《选》学上的大块文章。

　　原因何在？只是因为任何一位研究《文选》的人很难遍睹现存《文选集注》残卷的原件。按《文选集注》现存二十四卷左右，分散在日本和中国大陆与台湾地区。其中大部分分藏在日本的图书馆中，也有不少残卷藏在私人手中，要想一一查看原物，谈何容易。

　　现在人们阅读《文选集注》时，主要依靠《京都帝国大学文学部影印旧钞本丛书》中的二十三卷。原件上有些印章，编入丛书时已抹去，例如"《文选》卷第九十四"中"赞"前，盖有一方"欣赏"阳文篆体的连珠章，但在京都大学影印本中，即已抹去。《文选集注》中的这片零叶藏于元山元造家，冈井慎吾撰《〈文选集注〉四零片にっきて》，发表在昭和八年（1933）七月的《书志学》一卷四号上，后又收入《柿堂存稿》，昭和十年（1935）十一月熊本有・七绝堂出版。文前印有首页样张，所以他人才能看到这一闲章。我们无法了解京都大学影印本中是否还有同样的情况存在，其他卷子中有没有抹去原有的印章？

　　从目前所能看到的情况说，第五十六卷上盖有"养安院藏书"与"传经庐图书记"两方印章。前者还在两处加印。第一百十六卷上也盖有上述两方印章。据日本国立奈良女子大学文学部横山弘教授见告，养安院为曲直濑正琳（1565—1611）的书斋名字，由后阳成天皇赐号。正琳为曲直濑道三的第三代继承人，是德川幕府创始人德川家康的侍医。他家富藏书，但何时收入《文选集注》，则已无法确考。曲直瀬家藏书于明治维新后流出上市，《文选集注》上述残卷或于此时散出。"传经庐"为江户时代后期汉学家海保渔村（1798—1866）的藏书印。海保名元备，字纯卿，号渔村，通称章之助，室名传经庐，1857 年为幕府"医学馆直斋儒学教授"，著有《传经庐文钞》、《渔村文话》正续等著作。

涩江全善、森立之于日本孝明天皇安政三年（1856）撰《经籍访古志》，卷六"总类"中首次著录《文选集注》零本三卷，并引小岛学古之说，云此书曾藏金泽称名寺。《文选集注》卷六十一上即盖有"金泽文库"的印章，或可说明此书确为金泽文库旧物。而《新修成箦堂文库善本书目》上于"汉籍"部分著录《文选集注》（断简）一纸，实为第六十一卷江文通《杂体》诗中的拟潘安仁诗计二十五行，首尾亦盖有"金泽文库"印章，据书目编者川瀬一马鉴定，印章为近时妄补。川瀬氏此说有什么根据，作为一名无法看到原物的中国学者，既无从质疑，也无法肯定。

《经籍访古志》中也曾提出怀疑，以为"此本曾在金泽而无印记，当是昔时从他假借留连者矣"。这当然也只是一种假设，不知川瀬一马是否据此而断定御茶之水图书馆成箦堂文库中的第六十一卷残片中盖的印章为后人加盖。但"金泽文库"中人为什么仅在第六十一卷上加盖印章，也是未明之事。如云金泽文库为使残片增值而加盖印章，则又似乎不太可能。

董康《书舶庸谭》卷八下民国二十四年（乙亥）五月十三日日记云："森立之《经籍访古志》言金泽称名寺藏有零本。余于光、宣之际，偕岛田前往物色之。得卅二卷。曾以语内藤博士，白诸政府，列入国宝。时吾国公使署田参赞购得残本数卷，余从田君收得诔词一卷。田君归国后悉鬻之于厂肆正文斋，今某君所藏，即从正文斋购之也。"按董康所得者为《文选集注》第一百十三卷，上面盖有一方"岛田翰读书记"的印章,可知其时同往金泽称名寺访书的岛田君,即颇负盛名的版本目录学家岛田翰。

《文选集注》卷第四十八残卷被后人分为五个部分,其中之一归寓居天津的藏书家周叔弢所得。今已捐献给天津市艺术博物馆。卷首《于承明作与士龙一首(五言)》上方即盖有"周暹"阳文一章。又此轴之前,标签上题"唐写文选残卷",下为双行小字"日本国宝金泽文库旧藏/宣统庚戌伏侯所收并记"。伏侯即为董康所提到的田参赞。此人从日本购回《文选集注》多卷,后又陆续散出。好多卷子的奇特经历,即与此人有关。

山东大学古籍所杜泽逊教授提供的资料表明,此人即田吴炤(1870—1926)。王重民《中国善本书提要》经部·四书类著录《论语集解》十卷,日本正平间刻本,下曰:"伏侯名吴炤,两湖书院学生,光绪戊戌游学日本,乙巳随考察政治大臣游历欧美,均以研究教育为务。后为留日学生监督,撰《说文二徐笺异》十四篇。"而《续修四库全书提要》经部·小学类著录《说文二徐笺异》,提要为杨钟羲所撰,亦云:"国朝田吴炤撰。吴炤字伏侯,号潜山,江陵人。光绪壬寅举人。"二说可以互证。

北京图书馆藏有《文选集注》第七十三卷残片,附有汪大燮与田潜的题记。田潜曰:"日本金泽文库所藏唐写《文选》,彼中定为国宝,予督学时得有《七启》、五《颂》、《晋纪总论》各卷,首尾完全,极为可贵,今均归之他人。此虽断简残编,亦足珍也。丙辰十一月朔日,潜山题。"下盖印章"田潜之印"。这就提供了有关残卷的很多线索。

《文选集注》第九十八卷中有干令升《晋纪总论》一首与范蔚宗《〈后汉书〉皇后纪论》一首,现藏台湾"中央图书馆"。前此复旦大学中文系陈尚君教授曾提供一种《本邦汉籍古写本类所存略目录》,总集类中《文选集注》部分著录《文选集注》卷九十八,收藏者为张元济。这份目录究系什么单位所编，目下尚不清楚，但想来必有根据。张元济曾从北京书肆正文斋中购得宋黄善夫《史记》三家注本，归涵芬楼，此书亦为田潜从日本购得者。张氏《涵芬楼烬余书录》史部《史记》又一部宋刊本存六十六卷二十五册曰："是本先由荆州田氏得之东瀛。宣统季年，余购之厂肆，书本残缺，又为市估分截数卷。今所存者……凡得六十六卷。"潘宗周《宝礼堂宋本书录》史部《史记集解附索隐正义残本》二册叙此则曰："清末有鄂人田氏购得之，携以归国，不久散出。余友张菊生得六十余卷，以归涵芬楼。余所得者仅此《平准书》《刺客传》二卷而已。"但《刺客列传》中又有袁克文乙卯（民国四年）十月题识，言曾得《河渠书》一卷，后送给了傅增湘，《藏园群书经眼录》卷三"史部"一《史记集解索隐正义》一百三十卷，称"存《河渠书》《平准书》，计二卷"。"张菊生（元济）前辈曾于正文斋收得残帙（凡六十九卷），是田伏侯获自东瀛者"。《文选集注》第九十八卷当亦同时所得。此卷后归公家，而后又转移到了台湾。

上面提到《文选集注》第七十三卷残片，自"昔汉武为霍去病治第"，至"虽贤不乏时宿将旧卒由习战也"，为曹子建《求自试表》一首中的一段。罗振玉于民国七年（1918）编《唐写文选集注残本》时，此卷虽系摹写，然无残缺，京都大学影印本据原件影印，然缺两叶，所缺者即北京图书馆所藏的这一种二十行残叶。由此似可推知，此卷亦曾为田潜购得，罗振玉编《唐写文选集注残本》时，即从田潜处摹写一本而上版。此卷原件现藏日本称名寺，则是田潜其后售出，金泽文库复又收购，将流出的旧物重又收入。但田潜售出此卷时，曾截下一段，不知是否想留下这一断简残编作为纪念？但后来还是卖掉了，其后乃为北京图书馆所收藏。

《文选集注》存世者，残卷极为零碎，有的存二十行，有的存二十五行。何以如此，前时难以明白。今从第七十三卷情况得知，田潜所得

《文选集注》的卷子后来都卖给了北京厂肆正文斋,可知他与琉璃厂厂肆主人张月岩售出《文选集注》时,曾将一些残卷剪成二十行一段、二十五行一段,分开出售,牟取丰厚利润。这些人的商业行为,致使此书大受破损割裂之害。

田潜此人还喜欢在书上大盖印章,《文选集注》第八十八卷上有"伏侯获观"一印,第六十八卷上则有"荆州田氏藏书之印""田伟后裔""审美珍藏""七启盦""伏侯在东精力所聚""博古□□□""景伟廎印""潜""潜山""潜叟秘笈"等印章不下十多处。印章文字的寓意,名章"潜""潜山""伏侯"等,前面已有介绍,可以勿赘。所谓"七启盦"者,当以他所收得的这一卷上有《七启》全文。全卷首尾完整,字迹清晰。或许他本想留此珍藏,但后来还是出售给了正文斋,随后又为日本的东洋文库所收购珍藏。

1971 年时,台湾地区的学者邱棨鐊赴日本进行学术交流,阅读《文选集注》时,发现了第六十八卷上的这些印章,误以为这书曾藏宋代荆州的藏书家田伟处。田潜为荆州人,荆州田氏世为著姓。晁公武《昭德先生郡斋读书志》(衢州本)卷九"书目类"载《田氏书目》六卷,提要曰:"右皇朝田镐撰。田伟居荆南,家藏书几三万卷。镐,伟之子也,因成此目。元祐中,袁默为之序。"叶昌炽《藏书纪事诗》卷一引《紫桃轩杂缀》:"《荆州府志》载:'宋田伟,燕人,为江陵尉,因家焉。作博古堂,藏书三万七千卷。'"又引《舆地纪胜》:"……田伟藏书三万七千卷,无重复者。"王欣夫补正引谢肇淛《五杂俎》:"……又有田伟者,为江陵尉,作博古堂,藏书至五万七千余卷。"田潜以祖上田伟的藏书事业为荣,从而有"田伟后裔""景伟廎""博古□□□"等说。又田潜在上述日本正平本《论语集解》十卷上曾盖"有宋荆州田氏七万五千卷堂"一印,可见他喜以宋代田氏藏书来夸耀,而田潜在前人藏书数量上又有妄增,也会在目录学史上造成混乱。

查《文选集注》残叶后每有题跋，从中可以发现很多问题，如上列日本石川文化事业财团主办的御茶之水图书馆中成篑堂文库所藏《文选集注》第六十一卷残叶，内有德富苏峰手跋，此事仅能从《新修成篑堂文库善本书目》上窥知，中国学者一般很难看到原件，仍难明白底细。相信这类文字中还记载着许多卷子的流传经过，但目前无法一一补入本文。

最后还应对日本保护"国宝"的制度略作介绍。董康说到他到金泽称名寺见到《文选集注》钞本后，转告日本学者，由于内藤虎次郎博士的建议，日本政府遂列为国宝。但明治时期对国家级文物保护的措施并不严格，因而田潜等人得以购买并携回国内。要到昭和四年（1929）日本政府公布《国宝保存法》后，法律上的规定才趋周密。其后有关法律更趋完善，国宝一级的文物也就不再可能流出境外了。

《册府元龟》（点校本）前言

关于《册府元龟》一书的编纂情况，程俱《麟台故事》卷三下《修纂》曾有介绍：

> 景德二年九月，命刑部侍郎资政殿学士王钦若、右司谏知制诰杨亿修《历代君臣事迹》。钦若等奏请以太仆少卿直秘阁钱惟演，都官郎中直秘阁龙图阁待制杜镐，驾部员外郎直秘阁习衍，户部员外郎直集贤院李维，右正言秘阁校理龙图阁待制戚纶，太常博士直史馆王希逸，秘书丞直史馆陈彭年、姜屿，太子右赞善大夫宋贻序，著作佐郎直史馆陈越同编修。……初命钦若、亿等编修，俄又取秘书丞陈从易、秘阁校理刘筠。及希逸卒，贻序贬官，又取直史馆查道、太常博士王曙，后复取直集贤院夏竦。又命职方员外郎孙奭撰《音义》。凡九年。至大中祥符六年(1013)，成一千卷上之。总三十一部，部有总序；一千一百四门，门有小序。又《目录》《音义》各十卷。上览久之，赐名《册府元龟》。(《四部丛刊续编》本)

上述诸人，《宋史》中大都有传，可见这是一部集中了当日学界精英而编成的巨著。

《册府元龟》所录材料，先按部门再依年代先后排列。"总序""小序"都从历史演变着眼，阐发部门政制的原则。序文由李维、钱惟演、刘筠、夏竦、陈彭年等负责撰就，后由杨亿定稿。可知全书的结构相当完整，编纂之前曾作精心设计。

宋太宗赵光义曾命臣下编过的《太平御览》《太平广记》《文苑英华》三书,与真宗赵恒嘱令编就的《册府元龟》合称四大书,其中《太平御览》《文苑英华》《册府元龟》均达一千卷之多,《太平广记》则为五百卷。前三书的卷数虽一样,但《册府元龟》每一卷的容量要比其他二书为大,估计总字数要比《太平御览》多一倍,约有九百余万字。这在《四库全书》所收的几种篇幅巨大的书中,仅次于《佩文韵府》而位列第二。

一、《册府元龟》的宗旨

《宋史·艺文志序》:"唐之藏书,开元最盛,为卷八万有奇。然乱离以来,编帙散佚,幸而存者,百无二三。"宋室初建,随即着手整理文献,分类编纂,以便保存。宋真宗为《册府元龟》制序,叙其经过颇详,此序今佚,《玉海》卷五四《承诏撰述·类书》录《景德册府元龟》引御制序曰:

> 太宗皇帝始则编小说而成《〔太平〕广记》,纂百氏而著《〔太平〕御览》,集章句而制《文苑〔英华〕》,聚方书而撰《神医〔普救〕》;次复刊广疏于"九经",校阅疑于"三史",修古学于篆籀,总妙言于释老。洪猷丕显,能事毕陈。朕适遵先志,肇振斯文,载命群儒,其司缀缉。粤自正统,至于闰位,君臣善迹,邦家美政,礼乐沿革,法命宽猛,官师论议,多士名行,靡不具载,用存典刑。

宋真宗命编此书的用意既明,其与前时三大书的一些原则差别亦可借以窥知。

宋真宗赵恒继承其父太宗光义的事业,编纂《册府元龟》一书,似乎也重在保存文献,实际上情况已有根本不同。这从《册府元龟》一书书名的变化上可以看出。

此书原名《历代君臣事迹》，后来才改名《册府元龟》。这番改动，说明真宗的指导思想更趋明确。原先他只想追踪先朝，编一部有关历代君臣事迹的大书，顾名思义，可知这只是一部有关政事的资料书，主题虽与前朝三书不同，性质则无大异。"册府元龟"一名的情况就不同了。"元龟"者，大龟也。古时以龟为灵物，三代之时，有大事则以占卜定吉凶，求行事的指导，因此此书改名"册府元龟"，表明其着眼点已不仅放在纂辑历代君臣事迹上，而是注意提供可供借鉴的资料，以便从中汲取治国的经验教训。这样的一种"册府"，所包容的内涵，也就起到了治国指针的作用。

每一部书都有它的主题思想，但像《太平广记》《太平御览》《文苑英华》等书，汇纂前代著作而成，帝王的用意不显。或许宋代开国君主赵匡胤与光义二人乃武人出身，文化水准不高，故而目的重在保存文献，而对扭转唐末五代以来的混乱思想还未顾及。真宗代起，这一任务也就提上了议事日程。

我国古代把《太平御览》和《册府元龟》都归入"类书"类。若将二者作一比较，可知性质颇为不同。《太平御览》的内容属于百科全书式的汇纂之作，上至天文地理，下至虫鱼鸟兽，无不兼采。《册府元龟》则纯属政治方面的典籍，凡博物方面的具体知识，概不录入；即使是一些政治制度方面的内容，如本应采入《国史部》内的"仪注""职官"等问题，因为可起鉴戒的作用太小，也不载录。书中着意提供的，是有关政治与体制方面的一些重大问题。

《太平御览》以蜀、吴、五胡十六国、宋、齐、梁、陈、北齐为偏霸，置《偏霸部》，秦与东魏、北周入《皇王部》。《册府元龟》则以秦、蜀、吴、宋、齐、梁、陈、东魏、北齐、后梁为闰余，入《闰位部》；十六国及五代中之十国，另立《僭伪部》。由此可见，宋真宗时史学中的正统观念正在树立之中。《太平御览》乃采用前代的史料编纂而成,观点也大都沿袭前人,《册府元龟》编者重行甄别,体现了宋代的历史正统观点。其后欧阳修编《新唐书》,私撰《五代史记》,这种史观更见完整了。

洪迈《容斋四笔》卷十一《册府元龟》记编修官曾向真宗上言,议及引用材料等事,文曰:

> 近代臣僚自述扬历之事,如李德裕《文武两朝献替记》、李石《开成承诏录》、韩偓《金銮密记》之类;又有子孙追述先德,叙家世,如李繁《邺侯传》、《柳氏序训》、《魏公家传》之类。或隐己之恶,或攘人之善,并多溢美,故匪信书。并僭伪诸国,各有著撰,如伪《吴录》、《孟知祥实录》之类,自矜本国,事或近诬。其上件书,并欲不取。馀有《三十国春秋》《河洛记》《壶关录》之类,多是正史已有;《秦记》《燕书》之类,出自伪邦;《殷芸小说》《谈薮》之类,俱是诙谐小事;《河南志》《邠志》《平剡录》之类,多是故吏宾从述本府戎帅征伐之功,伤于烦碎;《西京杂记》《明皇杂录》,事多语怪;《奉天录》尤是虚词。尽议采收,恐成芜秽。

上述诸书,显然不合编写《册府元龟》时真宗提出的政治标准,因而遭到了否决。

中国的史学传统,重在褒贬,"孔子作《春秋》而乱臣贼子惧"。因此古代修史之时,特别注意对某一些历史事件与历史人物的表扬和批判,借以树立准则,垂示后人。《册府元龟》的编纂,正是这一史学传统的体现。

宋真宗亲自过问这件大事。《玉海》卷五四上记载:"景德四年九月戊辰,上谓辅臣曰:'所编《君臣事迹》,盖欲垂为典法,异端小说,咸所不取。观所著篇序,援据经史,颇尽体要,而诚劝之理,有所未尽也。'钦若等曰:'自缵集此书,发凡起例,类事分门,皆上禀圣意,授之群官,间有凝滞,皆答陈论。今蒙宣谕,动以惩劝为本,垂世之急务也。'"又载"〔祥符元年〕五月甲申手札:诏凡悖恶之事,及不足为训者,悉删去之。日进草三卷,帝亲览之,摘其舛误,多出手书诘问,或召对指示商略。"可见他对编写原则的重视和坚持。

宋真宗"指示商略"之事,尚有不少文字保存下来,如《续资治通鉴长编》卷六二载:

> 〔景德三年四月〕丙子,幸崇文院观四库图籍及所修《君臣事迹》,遍阅门类,询其次序,王钦若、杨亿悉以条约,有伦理未当者,立命改之。谓侍臣曰:"朕此书盖欲著历代事实,为将来典法,使开卷者动有资益也。"赐编修官金帛有差。

宋真宗不但作原则指示,而且在阅读过程中,通过某些史料的去取,进一步阐明自己的意图,例如《续资治通鉴长编》卷六五载:

> 〔景德四年四月〕丁丑,上谓王钦若等曰:"近览《唐实录》,恭宗即位,坐朝常晚,群臣班于紫宸殿,有顿踣者,拾遗刘栖楚切谏,叩龙墀不已,宰臣宣谕乃退。恭宗为动容,遣中使慰劳。谏臣举职,深可奖也。而史臣以逢吉之党,目为鹰犬,甚无谓也。今所修《君臣事迹》,尤宜区别善恶,有前代褒贬不当如此类者,宜析理论之,以资世教。"

"恭宗"即唐敬宗李谌,宋避太祖之祖赵敬名讳而改。此事发生分歧的焦点,是对刘栖楚的为人有不同评价。史称刘栖楚为奸相李逢吉的党羽,名列所谓"八关十六子"中,所以史臣将之加以贬斥。实则刘栖楚的情况甚为复杂，《因话录》卷二载其任京兆尹时事，诛罚不避权势，赵璘曾予高度评价。《资治通鉴考异》卷二十叙"八关十六子"，司马光按："栖楚为吏，敢与王承宗争事，此乃正直之士，何得为佞邪之党哉！"即以上述事例而言，亦可称为骨鲠之臣，宋真宗提出的处理意见，是可取的。《册府元龟》卷五四八《谏净部·强谏门》即遵旨录入。

又《续资治通鉴长编》卷七三载：

> 大中祥符三年五月辛巳，内出手札示编修《君臣事迹》官曰："张杨为大司马，下人谋反，辄原不问，乃属之《仁爱门》，此甚不可者。且将帅之体，与牧宰不同。宣威禁暴，以刑止杀，今凶谋发觉，对之涕泣，愈非将帅之事。《春秋》息侯伐郑，大败，君子以为不察有罪，宜其丧师。今张杨无威刑，反者不问，是不察有罪也。可即商度改定之。"

此事原出《三国志·魏书·张杨传》注引《英雄记》。张杨，东汉末年人，建安元年拜大司马。虽然史书对他曾有好评，然以此事而论，是非不分，实为庸懦，已经失去将帅治军的原则，所以宋真宗要叫编修官重新考虑。今此事已从卷四一二《仁爱门》中删除。

由上可知，宋真宗编纂《册府元龟》的目的，是要统一人们的政治标准，树立符合宋代政权需要的价值观念。每一个新的王朝的建立，都会遇到如何收拾前代残局的问题。唐末政治混乱，再加上五代十国长期的政治混乱，封建社会中依据儒家学说而确立的一些社会准则，已经失去约束力，人们思想上很混乱，例如对待冯道这样的一位"长乐老"，该怎样评价，大家的看法就有分歧。价值标准不一，则社会秩序就难于稳定,因此宋初帝王过问此事,也是势所必至之事。

宋真宗集中当时最负盛名的一批文士编纂《册府元龟》,目的就在通过历史事例重新树立儒家确定的准则,故在编纂的体例上,也要参照《春秋》史法。《玉海》卷五四载:

> 王钦若以南、北《史》有索虏、岛夷之号,欲改去,王旦曰:"旧史文不可改。"赵安仁曰:"杜预注《春秋》,以长历推甲子多误,亦不敢改,但注云日月必有误。"乃诏:欲改者注释其下。

这样的处理方式,无疑是恰当的。不轻改史文,也是我国史学的一种优良传统。

二、《册府元龟》的价值

宋真宗敕纂《册府元龟》的宗旨既明,此书的性质也就清楚了。

后人对于此书颇多批评,实多由于未曾注意此书宗旨。

上面已经提到洪迈从史源的角度曾对《册府元龟》提出批评,《容斋四笔》卷十一《册府元龟》中介绍了编修官向真宗上言,以为杂史、琐说、家传中的材料多不可信,故不宜采录此中材料,洪氏以为不然,随即举司马光修《资治通鉴》之事为证:

> 如《资治通鉴》则不然,以唐朝一代言之:叙王世充、李密事,用《河洛记》;魏郑公谏争,用《谏录》;李绛议奏,用《李司空论事》;睢阳事,用《张中丞传》;淮西事,用《凉公平蔡录》;李泌事,用《邺侯家传》;李德裕太原、泽潞、回鹘事,用《两朝献替记》;大中吐蕃尚婢婢之事,用林恩《后史补》;韩偓凤翔谋画,用《金銮密记》;平

庞勋,用《彭门纪乱》;讨裘甫,用《平剡录》;记毕师铎、吕用之事,用《广陵妖乱志》,皆本末粲然。然则杂史、琐说、家传,岂可尽废也!

洪迈的意见自然也是正确的。但他应该注意到,《册府元龟》和《资治通鉴》二书在材料的处理上之所以会有如此大的差异,正因二书视角有所不同。《册府元龟》的重点不在考订史事,而是通过经、子、正史中的史实提供鉴戒。每一种书的编撰都有它特定的目的,洪氏从考订的角度对《册府元龟》提出要求,当然会有不满了。

《玉海》卷五四中记载宋真宗指示编纂《册府元龟》的原则是"异端小说,咸所不取",又诏"凡所录以经籍为先",编务的总负责人杨亿具体申述道:

> 群书中如《西京杂记》《明皇杂录》之类,皆繁碎不可与经史并行,今并不取,止以《国语》《战国策》《管》《孟》《韩子》《淮南子》《晏子春秋》《吕氏春秋》《韩诗外传》与经史俱编。历代类书,《修文殿御览》之类,采摭铨择。

杨氏叙及的著作,今日都很容易看到。《修文殿御览》固已遗佚,但太宗时编《太平御览》,也已采撷过不少材料入内,因此凭借当时学者的介绍以及读者翻检时得出的初步印象,容易得出上述结论。

宋袁氏《枫窗小牍》卷下曰:

> 《册府元龟》凡一千卷,三十一部、千一百四门。门有小序,撰自李维等六人,而窜定于杨亿。其书止采六经、诸史,《国语》、《国策》,管、安、孟、晏,《淮南》、《吕览》、《韩诗外传》及《修文御览》、

《艺文类聚》、《初学》等书，即如《西京杂记》《明皇杂录》等皆摈不采。……凡八年而成，然开卷皆常目所见，无罕觏异闻，不为艺家所重。

这种看法不符实际。实则《册府元龟》中包容着很多不见他书的珍贵资料，具有他书无法代替的价值。今分三点加以叙述：

（一）史料学上的价值

我们首先对材料问题作些分析。编纂《册府元龟》的目的既是为了取得历史鉴戒，那为什么不纯取正史，还要从经、子中去取材呢？

了解古代史书情况的人都知道：所谓"正史"，指的是历代朝廷奉为正体的纪传体史。自《史记》起，各个王朝都有撰述，一直延续到清代。只有《史记》一书属于通史。司马迁从黄帝叙起，一直记载到汉武帝时。此书叙夏、商、周三代之史，因受材料局限，嫌叙事过简，这样宋代编纂《册府元龟》之时，也就不得不从经、子中取材了。

刘昫领衔编纂的《旧唐书》二百卷，薛居正领衔编纂的《旧五代史》一百五十卷，宋真宗时已经行世，而作为二书史料来源的唐五代帝王实录与国史，以及诏敕章奏、诸司吏牍等尚多存在，诸臣修《册府元龟》时，时而径引原始材料。《旧唐书》中采入上述材料，往往经过剪裁，《册府元龟》则每全行录入。因此，若把《册府元龟》与《旧唐书》作比较，可以发现前者记载的内容往往比较详尽。例如唐文宗大和五年（831）王守澄、郑注陷害宋申锡之事，《册府元龟》记之于卷六七〇《内臣部·诬构》，其中详记王守澄奏本内捏造的许多情节，比之两《唐书》与《资治通鉴》中的记载，要详尽得多。

岑仲勉《唐史馀沈》卷四有《〈册府元龟〉多采〈唐实录〉及〈唐年补录〉》一条，对此亦有具体论证。岑氏据《册府元龟》卷九七九则天长寿三年二月西平大长公主还蕃条下注文："按《唐书》太宗贞观十五年，文成公主出降吐蕃弄赞，至高宗来降（永隆之讹）元年，公主卒，《实录》所载西平大长公主，检和亲事迹未获。"可证这里采的是《实录》中文，可补正史之阙。岑氏又据《册府元龟》卷七〇八狄兼謩条下注文："按《唐书》本传不载此事，《唐年补录》有此诏而不载兼謩等本官。"可证这里采入的是《唐年补录》中文，亦可补正史之阙。宋初直承唐、五代时，史料保存较多，《册府元龟》中所采入者，后代或已遗佚，因而更见可贵。

由于《册府元龟》条文之下不注原出处，后人难以发现这些文字是否出于正史之外，但如勤作比较，定能发掘出很多珍贵的史料。除有关历史事件的记叙外，有关典章制度等方面，也有很多原始资料为《通典》《唐会要》等书所缺载者。即或有之，则在文字的详略等方面每有出入，可以据之互校或互补。

(二) 校雠学上的价值

《册府元龟》中依据的正史，从版本的角度来说，都是比之目下流行之本更为接近原书面貌的古本。因此，就以一般的正史材料而言，也有校勘学上的价值。

《册府元龟》中的材料，可用以补史、校史与辑佚。

清代校雠学家在古籍整理方面成就至巨，但由于对《册府元龟》存在偏见，未能广泛利用，这就限制了他们的成就。即如四库馆臣之纂辑《旧五代史》，本可大量利用《册府元龟》中的材料，但他们不加利用，而把主要力量放在开发《永乐大典》上。《永乐大典》中的材料固然可贵，但此书毕竟是明代钞本，不像《册府元龟》中的材料，好多地方保存着五代之时史料的原貌。四库馆臣未加利用，实为可惜。

近代学者利用《册府元龟》补史的范例，是陈垣据之补《魏书》缺页事。

魏收所撰的《魏书》,自唐代以来,就有残缺。明清两代所刻的《魏书》,均出宋蜀大字本,该本也有残缺。清代殿本《魏书》于卷一〇九《乐志》内注"缺一版",但却无法补足。严可均辑《全后魏文》卷三十八内录刘芳上书言乐事,引《魏书·乐志》仅一行,下注"原缺一页";卢文弨撰《群书拾补》,于《魏书》此页亦认为"无从考补",仅从《通典》补得十六字。陈垣据《册府元龟》卷五百六十七补足全文,弥补了前此诸家的缺憾。

自从陈垣利用此书在校雠学上作出了重大贡献之后,学术界对此书的看法大为改变。新中国成立之后,中华书局组织专家点校二十四史时即已注意利用《册府元龟》补史。按《魏书》原缺三页,如上所言,殿本于《乐志》内注"缺一版",因而引起了后人的注意;卷一〇八《礼志》四之四、卷一一一《刑罚志》内亦各缺一页,传世各种《魏书》均如此,但因无提示,且缺文处前后文字似相衔接,故未引起人们注意。中华书局点校《魏书》的专家据《册府元龟》卷五八一补入三百二十五字,《礼志》之文始足;据卷六一五补入三百十七字,《刑罚志》之文始足。这些都是补史方面取得的良好成绩。

宋代之前的几种正史,仅靠钞本流传,容易出现缺页和误写等情况,依靠后出刻本对校,往往难于解决问题。《册府元龟》中容纳着大量宋代之前的古本,其材料每多优于目下流传本子,用作校雠,可以解决很多前人未曾涉及的问题。这一点,有待后人续作细致发掘。

(三) 学术史上的价值

我国具有悠久的史学传统,但偏重于政治史方面的编纂,而对其他门类的学术史,则相对来说不太重视。以正史而言,《史记》中有八"书",后代史书也大都有分门别类的各种"志",叙述各类学术的源流演变和在本朝的具体情况,但在纪传体中,仅能占有一定的比例,篇幅不可能太多,叙述的内容也就必然有局限。

自唐代起,始有政书一类著作,如《唐会要》,记载一个朝代的法度典章;如《通典》,则通古今而论之。诸书均分门别类,记叙这些门类的沿革和现状。其后各个朝代均有这类著作,保存了丰富的文献资料。

《太平御览》等类书中,也包容着各种各样的学术门类,系统地积累了相关材料,便于人们检索。但这类类书,终因门类过多,内容分散,在某一专题内积累的材料,也就不可能太多。

《册府元龟》容量大,对于各类问题,资料的搜集更见完整,编纂更有系统。利用《册府元龟》中的材料,可以分门别类地编写成多种专题历史。

就以史学而言,大家都知道我国具有悠久的历史传统,有人将我国古代文化径称为史官文化,但这一传统怎样形成、怎样发展,却不易找到相关材料,获得系统知识。刘知幾《史通》中于此有所论述,但刘氏着眼于理论阐发,并不把力量放在提供系统的资料上,因此无法满足后人获得完整的史学史知识的要求。

《册府元龟》的情况不同,《国史部》细析为十三门:选任、公正、恩奖、采撰、论议、记注、谱牒、地理、世官、自序、疏谬、不实、非才,这样也就分门别类地提供了有关史学史上的大量原始材料,后人如欲进行史学史的编纂,从中可以不费力地取得大量有用的材料。

有的问题,由于特定的背景和条件,古人甚为重视,在历史上发生过重大影响。如谱牒之学,凡是研究汉至唐宋文史者,不可不有所了解。但过去的史书上于此没有系统记载,也很难找到其他材料来参考,要想获得完整的认识,有一定的难度。《册府元龟·国史部》中有《谱牒门》,收集了六十二条材料,阅读这些长编式的记叙,可对古时谱牒的形成与发展获得完整的认识。

我国古代在选任官吏上最早建立起一整套的用人制度,对世界各地都曾发生过巨大的影响。《册府元龟》中有《贡举部》,内分条制、考试、科目、对策、应举、清正与谬滥七门,每一门中都收集了丰富的有关资料。读者如欲了解历代帝王求贤用人的事例,就可到《条例门》中去寻找;如欲了解历代考试的制度,就可阅读《考试门》中的材料;如欲了解历代考试的具体科目,就可阅读《科目门》中的材料……假如有人要想撰写古代的贡举史或科举史,那么可从《册府元龟》中找到丰富的相关材料,这为科学研究工作提供了不少方便。

如上所言,《册府元龟》全书共有三十一部,一千一百零四门。而据今人统计,明刻本《册府元龟》中已分为一千一百一十五门。这就为千百种分门别类的专题研究提供了系统的素材,于此也可看出它在学术史上的价值。

三、《册府元龟》的整理

《册府元龟》编纂完成后,随即奉命刊版。宋真宗天禧四年(1020)曾赐辅臣各一部,宋仁宗景祐四年(1037)曾命赐御史台,但这部北宋祥符初刻本早已全部失传,前此公私书目中无系统记载。目下人们所能见到的宋本《册府元龟》,均为南宋时期的蜀刻本。一种题《新刊监本册府元龟》,半叶十三行,行二十四字,白口,左右双边。这一刻本仅存八卷,计为卷 249、251、252、253、254、261、262、279,现藏北京图书馆;另一种书名前无"新刊监本"字样,为南宋中期眉山刻本,半叶十四行,行二十四字,白口,左右双边。这一刻本现存五百八十八卷,计为卷 6、7、8、9、10、41、42、43、44、45、56、57、58、59、60、129、130、131、132、133、134、135、136、137、138、139、140、141、142、143、144、145、146、147、148、149、150、151、152、153、154、155、156、157、158、159、160、

161、162、163、164、165、166、171、172、173、174、175、176、177、178、
179、180、182、183、184、185、186、187、188、189、190、191、192、193、
194、195、196、197、198、199、200、201、202、203、204、271、272、273、
274、275、286、287、288、289、290、291、292、293、294、295、307、309、
341、342、343、344、345、356、357、358、359、360、361、362、363、364、
365、366、367、368、369、370、371、372、373、374、375、386、387、388、
389、390、396、397、398、399、400、411、412、413、414、415、442、444、
445、456、457、458、459、460、471、472、473、474、475、482、483、484、
485、491、492、493、494、495、505、506、507、508、509、510、511、512、
513、514、515、516、517、518、519、520(上、下)、521、522、523、524、525、
526、527、528、529、530、531、532、533、534、535、536、537、538、545、
546、547、548、549、550、551、552、553、554、555、556、557、558、559、
560、561、562、563、564、565、567、568、569、570、571、572、573、574、
575、576、577、583、584、585、586、587、588、589、590、591、592、593、
594、595、596、597、598、599、604、605、608、609、610、611、612、613、
614、615、616、617、618、619、620、621、622、623、624、625、626、627、
628、629、630、631、632、633、634、635、636、637、638、639、640、641、
642、643、644、645、646、647、648、649、650、651、652、653、654、655、
656、657、658、659、660、666、667、668、669、670、671、672、673、674、
675、676、677、678、679、680、681、682、683、684、685、686、687、688、
689、690、691、692、693、694、695、696、697、698、699、700、701、706、
707、708、717、718、719、720、726、727、728、729、730、731、732、737、
738、739、742、743、744、745、746、747、748、749、750、751、752、753、
754、755、756、761、762、763、764、765、766、767、768、769、770、771、
772、773、774、775、776、777、778、779、780、781、782、783、784、785、
786、787、788、789、790、791、796、797、798、799、800、803、804、805、

806、811、812、815、816、817、818、819、820、821、822、823、824、825、826、827、828、829、830、831、832、833、834、835、836、837、838、839、840、841、842、843、844、845、846、847、848、849、850、851、852、853、854、855、856、857、858、859、860、861、862、863、864、865、876、877、878、879、880、881、882、883、884、885、886、887、888、889、890、891、892、893、894、895、896、897、898、899、900、901、902、903、904、905、906、907、908、909、910、911、912、913、914、915、916、917、918、919、920、921、922、923、924、925、926、927、928、929、930、931、932、933、936、937、938、940、941、942、944、945、946、947、950、951、952、953、954、955、956、967、968、969、970、971、972、973、974、975、976、977、978、979、980、981、982、983、984、985、986、987、988、989、990、991、992、993、994、995、996、997、998、999、1000，分藏日本静嘉堂文库、台湾"中央图书馆"、北京图书馆、北京大学图书馆。共计五百七十三卷，内有重出者十五卷，故以存世之书册总数计，共有五百八十八卷。若以存世之卷数计，上列五百七十三卷，加上"新刊监本"八卷，则《册府元龟》宋本之存世者，合计为五百八十一卷。此外，卷246、250、443、481还各存残页各一页。中华书局已于1988年将《册府元龟》宋刊本全部影印出版，前有《影印说明》，介绍宋刊版本问题颇详，可以参看。

《册府元龟》篇幅巨大，保存不易，到了明代也已难以见到。社会上流行的主要是一些传钞本。直到明末，先由三水文翔凤发起，后由新昌黄国琦继续，自熹宗天启辛酉（1621）起，至思宗崇祯辛巳（1641）止，历时二十年，始整理成一种可付刊行的本子。其间历尽艰辛，先后访得与借阅了十家钞本参校，商请各地学者九十余人帮助复勘。黄氏于崇祯壬午（1642）任福建建阳县知县时，始得本省巡按李嗣京、建南道胡维霖等人资助，才能在建阳开版，且于该年十月完成。黄家于清世祖顺治时遭火灾，圣祖康熙时曾补版重印。高宗乾隆时书版售与吴门书贾，其时版片蠹蚀霉缺者甚多，后经补刻，又重印过一次。与黄氏原刻本相比，文字已有所不同。中华书局于 1959 年影印的明本《册府元龟》，根据的是黄国琦的原刻初印本。

由上可知，《册府元龟》问世之后，宋代曾有三刻，明代又曾一刻。因为卷帙浩繁，价格昂贵，读者不易求得，明、清两代的文士很少能见到此书。我们今日能够方便地利用此书，实属幸事。

前已说到，黄国琦等人因未见宋《册府元龟》，只是利用了多种传钞本参校，尽管他们作出了很大努力，勘正了不少错误、脱漏，但还是留下了不少缺憾。中华书局影印明本之时，曾用宋本四百四十五卷的摄影样张加以比勘，将黄刻确实脱漏的一百四十二条依残宋本钞录，作为补遗，附于相应的各卷之后，这就弥补了明本的不足。

但这并不是说宋本一定胜于明本。明本毕竟经过众多文士的反复雠校，博寻子、史、经、传中文字，辨析疑难，因而对于宋本中的错简脱误之处，也有改正。由此可知，后人若用《册府元龟》，最好能够汲取宋、明二本之长。

清代以来，著名藏书家陆心源、傅增湘等人都曾作过宋、明二本互校的工作，所获甚丰①。但他们也难以见到存世的所有宋本《册府元龟》残帙，而且这工作费时费力，他们也不可能花太多的时间从事于此。因此，二者互校的工作尚有待于后人来完成。

南京大学古典文献研究所鉴于《册府元龟》具有很高的文献价值，目下又需要有一种经过整理的本子，遂应河北教育出版社之请，承担

---

① 张元济致傅增湘："寄示援庵先生补辑《魏书》一叶，为之狂喜。《通典》《通志》《册府元龟》为古书一大渊薮，循此推之，旧史缺文必尚收获不少也。三十一年五月十五日。"《张元济傅增湘论书尺牍》，商务印书馆 1983 年版。

了此书的点校工作。我们以明本为工作底本，将宋本为重要的参校本，间或参改其他存世的钞本，写下了详细的校记。而于宋、明二本之不明晰处，则又推寻这些文字的本源，力求恢复这些史料的原貌。前人每以《册府元龟》文字不标出处为憾，学者引文也不太愿意援用此书，即以此故。这次我们为了追求校点工作的完善，大多数的条文都做了溯源的工作，这在校勘记中有所反映，虽或不尽完善，也可供学术界参考。由于我们的工作都是在繁重的教学任务之余从事的，限于时间，限于水平，其中必然会有很多不足之处和错误，敬祈各界指正。

清儒"六经皆史"说辨析

"六经皆史"是由清代学者章学诚提出并从理论上加以阐述而构成的一个重要命题。这一命题内容甚为丰富，牵涉到中国学术的变迁和不同时期的特点等重要问题，影响也极为深远。

章学诚倡"六经皆史"之说，意在恢复儒家经世致用的传统。他多次提到《春秋》经世，《浙东学术》中说："史学所以经世，固非空言著述也。且如六经同出于孔子，先儒以为其功莫大于《春秋》，正以切合当时人事耳。"(《文史通义》内篇二)孔子自己也很重视《春秋》这一典籍，《孟子·滕文公下》曰："世衰道微，邪说暴行有作，臣弑其君者有之，子弑其父者有之。孔子惧，作《春秋》。《春秋》，天子之事也。是故孔子曰：'知我者其唯《春秋》乎，罪我者其唯《春秋》乎！'"由于他作《春秋》时寓以深意，对世道人心起到了难以估量的作用，"孔子成《春秋》而乱臣贼子惧"，后世儒者也就纷纷根据《春秋》中的义理干预时政。但由于各个时代的士人所处的社会情况不同，他们对《春秋》的利用，也就常取各取所需的态度。因此，考察《春秋》在各个时期所起的作用，可以发现人们对经典的理解不同，指导思想亦异。清儒中的有些学者均主"六经皆史"，而在对待《春秋》的态度上有明显的差异，可以发现时代的变迁和学者立场的不同。本文对"六经皆史"说的辨析，主要环绕《春秋》而展开。

汉学与宋学的流变

按"六经"并称，首先见于《庄子·天运》篇，内云：

孔子谓老聃曰:"丘治《诗》《书》《礼》《乐》《易》《春秋》六经,自以为久矣,孰知其故矣。以奸者七十二君,论先王之道,而明周、召之迹,一君无所钩用。甚矣,夫人之难说也,道之难明邪?"老子曰:"幸矣,子之不遇治世之君也。夫六经,先王之陈迹也,岂其所以迹哉!今子之所言,犹迹也。夫迹,履之所出,而迹岂履哉!"

《庄子》一书,出于先秦,世无异议。可见"六经"之说,先秦时已有。《诗》《书》《礼》《乐》《易》《春秋》是儒家学派的主要典籍。孔子熟悉前代典章制度和嘉言懿行,以为"六经"之中包容着"先王之道",因而孔门后学尊之为"经"。但从老子的眼中看来,六经只是先王之陈迹。后人只把注意力放在"陈迹"上,意义不大,学者应该探究其"所以迹"的道理,这也就是道家所追求的"道"。可见在先秦时代,各学派对周室旧传经籍的价值即有不同的看法,至于《天运》中的对话,是否真出于老、孔,则不必深究。

时至汉代,儒学独尊,六经的地位也就高踞于众多典籍之上。自文帝时起,开始设置经学博士。武帝时置五经博士,学员通一艺者即可授官。学术与利禄之途绾合,也就吸引了众多儒生为之奔走。因为"乐"教重点不在文字,而且古者诗、乐不分,所以只有《乐》艺未设博士。

汉儒重视通经致用,而从现代人的眼光来看,他们运用"六经"从政,颇多牵强之处,例如《汉书》卷九《沟洫志》载许商以《尚书》治河,卷八八《儒林传》载王式以《诗》三百五篇为谏书等。《春秋》本为史书,经过孔子整理后,寓有深意,所谓"《春秋》一字褒贬",在维护正统观念进行封建教化时作用很大,因此《春秋》在经学中一直占有重要的地位。

刘邦的政权,是中国历史上由平民建立的第一个王朝。建国之初,法制很疏,儒家学术占主导地位之后,学者根据《春秋》中记载的一些事件总结出若干原则，作为解决当代具体问题的范例，供人参照。《后汉书》卷四八《应劭传》曰："董仲舒老病致仕，朝廷每有政议，数遣廷尉张汤亲至陋巷，问其得失，于是作《春秋决狱》二百三十二事。"而应氏亦自作《春秋断狱》若干篇。儒家"信而好古"，注意历史经验的活用，这也就是后人所说的"以古为鉴"的一个方面。

《太平御览》卷六四〇引《董仲舒决狱》曰："甲父乙与丙争言相斗，丙以佩刀刺乙，甲即以杖击丙，误伤乙，甲当何论？或曰：殴父也，当枭首。议曰：臣愚以父子至亲也，闻其斗，莫不有怵怅之心，扶伏而救之，非所以欲诟父也。《春秋》之义：许止父病，进药于其父而卒，君子原心，赦而不诛。甲非律所谓殴父也，不当坐。"案许止之事见《春秋》昭公十九年，《公羊传》曾详释君子赦止之意，这是援用经书解决疑难问题最明确的例子。又《通典》卷六九亦引一疑狱曰："甲无子，拾道旁弃儿乙养之，以为子。及乙长，有罪杀人，以状语甲，甲藏匿乙，甲当何论？仲舒断曰：甲无子，振活养乙，虽非所生，谁与易之？《诗》云：'螟蛉有子，蜾蠃负之。'《春秋》之义'父为子隐'，甲宜匿乙。诏：不当坐。"按"父为子隐"乃孔子语，见《论语·子路》。《孟子·尽心下》中亦曾假设舜与皋陶之事阐明此义。

经义决狱之事，成了儒家人物处理疑难问题的特殊方法。《史记》卷五八《梁孝王世家》褚先生补梁王遣刺客杀大臣袁盎事，文吏穷本之，反端颇见，"太后不食，日夜泣不止。景帝甚忧之，问公卿大臣，大臣以为遣经术吏往治之，乃可解。于是遣田叔、吕季主往治之。此二人皆通经术，知大礼。来还，至霸昌厩，取火悉烧梁之反辞，但空手来对景帝。景帝曰：'何如？'对曰：'言梁王不知也。造为之者，独其幸臣羊胜、公孙诡之属为之耳。谨以伏诛死，梁王无恙也。'景帝喜说，曰：'急趋谒太后。'太后闻之，立起坐餐，气平复。故曰：不通经术，知古今之大礼，不可以为三公及左右近臣。少见之人，如从管中窥天也。"

这里对经术活用者的赞誉,说明学习六经对从政者具有多么重要的意义。

一般说来,汉代学者着重在运用六经解决具体问题,经典中提供的一些原则,以及这些原则的活用,成了儒者从政的重要知识。

《后汉书》卷七九下《儒林传论》言儒学之效曰:"所谈者仁义,所传者圣法也。故人识君臣父子之纲,家知违邪归正之路。"可见儒家经典对政权的巩固起了多么重要的作用。

自东汉起,世家大族兴起。于是礼法中的孝道一端,更为人们所重视。六艺之外的《孝经》一书,地位日见重要。因为家庭是社会的细胞,家庭中重视孝道,则社会上少悖逆之人,于是在汉末的动乱中,一些儒生竟然主张诵读《孝经》消泯灾乱。《后汉书》卷五八《盖勋传》载宋枭对勋说:"凉州寡于学术,故屡致反暴,今欲多写《孝经》,令家家习之,庶或使人知义。"又卷八一《独行·向栩传》曰:"会张角作乱,栩上便宜,颇讥刺左右,不欲国家兴兵,但遣将于河上,北向读《孝经》,贼自当消灭。"可见其时一些儒生已将经典的活用夸张到了神奇而荒唐的地步。

唐初编《五经正义》,对自汉至隋的学者阐释经典的学说作了总结,唐玄宗还亲自为《孝经》作注,说明这些经典在巩固政权时仍然起着重要作用。唐代朝廷还将《五经正义》悬之功令,用于科举考试。因此唐代士人仍然对此高度重视。

科举考试取代征辟察举之后,庶族地主与平民阶层大量登上政坛,原来的世家大族逐渐沦落,家族的重要作用有所削弱。唐代宗教盛行,禅宗又在佛教各宗派中逐渐占有主导地位,世人受其影响,学风也有变化。陈寅恪在《论韩愈》一文中指出:"新禅宗特提出直指人心见性成佛之旨,一扫僧徒繁琐章句之学,摧陷廓清,发聋振聩,固吾国佛教史上一大事也。退之生值其时,又居其地,睹儒家之积弊,效禅侣之先河，直指华夏之特性，扫除贾、孔之繁文，《原道》一篇中心旨意实在于此。"①随后他又引用了其中一段文字为证：

> 传曰：古之欲明明德于天下者，先治其国；欲治其国者，先齐其家；欲齐其家者，先修其身；欲修其身者，先正其心；欲正其心者，先诚其意。然则古之所谓正心而诚意者，将以有为也。今也欲治其心，而外天下国家，灭其天常，子焉而不父其父，臣焉而不君其君，民焉而不事其事。

宋人继此而作，将《孟子》升格为"经"，特别发扬《万章》一章中有关人人有"不忍人之心"的性善之说，再配合《大学》中的修身和《中庸》中的心性等说，经过很多儒者的努力，形成儒家的新体系。他们当然仍然重视五经，但把原在小戴《礼记》中的《大学》《中庸》和《论语》《孟子》单独提出，合称四书，作为年轻学生的主要读物；自金代起，又明令以此作为科举考试的法定经典，于是四书在社会上的影响，以其广泛性而言，实际上已超过了五经。

理学以宋明两代为盛，世称宋明理学，其中又以程朱理学与陆王心学的地位为重要。比起唐代之前的儒学来，他们的共同之处偏于个人的人格修养，以此为起点而建立其理想社会。所谓诚意、正心、修身、齐家、治国、平天下，实际上他们的注意力常是放在前面部分，这与他们入禅宗之室而操其戈的努力有关。

比起汉代的经学来，宋代儒者思考问题时更富哲学意味。汉代经生往往注重五经的活用，宋代儒者则着眼于理论的探讨及其在日常生

---

① 《金明馆丛稿初编》，上海古籍出版社1990年版。原载《历史研究》1954年第2期。

活中的实践,由此确定人伦与社会准则,而不再将之作简单的比附而用以解决具体的社会政治问题。

明代中期之后,王阳明的心学风靡一时。这一学派中人着重通过静修而培养个人的理想人格,对于儒家的典籍,反而很少关心了。许多学人束书不观,空谈心性,而于国家大事反置之脑后,通经致用的传统大为削弱。名曰培育个人理想人格,但正心诚意云云既与利禄挂钩,士人往往陈义甚高而行为不称,虚伪矫饰,在在可见,明末士风之坏,在中国历史上也是很少见的。

清代儒者力矫明代儒学之弊,于是又出现了新的面貌。

清初义理、考证、文史校雠之学的递嬗

"六经皆史"之说,源远流长①。但作为一个明确的命题而提出,且加以全面论述者,则当以清儒章学诚为代表。

当代研究清代思想史的许多学者已经指出。这一命题的提出,与清初至乾嘉时期的学风有关。

清初学者经历了国破家亡的巨变,探究明代覆亡的原因,无不痛恨明末学风之坏,而重视研究当前的社会问题,于是又回归到通经致用,虽其所论已与汉人所论远不相同。顾炎武著《日知录》,意在明道救世,挽明末学风空疏之弊。《与人书二十五》曰:"某自五十以后,笃志经史。……著《日知录》,上篇经术,中篇治道,下篇博闻,共三十余卷。有王者起,将以见诸行事,以跻斯世于治古之隆。"(《亭林诗文集》卷四)可见他钻研儒家经典的目的,是在解决具体的社会问题。

---

① 参看陈登原《国史旧闻》第一分册卷第拾伍(178)《广六经皆史论》,生活·读书·新知三联书店1958年版。

顾炎武创始的清代汉学，至乾隆、嘉庆时而臻于极盛。清初学者以为后人若要领会儒家的真精神，不能停留在四书上，而是应该从先秦儒家的几部经典中去把握精义。顾炎武著《音学五书》，就是试图通过古音的把握而达到正确理解《诗经》的目的。在这种思想的指导下，文字、音韵、训诂等所谓小学的各种学问得到了蓬勃的发展。

清王朝建立之后，为了扼制汉族人士的反抗情绪，特别注意消除《春秋》家学说中有关夷夏之防的古训，屡兴文字狱，压制士人中的民族情绪。经过康熙、雍正、乾隆期间的几次严重镇压，士人之中植根于儒家经典而培育的经世思想无法实现，于是清代汉学的成就表现在正确解释经典，在小学与文献整理上取得了很大的成就，但就通经致用而言，终嫌未能取得应有成果。

戴震《与是仲明论学书》曰：

> 经之至者道也，所以明道者其词也，所以成词者字也。由字以通其词，由词以通其道，必有渐。求所谓字，考诸篆书，得许氏《说文解字》，三年，知其节目，渐睹古圣人制作本始。又疑许氏于故训未能尽，从友人假《十三经注疏》读之。则知一字之义，当贯群经、本六书，然后为定。（《戴东原集》卷九）

戴震是清儒巨擘，他的这种意见具有代表性。清儒大都发表过类似的看法。钱大昕为阮元《经籍籑诂》作序时说："有文字而后有诂训，有诂训而后有义理。训诂者，义理之所由出，非别有义理出乎训诂之外者也。"（《潜研堂文集》卷二四）这当然是一种顺理成章的议论。但训诂与义理毕竟是两种不同的范畴。诂训明后，义理随之而出，但也要有其他许多条件的配合，始能领会与掌握。这还只是古人的义理，如果不结合当前现实，也还不能做到"通经致用"。按儒家的宗旨，本在经纶天下,因此清代学者尽管在朴学上取得了巨大的成就,但在内心仍以义理为上。戴震著作众多,而自许以《孟子字义疏证》为第一①,也就是这种观点的反映。

在这个问题上,乾嘉学派的巨子,戴震的传人段玉裁也感到在义理的建树上有所欠缺而不餍于心,他在《博陵尹师所赐朱子小学恭跋》中自谓"喜言训故考核,寻其枝叶,略其本根,老大无成,追悔已晚"。(《经韵楼集》卷八)可见清代汉学家内心的矛盾。

《汉书·艺文志》中,小学附在"六艺略"内,列于经典之后。这样安排,反映了汉人的观念。小学用以通经,通经用以经世,所以小学只是通经的一种手段,而致用才是目的。清儒号称宗尚汉学,然只停留在小学的钻研上,无异把手段当成了目的。于是,许多杰出的学者也就产生了不餍于心的感受。

章学诚的"六经皆史"之说,是在汉学弊端日渐暴露之后提出的一种补偏救弊之说,他看到了清儒倡汉学而与宋学相争,但在义理的追求上却始终不免有所欠缺,因此提出史学来取代经学,希望发扬儒家注重人事的重史精神,达到经世致用的目的。

《文史通义》中有《浙东学术》一篇,论述此地具有经世的学术传统。章学诚是浙江会稽人,他之阐扬浙东学术,也就是为个人的学术主张找寻理论根据,援乡先贤的成就以自重。

《浙东学术》中说:

> 天人性命之学,不可以空言讲也。故司马迁本董氏天人性命之说,而为经世之书。儒者欲尊德性,而空言义理以为功,此宋学之所以见讥于大雅也。夫子曰:"我欲托之空言,不如见诸行事之

---

① 见《戴东原集》卷首段玉裁序引戴氏自述。

深切著明也。"此《春秋》之所以经世也。圣如孔子,言为天铎,犹且不以空言制胜,况他人乎?故善言天人性命,未有不切于人事者。三代学术,知有史而不知有经,切人事也。后人贵经术,以其即三代之史耳。近儒谈经,似于人事之外,别有所谓义理矣。浙东之学,言性命者必究于史,此其所以卓也。

章学诚对孔子学说的阐发,颇为复杂。他援用孔子不欲空言而见诸行事之语,引《春秋》作为经世的例证,但在《文史通义》各篇中,论述儒家经典的文字,除《经解》上、中、下三篇外,有《易教》上、中、下三篇,《书教》上、中、下三篇,《诗教》上、下两篇与《礼教》①一篇,却没有《春秋教》之文,因而对孔子援用《春秋》的用意未见全面论述。

有关孔子的《春秋》大义,《公羊传》等著作多所阐发,这些后人总结出来的结论,是否符合孔子原意,颇难论定,但孔子在整理时确有寓意,则自孟子以下,均以为信而有征。此事征之其自白而可知。《孟子·离娄下》曰:"晋之《乘》,楚之《梼杌》,鲁之《春秋》,一也。其事则齐桓、晋文,其文则史,孔子曰:其义则丘窃取之矣。"

东汉之时何休言《公羊》家有"三科九旨"之说,第三科中云"内其国而外诸夏,内诸夏而外夷狄",后人一直援此理论作为抵御入侵外敌、维护华夏文化的理论根据。宋代学者胡安国解释《春秋》,主尊王室、外夷狄,而倡"复仇"之说。《四库全书总目》卷二七经部《〔胡氏〕春秋传》提要曰:"其书作于南渡之后,故感激时事,往往借《春秋》以寓意,不必一一悉合于经旨。"可见宋人之重《春秋》,已不像汉人那样,仅用以解决具体的个别问题，而是上升到理论，总结为若干原则，作为士人的行动纲领。这种义理用在处理民族之间的矛盾时更有其重要的指导意义。

章学诚在《答客问上》中说："史之大原，本乎《春秋》。《春秋》之义，昭乎笔削。笔削之义，不仅事具始末、文成规矩已也。以夫子'义则窃取'之旨观之，固将纲纪天人，推明大道，所以通古今之变，而成一家之言者。"（《文史通义》内篇卷四）但他生活在清政权已经十分巩固的乾嘉盛世，处在思想的严密控制之下，参政意识已很淡薄，因此论及孔子的史学思想时，也只强调"详人之所略，异人之所同，重人之所轻，而忽人之所谨"等一些技巧上的细节。对于宋儒，特别是南宋诸儒已经注意到的《春秋》经世之说中的夷夏之防，不再顾及。浙东学术先辈黄宗羲等人的遗民气节，也已不再引起他的敬意①。由于他对清政权持竭诚拥护的态度，因此对于时政也就少有触及了。

按古人所说的经世致用，一般均指坚持儒家宗旨，参政议政，或对思想领域里的问题发表批判性的意见。章学诚也一再强调致用之说，对于社会上的某些不良现象也曾加以指摘，但常以卫道的面目出现。综观其经世致用的最大贡献，还在学术方面，也就是他用力最多的地方，还在其提倡史学以扭转当时片面发展的考证之风。

"六经皆史"说的学术渊源

章学诚在《易教上》中说：

<hr />

①　参看柴德赓《试论章学诚的学术思想》，原载《光明日报》1963 年 5 月 8 日《史学》第 261 期，后收入其《史学丛考》一书，中华书局 1982 年版。

六经皆史也。古人不著书，古人未尝离事而言理，六经皆先王之政典也。（《文史通义》内篇卷一）

学者追溯这一学说的源头时，大都认为出于王守仁，叶瑛注引《传习录》卷一曰："〔徐〕爱曰：'先儒论六经，以《春秋》为史，史专记事，恐与五经事体终或稍异。'先生曰：'以事言谓之史，以道言谓之经。事即道，道即事。《春秋》亦经，五经亦史。《易》是包牺之史，《书》是尧、舜以下史，《礼》《乐》是三代史，其事同，其道同，安有所谓异？'"①

比较起来，章氏的学说已经作了修正，王守仁以为《易》是包牺之史，章学诚则以为《易》起于周初，《易教上》曰："《礼》《乐》《诗》《书》，与刑、政、教、令，人事也。天与人参，王者治世之大权也。韩宣子之聘鲁也，观书于太史氏，得见《易象》《春秋》，以为周礼在鲁。夫《春秋》乃周公之旧典，谓周礼之在鲁可也，《易象》亦称周礼，其为政教典章，切于民用而非一己空言，自垂昭代而非相沿旧制，则又明矣。"章氏的这番论证，目的在于说明六经乃三代旧典。文王制《易》，周公制礼作乐，《易象》《春秋》亦称周礼，则是《礼》《乐》《诗》《书》《春秋》与《易》的制作均与周室有关。孔子不得其位，不能创制立法，所以写作《彖》《象》《文言》诸传，申述《易》之义蕴，所谓"述而不作"，即是此意。

六经为三代的政典之意，章学诚《释通》曾加申论，其言曰："经部流别，不可不辨也。若夫尧、舜之典，统名《夏书》。"（《文史通义》内篇卷四）他认为夏、商、周三代的政典中保存着许多圣君贤臣的言论和政治措施。古人向以三代为盛世，因此三代的政典中就保存着许多处理政务的成功经验。这些成功经验，也就是道。六经中的道，是过去时代的成功经验，后人自不可能生搬硬套，机械模仿。而且这些具体的

---

① 　叶瑛《文史通义校注》上册，中华书局 1985 年版。

成功经验，已成历史上的陈迹，《易教上》曰："若夫六经，皆先王得位行道，经纬世宙之迹。"后人若要领会此道，只能求之于具体的"迹"，这也就是三代的政典，亦即"史"了。

《原道下》中说："夫道备于六经。义蕴之匿于前者，章句训诂足以发明之。事变之出于后者，六经不能言，固贵约六经之旨而随时撰述，以究大道也。"（《文史通义》内篇卷二）这就从理论上指陈了考证学派的局限。因为章句训诂所能发明的，也只是三代的"经纬世宙之迹"，而不能解决"出于后者"的"事变"。后人理当"随时撰述"。他们固应"约六经之旨"，但所要解决的则是当前的问题，因此章氏所提倡的，是能解决当前实际问题的史学。

章学诚的这种观点，要比一般学人的见解通达。如《文心雕龙·宗经》篇曰："经也者，恒久之至道，不刊之鸿教也。"似乎是认为天地间存在着一种超时间、空间的"至道"，它蕴含在儒家的经典中，这就使人难以理解，也很难具体把握。退一步说，即使这些经典中确是蕴含着至道，然而六经产生于三代，它是为解决三代的政事而产生的，道又怎能垂之后世而永远发生作用呢？清代上距三代已有数千年之久，社会结构与政治制度已有很大的不同，前人所提出的道又怎能管住后世呢？章学诚以历史发展的观点，把道解释为先王政典中蕴含的成功经验，后人钻研经典目的应是把握先王处理人事而保存在经典中的精神与原则。随着社会的发展，人事也有不同，后人根据经典中的精神和原则加以处理，这种成功的经验也就是道。人事在不断发展，道也在不断发展。这种学说，有在社会发展中探求规律的用意。

章学诚的主要著作，除《史籍考》未成或失传外，有《文史通义》与《校雠广义》两种。余英时说："我们已可断定在 1779 年之前，即《校雠通义》四卷本初稿撰成之前，他的主要著作是以校雠之学为重点的。换句话说，他前期的工作重心是通过班固、刘向、刘歆的校雠方法来考辨文史之学的源流。这是他的学问的基础功夫。至于今本《文史通义·内篇》中的绝大多数理论如'六经皆史',如道始于三人居室,不在政教典章人伦日用之外,如史学所以经世等等,都在1788年以后才逐渐发展出来的。"①其说大致可信。

校雠学者无不以《汉书·艺文志》为最重要的著作而深入钻研。看来章学诚的"六经皆史"之说,也从《汉书·艺文志》中得到了启发。

《汉书·艺文志》在叙述九流十家时,一一追溯其来源。《诸子略》小序中历叙各家之所自出曰:"儒家者流,盖出于司徒之官""道家者流,盖出于史官""阴阳家者流,盖出于羲和之官""法家者流,盖出于理官""名家者流,盖出于礼官""墨家者流,盖出于清庙之守""纵横家之流,盖出于行人之官""杂家者流,盖出于议官""农家者流,盖出于农稷之官""小说家者流,盖出于稗官"。章学诚倡古者学在官府之说,即继承了此说。

众所周知,《汉书·艺文志》是压缩刘歆《七略》而成的。章学诚在论及古代官师合一时,即曾提到上述诸子出于古者某官之说,《校雠广义》卷一《原道》中说:"刘歆盖深明乎古人官师合一之道,而有以知乎私门初无著述之故也。何则?其叙六艺而后,次及诸子百家,必云某家者流盖出于古者某官之掌,其流而为某氏之学,失而为某氏之弊。其云某官之掌,即法具于官,官守其书之义也;其云流而为某家之学,即官司失职,而师弟传业之义也;其云失而为某氏之弊,即孟子所谓'生心发政、作政害事',辨而别之,盖欲庶几于知言之学者也。"这就把学术由官府下移而私学兴起的过程作了具体的勾勒。

章氏在接受刘、班等人各家均出官府之说以后,又作了新的概括,《诗教上》云:"诸子之为书,其持之有故而言之成理者,必有得于道体

①　余英时《章学诚文史校雠考论》,载《中国文化》第十期,1994年8月。

之一端,而后乃能恣肆其说,以成一家之言也。所谓一端者,无非六艺之所该,故推之而皆得其所本,非谓诸子果能服六艺之教,而出辞必衷于是也。《老子》说本阴阳,《庄》《列》寓言假象,《易》教也。邹衍侈言天地,关尹推衍五行,《书》教也。管、商法制,义存政典,《礼》教也。申、韩刑名,旨归赏罚,《春秋》教也。其他杨、墨、尹文之言,苏、张、孙、吴之术,辨其源委,挹其旨趣,九流之所分部,《七录》之所叙论,皆于物曲人官,得其一致,而不自知为六典之遗也。"(《文史通义》内篇卷一)官学流为私家,六艺分化为各种学术,从总体上加以把握,是符合历史事实的,但具体逐事分析,也有许多附会之处。例如申、韩刑名与《春秋》就不见得有什么源流关系。即使说是孔子述《春秋》而寓以褒贬,"孔子作《春秋》而乱臣贼子惧",但这只是属于道义上的震慑,与法家具体的刑名之术毕竟属于两种不同的范畴。

人类发展到一定阶段,为了维护群体的秩序,协调人与人之间的关系,也就慢慢地制订出一些行为准则,人们得自觉地遵循,这也就是"礼",属于道德范畴。而当社会情况更趋复杂之时,有人不遵从准则的约束,无法仅凭礼来维持正常的社会秩序,人们也就会制定刑法来加以强制执行,防止个别人的越规行为,以维护统治阶层认定的社会秩序。由此可见,刑名与礼法的关系更为密切,而与《春秋》这一经典则难以说是有什么直接的关系。

总的看来,章学诚从文史校雠之学下手而深入史学的领域,得力于对《汉书·艺文志》的钻研。他提出的古者学在官府之说,当是受了刘向等人的启发。六艺为先王的政典,也就是保存在官府中的文书档案。周代末年官学失守,孔子开私家讲学之先河,但他仍以六艺为主要教材,其后孔门弟子散布全国,也就把学术的种子分播四方。战国之时百家蜂起,各家得道体之一端,也就形成了承上启下的一个过渡时期。章氏认为探讨我国学术流变,自应注意这一重要阶段。《诗教上》曰："周衰文弊,六艺道息,而诸子争鸣。盖至战国而文章之变尽,至战国而著述之事专,至战国而后世之文体备。故论文于战国,而升降盛衰之故可知也。"这是考察学术流变而得出的结论,很有参考价值。近人罗根泽先生撰《战国前无私家著作说》,对此问题作了详细的考证,也是受了章氏理论的启发①。

章学诚标举校雠的目的是"辨章学术,考镜源流",因此他在追溯文章、著述、文体的源流演变时下的功夫最多,可供参考的地方也最多。例如他根据《文选》诸体中许多名作的写作特点,一一从战国文字中寻找描写手法上的继承关系,颇有独到见解。这些地方,确是反映出了作为史学理论家章学诚的眼光和功力。

按"诗教"一词,本是经学上的专门术语。《礼记·经解》曰:"温柔敦厚,诗教也。"《毛诗大序》中阐发"风"的涵义时,曰:"上以风化下,下以风刺上,主文而谲谏,言之者无罪,闻之者足以戒,故曰风。"郑玄释"谲谏"曰"咏歌依违不直谏",这也就是温柔敦厚的一种诗教说。章学诚论"诗教"而丝毫不涉及汉人的经说,可觇他的兴趣只在考史,在传统经说外另辟新的路子。

清代的经学走过了一段曲折的道路。清初学者惩明末学风空疏之弊,力图改变束书不观、空谈义理的局面,从先秦儒家的经典中去寻找义理。他们标榜汉学,走汉人通经先从小学入手的路子,结果文字、音韵、训诂之学大盛,而发掘义理的终极目的,则在政治高压之下,仍未能触及。章学诚改从文史校雠之学下手,进窥古代学术源流的演变,他所注重的是领会古代政典中的道,用流变的观点解决面临的问题,而他关注的问题,主要是学术,因此他所理解的义理,也就偏于学

① 参看拙作《罗根泽先生在三大学术领域中的开拓》,载《当代学术研究思辨》,南京大学出版社 1993 年版。

术史上的经验教训而与政治、哲学距离较远了。

浙东学术的继续发展

章学诚《浙东学术》一文，大力表彰浙东史学，并倡史学经世之说，他已注意到了学者与时事的关系。各人所处时代不同，则建树也有不同，"阳明得之为事功，蕺山得之为节义，梨洲得之为隐逸，万氏兄弟得之为经术史裁。授受虽出于一，而面目迥殊，以其各有事事故也"。这里他对浙东史学中的主要人物只是极为概括地作出了评论，并不能全面显示其人学行之全，其中尤以对黄宗羲的评论，概括得颇不全面，未能触及本质。黄宗羲以遗民终老，不愿出仕新朝，这与"隐逸"不同。他身受亡国之痛，总结历史发展中的经验教训，成《明夷待访录》一书，对封建社会中的政治体制等众多问题作了深刻的剖析，提出了许多先进的观点，在史学经世的问题上作出了巨大的成绩。

随着清初政权的日趋巩固，和文化控制的日益加强，浙东史家的活动随着形势的发展而有变化。万斯同受父师之命，赴京主修《明史》，目的是保存前代信史。而他坚持不领俸，不署衔，以布衣的身份参与，在政治上与清政权划清了明确的界限。全祖望所生活的年代，已在雍正、乾隆之世，但从他的学术活动中，仍可看出《春秋》大义所产生的影响，如他曾为众多明末抗清的忠臣义士作传记，于中寄托自己的民族感情。因此，清初的浙东学术，自黄宗羲至全祖望，《春秋》经世的主导思想一系相承，史家在文字中寄托着民族的隐痛。

章学诚的生活年代已至乾隆、嘉庆之时。在他的思想里，民族意识已很淡薄，因此黄宗羲、万斯同、全祖望等人坚持民族立场的苦心，也已不能引起他的关注。尽管他仕途塞碍，生活窘迫，但他对清王朝仍持衷心拥护热诚讴歌的态度，《丙辰札记》中说：

自唐虞三代以还，得天下之正者，未有如我大清。魏、晋、唐、宋之禅让，固无论矣，即汉与元，皆是征诛而得天下，然汉自灭秦，而元自灭宋，虽未尝不正，而鼎革相接，则新朝史官之视胜国，犹不能无仇敌之嫌。唯我朝以讨贼入关，继绝兴废，褒忠录义，天与人归，而于故明，但有存恤之德，毫无非鼎革之嫌。《明史》权衡，又屡颁公慎之训，是以史臣载笔，毫无避忌之私，此又不得以历朝成法拘也。(《文史通义》外编卷三)

这番议论，未免与事实相距太远。庄廷铙《明史》案等冤狱迭起，杀戮无辜成百上千。这些被杀的人，当然是在野的史家，但杀一儆百，在朝的史臣又怎敢振笔直书？清廷修《四库全书》时，将前代典籍中与清王朝有关碍处全行删节改窜，这也是时人皆知之事，章学诚却全不顾事实，一味歌颂当今。可见他的史学经世之说，与浙东史学前辈学者的精神已有很大的不同。

章学诚的学术观点，与他的政治态度是一致的。

他提出"六经皆史"之说，认为"古之所谓经，乃三代盛时典章法度见于政教行事之实，三代政衰，官师失守，至战国而百家竞起"。在他看来，学术散至民间，正是世衰道微的结果，这种发展趋势并不值得肯定。《校雠广义·原道》中说："夫子自谓'述而不作'，明乎官司失守，而师弟子之传业，于是判焉。秦人禁偶语《诗》《书》，而云'欲学法令者，以吏为师。'其弃《诗》《书》，非也；其曰'以吏为师'，则犹官守学业合一之谓也。"可见他对秦代的措施也持赞赏的态度。时至当代，他仍认为应该恢复古时官师合一的制度，《经解中》云："制度之经，时王之法，一道同风，不必皆以经名，而礼时为大。既为当代臣民，固当率由而不越；即服膺六艺，亦出遵王制之一端也。"(《文史通义》内篇卷一)如果说他在议论古代学术的情况时指出官师合一的现象，尚有符合实际之处的话,那么时至清代而强调官师合一,就是一种违反学术发展的趋势,为清统治者的专制政治效劳的论调了。

章氏"六经皆史"的思想,在浙江地区后起的一些学者中引起了巨大的反响。钱穆在《中国近三百年学术史》中介绍龚自珍的学术时,着重介绍其受章氏影响的一面。他在《定庵之论政》一节中说:"嘉、道以还,清势日陵替,坚冰乍解,根蘖重萌,士大夫乃稍稍发舒为政论焉,而定庵则为开风气之一人。……其时定庵学问志趣,似不屑屑为经生,而颇有取于其乡人实斋章氏文史经世之意也。"①

龚自珍在《乙丙之际著义第六(治学)》中说:

> 自周而上,一代之治,即一代之学也。一代之学,皆一代王者开之也。有天下,更正朔,与天下相见,谓之王;佐王者,谓之宰。天下不可以口耳喻也,载之文字,谓之法,即谓之书,谓之礼,其事谓之史,职以其法载之文字而宣之士民者,谓之太史,谓之卿大夫。夫下听从其言语,称为本朝;奉租税焉者,谓之民;民之识立法之意者,谓之士;士能推阐本朝之法意以相诫语者,谓之师儒。王之子孙大宗继为王者,谓之后王;后王之世之听言语奉租税者,谓之后王之民。王、若宰、若大夫、若民相与以有成者,谓之治,谓之道;若士、若师儒,法则先王、先冢宰之书以相讲究者,谓之学。师儒所谓学,有载之文者,亦谓之书。是道也,是学也,是治也,则一而已矣。乃若师儒有能兼通前代之法意,亦相诫语焉,则兼综之能也,博闻之资也。上不必陈于其王,中不必采于其冢宰、其太史大夫,下不必信于其民。陈于王,采于宰,信于民,则必以诵本朝之法、读本朝之书为率。(《龚定庵全集》卷四)

① 见第十一章《龚定庵》,中华书局 1986 年版。

章氏"六经皆史"之说,认为古代官师合一,政教合一,六经为先王之政典,龚自珍的上述议论,即出于是。但二者持论的重点已有差异。龚氏认为师儒必须着眼于本朝的政事,又强调不必再将前代的法意用于当前政治。

章炳麟也是生于浙江地区的学者。他也接受了"六经皆史"这一学说,但因政治立场的不同,持论也就与章学诚有异。

章炳麟在《国故论衡》卷中《明解故下》中说:"六经皆史之方,治之则明其行事,识其时制,通其故言。"以为内中寄寓着前人处理政治的经验,这点与章学诚的见解相符。但他对章学诚的官师合一、学在官府之说则大加批判,就因这种理论之中含有专制而为时王效劳的用意。

章学诚在《史释》中说:

> 《传》曰:"礼,时为大。"又曰:"书同文。"盖言贵时王之制度也。学者但诵先圣遗言,而不达时王之制度,是以文为肇帨缔绣之玩,而学为斗奇射覆之资,不复计其实用也。……故无志于学则已,君子苟有志于学,则必求当代典章,以切于日伦日用;必求官司掌故,而通于经术精微;则学为实事,而文非空言,所谓有体必有用也。不知当代而言好古,不通掌故而言经术,则肇帨之文、射覆之学,虽极精能,其无当于实用也审矣。(《文史通义》内篇卷五)

他以为六经乃三代政典,先王得位行道、经纬世宙之迹,孔子有德无位,也只能述而不作。但孔子身为圣人,弟子记录其言行而成《论语》,后人也不能拟作。扬雄拟《易》,作《太玄》;拟《论语》,作《法言》;王通作《中说》,亦模拟《论语》。章学诚即在《易教上》与《经解下》中深加贬斥，以为不知妄作，不特有拟圣之嫌，抑且蹈于僭窃王章之罪，反映出了维护正统的保守立场。章氏的这种观点，比之宋儒还要显得僵化。

古者创制，后人自可按此法则条例创作。章炳麟在《国故论衡》卷中《原经》中驳之曰："挽世有章学诚，以经皆官书，不宜以庶士僭拟，故深非扬雄、王通。""尚考九流之学，其根极悉在有司，而《易》亦掌之太卜，同为周礼，然非礼器制度符节玺印幡信之属不可刊者。故周时《易》有二种（《六艺略》有《易经》十二篇，《数术略》著龟家复有《周易》三十卷），与《连山》《归藏》而四。及汉扬雄犹得摹略为之，是亦依则古初，不愆于素。学诚必以公私相格，是九流悉当燔烧，何独《太玄》也。"

章炳麟又云："学诚以为六经皆史，史者固不可私作。"然而"陈寿、习凿齿、臧荣绪、范晔诸家，名不在史官，或已去职，皆为前修作年历纪传"，章学诚的这种观点，非但不合历史发展潮流，实际上还有禁锢后人创作的用意。章炳麟援引了大量例证，说明古者称经者多矣。经不悉官书，例如《孝经》，地位如此重要，即非官书。官书亦不悉称经。佛道之书称经，章学诚不论，而儒者称经，则大加挞伐，可见其理论之不彻底。

总结上言，章炳麟又集中加以批判道：

> 老聃、仲尼而上，学皆在官；老聃、仲尼而下，学皆在家人。正今之世，封建已绝矣，周秦之法，已朽蠹矣，犹欲拘牵格令，以吏为师，以宦于大夫为学。一日欲修方志，以接衣食，则言家传可作，援其律于东方、管辂诸传，其书乃远在扬雄后。旧目七略，今目四部，自为《校雠通义》，又与四库官书龃龉。既薄宋儒，又言诵六艺为遵王制，时制五经在学官者，《易》《诗》《书》皆取宋儒传注，则宋儒亦不可非。诸此条例，所谓作法自毙者也。

由此可见，二章的观点所以不同，实与二人的政治立场不同有关。章炳麟少时，外祖父即晓以有关夷夏之防的《春秋》大义，长而积极从事排满活动，因此对于章学诚拥护时王的论调深为反感。这里他对章学诚学说中的许多问题一一作了批判，指出其内部的种种矛盾。所以如此，也是因为章学诚未能贯彻其发展的史学精神的缘故。

小　结

汉武帝独尊儒术以后，六经占有特殊的地位，后人依经立论，从中总结出了若干具有普遍价值的重要观念，如《春秋》中的"内诸夏而外夷狄"等说，这些已成为中国士人立身处世的原则。但这些原则之发生作用，则视社会需要而定，故每一位学者对此原则的重视又每视人视时而异。

一般说来，汉代之利用经典，往往流于比附，利用前人的经验作参照作用。宋人之利用经典，往往注意理论的阐发，着重于人格修养的建树。清人惩宋明理学之弊，力倡汉学，但因处于政治高压之下，通经致用的途径被阻，结果流为考证之学独盛。"六经皆史"之说，承义理、考证学风之弊，用历史变迁的观点考察经典的形成，从而主张重视当前政事。但也由于政治上的限制，未能恢复儒家干预时政的传统。章学诚通过文史校雠而进行的学术史研究，则取得了很多成就。时至清末，章炳麟重新提出六经中的一些基本原则，为政治斗争服务，从而对章学诚意欲尊时王政制的观点进行了批判。

考察有关这一学说的许多学者，大都活动于浙江一带。这一地区经济发达，与海外的交通也频繁，因此明清之时此地的许多进步思想家能够不断提出新的学说，应当与这一地域的文化背景有关。"六经皆史"之论名义上仍在尊经，但经的地位实际上已降至与史并列，或者包容在史中而不再具有普遍的指导意义。但是经中的若干重要原则，已经成为中国人民普遍具有的一种文化积淀，一遇适当机遇，就会触发大家的感情而化为精神力量。章学诚对《春秋》经世之说虽曾多次提及，但对其中有关民族问题的原则则不予重视，章炳麟则根据时代需要，强调夷夏之防的古训。因为经世致用的前提取决于各人的政治见解，二章政治见解不同，学术观点有异，这样对经典的取向也就截然不同。六经皆史这一重要的学术史命题，其作用、其解释，皆因时因人而异，二章异同可以为例。

（原载韩国成均馆大学校大东文化研究院《第五回东洋学国际学术会议论文集》，1995 年出版）

目录学家对文学批评的认识与著录

一门新的学科，它的内容，它的特点，它与其他学科的关系，往往需要经过一段相当长的时间才能被人认识。"文学批评"这一学科的情况同样如此，它在经历了相当长的时间之后，才被学术界所确认。

我国古代学人对各学科的认识，主要反映在目录学中。目录学家通过对各种学术的分析归类，明确了这些学术的独特范畴，从而将各类学术相互区分，认清了各别范畴的内涵与特色。

从古今各种书目的著述中，可以看清古代学人对文学批评的认识不断深化的过程。

"总集"类包孕宏富，融而未分

先秦时期，本无所谓文学批评。孔子的兴、观、群、怨等说，是他在教学过程中对《诗》三百篇的社会作用的阐述，在他来说，并不是作为研究《诗》三百篇的文学特点的成果而介绍给学生的。孟子、荀子等人的情况同样如此，没有什么专门阐述文学批评的文字，他们有时引用《诗》，只是用作证成个人政治学说或哲学观点的例证，或是提供某种文献根据，没有形成什么文学批评的观点。道家中的老、庄，法家中的申、韩，以及其他学派中人，情况同样如此。

西汉时期，诸子百家的流风余韵尚存，但和先秦时期一样，没有什么专门阐述文学批评的文字传世，因而在记叙先秦至两汉时期各种学术的源流演变并著录存世著作的《汉书·艺文志》中，也就没有相应的文字出现。《诗赋略》中，只记下诗赋百六家、千三百一十八篇文字，而没有记下什么单篇的文学批评的论文。东汉时期，情况略有改变，王充在《论衡·自纪篇》中系统地阐述了个人对文学上许多问题的看法，作为全书的总序，也夹杂着许多介绍家世和个人经历的文字，还不能算是纯粹的文学批评论文。

曹丕在《典论》中撰有《论文》一篇，开古代文论之先河；陆机继之有《文赋》之作，预示研究文学理论的专题论文已陆续产生。其后，随着文学家私人著作的大量出现，更由于挚虞、李充等人将许多文章汇编成集，并且纳入了自己写作的一些评论文字，这些新的情况，也就在书目上反映了出来。

著录东汉一代文献的目录，袁山松《后汉书·艺文志》已佚；晋代的目录，《晋中经簿》《晋元帝书目》《晋义熙四年秘阁四部目录》等也已散佚。因此，目下研究这一时期的文学批评著作的著录情况，只能以《隋书·经籍志》为基础，进行一些分析。《晋书·挚虞传》上说：

> 虞撰《文章志》四卷，注释《三辅决录》，又撰古文章，类聚区分为三十卷，名曰《流别集》，各为之论，辞理惬当，为世所重。

这一记载，与《隋书·经籍志》上的记载稍有不同。《隋志》卷二史部《簿录》类有"《文章志》四卷，挚虞撰"。卷四集部《总集》类有"《文章流别集》四十一卷，梁六十卷，《志》二卷，《论》二卷，挚虞撰。《文章流别志论》二卷，挚虞撰"。这里有两点需要研究，一是《文章志》的性质，二是《文章流别志论》一书的性质。

刘师培说："虞之所作，一曰《文章志》，一曰《文章流别》。《志》者，以人为纲者也；《流别》者，以文体为纲者也。"[1]复核佚存的材料，可知

---

[1] 《搜集文章志材料方法》，《国故》第 3 期。

这种判断是正确的。刘孝标《世说新语注》、李善《文选注》等古注和《艺文类聚》《太平御览》等类书中还保存着《文章志》的不少佚文，可知其内容颇同作家小传，里面当然也叙及该人作品。《隋书·经籍志》中，除挚书外，尚有傅亮《续文章志》二卷、宋明帝《晋江左文章志》三卷、沈约《宋世文章志》二卷，均有佚文留存，内容一致。牟世金说："四卷本的《文章志》原是文章目录，这个目录是以人为纲编成的，故有每个作家的简略传记。"①这一推断是可信的。《隋志》将之归入"簿录"类，《旧唐书·经籍志》《新唐书·艺文志》均归入子部"目录"类，可觇此书的性质与文论有别。《晋书》本传上把此书与《流别集》分开叙述，也可看出二者性质有别。

唐初御撰的《晋书》，主要依据臧荣绪的《晋书》修成，上云《流别集》三十卷，想是挚氏当年手定之本。梁代著录，已成六十卷，当是抄写者将原来的一卷分为两卷而有成倍的增加。魏徵在《隋志》的《总集类序》中说：

> 总集者，以建安之后，辞赋转繁，众家之集，日以滋广。晋代挚虞，苦览者之劳倦，于是采摘孔翠，芟剪繁芜，自诗赋下，各为条贯。合而编之，谓为《流别》。

可见挚氏此书实为创辟之举，在目录学上具有重要意义。挚虞在搜辑了十多数文体的优秀之作以后，又"各为之论"，照本传上的记载来看，"论"和所论之文原是合在一起的，但到梁代之前，却已有人把"论"分出，单独辑为"二卷"了。所谓《志》二卷云云，当是有人将《文章志》四卷中所记的文学之士择其与《文章流别集》中的作品有关者单

---

① 《〈文章流别志论〉原貌初探》，《中华文史论丛》1987 年 2、3 期合刊。

独列出而辑成。这"《志》二卷"与"簿录"类中的《文章志》四卷当有不同,因为魏徵等人还不可能发明校雠学上的互见别裁之法。隋代著录的《文章流别志论》二卷,则应当是将梁代传下的"志""论"合在一起而编成的,至于内容上有无差别,还是仅将前代的卷数压缩一半而成,则已很难查考清楚了。

又《隋志》于《文章流别集》后,录有"《翰林论》三卷,李充撰,梁五十四卷"。《翰林论》一书,隋唐之前的人多曾论及,《文心雕龙·序志》篇曰:"《翰林》浅而寡要。"《诗品·序》曰:"李充《翰林》,疏而不切。"刘善经《四声论》曰:"李充之制《翰林》,褒贬古今,斟酌病利,乃作者之师表。"(《文镜秘府论》天卷)结合残存的一些文字来看,此书当属文学批评著作无疑。但梁代著录者多达四十七卷,很难想象,晋代已经产生了这么一部文学批评方面的皇皇大著,看来这书和《文章流别集》的情况相同:李充编有《翰林》四十七卷,撰有《翰林论》三卷。《通志·艺文略》将《翰林论》分别著录于"文史"类与"总集"类,郭绍虞因之也曾作出《翰林》《翰林论》一为总集、一为理论的推断①。

晋代之后,隋代之前,还有两部著名的目录书,王俭《七志》与阮孝绪《七录》。王、阮二人都看到了前此四部分类的一些缺点,因而想在刘歆《七录》、班固《汉书·艺文志》的基础上,根据当时学术界的具体情况,进行图书分类方面的改革工作。

《隋书·经籍志》的总序上说,宋元徽元年(473)秘书丞王俭又别撰《七志》,"三曰《文翰志》,记诗赋"。这就是说,王俭已将《汉书·艺文志》中的"诗赋略"改为"文翰志"了。所以改名,当以东汉之后出现了不少新的文体,虽然有时仍可用"诗赋"这两种主要文体作代表,但

---

① 《〈文章流别集〉与〈翰林论〉》,《照隅室古典文学论集》上编,上海古籍出版社 1983 年版。

六朝人好以华美之"翰"（鸟的羽毛）代表文学，潘岳《射雉赋》曰"敷藻翰之陪鳃"，李善注："藻翰，翰有华藻也。"前此扬雄在《长杨赋》中即以"翰林主人"一名代表文学之士，所以李充将它用作总集的名字。

"文翰志"的建立，说明彼时文学作品的质与量都已有变化，阮孝绪《七录》中又改称为"文集录"，当是考虑到截至齐梁之时，别集和总集的数量大为增加的缘故。

自从晋荀勖撰《中经新簿》，将典籍分为四部起，直到齐梁之时，朝廷藏书都取这一编纂方法，但集部中有没有建立"总集"这一二级类目，目下可难考察清楚了。阮孝绪在《文集录》这一一级类目之下设立"总集"二级类目，到底承袭了前人的哪一种目录，目下也难考察清楚了。若依《隋书·经籍志》中的分类原则推断，《文章流别集》等著作，在前此的书目中也必然归在《总集》类中。"志""论"云云，不可能别裁独出，否则在《隋志》中必然有所反映。

"总集"类的产生，看来是因考察了《文章流别集》的特点而有此建置的，但《文章流别集》内实际上包孕着多种内容，文学批评与作品合在一起，因此，"总集"的内容可谓包孕宏富，而又融而未分。

"文史"类之所以产生的文化背景

《通志》将《翰林论》分别著录于"文史"类与"总集"类，见解是很高明的，但"文史"类的设置，可并不是郑樵的首创。从传世的书目来说，早在宋初的《崇文总目》中即有"文史"一类，《新唐书·艺文志》亦然，欧阳修加按语曰："凡'文史类'四家，四部，十八卷。"这四家是：李充《翰林论》三卷，刘勰《文心雕龙》十卷，颜竣《诗例录》二卷，钟嵘《诗评》三卷。这四种书，是从《旧唐书·经籍志》，亦即从毋煚《古今书录》的"总集"类中挑选出来的。《旧唐书·经籍志》即抄录《古今书录》而成。

欧阳修等人已经发现李充、刘勰、颜峻、钟嵘等人的作品与"采摘孔翠，芟剪繁芜，自诗赋下，各为条贯"的《文章流别集》等"合而编之"的著作性质上截然不同，因而从中分出"文史"一类的吧。

欧阳修下按语云："刘子玄以下不著录二十二家，二十三部，一百七十九卷。"这是说他在上述四家之外，又加上了刘子玄（知幾）的《史通》……李嗣真的《诗品》……张仲素的《赋枢》……等书。不难看出，上述种种不论是《旧唐书·经籍志》中原有的四家，还是《新唐书·艺文志》中新增的二十三家，确是不出"文""史"二者的范围，但是这些典籍可不是文学创作和史学著作的"总集"，而是文学理论和史学理论的专题著作，可见目录学家已经看出"文史类"的理论著作自有其特点，这些都是包容着撰写者个人独到见解的学术著作，对文史的创作具有指导意义，不能笼而统之地与其他辑录现存作品的"总集"并论。

这种认识，起于唐初。也就是说，"文史类"的设立，出于唐初目录学家的建树。其首创者，当是初唐时期的著名史学家吴兢，《旧唐书·吴兢传》曰："兢家聚书颇多，尝目录其卷第，号《吴氏西斋书目》。"根据王重民的研究，"他在分类上没有受《群书四部录》的限制，是和毋煚同样抱着修补改革的精神的，而吴兢所立的类目比毋煚还要多一些，在这一点上对后世的影响似乎也更大一些"①。例如他在自撰的《西斋书目》中就首先分列出"文史"一目。尽管吴氏《西斋书目》已佚，但却为另一部已佚的书目《三朝国史艺文志》记载了下来，这一曲折的传录经过，见于《文献通考》卷二四八"总集"类的序言中：

晋李充始著《翰林论》，梁刘勰又著《文心雕龙》，言文章体制，

---

① 《中国目录学史论丛》第三章《古代中古后期我国图书目录事业的发展和繁荣》第五节《私人藏书目录》，中华书局 1984 年版。

又钟嵘为《诗评》，其后述略例者多矣；至于扬榷史法、著为类例者亦各名家焉。前代志录散在"杂家"或"总集"，然皆所未安，惟吴兢《西斋》有"文史"之别，今取其名而条次之。

《三朝国史》为吕夷简等所著，自从此书接受了《西斋书目》另辟"文史"类的分类原则之后，《崇文总目》《通志·艺文略》《遂初堂书目》《直斋书录解题》以及后来的《文献通考·经籍考》等目录中均加采录。马端临引《中兴馆阁艺文志》曰："文史者，讥评文人之得失也。"可知唐宋两代学界中人大都接受此说。

这一阶段的人已经普遍认为应将理论著作分列，说明时人对理论的重要意义已有进一步的认识。

吴兢等人之所以另立"文史"一目，还与《文心雕龙》《诗品》等专著的受到时人重视有关。《隋书·经籍志》将二书归入"总集"类，著录曰"《文心雕龙》十卷，梁兼东宫通事舍人刘勰撰"，"《诗评》三卷，钟嵘撰，或曰《诗品》"，其他尚有任昉《文章始》一卷等等，也与总集性质不同，不过这类著作彼时为数较少，目录学家可能觉得尚无必要另外分类，故而魏徵在《总集类序》中申明一句"并解释评论，总于此篇"，就合在一起草草了事的吧。

魏晋南北朝人喜作理论上的探索，由是在学术领域内产生过一些杰出的理论著作，梁代产生了《文心雕龙》和《诗品》这两部文学理论巨著。唐初修史之风大盛，由于各家史学观点的不同，引起了不少争论，随之出现了《史通》这一史学理论巨著。这些情况的出现，引起了目录学家的注意，由是吴兢设立了"文史"一门，终于将理论著作与汇集作品的总集区分了开来。

宋代目录学家新的探索成果，"文说""诗评"类的建立

"文史"一词，早就见诸文献。古来这一个词的用法，可分两类，一是"文""史"二者为并列的复合词，分指文与史，例如司马迁在《报任少卿书》中说："文史星历，近乎卜祝之间。"韩愈《长安交游者一首赠孟郊》诗曰："陋室有文史，高门有笙竽。"用法均同。一是"文史"为一专用名词，用以代表学术中的众多门类，实乃"学术"一词的古典用语，例如《汉书·东方朔传》载其自述之词曰："年十三学书，三冬文史足用。"江淹《恨赋》："脱略公卿，跌宕文史。"《隋书·刘炫传》："玩文史以怡神，阅鱼鸟以散虑。"亦即此意。但这两种用法之间缺乏明确的界限，因为前者也可理解为泛指学术，后者也可理解为文史分列。因此，"文史"类的设立，从命名来说就嫌含混。

再从唐宋两代目录书的内容来看，"文史"类中并不包罗万象，主要是文、史两类的理论著作，这只要看前面《新唐书·艺文志》内"文史"类的著作即可明白。他们将《文心雕龙》与《史通》合在一起，除了同属理论著作之外，其间很难说有什么共通之处。因此，有的目录学家也就试图将"文""史"分开，例如《郡斋读书志》于史部另设"史评类"，晁公武在《史通》提要中说："前世史部中有'史钞类'，而集部中有'文史类'。今世钞节之学不行，而论说者为多，故自'文史类'内摘出论史者为'史评'，附史部，而废'史钞'云。"（衢州本）由于晁公武将史学理论部分的典籍从中移出，《郡斋读书志》中也就不再保留"文史类"，结果《文心雕龙》等书无所附丽，重新回到"总集"中去固然嫌不合适，其他门类中也难安插，晁氏将它置于"别集类上"之末，放在《张籍诗集》五卷之下，看来也是不得已的临时安排。

以上情况，发生在晁公武的早期，反映在《郡斋读书志》袁州本所

依据并据之刊刻的四卷本中。时隔若干年后，到了姚应绩编衢州本时，晁公武又在"总集类"后另外分出"文说"一类，安置《文心雕龙》《修文要诀》《金针诗格》等书。这样做，比之前人著述上的安排自然更为妥帖了。

通过《郡斋读书志》袁州本和衢州本的比较，可知晁公武经过一番思索，走了一段曲折的历程，终于在分类上取得了突破。他对"文史类"的内容重新作了一番辨析，从中分出"史评类"著作，而将文学评论之类的著作单列，说明他对文学理论之成为一门独立的学科，已有明确的认识。

郑樵与晁公武的年代约略相当，二人的认识也基本一致，郑樵也嫌"文史"类的内容庞杂，他也要将之再行分类。《通志·校雠略》内有《编次之讹论》十五篇，内云："古今编书，所不能分者五：一曰传记，二曰杂家，三曰小说，四曰杂史，五曰故事。凡此五类之书，足相紊乱。又如文史与诗话亦能相滥。"于是他在"文史"类中又分出了"诗评"一类。

按《通志》内分十二类，这是一级类目，下分八十二小类，这是二级类目。"文史""诗评"二小类，乃是"总集"大类之下所属的二级类目。郑樵在"文史"中列入了《翰林论》三卷、《文心雕龙》十卷等，还列入浩虚舟《赋门》一卷、柳氏《释史》一卷、刘𫗧《史例》三卷等，下加按语曰："凡'文史'一种，二十三部、四十九卷。"他在"诗评"中又列入了哪些著作呢？计有《河岳英灵集》一卷，王昌龄《诗格》一卷……又有钟嵘《诗评》三卷，昼公①《诗式》五卷，僧皎然《诗评》三卷；值得注意的是，郑樵还列入了《欧阳永叔诗话》一卷至《洪驹父诗话》一卷共六种。郑樵最后加按语曰："凡'诗话'一种，四十四部、一百四十六卷。"可见"诗评"

---

① 即皎然。看来郑樵只是照录前人之文，故一称昼公，一称皎然。

这一二级类目,主要内容为诗话,所以他在按语中径以"诗话"称之。

由此可见,宋代目录学家在接受了"文史"这一类目之后,随着形势的发展,又已感到许多新出现的典籍的内容与原有类目的设置不相适应。这里有几种情况引起了他们的注意,一是《河岳英灵集》等唐人自选的诗集,似与前代"总集"相当,但所选者纯为诗篇,且有编者评语,实际上是表达编者个人文学见解的一种选集,这与前代侧重保存文献的"总集"有所不同。二是"诗格""诗式"一类的著作,这是唐代流行的讨论创作技巧的一类书,尽管成就不大,却是研究文学问题的专门著作,与"文史"一词不大契合,应该另行考虑。三是诗话的产生与繁荣。唐人的诗歌创作,取得了空前的成就,但在理论建树上却未能取得相应的成绩。这一文化遗产,要由宋代文士来总结,何况宋代文化也极繁荣,好学深思之士在接受前代遗产使之用以指导当前创作之时,发展了一种诗话的体裁,这是诗学领域中的新创,可作批评,可作考证,可叙故事,可谈理论,它是作家创作经验的总结,也是理论家文艺探索的随笔,有心得就记下来,略作汇辑即可公之于世,因为它成书较易,所以从欧阳修首创此体之后,继之而起的著作层出不穷,北宋之时即已取得了巨大的成就。这第三种情况的出现,给郑樵的印象最深,"诗评"或"诗话"这一二级类目的设置,反映了创作界出现的这一新情况。

郑氏"诗评"类的建立,与晁氏"文说"类相呼应,表示目录学家已认识到文学评论类的著作必须另行归为一类,不容与其他著作混为一谈了。

"诗文评"类的最后完成

目录学家的研究工作,有的重继承,有的重革新。他们大都是在前人的研究基础上，择善而从，略作调整，使之更趋合理。明末钱谦益撰《绛云楼书目》，卷四内有"文说类"与"诗话类"，《文心雕龙》列"文说类"之首，钟嵘《诗品》列"诗话类"之首。不难看出，他接受的是《郡斋读书志》《通志·艺文略》的分类原则，又对收入的书略作调整，这是既有识见又很通达的做法。

目录学界的图书分类，本来就有粗、细两种不同的分法，有的目录学家主张分得细些，其结果往往陷入破碎繁复，读者很难对某一类书或其中的每一本书了解得那么深透，检索起来也有不便。如从大处着眼，把性质相近的书归在一起，使读者较易掌握，也有好处。《文心雕龙》《诗品》等等都是文学理论批评著作，归为一类，也很妥当。过去书目中已经多次出现这种倾向，到了明清时期，经过几位目录学家的努力，也就固定了下来。

明代中叶，神宗万历十七年（1589），焦竑著《国史经籍志》六卷，就把《文心雕龙》《诗品》等著作归入"诗文评"类。自此之后，直到近代学者采用文学批评或文学理论这些新的名词之前，古代学人也就一直沿用"诗文评"这一名词称呼带有理论批评性质的著作。

清代纪昀等编纂《四库全书总目》，集部之中分出"诗文评类"，序曰：

> 文章莫盛于两汉，浑浑灏灏，文成法立，无格律之可拘。建安、黄初，体裁渐备，故论文之说出焉，《典论》其首也。其勒为一书传于今者，则断自刘勰、钟嵘，勰究文体之源流而评其工拙，嵘第作者之甲乙而溯厥师承，为例各殊；至皎然《诗式》，备陈法律；孟棨《本事诗》，旁采故实；刘攽《中山诗话》、欧阳修《六一诗话》，又体兼说部：后所论著，不出此五例中矣。

可以说,这是我国古代文士对这门学科的源流演变作出的总结性意见。他们对这一学科的内涵与特点作了理论上的归纳,从中也反映出了古代学者对文学理论批评上的探索,经历着漫长而曲折的过程。

从近代学者的眼光来看,上述五类著作中,只有《本事诗》一类与近代的文学理论批评在观念上有不合处。纪昀等人所以列出这一类,也是古代"知人论世"传统在理论领域中的反映。孟子说:"颂其诗,读其书,不知其人,可乎? 是以论其世也,是尚友也。"(《孟子·万章下》)因此古代学人都很注意探讨前人创作的背景,作为研究有关文字的重要资料,这样也就把"小说"与"诗话"混为一谈,归入"诗文评"类中去了。其他四类,则都是纯正的理论批评著作。研究中国古代文学理论的人,中外先后出版的几部"中国文学理论批评史",所采择的,主要是这"诗文评"类中的其他四类著作中的材料。

(原载南京大学中文系编《文学研究》,1992 年 5 月)

文献学与综合研究

中国古代文学历史悠久，风骚传统一系相承，这在世界文学历史上极为罕见，值得国人珍视与自豪。与此相应，我国研究古代文学的历史也源远流长，在不同时期都曾涌现出众多杰出的学者，这就在我国文化史上呈现出一幅绚烂的图景，吸引世上众多读者沉湎其中。

要使我国古代文学传播到世界各地，为更多的人所接受，关键之一是不断培养出高水平的研究人才。他们应以发扬我国传统文化为职责，努力发掘古代文学中的精华，予以精辟的阐释，为学术界不断提供精品。

在如何培养高层次的人才问题上，确是不能设下什么框框，条条大路通罗马，不拘一格降人才。纵观古往今来的历史，考察杰出学者的成长，实难总结出一种放之四海而皆准的规范。但在目下学校教育占主导地位、人才主要要出自高校与研究机构的情况下，我们认为，培养硕士生与博士生时，似可注意下述几个方面。

我国文明发源甚早，历代典籍繁多，因此自汉代起，就已形成了现在称之为文献学的这样一门指导后人学习前代文化学术的学科。刘向、刘歆父子从事的工作，就包括了后代校雠学中的目录、版本、校勘、典藏等重要部分。章学诚以为目录学的任务应是"辨章学术，考镜源流"，这是文史工作者必须掌握的基本知识。而古书在流传过程中，又不断出现残佚、错乱等问题。为了克服这些方面的困难，随之又发展出各种专门的学问。一个专业的古代文学研究工作者，对此应有较多的知识，才能熟练而恰当地处理研究工作中遇到的各种问题。因此，掌握文献学知识，也就是一般的人常说的基础。基础如何，当然不纯是文献学方面的问题，但对古代文学研究者而言，主要应指文献学的水平。

我国学术源于先秦，后代士人无不受其影响。汉代以经学取士，魏晋南北朝时以九品中正征拔人才，都以儒学修养为依据。隋代之后一直以科举取士，士人必须精熟儒家典籍，才能求得晋升。因此，自汉代独尊儒术、罢黜百家之后，历代士人无不受到儒家的影响，我们今天要想把握古人的思想，就得了解儒家的几部重要典籍。这是先秦学术中最重要的一个方面。近人或云我国古代政治文化领域中常是儒道互补，或是儒表法里，这是符合事实的；先秦时期的各个学派，交相融会，一直对后代士人的思想起着潜移默化的熔铸作用。可以说，中国古代的文士，除了受到外来的佛学思想的影响之外，无不汲取先秦诸子百家的智慧，来熔铸他们的世界观。因此，我们要想了解古代士人，就得了解先秦学术。

近代以来，国外学术不断传入，对我国思想界影响很大。目下国际间的学术交流更趋频繁，我国学者自应顺应这一潮流，吸收国外同行的研究成果。但国内的古代文学研究工作者往往有一种偏见，以为其他学问都可以向国外学习，唯独中国古代文学的情况特殊。古代诗文文字艰深，中国古代的文化背景复杂特殊，国外学者很难理解并恰切地加以把握，因此有些古典文学研究者对域外的研究成果往往持不在意的态度。其实这是一种狭隘的观点。即以历史悠久的"《文选》学"而言，东邻日本的研究成果就很值得注意。他们的几所著名大学中都有研究《文选》的传统，知名学者薪尽火传，代代不绝，而他们又藏有如唐钞本《文选集注》等许多珍贵材料，并且就此取得了许多有价值的研究成果，值得我们参考。反观我国，由于意识形态方面的原因，《文选》的研究中断了将近几十年，目下所能利用的主要仍是一部胡刻《文选》和一部《四部丛刊》中的六臣注《文选》，而据考证，胡克家等人依据的尤袤本就不是什么好本子。20世纪80年代台湾"中央图书馆"已将宋代陈八郎本五臣注影印行世,而某些《文选》研究工作者却还在宣扬世上已无五臣单注本。因此,即从文献学的角度来说,中国大陆的古代文学研究工作者也应注意国内外的学术交流,掌握其他国家或其他地区的文献资料,吸收其他国家或其他地区的学者的研究成果。

中国是一个文明古国,各种学问都有悠久的传统,因此我们要求新一代的古代文学研究者具有深厚的文献学基础。只有这样,他们才能驾轻就熟地驾驭材料,懂得从什么地方加以发掘,放在怎样的时代背景与学术环境中加以考察,以及如何利用各种手段加以考核。具有深厚文献学基础的人就有可能掌握并使用最恰当、最可靠的材料进行研究,从而得出可信的结论。

古代文学研究牵涉面至广,一个优秀的研究工作者应该最大限度地掌握一切相关知识。但"一物不知,儒者之耻"的时代毕竟已经过去了,学术在发展的过程中逐渐从综合趋向于各学科的独立,文学也早已成了专门的研究对象。时至今日,再要培养出章太炎那样的学者,已无可能。我们的研究对象,主要是古代文学。校雠学中的各种知识,先秦时期的各种学问,国外传来的各种思潮,都可为我所用,而且也往往是必要的手段,这些手段本身也有可能成为我们主要的研究对象。但以一个中国古代文学研究者而言,他的主要研究对象是文学,否则他就应该改称其他专家,而非我们这一领域的学者了。

我们的研究对象是文学,因此研究工作者必须在文艺学的理论指导下开展工作。任何一门学问,都有它的理论作为指导,古代文学研究工作者应有理论上的高度修养,包括古今中外的各种理论,才能全面掌握文学这一特殊的艺术样式的特点,理解历代作家在内容、形式、技法等不同方面的继承与创新,正确估量他们对时代精神的独特感受,并对他们创作上的成败得失作出全面而恰当的判断。

我国自结束极左思潮影响,采取改革开放的国策之后,研究工作者的视野开阔多了。一些学者采用文化学、社会学、宗教学等相关学科的知识对古代文学作综合性的考察与研究,取得了不少成果,因此综合研究的前景是很广阔的。但我们对研究的对象古代文学本身,首先必须精熟,才能避免牵强附会和生吞活剥之弊。我们首应以文艺学(美学)的方法研究文学本身的价值,兼采其他学科的成果与方法,避免产生泛引其他学科知识而将文学本身仅作为陪衬的不正常现象。

如上所言,由于我国古代学术长期处在融而不分的状态,历史上已经形成了文史不分的传统,因此如果不正视我国学术的这一特点,而像西方的某些学者那样,对文学作孤立的封闭的研究,怕是不合国情,难以取得多方面的成就。因此,我国的古代文学研究工作者应以文学为主体,进行理论上的综合研究,当是切实可行的正确途径。

在理论问题上,还应注意避免以论带史的危害。几十年来,庸俗社会学的观点,以论带史的指导思想,曾对古代文学研究工作带来巨大的危害。改革开放以来,老的一套不时行了,人们热衷于介绍新理论,不管自己是否已经真正懂得,也就大肆吹嘘,奉为独得之秘,借以抹杀他人的研究成果,而把自己封为领导新潮流的智者。例如80年代中期兴起的所谓"新三论",虽曾鼓噪一时,不久即烟消云散。因为这些宣扬的人拿不出一件像样的成果,这就不能不使人产生怀疑,他们自己对这些新的理论是否真的懂得? 再说即使有人介绍进来的理论有其科学依据,但是他们仅从古代文学中采择若干材料用作例证,用以证成这种现成的理论,实际上这也是一种"以论带史",难得说是科学的论证。一种理论,或许能够提供你新的观点、方法或视角,但不能帮你包办一切,我们必须从大量的原始材料中进行抉择、概括和提炼,才有可能得出发前人未发之覆的新见。

进行古代文学方面的研究,还应具有中国文学批评史的知识。研究工作者要多读史书和诗文评等原始材料。例如正史中的文苑传论，可以帮助我们了解各个时期的文艺思潮和文学流派的形成和演变；阅读诗话、词话，可以帮助我们提高鉴赏能力……这些知识，则是任何外来理论无法替代的。

研究古代文学，最重要的还是应该多读作品。古人说"书读百遍，其义自见"，现在的人已难做到这点，但只有在对研究对象极为精熟的情况下，才能产生新的感悟。这份灵感，则是无法用纯理性的理论解剖所取代的。

任何一篇古代文学作品，研究人员可以从各种不同角度去接触它。有的人偏于鉴赏，有的人偏于考证，有的人偏于阐发……这些都有其不可替代的价值。一个高水平的研究工作者，应该具有多方面的能力，因为一篇高水平的研究论文，常是包容着鉴赏、考证、理论阐发等内容。当然，有的题目宜于写成考证文章，有的题目宜于写成赏析文章，有的题目宜作理论上的发挥，研究工作者应该具备多方面的能力，才能多方开发题材，并作合适的处理。但在我国学界也有一些不正常的现象，那就是文人相轻的旧习未能根除。人们各以所长，相轻所短，例如擅长写赏析文字的人往往看不起考证工作，而擅长作考证工作的人往往轻视赏析文字，这些都是一偏之见，往往造成自我局限。古人曾云"不相菲薄不相师"，我想当今的人应该再提高一步，改为"不相菲薄更相师"才好。

以上所言，是我对古代文学研究的一些看法，也可以说是此间一些持相同观点的人的共通见解。这种看法是否合适，希望得到广大读者与专家学者的指正。

最后还想再说几句的是：80 年代前期，我曾帮助程千帆先生培养了多名博士生；而自 80 年代中期起，又和他合作培养了一批博士生，他们正在迅速地成长，在《文学遗产》这一古代文学研究的专业期刊上,也可经常见到他们的论文。因此我们体会到,古代文学研究人才的成长,实际上是社会各界联合培养的结果。我和千帆先生一直对《文学遗产》怀有敬意和谢意。这批博士生中不少人留在母校工作,因为他们近期内发表的成果很多,因此有人也曾向我询问,是否他们的教学任务很轻,有很多时间可以用来进行科研,我想利用这一机会告诉大家,情况不是这样。他们的教学任务相当重,社会活动也多。因此,他们从学生时代起,一直处在紧张状态中。我们为他们规定的努力目标是:敬业、乐群、勤奋、谦虚,目下他们正携手并进,勤奋工作,一步一个脚印地不断攀登高峰。

南京大学中文系古代文学教研室和古典文献研究所二十几位成员是一个学风严肃、工作稳定的小小群体,我们依据上述方向已工作了近二十年。我们所追求的是以文献学和文艺学高度结合而构成的科学研究成果。虽然在具体课题上或有偏重,而总的方向则无二致。现在借此机会,将我们的想法和做法向与会的同行专家陈述,敬求指教。

(原载《〈文学遗产〉纪念文集——创刊四十周年暨复刊十五周年(1954—1963,1980—1995)》)

学习古代文论随感

　　我国古代文论的研究工作,已经进入了一个新的阶段,百花竞艳的繁荣气象,已经逐渐出现。这是因为学术界已经出现了很多有利因素。那就是:方向明确,大家都在为建设民族化的马克思主义的文艺理论而奋斗;方法科学,大家都在试图遵循辩证唯物主义和历史唯物主义以解决问题;队伍庞大,老一辈的学者仍在起着带头的作用,年轻一代,不但人数众多,而且日趋成熟,大家都在百家争鸣的正确方针的指引下辛勤探索。稍假以时日,当可取得丰硕的成果。

　　自从国家采取对外开放政策以来,比较文学的研究,已在蓬勃开展,这种大好形势,也有利于我国古代文论的研究。中国文学的特点是什么? 在这种基础上总结出来的理论特点又是什么? 通过比较的研究,可以看得更清楚。研究工作者对我国富有特色的理论多所阐发,不但可以丰富世界文学宝库,而且可以给当前的文学创作提供指导和借鉴,为作家们写出富有民族气息的作品提供参考性的意见。对某种文学现象进行理论上的总结,总是在一定的哲学思想的指导下进行的。因此,研究我国古代文论的特点,不能不注意中国哲学的特点。我国的哲学在春秋、战国时曾经达到过高度的繁荣;学术思想有继承和发展的关系,先秦诸子的哲学思想也就影响后代至巨。其中尤以儒家哲学所发生的影响最为深远。研究古代文论,不能不对儒家哲学予以更多的注意。

　　先秦诸子都生活在战乱频繁的年代里,他们都想以自己的学说来改变时世,因此我国的哲学又表现出注重政治和伦理的特点。我国古代的文论,随之也就出现了同样的特点。道家的思想,从另一方面纠正了儒家思想的不足,他们讲超脱,讲幻想,这就在过于讲求实际的理论界增加了不可或缺的另一种因素,起到了补充和丰富的作用。

我国古代文人的思想,除了可能受到后来的佛、道宗教哲学的影响外,无不受到先秦诸子的各种思想的影响。因此,对于他们提出的一些文学理论,应该予以足够的注意。拿儒家的文论而言,"兴、观、群、怨"等说,已经受到高度的评价,而一提到儒家诗教,似乎也就难于措辞了。但一切事物都有二重性,"温柔敦厚"之说,对后代也曾发生过多方面的影响。阅读古代文学,特别是诗词等作品,那种"怨而不怒、哀而不伤""婉而多讽"的情调,不能不感受到这种学说的浸润之深。历代文人在这种思想的指引下,创造了许多表现手法,如比兴的运用等等,其效果之佳,也是不容忽视的。在它指引下抒发的感情,比之表露式的抒写,往往显得更含蓄、更缠绵、更隽永,因而也更耐人寻味。而且我国文学中这种特有的意味,在绘画和音乐等领域中都有表现,这是我们在欣赏这些艺术时不难体会得出的。

由此可见,即使是像"温柔敦厚"这样一些争议很多的文学观念,不管你喜欢它还是不喜欢它,已经成了我国文学的特色。研究这一理论,也就显得完全有其必要。这方面的成果,将对建设我国民族化的文学理论作出贡献。

就以研究这一题目而言,也需要运用多方面的知识。例如考订这一学说在历代儒家典籍中的源流演变,这就需要经学的知识;但要阐明这种理论的意蕴,则又需要近代美学的知识。由于我国历史悠久,典籍浩繁,精通一种学问已非易事,博古通今更是谈何容易。若要开发我国古代文论这座蕴藏丰富的宝库,就得通力合作。每一个人在他专门研究的领域内作出独到的贡献,推动其他领域中研究工作的发展。

有的同志提到,古代文论研究工作者要相互尊重,取长补短,不要以其所长,相轻所短。在这领域内,确是需要提倡一种良好的学风。

而在古代文论研究工作者之中,有时也还听到一些用作指责他人的词语,如"以古解古""现代化"之类,由于这些概念缺乏明确的规定性,各人对此的理解,往往出入很大,用以批评对方,常常容易引起反感。这就要求使用这些概念的人,随之多作一些具体的分析。

"以古解古",如果从字面来看,那就应该承认这种方法的合理性。因为古代的人,特别是同一时代的人,所用的词汇,其内涵和外延,容易切合,因此如用某一古人发表的意见去阐述同一时代某位文论家的理论,有时能够收到很好的效果;特别是用文论家本人在其他地方发表的意见,去阐释他的某一文论著作,则效果更佳。例如郭绍虞先生的《续诗品注》,辑录袁枚《随园诗话》和其他诗文中的理论去阐述《续诗品》中的理论,的当精确,比起有些人用现代词语所作的注释,可能还更妥帖些。

黄季刚先生死于新中国成立之前,他写的《文心雕龙札记》,在新中国成立之后又重新出版;刘永济先生死在新中国成立之后,他写的《文心雕龙校释》,则完成于新中国成立之前。这两部著作,不知道该不该叫作"以古解古"? 如果现在有人也能写出这样的著作,不是应该表示欢迎么?

"以古解古",或许是指那些不以马克思主义的文艺科学为指针,仍是沿用古人的方法,用古代诗文评中常用的词汇,去阐释理论的一种做法。批评这样的倾向,出发点是好的,身为新中国的人,如果忽视马克思主义的学习和运用,当然是一种缺陷。但是任何事情的要求都不能绝对化。研究工作门路众多,可以采取各种各样的方法,有人如果文艺理论基础较差,但在某些方面有独到的功夫,那也应该允许他发扬这一方面的长处。旁人可以向他提出多学习理论的忠告,但不必对他的专长也相应地予以轻视。

当然,对于那些学习马克思主义文艺科学还不够的专家来说,不应固步自封,更不能把自己所使用的方法看作唯一的方法,而去指责那些使用新理论和新方法从事新探索的同志。因为马克思主义是人类思维能力的最高结晶，掌握这种思想武器，可以作出前人无法达到的成就。

新中国成立之后，大家都在努力学习理论，学术界出现了崭新的面貌。就以那些经历了两个时代的前辈学者来说，前后期所写的文章就有很大的不同。一般说来，他们在新中国成立后所写的文章，对事物的本质要开掘得深得多，对历史现象能作出更确切的概括。当然，过去由于受到"左"或右的思潮的影响，研究工作受到过妨害，但在经历了几番波折之后，学术界却得到了更好的锻炼，大家分析认识事物的能力更强了。

有些同志运用新观点去研究古代文论，即使有不够成熟的地方，也不宜用"现代化"这个名词去批评指责。这个名词，到底是什么意思呢？是说他们使用了现代人的名词术语么？这可是无法避免的；生为现代的人，自然要用现代的交际工具交流思想。是说他们用现代文学理论的成果去解析古代文论么？这恐怕也是难以避免的，因为只有在解剖了人之后，才能看清猴子的生理结构。因此，如果在这领域中一看到现代理论的运用就称之为"现代化"，那是很不妥当的。

有的同志把西方古代的文学理论和我国古代的文学理论作比较，方法很新，拓展了新的途径，博得大家的欢迎。例如王元化同志对《文心雕龙》的研究，把在此书之后产生的文学理论和外国的文学理论一起进行比较的考辨，确能促进人们进一步了解刘勰的文学思想。这种通过多方面的比较而探讨艺术规律的方法，帮助大家开拓眼界，益人神智，也是应该提倡而不能乱加指责的。

在我们的日常生活中，"现代化"是一个褒义词。古代文论研究中之所以也有这一名词，而且略含贬义，或许是有的研究工作者在剖析某种古代文论时，把它说得和现代的文学理论差不多了，于是人们称之为"现代化"，意思是说这种古代文论还不可能达到"现代化"的高度。批评者的原意是在提醒大家采取历史唯物主义的正确态度。有的同志指出了文学理论有现代化的规律性，也是有见地的，如有人对此作研究，就以"意境"为例，探讨这一概念的形成和发展，后人怎样在阐发这种理论的意蕴时加入自己的理解，以致这种理论有所变化或日见丰富，确是很有意义的研究成果。只是这里应该注意的是，古人的研究工作不像近人那么细密，他们的意见，似是引述前人的理论，实则是在阐发自己的学说，他们常是把研究旧说和创建新说混在一起谈。我们在做这项工作时，可就应该把研究古代文论和创建现代理论二者明确地区分开来。研究古代文论，就得把它放在一定的历史环境中加以考察，恢复它原来的面貌；创建现代理论，可以吸收前人的成果，将之作为一种思想资料，或用作借鉴，或用作基础，充分加以利用。二者有关，但属于不同的范畴，如果混为一谈，那倒真是容易把古代文论拔高到"现代化"的高度的。

现在从事古代文论研究的同志，由于各人学力不同，爱好各异，因此他们的着眼点往往各有不同。这是学术上的正常现象。做研究工作，就应自出手眼，决不要人云亦云，傍人门户。学术上的最大悲剧，莫过于千人一面，千部一腔。每个人都应该发挥自己的长处，进行独特的探索，真正形成百花齐放的局面，才能取得学术上的广泛丰收。

当前的文论研究，似乎过于集中在几部名著和几位名家的研究上；文论方面的著作，也似乎过于集中在编写中国文学批评史的工作上。我国历史悠久，文论的内容至为丰富，与此相应，我们的文论研究工作是不是也可以更多样化一些。这里是不是可有古代诗论、古代词论、古代小说理论、古代戏曲理论等不同专题的研究著作，是不是可有着重论证哲学与文论、政治与文论、文学创作与文论等不同专题的研究著作，是不是可有专门探讨意境、神思、文气、比兴等概念与范畴发生与发展的研究专著，是不是可有研究历代文艺思潮、文体演变等专题的专著,是不是可有科举制度对文人的影响、音乐对文学的影响等不同专题的专著……只有数量众多的专题研究性质的著作问世,然后通论或通史性质的著作,才能写得血肉充盈。又如研究我国的文字和声律,应当也是古代文论研究中的重要内容,因为中国的方块汉字和单音词且是有声调的语言,构成了我国文字外观的特点和文学作品的音乐感,对这一问题作出细致的研究,有助于阐明我国文学的特点。前辈学者于此作了很多有价值的工作,现在的学者对此却似乎重视不够,这也应该引起我们的注意。

在建设中国文学批评史这门科学的过程中,郭绍虞、罗根泽、朱东润三位先生的著作,取材、体例和论述的方法各有不同,很自然地,也就形成了三种不同的家数。而现在出现的几种中国文学批评史,虽然在篇幅的大小、论证的重点和使用的方法上有所不同,但比之前辈学者的著作,彼此之间的相同之点似乎也嫌多了一些。如何在内容、体例、方法和着重点等方面都写出各不相同的著作,也应促使我们注意。研究工作中,确是应该百花竞艳,提倡一家之言。方孝岳先生的《中国文学批评》,因为问世早,印数少,目前已难见到,但是里面有些写得很精彩的章节,如对桐城派的阐述,因为家学渊源,所以知之深,说得透,后人也就愿意去访求参考。这也说明古代文论的研究工作首要的是追求质量,有人如能提出个人独到的见解,不作人云亦云、随波逐流的空泛之论,也就可以独树一帜,作出独特的贡献。

上述云云,只是一个爱好古代文论的外行,在学习了许多同志的宝贵意见之后,产生的一些不成熟的感想。由此我又想到古人的一些诗句,录之以供大家参考。一云"不相菲薄不相师,公道持论我最知",二曰"他山之石,可以攻玉",三曰"我劝天公重抖擞,不拘一格降人材"。

(原载《光明日报》1984 年 1 月 24 日《文学遗产》第 622 期)

读《韩非子》

刘备临终前告诫儿子阿斗，要多读《韩非子》等著作，因为这类书"益人意智"。这话是有道理的。我国古籍绝大部分属于儒家与道家的系统，对人情物态少有分析，《韩非子》中的内容，可以弥补上述知识系统的不足。

我国古代的散文取得了巨大的成就，但少见分析细致之作。国外学者也常批评我国著作不长于分析。因为古时散文以韩愈一系的影响为最大，这类散文乃承《孟子》而来，孟子人称亚圣，但他奔波各国，后车数十乘，其作风与纵横家也有相合的一面。由此也可以说，我国的散文受纵横家的影响为最大。行文滔滔汩汩，讲求气势，但试加分析，则每嫌逻辑不够严谨。韩非的情况不同，说理透辟、逻辑谨严，这也可以启迪神智。《韩非子》《文心雕龙》等书，是古籍中罕见的以分析见长的名著。

再从创作特色来说，《孟子》的磅礴犀利，《庄子》的汪洋恣肆，《韩非子》的峻刻奇峭，都各擅其胜，学者得其一端，均可名家。但就现在来说，论文首重分析，论战时必须注意逻辑严谨，因此写作政论文或学术论文，似乎可以多参考《韩非子》中的笔法。

我总觉得若从"古为今用"的角度而言，在先秦诸子中《韩非子》是最贴近现实的一部著作。因为书中所分析的，尽是政治纷争中的权谋，以及人在复杂的社会关系中趋利避害的各种表现，只要政治上仍然存在种种复杂情态，人在社会关系中还得计较利害得失，那么《韩非子》中所揭示的一些问题，仍然会"益人意智"。记得"文化大革命"中阅读《八奸》等文时，所受的刺激，非其他古书中所能提供，倒像韩非是为今人写作的一样。

但也应指出，《韩非子》中所着重描写的，主要是人情物态中的阴暗面。以为人受好利恶害的本能所驱使，一切交往都是利害关系。不论是君臣、父子、夫妇、朋友，都无爱心可言，人与人相处，得处处提防。这样分析下去，人之所以为人，真像孟子所说的，也就去禽兽几希了。因此韩非论政，只讲防范、利用、镇压，不讲教育。孟子曾说"徒法不足以自行"，也是至理名言。通过教育，可以提高人的道德和理想，这点不能有丝毫忽视。

但目下中国亟需提高法治水平，因此介绍大家阅读《韩非子》，还是很有现实意义的。

近代学人对此书作了许多研究，并取得了很大成绩。例如对法、术、势的内涵，韩非集法家大成的业绩，他在哲学上的贡献，以及法治理论中的可取之处等，都有深入的阐发。这样的研究工作，清儒中无此先例。于此可见今人研究水平提高之既快且巨。

《韩非子》中包容了许多珍贵的材料，予人启迪。例如《解老》《喻老》二文都列德经在前、道经在后，与马王堆出土《老子》中的次序相同，可见其保存着古时格局。司马迁将老子、韩非合为一传，后人常为老子不平，以为二者情况不同，品格亦异，今知韩非哲学可以视为黄老学派发展中的重要一环，值得深入探讨。

战国时期百家争鸣，各家集子中多有驳斥他家的言论，韩非生当战国末期，可以由此研究战国之时各种思想相互冲突又相互吸收的情况，阐明我国哲学史之发展。我曾根据《难一》《难二》中文与《吕氏春秋》中的相同记载，考二书编成的年代与思想的发展，也是一种尝试。

人称韩非是法家思想的集大成者，一般人仅注意他的法治思想与商鞅之间的关系，术的观点与申不害之间的关系，势论与慎到之间的关系，实则他与前期有法家思想者如郭偃等人，都有关系，其著作中还直接引用了郭偃之法的片断。又如他在《饰邪》一文中还提到了魏之法律《立辟》,赵之法律《国律》,燕之法律《奉法》,张斐《律序》中说:"郑铸'刑书',晋作'执秩',赵制'国律',楚造'仆区',并述法律之名。申、韩之徒,各自立制。"可见韩非的法治理论综合了前时各种学说,并与当时的法律有关。目下秦律等遗物大量出土,那么是否可以与之联系而进一步探讨韩非之法?

韩非的生活年代距此已有两千年之久,先秦各家的著作中,又大都糅杂同一学派或其他学派的著作,因此《韩非子》中的一些文章到底出于谁手,争议很多。这一问题可以不断深入地考查,但像胡适、容肇祖等人那样大胆疑古,看来太嫌过分,也为现实中大批出土前时疑为伪作的事实所驳正,但一味信古,对其中有些在思想和所记的史实上有明显不可通处的文字也不敢怀疑,定要百般回护,认为《韩非子》在秦汉之时就是现在这个样子,则亦未见其可。有的《韩非子》注本将全书各文重新作了编排,则是依据他们的研究结果而有此设计的,可各备一说。

前面已经提到,当代学者研究《韩非子》已经取得了巨大的成绩,但似仍存在三个方面的不足,今亦略抒鄙见如下:

一是不能完整地把握韩非思想的体系,因而常有一些似是而非的议论,例如有人说韩非尊师,有人说韩非反对工商业,有人说韩非主张用人唯贤。即以后一说而言,主之者即颇多。王力主编《古代汉语》,集中了许多专家学者,解说韩非思想时即云韩非主张用人唯贤,陈奇猷、张觉为《韩非子》写导读,重申此论,实则韩非在《五蠹》《难势》等文章中都已说明贤治之不可行,《外储说左下》中更举阳虎与夔为例,说明君主用人的方针。韩非主张根据法来选拔人才,运用术以驾驭臣子,凭借势而实施统治,"故有术之主,信赏以尽能,必罚以禁邪,虽有驳行,必得所利",这怎么会是用人"唯"贤的观点呢?

二是不能文史沟通而进行综合的研究。目下学界分工太细,研究哲学的不关心历史与文学,反之亦然。学校分科又认定《韩非子》为哲学著作,因此大家所重视的,主要是属于唯心论呢,还是唯物论的问题。其次仅对法、术、势的来龙去脉给予注意。但先秦时期各种学术融而未分,在《韩非子》中包含着许多珍贵的材料,可从各种不同角度加以利用,多方开发。因为韩非极为关注战国时期政权交替的历史,诸如奸臣弄权、谋士诡计、列国兴衰等,都有具体生动的描写,这些都可供研究历史之用。例如文中有周主、周君、周天子等不同提法,可借此窥知周朝末代天子与其属下东周君与西周君的关系,还可了解其时周边国家的一些动态。

三是文献整理工作还可进一步提高。尽管目下有关《韩非子》的著作很多,但仍有编纂高质量的校注本的必要。清代末年的许多著名学者转而整理子书,如孙诒让著《墨子间诂》,王先谦著《荀子集解》,郭庆藩著《庄子集释》,都取得了很大的成就。王先慎著《韩非子集解》,则水平远不如前几种书,《续修四库全书提要》对之评价甚低。陈奇猷《韩非子集释》虽然用力甚勤,但在注释中仍有不少问题。而在各家整理工作中最为严重的不足之处,则是校勘上的以讹传讹。世传《韩非子》各本,要以吴鼒覆刻宋乾道本为善,浙江书局本虽称覆刻吴本,实则多所改动,王先慎、陈奇猷等都称首据吴本校勘,实则所据者为浙江书局本。陈氏并云据校者有管韩合刻本、赵用贤本、黄策本、周孔教本、孙鑛本、孙月峰本等,实则上述诸书都有一书异名问题,这就不能不让人怀疑他到底有没有校过这些书。由于善本借阅不易,前人校勘时每辗转抄袭,今人若想整理《韩非子》,就可利用目下图书条件,直接根据善本进行校雠。况且在有关《韩非子》的各种典籍中,有一种最近宋乾道本之真的张敦仁影宋钞本还未被学术界利用过,朱锡庚《韩非子校正》一书的钞本,保留着另一种宋本和元何犿本中文字,也有很高的校勘价值。学术界还有大量的有关阐释《韩非子》文字的论文可供参考，有志于此者凭借这些新的条件，自可整理出一种更为完善的著作来。

（本文与下文原为应中华书局编《名家读名著》一书而撰写。他们请我写一篇读近代名著的稿子，一篇读古代名著的稿子，每篇三千字。今收入本集）

读《陈寅恪文集》

陈寅恪是近代学术史上一位杰出的学者,然评价多异。新中国成立之前,学界誉之为国宝,称之为"教授之教授";新中国成立之后理所当然地被定性为资产阶级学术权威。有人号召学生要在掌握史料上超过他,不言而喻,陈氏在观点上自属落后之列,因而不存在赶超问题。"文革"之后,情况有了变化,陈氏的著作全部印出,对其学术的评价似乎愈来愈高。如何分析这一现象,愿供愚见。

陈寅恪以掌握多种语文见长,熟悉史料见称,港台也有学者从这一角度评价,且将之归入史料学派的。陈寅恪领中央研究院历史语言研究所历史组主任二十年,而傅斯年在该所《工作之旨趣》中就曾指出"近代的历史学就是史料学",陈氏确是极为重视史料的扩展、整理与活用,那么是否就可据此将其归属于史料学派呢?

历史语言研究所的建立,从其名称上看,就可知道曾受西方历史语言学派的影响。陈寅恪在 1942 年作《朱延丰突厥通考序》时说:"年来自审所知,实限于禹域之内,故仅(谨)守老氏'损之又损'之义,捐弃故技。凡塞表殊族之史事,不复敢上下议论于其间。"而据蒋天枢所作陈氏《编年事辑》,可知他在四十五岁之后就不大写作有关边疆民族语文的文章了。这对陈氏早年花了大功夫学得的本领来说,未能充分施展,实属可惜。但这方面的训练,对其一生当有巨大影响。只是陈氏文中不提早年学习的情况,朋辈记载也不多,因此前此阶段的学术背景,终嫌不够明晰。有人认为曾受兰克学派的影响,乃从其时学术环境推论,或许符合事实。

陈寅恪学贯中西,从本国学术渊源而论,当然会归结到清儒考证学派的影响。有的学者就强调他一贯承袭乾嘉朴学的家法。

生在清末民初的人，出身于儒学世家，当然会受到其时占主导地位的朴学的影响。陈寅恪在很多地方赞誉钱大昕等人的成就，亦可见其学术渊源。但陈氏的道路，已与前此的乾嘉朴学大不相同。试读《陈垣元西域人华化考序》，可知他对清代朴学中的经学与史学都有不满，认为近年来之史学渐能摆脱清代经师之旧染，"有以合于今日史学之真谛"。显然，他所从事的是超越前时的新史学。

陈寅恪于《冯友兰中国哲学史下册审查报告》中自称"平生为不古不今之学，思想囿于咸丰同治之世，议论近乎湘乡南皮之间"。有的学者认为首句言其研究专业"指国史中古一段"，怕未必切合原意。姑不论陈氏晚年写有《论再生缘》《柳如是别传》等涉及明清时代之文字，即在其初至清华任职时，就常到大高殿军机处看明清档案，而他因家世之故，对晚清政局亦感兴趣。考"不今不古"之说出于扬雄《太玄经》，陈氏援此说明其思想方法既有所异于古，亦不全合于今。反而言之，则可说是既有继承又有创新的一面。《太玄经》中与此语对应者曰"童牛角马"，则似暗示此一特点可称绝无仅有。

陈寅恪曾说过"读书须先识字"，"版本之学不可不讲"，而据介绍，他读书总是先从批校开始，在校雠中发现问题，《编年事辑》中曾举他读《高僧传》数例以明之。这些都与清儒矩矱相同。但陈寅恪所强调的"一字不能放过"，"读书必求正解"，实际情况与清儒很不相同。

清儒在经学上投入力量最多，群经新疏、《经义述闻》等名著，于字义疏通上取得了很大成就。其后扩展到子学，如《读书杂志》《诸子平议》等，其贡献也在疏通文义上。疏通文义的结果，有助于正确理解经籍子书，但这个别文字的诠释，大都就事论事。触类旁通处大都属于语法、句法等方面。陈寅恪的情况有所不同。例如他读《莺莺传》，从"会真记"一名揭示莺莺为一地位低微之女子，因"会真"即遇仙或游仙,仙之一名,"多用作妖艳妇人,或风流放诞之女道士之代称,亦竟有以之目倡伎者"。又如陈氏从寇谦之父子与王羲之父子等人均以"之"字命名,知为天师道的标志,从而推断琅邪王氏等家族实为天师道世家。这样的研究,着眼于社会、民俗、宗教问题,通一字而豁然开朗,这种境界,是读清儒著作时难以见到的。

大家都说陈寅恪的论文有以小见大的特点。例如《狐臭与胡臭》一文,长不到二千字,所谈者为生理现象中的小问题,这类题目在清儒中是看不到的。但陈氏借此分析中西文化交流的问题,则可见其立论之大。

陈氏的文字之所以与前有异,乃时代不同之故。我国古代的史家都着重政治史的编纂,而陈氏长期在域外学习,学到了许多新兴的社会科学,这样他的着眼点当然会有不同了。

陈寅恪论史重通识,尤为注意种族、家族、宗教等问题。例如《天师道与滨海地域之关系》等文,从一种社会现象剖析魏晋南北朝时的一系列重大问题,这样的文字,不但前所未见,即在其后学人的笔下也难见到。能够写出这样文字的人,又怎能以"史料学派"视之? 陈氏常说"在史中求史识",这种"通古今之变"的文章,如果不能理出其主线,也不是光能聚异同的人所能写出的。

陈寅恪在史料的处理问题上曾提出了很多值得重视的意见。他的史料观,采的是广义说,以为一切能够用来说明历史现象的材料都是史料。史料应当加以科学的鉴定。广泛占有材料,仔细加以比勘,当然是研究者首先必须做到的。材料有真伪之分,真的材料中可以有伪造的成分,伪造的材料中也可以有真实的成分,陈氏在《梁译大乘起信论伪智恺序中之真史料》中加以阐发,从年代学、地理学、典章制度等不同角度分析《序》中存在的问题,并且提醒他人考辨此类材料时不能局限于佛门一系的典籍。这种处理材料的方式,合乎辩证法,具有方法论的意义,自与前人的考订文字面目有异。

陈氏论史,重"综汇贯通,了解其先后因果之关系"。他常采用假设法,文中常有"设一假说"等字样,随后就汇聚之史料进行分析,寻找出这些事件前后演变的规律。例如他在考察南朝统治者的递嬗时,认为早期阶段实为北人中善战之武装寒族为君主领袖,而北人中不善战之文化高门为公卿辅佐;迨至南朝后期,寒族北人中之善战者亦已不善战,政府乃不能不重用新自北方南来之降人以为将帅,陈室之兴,其所佐大将多为南方土豪洞主,依时势论,陈室皇位终将转而入于南朝土族之手。这是以发展演变的眼光考察南朝皇权转移规律之一例。又如他在考察武曌在中古至唐代历史中发生的作用时,并不注重传统的道德评价。他先从初唐的政局叙起,太宗组成胡汉关陇集团,高宗欲立武昭仪为后,卒得具备"山东豪杰"首领资格的徐世勣之助,遂得排除关陇集团之控制。武曌控制政权后,一方面通过婚姻关系而组织起李、武、韦、杨婚姻集团,宰制百年之世局,一方面又大力推行科举制度,培养一批非士族出身的新型官僚,于是中晚唐时又发生了牛李党争。由此可见,陈寅恪用假设方式表述的问题,富有系统性,他把各种社会现象用社会集团、政治制度、民族关系、文化背景等因素加以辨析,说明各种社会力量冲突激荡下形成的新格式,比之就事论事着重道德评价的旧史学,自然要深刻得多。

学界还说陈寅恪创立了以诗证史、以史论诗的新方法。实则以诗证史,宋代即已有之,钱谦益注杜诗,即曾沟通诗史,陈氏喜用此法,将诗歌作为一种史料运用,这与他将小说与正史并列,官书与私著等量齐观,庶几得史事之真相的主张是一致的。而他对小说私记的看法,也有崭新意义,与同时的陈垣、岑仲勉等人有所不同。

陈寅恪引《杨太真外传》《南部新书》考杨太真入宫之年,引《东观奏记》推断宣宗谋害郭后,引《续玄怪录》证宪宗之被害,都把小说作为第一手资料使用。这些都是突破旧史绳束的新观点。他还在审视笔记小说中的材料时提出了"通性之真实"的理论,认为有的记载按之事实固不可信,但却反映了其时的民情风俗,因而仍有其重要价值。例如《剧谈录》中叙及元稹交结李贺遭辱事,全不合事实,但可由此推见当时社会重进士轻明经之情状,故自有其价值。陈氏的这一观点,可以说是认识到了艺术的真实的问题。

由于过去学界轻视小说,材料没有经过很好整理,陈氏又失明而不能多所甄辨,故在利用小说材料时常出错误。陈氏有的论文立论新奇,喜用推论之法,例如他说陶渊明为天师道徒,理由是其祖陶侃曾被人骂为溪狗。陶氏居庐江郡,原为溪族杂居之区,溪族每以渔为业,陶侃早年本为业渔之贱户。溪人崇天师道,故陶渊明能提出新自然论,可见这篇文章是通过一系列的类推而得出结论的。陈氏当然也重归纳,注意排比材料,但时而根据个别材料进行推论,因此他的文章有的嫌根据不足,容易引起争论。但读他的文章时,却又感到浮想联翩,富有文学意味。

我觉得陈氏的好些论文的结论未必可信,但仍可以从中得到不少启发。例如他在论陶渊明时提到的名教与自然之争,即曾启迪近代哲学界人。又如他论黄巢之乱阻断运河而唐亡,全汉昇后即写有《唐宋帝国与运河》一书论证东南水运之重要意义。因此,阅读陈氏论文,可得多种启发,因为其中含有"通识"的结晶,后人每能循此续作探讨而得重大收获。又如陈氏论魏晋南北朝至唐代时区别胡汉以文化论而不重种族血统,这是涉及我国民族文化心理的一个绝大问题,可以由此探知我国传统文化中的许多重要方面,亟应多方探讨、深入阐发。

近代以来,学术分科越来越细,文学史学,各不相涉。陈氏生于清末,又属士族门第,接受的是文史不分的传统。他的论文,每具文史高度融合的特有情趣。而他又长期在高等院校中兼任中文系与历史系的教授，因此今人仅将之视作历史学家，是片面的。按他本人的自述，按今人对学科的认识，陈氏所关注的，实际上是中国文化的问题。

他对历史人物的评价，每与他人有异，如他的大力表扬王导，着眼于民族得以独立，文化得以续延；他的大力推崇韩愈，则着眼于唐代文化史上之特殊贡献。这就是说，凡对中国传统文化保护有功，或有发扬之力者，都得到好评，反之则否。

吴宓评陈氏之思想与主张，以为一生坚持"中学为体，西学为用"之说，并谓这是一种"中国文化本位论"。

陈氏的这一思想，自己没有充分阐述过，但在《冯友兰中国哲学史下册审查报告》中有所表露，认为自后"其真能于思想上自成系统，有所创获者，必须一方面吸收输入外来之学说，一方面不忘本来民族之地位"。这是他的主张，也是他治学的结论，"二千年吾民族与他民族思想接触史之所昭示者也"。他之论滨海地域之宗教，论西域文化与佛教文化之传入，都贯彻着这一观点。这是一种很有价值的具有启发性的观点。

陈寅恪称玄奘为一代文化所托命之人，而他在挽王国维七律中云"吾侪所学关天意，并世相知妒道真"，则是亦以一代文化托命之人自喻。他所坚持的道，应该是指传统文化中一些最有永久价值的东西。陈氏曾在《读莺莺传》中畅论新旧道德并存之时新进者如何利用此一空隙自致青云，而他自称"未尝侮食自矜，曲学阿世"则是以"士"人的传统价值准则自律的。后人如何评价其操守，是一个关涉对传统文化总体评价的大问题，相信这与其学术成就一样，会引起好几代人的关注和思考。

评陈延杰《诗品注》

人民文学出版社于 1958 年重印了陈延杰先生的《诗品注》,这对帮助读者阅读有好处。一般说来,该社出版的书籍质量都是较高的。他们出版的"中国古典文学理论批评专著选辑",对于采用哪些注本,看来颇费斟酌。他们在诸多《诗品》注本中采择了陈注,说明此书确有其突出的优点;不过或许由于注释《诗品》确有其客观困难,依我看来,《诗品注》中还有许多不能令人满意之处。为了使这样一种注本能够达到更高的水平,兹本"《春秋》责备贤者"之义,提出下列八项不同意见,与陈先生商榷。

一、修订粗率

陈注于 1925 年首由成都志古堂印行,1927 年复交开明书店出版,前后曾有许多人提出过批评与商榷。这次又由人民文学出版社重印,可说已经三次订补,内容当然充实不少。在这一点上,应该说,注者的态度是恳挚的。

正由于此书曾经听到过较多的意见,而且前后出现过好几种注本,这就形成了某些有利条件,使陈先生在订补工作中能够取得较多的参考资料。事实上也确是如此,陈先生在新注本中确是吸收了其他注本中的许多意见,其中尤以古直和许文雨两家的说法为多。据初步计算,采择古注中用过的材料就有四十余条之多。为了尊重他人的劳动,陈先生对此理应加以说明。

尽管客观上存在着这些有利条件,而书中却仍留有许多不应有的错误。例如卷中"晋处士郭泰机"等一段中，"世基'横海'，顾迈'鸿飞'，戴凯人实贫羸，而才章富健"下原注曰："三人诗今并佚，无以考也。"其后古直指出了这项错误，因为谢氏"横海"之诗尚存于《宋书·谢晦传》中。陈注采择了古说并作了订补，但"三人诗今并佚"之语却仍保留未改，这就形成了前后的矛盾。

谢惠连生于晋孝武帝太元十九年（394），殁于宋文帝元嘉七年（430）〔一作生于晋安帝隆安元年（397），殁于宋文帝元嘉十年（433）〕，《宋书》与《南史》上的《谢方明传》均明记谢惠连享年三十七岁。陈注前后各本均作"年二十七卒"。大约因为旁人未曾加以指出吧，今本仍沿误未改，要到1961年第二版时才改正。

为了方便读者，引文当注明原出处。陈书于此注意不够。例如"宋记室何长瑜"的事迹见《宋书·谢灵运传》，而陈注只标明出《宋书》；其《离合诗》见《艺文类聚》卷五十六，而陈注只言出《艺文类聚》，《宋书》与《艺文类聚》卷帙甚巨，又不知叫读者从何处去寻找？虽说古人著书引用材料时有此一格，但总不能算是严谨的作风吧，尤其在今天来说更是如此。书中引文不明确的地方可说相当多，如注萧道成诗而只言出《南史》，易使人误以为见《齐高帝本纪》而不知实出于《荀伯玉传》；注"梁常侍虞羲"事而引《虞羲集序》，不言由《文选》卷二一李善注转引，易使人误以为天地间尚有此书。这些都是易使读者发生误会的地方。

陈注在再次订补之后还保留着这么一些显著的错误和缺点，这就不能不说订补工作做得太嫌粗率。

二、补证过简

或许有人会说，书中个别地方有缺点总是难免的，我们也同意这样的意见,因而不拟在这些地方再作推敲。但我们认为,著书体例却是根本要著,因而对此不能不提出商榷。

陈先生在《诗品注序》中说:"昔裴松之注《三国志》,刘孝标注《世说新语》,并旁稽博考,发挥妙解,且以补本书之所不及,非但释文已也。余今所注,窃慕斯义。"著书宗旨可称极善。但此书是否已做到了"旁稽博考,发挥妙解",补《诗品》之所不及了呢? 我们就只能说没有达到这项标准。

陈寿著《三国志》,时当大乱之后,能搜集到的材料有限,影响到内容的充实,所以裴松之要广征旧文,辨正讹误。刘义庆假众手辑成《世说新语》,材料来源很杂乱,内容有粗疏讹谬处,刘孝标为之作注,在补证订讹上下了很大的功夫。两家注本与原书之间也确有"合则双美,离则两伤"的紧密关系。反观《诗品》,叙及的五言诗作家有一百二十余人之多,所作评语则均甚简略,这在当时不会影响到理解问题,因为大家对这些著名诗人所处的境地尚易于了解,而且各家诗作也容易求得。后代情况就不同了,有些诗人的事迹已经湮没,有些诗人的作品已经残佚,这都给后人理解《诗品》造成了困难。也正因为这样,如果陈先生确能"上搜旧闻,旁摭遗逸",给读者以"论世知人"的方便,那贡献确是不小的,可惜《诗品注》还不能完成这项任务。

裴松之与陈寿,刘孝标与刘义庆,年代相去不远,因而在采择异说、补充原作时具有不少方便。当今之去钟嵘,邈逾千祀,其时文献传后者十不存一,因此想用裴、刘注书的方法来注《诗品》,严格说来已无可能。但我们并不否定从现存文献中去寻找材料借以丰富《诗品》内容这一工作的重要性。可惜的是陈注补充的原始资料太嫌贫乏。

下面举几个例子加以说明。

卷中秦嘉徐淑评语下,可引《幽明录》:"陇西秦嘉,字士会,隽秀之士。妇曰徐淑,亦以才美流誉。桓帝时,嘉为曹掾赴洛,淑归宁于家,昼卧流涕覆面。嫂怪问之，云：'适见嘉自说往津乡亭病亡，二客俱留，一客守丧，一客赍书还，日中当至。'举家大惊。书至，事事如梦。"（《太平御览》卷四百引）

卷下殷仲文评语下，可补《世说新语·文学》篇："殷仲文天才宏赡，而读书不甚广博。〔傅〕亮叹曰："若使殷仲文读书半袁豹，才不减班固。"

卷下谢庄评语下，可补《宋书·谢庄传》："南平王铄献赤鹦鹉，〔文帝〕普诏群臣为赋。太子左卫率袁淑文冠当时，作赋毕，赍以示庄，庄赋亦竟。淑见而叹曰：'江东无我，卿当独秀，我若无卿，亦一时之杰也。'遂隐其赋。"

卷下张融评语下，尚可补《南齐书·张融传》内《门律自序》中以下数语："吾之文章，体亦何异？何尝颠温凉而错寒暑，综哀乐而横歌哭哉。政以属辞多出，比事不羁，不阡不陌，非途非路耳！然其传音振逸，鸣节辣韵，或当未极，亦已极其所矣。"

补充这些典故，可使读者进一步了解诗人的秉性、才能和社会地位，并借以进窥当时的文坛风气和时代风貌。

裴松之在《上三国志注表》中说："其寿所不载，事宜存录者，则罔不毕取以补其阙。"但陈注却没有充分发扬这种学风。

三、考辨弗精

卷上谢灵运评语中有云："初，钱唐杜明师夜梦东南有人来入其馆，即灵运生于会稽。旬日而谢玄亡。"按《宋书·谢灵运传》："祖玄，晋车骑将军；父瑍，生而不慧，为秘书郎，蚤亡。灵运幼便颖悟，玄甚异之，谓亲知曰：'我乃生瑍，瑍那得生灵运？'"谢玄殁于晋孝武帝太元十三年（388），谢灵运生于太元十年（385），是灵运四岁之时，谢玄去世，与《诗品》上的记载显有歧异。大约钟氏误把蚤亡的谢瑍记成谢玄了。这些地方注者应该作出说明。

卷中陶潜评语下，陈注云："《太平御览》文部诗之类曰：'钟嵘《诗评》曰：古诗，李陵、班婕妤、曹植、刘桢、王粲、阮籍、陆机、潘岳、张协、左思、谢灵运、陶潜十二人，诗皆上品。'是陶诗原属上品。迨至宋陈振孙著《直斋书录解题》则云上品十一人，是又不数陶公也。"案陈注殊含糊。传世《御览》之中确有将陶潜列入上品的，但并非各本均如此，涵芬楼影印宋本《御览》引《诗评》即无陶潜，因而不能以此为有力根据。《序》云："一品之中，略以时代为先后，不以优劣为诠次。"陶潜比谢灵运年长二十岁，如陈氏所据之本可信，则何以其序次陶反居谢之后？又陶诗"其源出于应璩"，应氏列入中品，陶氏反据上品，《诗品》中无此源下流上之例。且六朝诗尚华美，钟氏的文学见解也如此，陶诗"文体省净，殆无长语"，不入时人之目，也不可能列入上品。由是言之，陶诗原属上品之说本无成立之可能。陈氏并列两说而不作分析，也就不能算是尽到了一部好注本的能事。

裴松之在《上三国志注表》中说："或同说一事而辞有乖杂，或出事本异，疑不能判，并皆抄内以广异闻。若乃纰缪显然，言不附理，则随违矫正以惩其妄。"可惜陈注既不能广收"事宜存录"之"异闻"，又不能明辨"辞有乖杂"之记载，这样也就不能给读者以确切的知识。

四、误存为佚

除史实有可订补者外，在作品存佚问题上也应再加订正。

《序》"叔源离宴"句下，陈注曰："今谢混止有《游西池》一首，然是思与朋友相与为乐，非离宴也。"此说实误。谢有《送二王在领军府集诗》，见《初学记》卷十八，云"苦哉远征人，将乖萃余室。明窗通朝晖，丝竹盛萧瑟","乐酒辍今辰,离端起来日"。古直以为即"离宴"之诗,可信。谢又有诗诫族子,见《南史·谢弘微传》。

卷下曹彪评语下注曰:"曹植有《赠白马王彪》一首,彪答诗亦佚。"按曹彪答诗佚文见《初学记》卷十八,有云:"盘径难怀抱,停驾与君诀。即车登北路,永叹寻先辙。"陈注不作深考,误甚。"彪答诗亦佚"之"亦"字不词。

卷下孙绰许询评语下注曰:"孙许诗并佚。"案孙绰诗今存十一首,内五言四首,《秋日》诗见《艺文类聚》卷三;《情人碧玉歌》二首,见《玉台新咏》卷十(《乐府诗集》卷四十五引《乐苑》以为宋汝南王作)。又永和九年(353)修禊兰亭,王羲之等十一人各成四言五言诗一首,孙绰即其中一人,参见宋桑世昌《兰亭考》。许询诗亦有存世者,其《竹扇诗》见《艺文类聚》卷六十九,另一咏松之诗残文见《初学记》卷二十八。

《序》"王微《鸿宝》"下陈注:"《南史·王微传》无注《鸿宝》之文,不可考。"案《隋书·经籍志》子部杂家类有《鸿宝》十卷,虽不著撰人,然有可能即王微之作,理当说明。

上面举出这些例子,说明陈注在作品存佚问题上失考之处甚多。这种粗率的作风与裴松之"奉旨寻详,务在周悉"的精神也是不一致的。

五、品评欠妥

总结以上各点,可以看到,陈注虽以《三国志注》与《世说新语注》为准的,但实际做法却相去甚远。

裴、刘征引了许多第一手的材料补充原作,陈注则以征引后人的研究成果为主。这也是一个值得商榷的问题。

陈注征引的材料,以出于《诗薮》《义门读书记》《古诗源》《艺概》等书者为多。胡应麟等人，读书甚多，且有一定的眼光，确是发表过某些可供参考的意见，但问题在于今天研究《诗品》能否以援引明清时代这批学者的成说为满足。照我们想来，研究《诗品》《诗薮》等作，恐怕只能起到次要的参考作用。因为这些学者的理论本身带有很大的局限。

胡应麟等人，距离钟嵘的时代也已遥远，掌握的材料，也已残缺不全，因此对《诗品》中提到的某些诗人作出的评价，也就可能很不全面。在这些地方，魏晋南北朝时某些人所发表的意见当具有更高的参考价值。因为只有当时的人才能掌握更多的材料，而从他们的意见中也可以了解到诗人在当时文坛上的地位和代表的倾向。可惜陈注的总倾向是重明清而轻汉魏六朝。此其一。

更重要的是，胡应麟等人的意见在很多地方流于陈腐。如胡应麟承后七子之余绪而不废复古之论，沈德潜倡温柔敦厚之说而阴为清室张目，这是我们必须认识清楚的。在分析作家作品的问题上，现代学者的意见当更值得我们重视，因为现代的理论家有正确的观点、方法为指导，能给古代诗人作出更切合实际的评价。可惜陈注的总倾向是重明清而轻近代。此其二。

不但如此，陈注在最后这一次订补中，更援引了《文中子》中的许多议论，如评鲍照曰："鲍照，古之狷者也，其文急以怨。"评沈约曰："沈休文，其文冶，君子则典。"其中封建糟粕的臭味更见浓烈了。

六、阐发不当

陈注于援引明清人的成说之外，自己也曾发表过不少议论，只是这些意见也不见得高明。

陈氏在《序》注中说："诗最重理语，然有别。盖富于理趣者善，若堕入理障，则不可，理过其辞是也。"诗是思想感情的统一物，难道其间可以不重感情要素？故"最重"二字欠妥。

又《序》注中说："钟意盖谓诗重在兴趣，直由作者得之于内，而不贵用事。此在诗中叙事写景则然耳。若夫抒情，则非借古人成语，不足以写其胸臆。观张、潘、左、陆、陶、谢、颜、鲍诸家诗，其用事深奥，皆出经史，岂非明验哉？"案陈氏此说显然不符文学事实。即以钟氏誉为"一字千金"之古诗而言，究有多少古人成语在内？如以脍炙人口之汉晋乐府诗而言，又有什么"用事深奥，皆出经史"的"古人成语"作为装点？

七、源流颠倒

钟嵘论诗，喜叙源流，其中道着者固有，而失之牵强者亦不少。这点自不必为贤者讳。陶诗出于应璩之说，因应诗散佚特甚，千载之下难以情测，批评者固不必拿后代所能看到的些少材料来苛责古人，而为之辩护者也大可不必刻意求深。陈注引《古诗源》与《艺概》之说，以为陶诗出于《论语》，又摘引了《百一诗》中几个词汇，以为亦出《论语》，借以证明钟说之有据。这种论证方法未免过于浮面。大谢常用佛家、道家术语入诗，是否可谓谢诗出于佛道？郭璞诗中多用仙道之语，是否可谓郭诗出于阴阳、神仙与道家？

但《诗品注》中却特别着重溯源之说。钟氏间有缺叙处，陈注无不为之设法补充。早年陈氏曾有《读诗品》一文，发表在《东方杂志》二十二卷二十三号，曾将《诗品》中每位诗人的渊源关系都用表格列出，旧版《注》中各家名下也曾评列源头所自，新版《注》中则已加以删裁，但仍在好些地方保存了下来。只是若干诗人的渊源关系，仍难令人信服。

陈注引《义门读书记》以为曹植之诗出于"风""雅"，又引《艺概》以为出于"骚",于是说:"盖子建诗学国风,而又以雅与骚化之,故自成家。"引《诗薮》以为阮籍之诗"类庄、列",又引《义门读书记》以为"本诸《离骚》",于是说:"大概阮诗原于小雅,而又以《楚辞》、庄、列化之,故自成家也。"引《诗薮》以为谢灵运诗"渊源潘、陆",又引《义门读书记》以为"赠从弟惠连,逼真《赠白马王》篇",于是说:"综合各家之说,谢客诗源于陈思,而以景阳、潘、陆、郭璞化之。"这种追溯诗歌渊源的说法是很成问题的。作为一个杰出的诗人,在创作上所以能够取得成就,首先总是由于时代社会的哺育,其次才是技巧方面的某些因素。前代作家所能发生的影响,在写作上所起的借鉴作用,毕竟是次要的方面。如果以为作家只要学习古人即可名家,而在叙述学术渊源时,更把各家说成杂拌儿似的,这就可能使读者误入歧途,因而这样的理论也就不足为训了。

八、诠释有误

最后应该指出的是,陈注在诠释字句典故方面也还存在着一些显著的错误。

《序》:"……次有轻薄之徒,笑曹刘为古拙,谓鲍照羲皇上人,谢朓今古独步。"陈注:"《晋书·陶潜传》曰:'陶潜尝言夏月虚闲,高卧北窗之下,清风飒至,自谓羲皇上人。'此盖讥鲍诗之古质也。"按《南齐书·文学传论》:"……次则发唱惊挺,操调险急,雕藻淫艳,倾炫心魂,亦犹五色之有红紫,八音之有郑卫,斯鲍照之遗烈也。"据此可知当时文坛上有一种流派,奉鲍照为宗师,注重修饰,辞采华艳。他们"笑曹〔植〕、刘〔桢〕为古拙",即嫌其诗不丽;谓鲍照"羲皇上人",即尊明远为文坛宗师。陈注不达文义,反谓"讥鲍诗古质",则刚好说到事实的背面去了。

又《序》"汉妾辞宫"下陈注曰："汉妾，指王昭君也。"按昭君事首见《汉书·元帝纪》与《匈奴传》，至《后汉书·南匈奴传》而事迹加详，至《西京杂记》卷二而情节更趋复杂，但前后各说都不曾提到昭君能诗。世传昭君自作之四言《怨旷思惟歌》一首，出于《琴操》，察其内容风格，显为后人伪撰。且石崇作《王明君辞序》只提到了他人为造"新曲"的问题；江淹《恨赋》，亦不言昭君作诗事，可知此处之"汉妾"不能指昭君，与后文"非陈诗何以展其义？非长歌何以骋其情？"之说不合。实则"辞宫"之"汉妾"当指班婕妤而言。古传班姬有清才，故上品评语有言："《团扇》短章，词旨清捷，怨深文绮，得匹妇之致。"况且《序》中提到："从李都尉迄班婕妤，有妇人焉，一人而已。"说明钟氏心目中本没有什么女诗人王昭君的地位存在。

类似的错误，其他地方还有，如《序》中"词既失高，则宜加事义，虽谢天才，且表学问，亦一理乎"本用来讥刺"尔来作者"之陋俗，陈注却以为钟氏真在提倡"宜以其事其义润泽之"；钟氏评张华诗"在季孟之间耳"，本以为当置之中下品之间，而陈注以为"即处之中品焉"，均与钟氏原意有所不合。

总的说来，陈注固有其优点在，但缺点也还不少，因而此书还不能算是一部完善的注本。它还不能给读者以丰富的正确的知识，起到指导读者、教育读者的积极作用。我们认为，学术界还有再产生一本更好的《诗品》注本的必要。

1962 年

高适生平若干问题的探讨

——兼评文学研究所《唐诗选》

中国社会科学院文学研究所编选的《唐诗选》，以思想性和艺术性相结合的正确观点，照顾到各种不同的流派和风格，从唐代诗人二千多家中选出了一百三十多人，从存世的几万首诗歌中精选了六百三十多首诗歌，把丰富多彩的唐诗精华集中地介绍出来。他们还对作者作了简明扼要的介绍，对作品作了必要的考辨和注释，有的长诗还按其自然层次作了阐发，并且引用了后人一些评语，给读者以启发。为了使这部著作更臻完善，我愿本着百家争鸣的精神，提出一些看法，供文学研究所的同志作修改时参考。

这里以高适为例，进行典型解剖，然后评述《唐诗选》中存在着的一些问题。

渤海蓚人

高适是什么地方人？《旧唐书》本传上说是"渤海蓚人"，《新唐书》本传上说是"沧州渤海人"，《唐诗纪事》《唐才子传》上也都说是"沧州人"，《唐诗选》从这些异说中选定了"渤海蓚人"一说，是很有见识的。

唐代的沧州即当汉代的渤海郡地。从地区上来看，二说之间实际上没有多大差异。但《新唐书》上说是"沧州渤海"，却会引起不必要的误会。因为沧州无渤海县，渤海县属棣州。新旧地名混合的结果，反而使"渤海"二字难于理解了。

查高适诗文和唐代史籍,可知高适从未在沧州定居过。他的父亲高从文"位终韶州长史"。高适早年似随父旅居岭南,《饯宋八充彭中丞判官之岭南》《送柴司户充刘卿判官之岭外》二诗,对南方之情状都有所描述,当有亲身体验。二十岁前后至五十岁之前,则有很长一段时间居住在商丘,而四库全书本《高常侍集》卷六《别孙訢》诗题下原注"时俱客宋中",可知此处亦属侨寓性质。他曾数度北上,路过沧州,而《淇上酬薛三据兼寄郭少府微》诗仅曰"天长沧州路",对此亦无特别提示。因此,没有一项材料可以用来证明高适的籍贯在沧州。

所谓"渤海蓨人",乃指高适的郡望。唐人承袭南北朝时的余习,重视郡望。敦煌石室写本唐贞观《氏族志》残页载高氏为渤海郡四姓之一,这在当时认为是很光彩的事,所以时人都以郡望称呼,如李华《三贤论》曰:"渤海高适达夫,落落有奇节。"唐宋时人的好些记载上也都说他是"渤海"人。

汉朝时人的郡望和籍贯可以统一起来,到了唐代,郡望常用以表示姓氏所出,已经不能说是什么籍贯了。这种社会现象,现代的读者可能很难理解。只说高适是"渤海蓨人",有人就会认为他出生地方约当现在的河北景县,而这是不合事实的。这些地方读者最易搞错,编注者在介绍时似宜略作说明。与此相似,书中介绍《人日寄杜二拾遗》时注曰:"'杜二',杜甫。"似乎也可以简单地说明一下这是唐人以排行称呼的习惯用法,否则现在的读者怕也难于理解了。

天宝八载制科中第

王达津同志曾著《诗人高适生平系诗》一文,发表在《文学遗产增刊》第八辑上。他据高适《酬秘书弟兼寄幕下诸公》诗的序言中"乙亥岁,适征诣长安"一语立论,定高适于开元二十三年(735)有道科中第。

这种说法是错误的。这篇文章把高适生平一件关键性的大事年代定错了，排出来的整个年谱也就出现了很多颠倒和错乱。

《唐诗选》也说高适于开元二十三年（735）中举，这在唐诗的研究工作中必然会进一步造成混乱，故不可不辨。

高适曾数度赴京谋取功名。从他诗文中的自叙看来，二十岁时曾至长安，开元二十三年曾应举进京，但都没有取得什么结果。李颀《答高三十五留别便呈于十一》诗曰"累荐贤良皆不就"，说明他经历过多次失败。

在开元二十三年的考试中，许多著名的文士取得了功名。据徐松《登科记考》考证，应进士科中第者有贾至、李颀、李华、萧颖士等二十七人。但高适不一定会去应进士试，殷璠《河岳英灵集》卷上说他"耻预常科"，大约就是不愿应进士、明经科考试的意思。这一年制科中第的人也很多。《册府元龟》卷六百四十五《贡举部》："〔开元〕二十三年正月诏：其或才有王霸之略，学究天人之际，智勇堪将帅之选，政能当牧宰之举者，五品以下清官及军将、都督、刺史各举一人；孝悌力田、乡间推挽者，本州刺史长官各以名闻。是年举王霸科刘瓚、杜绾及第，智谋将帅科张重光、崔圆、季广琛及第。"是年举"牧宰科"者有张秀明（见乐史《广卓异记》卷十九引《登科记》）。高适应试无下文，当以落第之故。

高适是在天宝八载（749）制科中第的。晁公武《郡斋读书志》卷十七："《高适集》十卷，《集外文》一卷，《别诗》一卷：右唐高适达夫也，渤海人，天宝八年举有道科中第。"（衢州本）这种记载是可信的，和高适诗文以及其他各种材料完全一致。

高适制科中第后，"解褐汴州封丘尉"。当他离京赴任时，曾给当时分任左、右相的陈希烈、李林甫各献上一诗，这就是集中的《古乐府飞龙曲留上陈左相陈希烈》《留上李右相》二诗（后诗《文苑英华》卷二百五十作《奉赠李右相林甫》)。前诗有"幸沐千年圣,何辞一尉休……去此从黄绶,归欤任白头"之句,后诗有"吹嘘成羽翼,提握动芳馨……恩荣初就列,含育忝宵形"之句,均与中举授官情事相合。而按《新唐书·宰相表》,知自天宝六载(747)起,陈、李始分任左、右相,可证高适制科中第任封丘县尉不得早于天宝六载。

《旧唐书》本传上说:"天宝中,海内事干进者注意文词。适年过五十,始留意诗什,数年之间,体格渐变,以气质自高,每吟一篇,已为好事者称诵。宋州刺史张九皋深奇之,荐举有道科。"张九皋是张九龄的弟弟。他的出仕州郡,还与张九龄的遭贬有关。萧昕《殿中监张公(九皋)神道碑》曰:"及元昆出牧荆镇,公亦随贬外台,遂历安康、淮安、彭城、睢阳四郡守。"(《文苑英华》卷八百九十九)按唐玄宗开元二十五年(737)四月贬张九龄为荆州长史,张九皋随放外任,而唐制州郡长官以三年为一任,张九皋转历四郡,任职睢阳,正在天宝八载(749)时。《旧唐书》言其时官衔为"宋州刺史",乃举旧时官名言之。张九皋不能在开元时至宋州任职。他在天宝八载时的官衔应正称之曰睢阳郡太守。

高适生年史无明文,也没有什么确切的材料可作斩钉截铁的判断。《唐诗选》定高适生于公元702年,这个数字前面应该加个"约"字,表明这是假设的年代。假如说高适真的生在公元702年,而他制科中第又在开元二十三年(735),那就是说他在三十三岁时就结束潦倒生涯了。这与他自己的说法也不合。《奉酬北海李太守丈人夏日平阴亭》诗曰"四十犹聚萤",《留别郑三韦九兼洛下诸公》诗曰"年过四十尚躬耕",《答侯少府》诗曰"晚年学垂纶",李颀《赠别高三十五》诗也说:"五十无产业,心轻百万资。"说明他到五十岁时还未取得什么功名。这些诗歌无可辩驳地证明了《唐诗选》中所订的年代有错误;如果生年还未大错的话,那么制科中第的年代必定错了。

天宝十二载在陇右节度幕府充掌书记

《旧唐书》本传上说高适"客游河右,河西节度使哥舒翰见而异之,表为右骁卫兵曹,充翰府掌书记"。这段历史史书上记得很简略,可以用其他一些材料作些补充。

高适在天宝十一载(752)时辞去封丘县尉之职,到了长安,其后得到哥舒翰幕下判官田良丘的推荐,赴河西节度幕府。伯二五五二敦煌唐诗选残卷中有高适的《自武威赴临洮谒大夫不及因书即事寄河西、陇右幕下诸公》一诗,详叙他会见哥舒翰的始末。得知他到河西后,没有见到哥舒翰;于是又赶到临洮军,但仍未会见;大约到了陇右节度驻地西平郡,二人才见上了面。《资治通鉴》天宝十三载(754)三月叙哥舒翰为部将论功,奏"前封丘尉高适为掌书记",其时正在陇右节度幕府。哥舒翰身兼陇右、河西节度使,所以高适后来又曾转到河西节度幕府。

掌书记是一个重要的职位,唐代的节度使一般都遴选门第才名出众者充任,担任这种职务的人后来每跻于高位。《唐诗选》上却说高适担任的是哥舒翰的"记室参军",则又造成了不必要的混乱。

记室参军这个职务,南北朝时的亲王、将军、都督的幕府中多有设置,掌文翰。按其性质而言,和唐代的掌书记一职有相近处。后代有以"记室"一名代称秘书职务的,但在注释工作中却不适用这样的称呼,因为注释特别要求明确,不可移易。节度使和掌书记都是唐代新设置的官职,不能用前代的官制作不恰当的比附。

高诗《送李侍御赴安西》题下注曰:"'侍御',官名,专司纠察非法,也有出使州郡执行指定任务。"这种解释不太科学。侍御是殿中侍御史和监察御史的俗称。赵璘《因话录》卷五:"御史台三院:一曰台院,其僚曰侍御史,众呼为端公。……二曰殿院,其僚曰殿中侍御史,众呼为侍御。……三曰察院,其僚曰监察御史,众呼亦曰侍御。"殿中侍御史和监察御史的职掌、品级和编制各不相同,查新、旧《唐书》的职官部分或《通典》等书的职官部分自可明了。但从《唐诗选》中的注释看来,唐代似乎真有一种叫做"侍御"的官了,这也会造成混乱,应该重作说明。

典章制度是一种专门的学问。封建时代的官职名称,烦琐而难于掌握。时代不同了,社会制度起了根本的变化,前代的各种制度后人都已很难理解。如果注释错了,一般的人难于发现,更易贻误读者,这就要求注释的人郑重对待。《唐诗选》在这些地方注得不够细致。

高适诗集的版本以《全唐诗》本为好

《唐诗选》在介绍高适事迹时,引用了《淇上酬薛三掾兼寄郭少府》一诗。这个"掾"字是误字。《全唐诗》本本诗题为《淇上酬薛三据兼寄郭少府微》。薛三即薛据,高适老友,诗中介绍的正是他们早年交往的情况和思念之情。《文苑英华》卷二百四十二误将此诗归为王昌龄作,而题为《淇上酬薛据兼寄郭微》,足证"据"字为是。

这就牵涉到有关版本的问题了。看来《唐诗选》根据的是《四部丛刊》本《高常侍集》。一般说来,《四部丛刊》据之影印的底本都比较好,因而做研究工作的人常是喜欢用《四部丛刊》中的本子作为依据。但这需要具体分析。《四部丛刊》本《高常侍集》影印的是一个明代的铜活字本,这书字体行款疏朗有致,但内容却未必见得有什么突出之处。《全唐诗》本向不为人重视,内容实比一般《高常侍集》为佳。《全唐诗》源出胡震亨的《唐音统签》,胡氏为明代的唐诗专家,在他那个时候能够看到许多宋元善本,因此《全唐诗》中保留着许多精彩的地方,研究高诗的人可以把这作为重要的依据。

《全唐诗》本保留了很多高适的原注，可作知人论世之助。例如《画马篇》题下原注："同诸公宴睢阳李太守，各赋一物。"睢阳李太守即李少康，可以考定这是天宝二年（743）时的作品；又如《酬裴员外以诗代书》内"辛酸陈侯诔"句下原注："陈二补阙铭诔即裴所为。"陈二补阙即陈兼，裴员外即裴霸，这样也就可以知道李华《三贤论》中叙及的好些文士彼此都有文字往还。这些自注原文在《四部丛刊》本中都给删掉了。又如《宋中送族侄式颜》诗题下原注："时张大夫贬括州，使人召式颜，遂有此作。"诗题正文和小注分开，格式很整齐。到了《四部丛刊》本中，却把正文和小注排在一起，全部成了诗题。如果看不到《全唐诗》等其他本子，也就会怪怨高适为什么拟下了这么一个不同于其他诗篇的冗长诗题。

《全唐诗》本还比一般的《高常侍集》多出四首诗。《全唐诗》卷二百十二有《途中酬李少府赠别之作》一诗，葛立方《韵语阳秋》卷十一曾录此诗四句，足证此诗非伪。卷二百十四有《玉真公主歌》二首，洪迈《万首唐人绝句》卷十二已载，谅非赝作。卷二百十二有《自淇涉黄河途中作十三首》，《四部丛刊》本作"十二首"，其中多出的"幡幡河滨叟"一首，见《文苑英华》卷二百九十二，题名《自淇涉黄河五首》，也可说明它确是高适的作品。这些作品，《四部丛刊》本《高常侍集》中都亡佚了。

实际说来，现在通行的各种高适诗集中问题都不少，和高适原来的集子肯定会有很大的出入。看来存世的各种本子都是南宋之后编集起来的，里面夹杂进了许多其他人的作品。其中《重阳》一诗，是程俱的作品，见《北山小集》卷九；《感五溪荠菜》一诗，原为高力士作，见郭湜《高力士外传》和郑处诲《明皇杂录》（《全唐诗·高适集》不录此诗）；《奉和储光羲》一诗，当是储光羲之作，原名《同诸公秋霁曲江俯见南山》，见《储光羲集》（《全唐诗·高适集》不录此诗）。《听张立本女吟》一诗，并见《太平广记》卷四百五十四引《会昌解颐录》。这是一个妖狐的故事，说是张立本的女儿为妖物所魅，而其宅后有竹丛，与高锴侍郎墓近，这些荒冢中就穴藏着妖狐。张女自称高侍郎；她本不识字，但却口吟了这首七言绝句。《四库全书总目》中的"《高常侍集》提要"据此断定《听张立本女吟》一诗非高适所作，这种看法是有道理的。这个故事首尾完整，不像是根据这首诗编出来的。这里就有一个辨伪问题了。《唐诗选》中收入《听张立本女吟》一诗，如果考辨结果认为这诗还是高适所作，那也应予以说明，以祛众疑。

敦煌残卷中保留着好几首高适佚诗

《唐诗选》在发掘新材料时曾经下过一番功夫。作为一种选本，应该广泛地占有材料，运用新的观点，从中挑选出诗人优秀的代表作来。过去有的选本采取偷懒的做法，只是从某种篇幅较大的选本中再加选择。这样屋下架屋，当然弥见其小了。

《唐诗选》的编选者们采取的是博观约取的严肃态度，阅读这样的著作，确有面目一新的感觉，说明他们在掌握材料上取得了一定的成绩。但这工作似乎还可以再提高一步，把有些宝贵的材料发掘而介绍出来。

唐代诗人的佚诗很多，里面有很好的作品，唐诗的编选者如果对此不加重视，只是凭借《全唐诗》或现成的几种别集来进行研究，那就显得不够。当然，由于这些材料比较零散，搜集起来不容易，要作全面的介绍，有困难。但敦煌石室中的一些宝贵材料，还是可以有重点地介绍一下。

伯希和从敦煌石室中窃取了好几个唐诗的残卷，其中伯二五五二敦煌唐诗选残卷、伯三八六二敦煌高适诗集残卷中有高适佚诗四首，这四首诗是：《过崔二有别》《奉寄平原颜太守并序》《自武威赴临洮谒大夫不及因书即事寄河西、陇右幕下诸公》《同李司仓早春宴睢阳东亭得花》。此外，计有功《唐诗纪事》卷二十二中还有《赠任华》佚诗一首。这些诗歌都有很好的艺术价值和史料价值，可以考虑选入书中。退一步说，即使这些作品不能选入书中的话，也应把这敦煌石室残卷中有高适佚诗的情况在说明中介绍一下。其他诗人也有与此相似的情况，应统一考虑解决。

《唐诗选》中若干史实的订正

总的说来，《唐诗选》的选注工作已经有了很好的基础。编选者在精选了这些作品之后，详加注释，中等文化水平以上的读者可以据此读懂原文，进而领略诗歌的意境。一部选本，能够取得这样的成绩是很不容易的。但也不难理解，这项工作繁复异常，在"四人帮"对文化工作严重破坏的情况下，编写这样一部篇幅很大、头绪很多的著作，要想做到通体完善，那也很难做到。读过《唐诗选》后，总有那么一种感觉：这书犹如一块宝石，要想让它发出更漂亮的光彩，还得再加琢磨一番。这也就是说，不论介绍或注释，有的地方做得还嫌粗糙。下面再举几个例子来说明。

例如"序言"中介绍边塞诗人的局限性时说："他们还往往在'所愿除国难，再逢天下平'（张籍《西州》）的理想中，夹杂着'将军天上封侯印，御史台中异姓王'（岑参《九曲词》）这一类对功名的庸俗追求。"这里就有很多问题值得商榷。首先应该指出，《九曲词》是高适的作品，非岑参所作。郭茂倩《乐府诗集》卷九十一："《新唐书》曰：天宝中，哥舒翰攻破吐蕃、洪济、大莫等城，收黄河九曲，以其地置洮阳郡。〔高〕

适由是作《九曲词》。"这诗当作于天宝十三载（754），高适已充掌书记，故而对哥舒翰大肆吹捧，这就不能说是他自己对功名的庸俗追求了。天宝八载（749）哥舒翰攻拔吐蕃石堡城，以功加摄御史大夫；天宝十二载（753）击吐蕃，悉收九曲部落，以功进封西平郡王。所谓"御史台中异姓王"指此。"序言"中把作者和史实都给搞错了。

《唐诗选》中选了李颀的《送陈章甫》诗，介绍陈章甫时，引用了高适的《同观陈十六史兴碑》诗，用以说明陈章甫的为人和作品，这种广泛征引材料用以多方面地说明问题的做法是很好的，也是《唐诗选》中很明显的一个优点。但是编选者在解释此诗时却又出现了错乱的现象。高适称陈章甫为"楚人"，林宝《元和姓纂》卷三："太常博士陈章甫，江陵人。"这人曾有一段时间客居洛阳，高适还有一首《同群公宿开善寺赠陈十六所居》诗，李颀也有一首《宴陈十六楼》诗，原注"楼枕金谷"，说明李颀和他交往时，陈正寓居洛阳，因此《送陈章甫》诗中说的"洛阳行子空叹息"句乃指陈章甫而言。李颀为东川人，家于颍阳，颍阳古为郑地，所以这里自称"郑国游人"。《唐诗选》在给这两句加注时却说："'郑国'，即洛阳，唐属河南道，为东京，春秋时属郑国。'郑国游人'，指陈章甫。'洛阳行子'，指作者。"这就把主客双方都给搞颠倒了。这里把郑国解为洛阳，也是缺乏任何科学根据的。

从这些地方看来，《唐诗选》的编选者们在定稿的过程中似乎缺少了一道查核书本的工作，因为这样的一些错误按例说来是不难发现的。又如《燕歌行》的注释中一而再地说张守珪部下裨将赵堪、白真陀罗矫诏胁迫平卢军使乌知义与契丹余部作战，这里的"契丹"应改作"奚"，传世的各种史书上叙述到这次战事时都记作与奚的余部作战，从来没有什么材料说是与契丹余部作战的。契丹与奚是两个不同的民族，不能混为一谈。这些地方，更可以看出粗枝大叶不复核书本的不良后果。

最后还想对注释的技术性问题提些意见。注释要求精确,符合读者阅读心理。《唐诗选》在注释《别韦参军》中"归来洛阳无负郭"时说:"负郭,指负郭田,即近城的田。近城的田最为肥美。"这就令人难于理解了。我们只能说负郭田靠近城市,更值钱些,但土质却未必会特别肥美。这类似是而非的解释,应该重新推敲。又如注释王维《老将行》中"肯数邺下黄须儿"时说:"黄须,刚勇。"这就令人感到突兀了。黄须儿曹彰有刚勇的气概,但他长的黄须却只能解作"黄的须",黄的须怎么会有刚勇的意思?这个例子说明,注释词义时,必须先注明本义,然后结合本文而作适当的引申,否则势必起跳跃式的感觉。这些技术上的问题是不难解决的,但仍应注意解决。

我们盼望着一部优秀的唐诗选本出现。因为爱之深,所以责之严,这里就对《唐诗选》提出了一些严格的要求。文化工作是集体的事业。看来一部规模大而牵涉广的著作,得靠广大的读者和专家通力协作才能完成,文学研究所的同志们已经为我们提供了一个很好的基础,以后如作修改,是否可在征求广大读者意见的基础上,将某些唐代诗人的具体章节分送对此研究有素的专家审阅?这样集思广益,从而收到事半功倍的效果。一得之愚,不知编选者们以为何如?

(原载《文学评论》1979 年第 2 期)

"全"字号古籍整理项目的重大意义

  全国高等院校古籍整理研究工作委员会自 20 世纪 80 年代起，即开始组织属下的一些古籍所着手编纂"全"字号的几个大项目，先后投入运作的有：山东大学古籍整理研究所负责的《两汉全书》、北京大学古典文献研究所负责的《全宋诗》、四川大学古籍整理研究所负责的《全宋文》、北京师范大学古籍整理研究所负责的《全元文》、中山大学中国古文献研究所负责的《全元戏曲》、复旦大学古籍整理研究所负责的《全明诗》等。《全唐五代诗》则由南京大学古典文献研究所负责组织工作，联合大陆唐诗方面的专家，共同从事整理和编纂。因此，"全"字号的内容和组织方式有所不同，有的是白手起家，编成一种全新的总集；有的则是在前人已有的基础上改作，重新编成一种更为完善的总集。

  以中国传统文化为源头的东方文化，由于亚洲众多国家经济上与政治上的崛起，引起了不少国外人士的关注，他们纷纷要求了解中国的传统文化。我国向以文献的丰富著称于世。国外人士首先就会遇到的一个难题是，典籍浩繁，不知从何下手。过去欧美的一些汉学家费尽辛劳，还是难以取得令人满意的成果，这里原因当然很多，但文献的难以全面掌握当是主要原因之一。

  中国学者于此也会遇到困难。按理说，生长于本土，接触各种文献总是比较方便，实际上并非如此。就以大陆来说，幅员广大，经济和文化的发展很不平衡。边疆地区的学者，不要说是使用什么珍本、秘本、善本，就是一些常见的典籍，也很难得。而大陆的一些著名的图书馆，又都集中在通都大邑。只有居住于此的学者，使用之时较为方便，距此较远的学者,想要进行大量征引文献的工作,也就倍感困难,甚至无法进行。

从学术界的情况来说,对文献的要求也在不断改变。清代汉学大盛,学者读书时总是先从小学着手,进入经学领域,其后可就个人的关注之点,转入史学、子学、文学等领域。这种学术路数,民国前期仍在延续,像章黄学派,首先致力于小学和经典,乃至后起的《古史辨》派中人,也首在先秦两汉的典籍上用功。先秦两汉距今已远,留存下来的典籍本已很少,因此学者进行研究时在掌握文献的问题上相对来说困难还比较少,这是《古史辨》派能组织大规模的讨论,大家都可发言的原因。

中国史学源远流长,各种体裁的著作,从各种不同角度记录了中华民族的孳生和发展。西学东渐之后,中土兴起了编纂中国通史的热潮,前后出现过好几种高水平的新型历史。但有一种现象值得注意,那就是有好几种中国通史,编到唐代时就中断了,这又是什么原因呢?

这当然是一个极为复杂的问题。每一个人的情况也不一样,但文献方面的原因,当是各家都会面临的难题之一。可以就此作些考察。

王仲荦仅编成了《魏晋南北朝史》《隋唐五代史》两种断代史。何以没有编成《先秦两汉史》,原因不明,或许他对这一时期的编写缺乏把握,不愿于此多费精力,但当编完隋唐五代史时,业已进入晚境,精力不敷,因而已难往下写去。

范文澜的《中国通史简编》是在他的主持下集体编写而成的。延安时期曾完成过一部完整的"通"史,但当进行修订时,也仅完成先秦两汉至隋唐五代时期的三种断代史。此书的修订甚为郑重,对材料的概括和考核更见功力。这样做,对文献方面的要求当然更高。然而修订工作步入宋代时,范氏已年老而不能再持续下去。

吕思勉的《中国通史》有三种行世。两种较简,自先秦编至近代;

一种以断代史的方式分册出版，也是编到《隋唐五代史》就中断了。吕氏为近代不可多见的史学大师，据云曾前后通读二十四史达三遍之多，留下过内容极为丰富的读书札记，但当他编写完《隋唐五代史》时，业已进入晚年，不得不告中辍。

这种情况，在其他学科的"通史"中同样存在。罗根泽编《中国文学批评史》，也是仅完成了先秦至隋唐五代部分。那册宋代文学批评史，只是一份未完成的遗稿。在他殁后，由郭绍虞携至当时的中华书局上海编辑所，作为纪念而照原样印出的。

罗先生的书，向以材料丰富著称。他在《中国文学批评史》的《旧序》中介绍著书原则时也称"搜览务全"，郭绍虞在为《中国文学批评史》第三分册即宋代部分作序时也说："雨亭之书，以材料丰富著称。他不是先有了公式然后去搜集材料的，他更不是摭拾一些人人习知的材料，稍加组织就算成书的。他必须先掌握了全部材料，然后加以整理分析，所以他的结论也是持之有故而言之成理的。他搜罗材料之勤，真是出人意外，诗词中的片言只语，笔记中的零楮碎札，无不仔细搜罗，甚至佛道二氏之书也加浏览，即如本书中采及智圆的文论，就是我所没有注意到的。当文学批评史这门学问正在草创的时候，这部分工作是万万不可少的。而雨亭用力能这样勤，在荜路蓝缕之中，作披沙拣金之举，这功绩是不能抹煞的。"郭氏的这一评论，实为深中肯綮之言。

罗先生的这一治学特点，贯穿于全部著作之中。即如他早期的名作《战国前无私家著作说》一文，为了证成这一命题，作了非常周密的论证。在"实证"部分，他先从检验材料入手，用事实说明战国之前确无私家著作，这里他又分四层加以论证：一、战国著录书无战国前私家著作；二、《汉书·艺文志》所载战国前私家著作皆属伪托；三、《左传》《国语》《公羊传》《穀梁传》及他战国初年书不引战国前私家著作；

四、春秋时所用以教学者无私家著作。他在每一节中,对于解决这一问题的材料总是搜集完备,其功夫之深,令人惊叹。一种论点,建立在这样丰富的资料基础上,其取信于人的程度当然要比一般仅标举先进观点者要大得多。

罗先生这种一以贯之的治学特点,博得了普遍赞颂。但我们也可以从另一角度说,他所从事的课题,在掌握材料的问题上还比较容易解决。《战国前无私家著作说》中的材料极为丰富,但却不难搜罗和把握。因为先秦时期的著作遗留下来的不多。在此领域中作过一番涉猎的人,都能掌握。个人使用材料时水平的高下,只是表现在态度是否严谨和治学是否勤奋等方面。

罗先生在编写《中国文学批评史》而汇集材料时,宋代之前也有一些有利条件,因为在文的方面,有严可均的《全上古三代秦汉三国六朝文》、雍正时编成的《全唐文》;在诗的方面,有丁福保的《秦汉三国晋南北朝诗》、康熙时编成的《全唐诗》。这些总集,不能说是编得多么好,材料多么全备,但绝大部分的诗文确是已经汇总在里面了。罗先生在采集材料时,自可利用这一方便,书中很多地方即注明引自严、丁二书和《全唐诗》《文》。目下逯钦立私人编就的巨著《先秦汉魏晋南北朝诗》也已出版,内容更为丰富,编纂更为科学,学者研习先秦至六朝时期的诗歌时更为方便了。

罗先生的《中国文学批评史》第三分册,是在 1945 年自重庆复员回南京后写成的,距其逝世已历有年代,一直置之箧中,未公开问世。此中原因当然很多,但罗先生在材料方面的考虑,也是重要原因。新中国成立之后,学术界情况发生很大变化,罗先生又抽不出更多时间再行发掘、补充、考核材料,也是此书生前不能及时问世的一个关键问题。

上述数家通史著作之写到唐代即告中止,应当也与这一情况有关。即先秦至唐代的材料或多或少已经过整理,有好几种较为完备的总集可供利用,学者工作时自然就会方便得多。

唐、宋两代的文学都极辉煌,而且各有其特点,都有诱人的魅力。但研究唐代文学的人一直要比宋代为多。从各大杂志社的来稿看,也以有关唐代文学的稿子居多。一位研究宋代文学的专家也说,宋代文学方面的研究显比唐代文学方面的研究滞后。唐代文学的作家,除大作家仍有众多学者在探讨外,中小作家研究方面也成果迭出,而且多已发展为流派的综合研究;宋代文学方面则仍集中在几个大作家身上,中、小作家的研究,除南宋时期若干爱国诗人外,大部分还没有开展,流派的研究,则仅停留在江西诗派、江湖诗派等数家。这些当然还不能遽然判定研究水平的高下,但这种现象还是值得重视。

原因何在? 其中的关键问题之一,即是宋代缺少像《全唐诗》《全唐文》一样的几部总集。宋代文学的研究人员不得不花更多的精力去搜集材料,而一些中小作家的材料,目前还很少有完整的排印本面世,处在目下线装书越来越少的情况下,一些宋代文学的研究者即使想作规模宏大的文学思潮研究或文学流派研究,在搜集材料时首先就会遇到很多困难,甚至会因资料问题难以解决而中辍。

距今为止,宋代诗文尚无完整的总集出现。宋词为宋代文学中的一朵奇葩,这一重要文体幸有唐圭璋先生以个人之力编成了《全宋词》,而且唐氏还编成了《词话丛编》等有关著作多种,给予词学研究者以莫大方便。宋词研究之所以取得可观成就,是与宋词资料的容易获得有关的。

由此可知,古委会主持的《全宋诗》《全宋文》等项目完成后,必将给予宋代文学研究者以莫大的方便。正像《全唐诗》《全唐文》的情况一样,它势必会有力地推动宋代文学研究的蓬勃发展。

按我国文献的总体情况而言,元、明、清数代的文献资料,比起宋代来问题更要复杂得多。由于印刷水平的提高和普及,书籍作为商品广泛流通,因而流传下来的文集等资料的数量更为繁多,内容也更为杂乱而难以清理。这些都极大地影响到宋代之下文史领域中科学研究的开展。由此可见，有关宋代之后各个时期的文献整理工作，业已列上议事日程。

再说唐、宋两代的史学研究情况，也有值得探讨之处。赵宋一代注重文治，在文化学术的各个领域都曾取得丰硕的成果。陈寅恪说"赵宋一代之文化，竟成我国民族文化之瑰宝"。但在宋代史学的研究者中，却是缺乏像陈寅恪这样的杰出人物，这又是什么缘故呢？

这里当然也有很多复杂因素，但宋代史料的配套程度不如唐代，当是原因之一。《宋史》芜杂，史学界有共识。按理说，宋代史料极为丰富，南宋覆灭之时，皇家保存的文献都被有计划地转移到了大都，可以据此编成一种理想的史书。但元王朝于此草率从事，仅花了三年功夫即告完成，篇幅庞大，问题又成堆，使用者必然倍感困难。即以其中《艺文志》部分而言，书名人名有误、一书分在两处、卷数不可靠等等，比比皆是。据此考核宋代文献，不能遽然信从，必须谨慎小心，多方求证后始能引用。

反观唐史，问题就要好得多，新、旧《唐史》两种，分别看时当然有其不足之处，但参互并读，也就可以大体掌握有关史实的真相。有条件的读者，还可利用沈炳震的《新旧唐书合钞》，阅读之时也就更方便得多。

以编年史而言，《资治通鉴》中的唐纪部分，编得尤为出色。《通鉴考异》对史实的考核，引用了大量原始史料，通过细密的甄辨，得出可信的结论。胡三省作注，又是水平至高的典范工作，这些都对攻治唐史的人以莫大的帮助。继此而作的《续资治通鉴》有数种传世，也有相当高的水平，但比之《资治通鉴》中的唐纪部分，却不得不说相差甚远了。

后人治史，有关典章制度的问题，也不能不有所涉猎，王溥《唐会要》一书，保存着苏冕、杨绍复等唐人的原作，分类简明扼要，材料极为可贵，又便于查核，实为"会要"这一体裁中的杰作。宋代对"会要"的编撰极为重视,保存下来的资料也多,但目下所见者徐松辑出的《宋会要辑稿》,篇幅大,编制繁复,使用不便。这些都会对宋史研究带来不少困难。

以上所言,也只能是约略言之,但据此似乎可以得出如下结论:唐史方面的研究,以总体而言,成就高出宋代。唐史文献的便用当是主要原因之一。

这一情况告诉我们,宋代之后有关史学等方面的文献整理工作也应有大量的投入。自明代起,即不断有人着手改写《宋史》,也曾出现过几种首尾完整的著作,但因史观等各方面的原因,结果并不理想。今日如欲对此进行整理,也不一定要重新编写一部新的《宋史》,是否可以按专题分别编写各种资料书,为学术界提供一批便用可信的文献资料。

文献建设与研究工作是相互促进的。文献工作做得好,研究工作便于开展,容易取得成效,积累的成果多了,也就创造了良好的条件,可对原有的文献进行增订改作。80年代之后,唐代文学的研究盛况空前,成果极为丰富,反观原有的御定《全唐诗》,觉得阙漏、错误过多,已经不适于用,因此唐代学会的一些成员,在古委会的支持下,进行了《全唐五代诗》的编纂。预计2000年时或稍延后可以完成,这书不但在收诗的量上远超前书,而且在文字的考订、作品的辨伪、小传的精审等方面,都将达到新的高度。这项文献整理工作完成后,又将进一步促进唐诗研究工作的开展。可以预见,21世纪的中国唐代文学研究,将在《全唐五代诗》的基础上进行新的开拓。

因此,我认为古委会的"全"字号古籍整理项目具有十分重大的意义,理当得到国内外各界同好的支持。

(在1998年5月全国高校古籍整理研究工作委员会、台湾汉学研究中心联合主办的"海峡两岸古籍整理与传统文化研究讨论会"上提交的论文)

敬业小言

　　解放之后,运动不断,反帝、反修、参军、参干、"土改"、反右派、"四清"、"文化大革命",甚至拍苍蝇、打蚊子,都要全民动员。学生得经受群众运动的考验,要在大风大浪中摔打一番。有些人在运动中改行了,有些则在凶猛的浪潮中覆没了。"文化大革命"结束,中央宣布不搞运动了,但一阵阵浪潮仍在冲击着高校,目前正在袭来的经济大潮,更与莘莘学子休戚相关。以前出现的许多全民运动,个人很难把握自己的命运,有时不得不卷入浪潮中去,目前出现的"全民经商"热,毕竟不再具有不得不参加的性质,个人自可多加考虑而好自为之。商品经济的出现,物质利益的诱惑,"不会赚钱便无能"的舆论……知识分子要想摆脱一切,专心学业,确是一种考验。你说"书中自有黄金屋"吧,尽管有的领导信誓旦旦地说要把教师这一职业提到国人都羡慕的地步,但看来此话的兑现还得等待些时间,近期内教师的待遇怕难得改善。因此,知识分子如果要在专业上求得发展,看来要下一番决心,甘清贫,耐寂寞,甚至还要经受得住一些势利小人的冷嘲热讽。因此,我以为年轻的知识分子在选择终身归宿时,应该好好地思考一番。如果你个人的才性与所学的专业不合,自己在钻研学问时没有多大热情,那倒不如及早改行。如果你适合于经商,那就立即下海,因为国家也确是需要一些有能力的企业家与商人。但如果你热爱专业,深信自己在这领域中可以作出应有的贡献,那就要有以不变应万变的精神,应该抓住目前的青春时期,努力攀登,而不要左顾右盼。有人说目前太苦了,先去捞一些钱,等生活有保障后再来做学问,这话似乎有理,实则难行。钱的魔力就在让人欲罢不能,多多益善。而且一个人要在学业上有成,年轻时必须打好基础。那种先富后专的打算,实际上是不合实际的空想。个人专业上的成功,这对于国家、对于民族,都是一种根本的建设。因此尽管经济大潮汹涌澎湃,但总会有一些胸有大志的年轻人固守阵地而发挥出他们的创造力。

（原载南京大学出版社、《南大报》合办《南大书友》第三期,1993 年
4 月）

读稿杞忧

近年来学术界似有一种趋势,文章越写越长,书越写越厚,尤其是一些通史、通论性质的著作,更是规模宏大,动辄数百千万言。这是学术繁荣的表现呢,还是受到了商品经济的负面影响而出现的竞趋"大路货"的现象? 颇令人困惑。

步入新时期后,古典文学研究领域中已经多次兴起波澜。过去评论作家作品时必须恪遵思想性第一、艺术性第二的原则,如在艺术分析上比重加大,就有可能被人扣上提倡形式主义的帽子,因而少见分析精辟之作。拨乱反正之后,学界松绑,赏析之作应运而起,迅速地形成了一股赏析热。随之出现了种种集合之作,赏析辞典大批涌起,有的印了几十万册,说明社会上确有这种需要。但利之所在,各出版社纷纷跟上,分门别类的各种辞书大量出现。工具书形成热潮,无疑是件好事,有助于人们的学习,但抢时间,占市场,粗制滥造的情况极为严重。其后出现的评传热、白话翻译热、丛书热等等,无不出现这一适应市场需要后立即陷于恶性泛滥的周期现象。经济大潮是无法阻挡的,但学人于此如何自处,却值得深思。

古人说"十年窗下无人问,一举成名天下闻",这自然是封建社会中的滥调。但在学术上想卓有所成,十年寒窗苦读的精神怕是应该具备的,有识之士不断劝说青年学子"甘坐十年冷板凳",亦即此意。处在目下人人想发财的环境中,清贫自守很不容易,但若无一点不为潮流所动的呆劲,怕也难以成事。

或许重提此事已近不识时务,我总觉得凡为学人者必须在单篇论文上下功夫。研究某种学问,总得循序渐进,搜集材料,甄辨考索,发掘意蕴,然后写成单篇论文。这样的论文,出于个人的沉思冥想,才可能是有血有肉的精品,不致人云亦云,千人一面。这样的研究论文多了,学界不断涌现新的成果,学术才能前进,才能发展。这才是真正的学术繁荣。

即以王国维而言,基础何等深厚。研究殷周史时,对甲骨文狠下功夫,当时行世的《铁云藏龟》《殷墟书契前编、后编》《戬寿堂所藏殷墟文字》等几种,他都一一作过研究。在小学上也下了功夫,文字、声韵、训诂等方面,都有发明。曾撰《宋代金文著录表》一卷、《国朝金文著录表》六卷,对传世的铜器铭文大都作过研究,又勤读《十三经注疏》,而对《尚书》与三礼之学,尤为致意。为研究古史,故对《竹书纪年》也下功夫加以整理。就在这样的基础上,精心撰就《殷卜辞中所见先公先王考》等文,开近代新史学的先河。又如他的研究戏曲,先后撰有《曲录》《戏曲考源》《录鬼簿校注》《优语录》《唐宋大曲考》《录曲徐谈》《古剧脚色考》等文,凭借这些研究成果,最后撰成《宋元戏曲考》一书。王国维在戏曲史上的地位,就是这么奠定的。由于他的努力,从发掘材料、撰成单篇论文到编纂成书,在文学样式的新领域中进行了开拓,才能使学术真正得到发展,个人也由此而不朽。

反观目下的有些学界中人,没有见过他们写过什么有新见的论文,未在从事的学术领域中作过什么深入的专题研究,但大部头的著作照样出现。这样的著作,不免东抄西袭,杂纂成文。当然,有的人也有办法,或标榜某种西洋新理论,或在章节安排上作些变化,即以领导新潮流自许。这样的著作,究竟有何贡献,难以评判。

即使是一些过去作过专题研究的学者,将小型著作改成中型著作,再扩大为大型著作,也总觉得不能算是成功的尝试。犹如一碗美味的鸡汤,本来鲜美可口,但若冲些水进去,变为一锅鸡汤,品牌可以不变,但鲜味也就所剩无几了。

目下有些大部头的著作中还出现一种现象，就是从头到尾，不加一条小注。他们自己没有解决问题；人家解决了的，不清楚；引用谁家之说即使清楚，也从不提示。对前时这一问题发展到什么阶段，内部存在着哪些问题，前人作出了什么贡献，均不置一词。行文一气直下，令人觉得一切都是他个人的独创。做研究工作，总得有一定规范，清儒已有不隐瞒出处的共识，西洋学术也以不隐没前人成果为必须遵守的职业道德，我们的有些文字工作者，在这些地方过嫌随意，应当纠正。要培养良好的学风，大家应该遵循学术著作中的一般规范才是。

有人预测，学界在经历了各种热潮之后，即将出现一股编写文学史的高潮，但愿这股高潮能够避免上述种种流弊，在正常的轨道上前进。希望编写文学史的学人，能在大部分章节中都有自己的钻研成果。即使不能一一做到，那在引用他人成果时，也能不没他人的劳动，分别注明。

中国文学史源远流长，包孕至富，个人独立完成，确有困难。集合一批学者，分工合作，当是可行之举。但大家都应把这看成是一种具有完整体系的著作，而不能一味抓进度，赶时间，以致杂凑成章，完成任务交差算数。

中国古来只有政治史的编写，而无分门别类的学术史出现，但值得探索的是，为什么《资治通鉴》这类出于众手的编年史可以取得巨大成功。我想司马光除了选得当时最杰出的史家作助手，在资料的积累和鉴别上下过大功夫之外，具有明确的史观，当是成功的主要原因之一。目下编纂文学史，应该在史观上进行深入探讨，这是史书的灵魂，如果在这问题上无新突破，或将难以取得新的进展。

（原载《文学遗产》1997 年第 2 期）

《社会科学战线》创刊廿年纪念有感

"文革"十年,万马齐喑,学术界一片荒芜。人们惶惑之余,精神上倍感饥渴。各级领导心有余悸,也不知道从何着手振兴学术。在这重要时刻,吉林省创办了《社会科学战线》这一大型的综合性学术期刊。它的问世,犹如在干涸的大地上浇灌进一股甘泉,受到了学术界的广泛欢迎。

我称《社会科学战线》为大型综合性学术期刊,并非过誉,当时读到这一厚厚实实的杂志,真有说不出的喜悦。内容充实,印制精美,觉得吉林省的这一招堪称大手笔。后来情况有变,出版部门不得不在经济效益上多作考虑,因而篇幅已有调整,彩色照片也已减少,但在目前的报纸杂志界,似乎还没有一本巨型的综合性杂志可以超过它的。

"文革"之前,各省市本来都有一种综合性的学术期刊,《社会科学战线》创刊取得成功后,各省市随即陆续复刊。但作者与读者的定势已经形成。学术界的杰出之士,愿意把他们的得意之作投向《社会科学战线》,广大读者也愿意把宝贵的阅读时间花在该刊上。在各省市的刊物中,《社会科学战线》显然具有突出的地位。

我称《社会科学战线》为大型的综合性学术刊物,这只要翻阅每一期的目录,即可明了。由于每一期的内容不同,栏目也有变化,除了"中国史""中国文学"等传统的研究课题外,还有诸如"民族学""民俗学""图书学"等专栏,经常可以看到一些其他杂志上看不到的好文章。例如1986年4期、1987年1期的"民族学"栏内,连发了林耀华教授的《三上凉山》上、下篇,就是具有重要价值的好文章。林教授于新中国成立之前曾冒很大的危险进入凉山地区进行社会调查,后写成

《凉山夷家》一书,在学术界产生了很大影响。此书列入吴文藻教授主编的《社会学丛刊乙集》第五种,商务印书馆于 1947 年出版,后由柳无忌、潘如澍译成英文,以《The Lolo of Liangshan》(Liangshan I Chia)为题于 1961 年在 HRAF Press,New Haven 出版。此书率先向世界公布了凉山夷家奴隶社会的真实情况,具有很重要的社会意义和学术价值。《三上凉山》一文的发表,可以使人看到这一民族如何从落后的社会发展阶段进入新的历史时期。文章具体生动,其他作家无法写出,因而具有不可替代的独特价值。

我因一直从事古代文学的教学和研究工作,所以对中国古代文学和古代文论比较关注,在《社会科学战线》上经常可以看到我所尊重的一些前辈学者和同辈学者的文章,时而又能读到年轻学者的精彩论文,使我获益匪浅。而我又喜欢泛读,总认为搞学术研究不能光注意本专业范围内的知识,应该扩大视野,进行多学科的综合研究,这样才能触类旁通,获得新的突破。《社会科学战线》即以各学科的综合取胜,这也就是它的突出优点。

《社会科学战线》的取向,我觉得也是合适的,它面向全国,也考虑到东北地区或吉林省的地方特点。东北人才集中,他们踊跃为本地区的刊物写稿,既提高了刊物的水准,也显示了本地区科研力量的雄厚。一些年轻人员在此发表文章,则使刊物也发挥了为本地区培养人才的重要作用。二十年来,刊物一直在全国学刊界占有重要地位,同时也显示了东北地区的学者队伍在我国学术界的重要位置,并说明这一地区学术队伍后继有人。在《东北历史与文化》一栏中,集中发表一些论述本地区情况的文章,也有其特点。如《营口开港与运河航道》等文,恐怕最适合发表在本地区的刊物上,其他地方的读者如欲了解这方面的情况,也会到《社会科学战线》中来找。又如《伪满洲国史》一栏内的《张景惠其人其事》等文,对于要想了解这一情况的人来说,恐怕也不易在其他地方找到。

一本大型杂志，面向全国，在各个栏目中，不断推出研究重大问题的论文，这是它生命力之所在。而它在论述本地区问题的文章中，也不时提出重要的专题论文，因为讨论的内容实际上是全国关心的问题，不会给人以地方性的感觉。相反，它往往以这一方面的专长补充了全国研究这些问题的薄弱之处。因此《社会科学战线》的这一办刊方针，可以给其他地区办刊人员以启发。

创业困难，守成亦不易。改革开放以来，形势不断变化，随着经济大潮汹涌澎湃，学术领域不断受到冲击。《社会科学战线》能不改初衷，始终保持其高风格、高品位，这是非常不容易的。杂志改成双月刊，更能发表切合时需的文字。

随着时光流逝，作者队伍不断调整，学术界的关注之点，也在不断变化，但《社会科学战线》上发表的文章，始终站在全国学术阵线的前列。这固然是由于名牌效应在起作用，作者仍然愿意把他们的力作投向《战线》；但也得力于刊物各栏目的编辑，他们仍坚守岗位，心无旁骛，一心为繁荣学术、办好刊物而奋斗。作为《社会科学战线》的一名忠实读者，我衷心地为它已有的成绩欢呼，也希望它在日后能为祖国文化的繁荣昌盛作出更多贡献。

〔原载《社会科学战线》1998 年第 3 期(创刊二十周年笔谈)〕

传统文化就在我们身边

现在的人谈起传统文化来,总觉得有些虚无缥缈,遥远而不可捉摸。我理论水平很差,观察问题时常凭直觉。我直觉地感到,传统文化与我们的现实生活仍息息相关。

晚上照例看电视"新闻联播",常为种族冲突和宗教纷争所震惊。波黑战争之后,又继之以科索沃战争,欧洲的这个火药桶不知何时才能熄火。中东情况也一样,巴勒斯坦与以色列的冲突,以色列与周边其他回教国家的冲突,难以解决。即以耶路撒冷的位置而言,也为宗教和民族问题所困扰,想不出一个解决的办法。

反观我国,历史上从未发生过宗教战争,也很少发生种族灭绝之类的大惨案,这与其他地方的情况截然不同。

因为工作的关系,平时也读读唐诗,知道白居易还参加过一种叫做"三教论衡"的活动。这一活动很有趣,儒、道、释三方各自派出杰出代表,相互提问,反复辩难。本来我想大家一定要恶斗一番了,真想看看彼此的水平如何。谁知一当对方提问后,回答的人就引经据典,说明你所提的问题与你们自家经典中的内容差不多,大家彼此彼此,这不是现在常说的"求同存异"么? 三教中人相处时,都能相互尊重,求同存异,这样的社会也就不会发生严重的宗教冲突。

学术界认为:唐代看待种族问题时,以文化论,而不以血统论。因为中国向重礼教,华夏地区的人违反了礼教,则亦视之为夷狄;外国人或边疆民族中人遵从礼教,则亦视为华夏上品。因此,唐代的达官贵人中多外国人或边疆民族中人。唐代的一些诗人,很难说是哪种宗教的纯正信徒。如王维,以信仰佛教著称,但也推重道教,而他立朝为官，又奉儒家教义为准则；李白曾受道箓而为道士，但他也推重佛教。这种情况，后代一直如此，这就避免了人们因宗教、民族问题而发生的冲突。

有一次我去美国一所大学讲演，突然有人提问：中国人到底是欢迎外国人的，还是排斥外国人的？这话很难回答，因为要看情况而定：假如你来侵略我们，我们当然排斥；假如你态度友好，我们当然欢迎。但我当时不想这么直截了当地回答。我从中华民族基本情况出发，认为还是受到孔子的影响，"四海之内，皆兄弟也"，因而对外来民族中人一直采取友好的态度。我举了一个犹太人来华的例子。宋代有一支犹太人到开封，要求居留，宋代皇帝批准了他们的请求，赐予土地，并为之建立了挑筋教的教堂，让他们安居乐业。这批犹太人随后慢慢地融入了中华民族的大家庭中。阅读犹太人的历史，可知其命运的悲惨，他们流浪各地，所遭到的，尽是排斥、压制与屠杀，像中国人这样友好对待的，实为罕见，而犹太人与另一民族相融合的，也可称绝无仅有。事后该校的教师转告我，那天来听讲的人中有一位犹太富婆，她说听到这段话后很感动，他们犹太人都知道这段历史上的往事。我想这也应该看作是中国传统文化深入人心的一个范例。

因此我常想到，中国传统文化并非遥远而不可捉摸，它就在我们身边，诸如"三教圆融""天下一家""《春秋》大一统"等观念，潜伏在我们的脑海里，无形中支配着我们的思维。如果我们努力去发掘它，去阐发它，让大家明确地把握它，则对我们国家的稳定与团结定能大有裨益。

（原载《中国典籍与文化》2000 年第 1 期）

南京大学古典文献研究所介绍

本所成立于 1983 年,已有九年的历史,藏书及设备均称齐备。研究人员以中文系为主,也特约了部分校外学者参加工作,分为专职、兼职与特约三类。研究项目基本上以个人负责和课题组合两种形式进行,不设固定的专业研究室。这样做,可以使成员灵活地协作,集中力量,快出成果。研究课题的确定和承接,实行"研究项目议定书"制,以保证工作的顺利开展,按时完成,并合理使用经费。

本所尤其重视专职研究人员队伍的建设。凡确定人选前,对其科研素质及能力都加以考核,坚持宁缺毋滥的进人方针。现在,由卓有建树的资深专家和一批勤奋精进的青年学者所组成的这支队伍已经相当巩固,而且已经初步形成了以唐代文史典籍资料的整理研究为重点,兼顾个人专长的特色。

建所七年多来,取得了可观的研究成果。这些成果按其刊行方式,可分专刊、丛书、集刊三类:专刊用来发表研究人员的学术专著;丛书用来发表对某一专题所作的系列性研究成果;而研究人员的单篇论文则定期汇编成册,用集刊的方式发表。

一、专刊

现已出版十八种,封面上一般均标出"专刊"字样。按其内容可分下列数类:

1. 是文史综合研究的个人学术论文集,如程千帆的《古诗考索》、周勋初的《文史探微》、卞孝萱的《唐代文史论丛》。汪辟疆的《汪辟疆文集》，则是本校已故教授的遗集，经整理后始行出版的。

2. 是经过整理的古籍，如《唐语林校证》，为周勋初对王谠的《唐语林》加工整理后的新著。又如许嵩的《建康实录》，经孟昭庚、孙述圻、伍贻业精心点校，堪称善本。

3. 是新编总集，如凌景埏、谢伯阳编的《全清散曲》。

4. 是域外汉学论文集，如《牧女与蚕娘——法国汉学家论中国古诗》。本所重视对外文化交流，今后还将组织人员专门从事沟通国外汉学界的工作，介绍他们的研究成果。

二、丛书

目前正在进行编纂的丛书，有《明清文学理论丛书》《晚明史籍基本丛书》《中国无神论资料选编》三种。《明清文学理论丛书》的编辑工作包括罕见本重印、汇辑新编、校注笺释等，现已出版《诗家直说笺注》等六种。《晚明史籍基本丛书》旨在从政治文化、社会思想、战争动乱等各个方面整理基本史籍。《中国无神论资料选编》旨在对中国无神论文献资料作有系统的整理与研究。

三、集刊

本刊以发表所内人员研究论文为主，酌采外稿，行文不拘一格，注重学术质量，影印部分珍贵文献与域外遗籍。

本所长的办所方针是：人尽其才，精诚合作。前任所长程千帆教授，学问博大，阅历丰富，但年事已高，难以适应繁重的具体科研工作，而对每一阶段的努力方向以及疑难的学术问题，则任指导之责。研究员卞孝萱教授，自学成才，对学习的甘苦体会自深，平时我就请他对古典文献学的硕士研究生多加指导,负责管理。我们三人还都是中文系的古代文学博士研究生导师,又是全国高校中国古代文学两个重点学科之一的学术带头人。在平时的教学工作中,注意相互配合支持。

所内正在进行的集体科研项目,有《唐人轶事汇编》《石刻中的唐代文史资料》等项。《佛道二藏中的唐代资料》也在规划之中。这些中型项目,一般都由两位年轻的研究人员从事具体工作,情况需要时,再投入其他人员支援。如有重大任务待完成,则大家一起参加突击,例如1990年我负责主持唐代文学国际学术讨论会,所内人员齐心协力做好会务工作之余,还一起参加了《唐诗大辞典》的编写。这样既可有计划地完成各种任务,培养人才,也加强了团结。所内不设专职的行政人员和勤杂人员,有事大家一起做。不管你是博士生、硕士生还是本科生,有成绩就奖赏,不以学历为主要升迁标准。我的愿望是既出成果,又出人才。年轻人理当成长为学有专长的人,但首先应当是一个品格端方的人。

(原载台湾《国文天地》第7卷第3期,1991年8月)

建所的要着——培养人才

古委会成立至今，已有十年了。作为下属机构的南京大学古典文献研究所，成立也有十年了。我从这两个单位成立时就参加了工作。回顾这十年历史，看到古籍整理事业的发展，所内人员的成长，看到这一宏伟的事业中有我一份力量的投入，感到自豪与欣慰。

一、总结历史经验，确定培养人才的新思路

我国以典籍丰富著称于世，这与历代王朝重视古籍整理有关。每当社会经过巨大动乱之后，执政者总是组织人力，抢救文献。这已成为一种传统。我国拥有举世无双、包孕宏富的古典文献，这也就是博大精深的中华传统文化的主要物质载体。"文化大革命"中，古代典籍遭到了很大的摧残。拨乱反正后，中央及时重新组织起一支整理古籍的队伍。作为这支队伍中的一个分支，我们南京大学从事中国古代文学的教学和研究的教师深知自己肩负着重任，而怎样完成这一任务，则认为首先应该抓住培养人才这一关。

自1957年起，学术界长期受到极左思潮的干扰，所谓"以论带史"，就是撮拾一些材料去印证某些"放之四海而皆准"的大道理。"文化大革命"中，这种主观武断的作风更是主宰一切，不顾事实、凭空立论、任意抑扬、以势压人等等疵病，触目皆是。这些问题的出现，促使我们思考，如何从根本上改变这一局面。

我们认为：学习古代文史，整理古代典籍，必须从中国古代文化的具体情况出发，掌握古代学术的内部规律，进行学习与研究。

过去曾有一些似是而非的说法，如认为学习古代文学也应厚今薄古，把先秦两汉的书束之高阁，而把主要精力放在阅读近人的著作上，殊不知我国学术源出先秦两汉，古代士人读书伊始都要在几部基本著作中下功夫，如果学生对先秦两汉的几部基本著作一无所知，那就无法了解古代学术的源流，甚至连中国古代的几个主要学派都分不清楚。因此我们培养博士生时，都要根据他们学识结构中的不足之处和将来的发展需要，让他们读五部至八部基本书，如《诗经》《楚辞》《论语》《孟子》《庄子》《左传》《史记》《文选》《文心雕龙》等，写出读书报告。事后看来，这一做法效果明显，已经毕业的几个学生，写作论文或专著时，一般都能引经据典，寻源讨流，贯通文史，充分展开论题，而不停留在就事论事的局部范围内进行。

我们教硕士生时，很重视校雠学，并且结合具体课题，进行实际操作训练。王鸣盛说："目录之学，学中第一要紧事，必从此问途，方能得其门而入。"此论或许有强调过分之处，但若从事古代文史的学习，怎样读通古书，怎样查检有关文献，怎样了解古代学术源流，确是需要有校雠学的知识。程千帆先生为此还编写了《校雠广义》一书（内分版本、校雠、目录、典藏四分册），指导学生阅读。

我们认为：近百年来我国学术界出现过好几位杰出的学者，如王国维、陈寅恪等人，他们一方面继承了清代朴学的优良传统，一方面又接受了西洋学术新的研究方法，他们的成就，必须继承。为此我开设了一门近代学者治学方法研究的课程，结合一些名篇，对他们的成功之处和局限所在进行具体分析。由于这项工作难度很大，而本人水平有限，故未能尽如所愿，但是这一尝试还是受到了学生的欢迎，并得到了国内同行的认可与鼓励。

我们年龄较长的教师由于历史条件的限制，外语水平大都不高；而对于年轻一代来说，由于他们肩负着国际文化交流的重任，自然应该具有较高的外语水平。因此我所在制定研究生及青年工作人员培养计划时,对这方面也不放松。经过数年努力,他们大都能够取得较好的成绩。例如莫砺锋在美国访问时,组织该国学者提交他们有代表性的有关中国古典诗歌方面的论文,编成《神女的探寻》一书,翻译工作主要是由同门师兄弟承担的。有几位学生还能够翻译日本学者的学术论文。曹虹在日本京都大学访问期间,应邀开设学术论文日汉翻译演习课。如果不具备较高的日语水平,那也是难以胜任的。

年轻学者掌握外语,直接阅读国外学者的原著,掌握各种学派的理论,学习其研究方法,这对开拓视野、提高研究能力,也是大有好处的。作为一位新型学者,自然不能墨守成规,他们除了具有扎实的基础外,还应具有新的思路,进行新的开拓。

总起来说,我们培养学生时,希望他们具有深厚的文献学基础,进而从事理论阐发。所谓"为学要如金字塔,既能博大又能高",这得从学生时代就培养起来,才能使之终身受益。

二、发扬传统美德,培育团结友爱、相互支持的良好风气

我们身为高等院校中的教师,肩负着培养人才的重任,又领导着古籍整理工作,二者的目的是完全一致的。我们的教学和工作都是围绕着古委会的宗旨而展开的。我们培养的博士生和硕士生,有的留在中文系,有的留在文献研究所,有的偏重于教学,有的偏重于科研;但努力的方向相同,工作的程序也大致相同。从事研究工作时,都要先从事文献学方面的处理,然后进行理论阐发。例如,莫砺锋作博士论文《江西诗派研究》时,我们要求他同时进行江西诗派中人诗集的整理工作;程章灿作博士论文《魏晋南北朝赋史》时,要求他先对这一阶段的赋作,包括零章碎句,制成长编,然后进行概括。因此,他们的专著,

都纳入了古籍所的成果之中。由于我们南京大学中文系的古代文学专业已被教委确定为全国重点学科点,而在下属教研室和古籍所中工作的年轻教师,很多是程千帆、卞孝萱二先生和我的学生,因此这两个机构之中的人员实际上并无明确的界线,大家都在为建设同一学科而共同奋斗。

当然,教研室和古籍所里的年轻同志人数众多,也有几位并不是我们的学生。我们对他们同样关怀,并且坚持不拘一格选拔人才。例如武秀成同志,本是杨明照先生的硕士生,杨先生郑重向我推荐,经过考察,发现他确是品德好,而且在文献学的基本功方面很扎实,我就极力争取吸收他来工作,还将其家属设法调来,安排在校内较好的单位服务,让他能安心工作。又如许结同志,本是高中毕业的下乡插队知青,但他自学成才,出版了专著两种,在高层次的杂志上发表论文多篇,于是我就为他奔走,替他改变工作岗位,吸收到教研室里工作。我们对年轻同志采取一视同仁的态度,平时常帮助他们修改稿子,推荐稿子,或者介绍他们参加国内或国际上的学术会议。古代文学领域之外的青年教师,我们也取扶植的态度,这些地方决不存狭隘的门户之见。

教育学生,强调学问与做人要并重,力争尊师爱生这一传统美德在本单位发扬光大,并代代相传。我们为胡小石、汪辟疆、罗根泽诸先生的遗集出版作出了努力,举办了黄季刚教授和胡小石、陈中凡、汪辟疆三教授的百年诞辰纪念会。我们对同学的成长向持负责的态度,在学期间提出严格要求,定期检查他们的学习进度。毕业之后,仍然关心他们的成长。事实表明,同学欢迎要求严格的老师,因为这是对他们关怀的表现。教研室和研究所的成员都很团结友爱,大家常在一起讨论问题,相互支援。各种学历的人,四面八方来的人,都能友好相处。上下两代之间,平辈之间,都能携手向"以文会友,以友辅仁"的道路迈进。在评职称问题上，还能相互谦让。他们也有其互相竞争的一面，即在多出成果上角逐，而不在物质利益或名誉地位上较量，因此这一群体具有较强的凝聚力。处在目前经济大潮的冲击下，大家都能不为所动，这是因为他们感到置身在一个有生气的群体中，看到了自己的前途，认识到自己应当对宏扬祖国文化有所贡献，因而树立了为此奋斗的决心。

他们都有自己的专业方向。作为一个学术带头人，我常对他们的才性进行分析，务使他们的专长和学科发展的需要协调起来。例如张宏生在教学科研上都取得了不少成果，而他行政能力也很强，我就向系里推荐他做教研室主任。张伯伟和许结喜欢探讨理论，并且都有系列成果问世，我就鼓励他们从事批评史的研究，希望能够恢复我们南大在这一领域中的地位。曹虹思路很细致，我就鼓励她从事佛、道宗教文化的研究。程章灿最近几年一直在从事石刻方面的研究，他和曹虹最近都已有阶段性的研究成果发表。

我们录取学生时并不特别注重学历，好几个学生来自条件较差的学校。只要他们肯学，我们就把着手教，终于培养出了一些人才。严杰自学成才，从一名面粉厂工人直接投考硕士生。他不善言辞，拙于应付世事，但埋头苦干的精神非常突出。他们一班毕业时，我们就首先考虑吸收他到文献研究所工作。他也果真不负所望，在编纂《唐诗大辞典》和《唐人轶事汇编》的集体工作中，担任了主力，我们也帮他不断把个人的研究成果推出。

三、发挥群体力量，齐心协力完成各项任务

1990年时，我受唐代文学学会的委托举办唐代文学国际研讨会与唐代文学学会第五届年会。会务工作都由我们教研组和研究所的年

轻教师负责。大家分兵把口，或负责接待，或负责财务，或负责车票，或负责报导……齐心协力，共同办好此会。这次会议来的国外学者与中国港台地区学者较多，起初他们以为这些人员都是高校之外服务单位中的雇员，后来才知道他们都已获得博士、硕士学位，而且有些人的著作也早已远播海外，为他们所读过；于是他们认识到大陆的学者大都作风朴实，无虚矫之气，这给他们留下了良好的印象。

会议之前，江苏古籍出版社建议我们编一部《唐诗大辞典》，总结近年来唐诗研究的成果，作为向大会的献礼，我们接受了这一合理建议。于是由我任主编，莫砺锋、严杰任副主编，约请全国唐代文学方面的专家写稿。我们学科点的年轻同志全体出动，没有约出去的词条，一律自己写。当时还不知道使用电脑编制索引，于是他们冒着高温，突击了两个月，编制成详细的综合索引。各方来稿汇齐后，先由莫砺锋根据原定体例统一写法和压缩到规定的字数，由我定稿，然后交严杰核对材料。这种高效率的流水作业，终于使辞典保证质量赶在会议之前印出，博得了与会者的欢迎。学术界对此书也有较高的评价。

这里应该郑重提出的是，我们的工作，得到了中华书局、上海古籍出版社、江苏古籍出版社、齐鲁书社、巴蜀书社、贵州人民出版社、山西人民出版社及本校出版社等兄弟单位的大力支持。没有他们的帮助，我们上一代的著作、自己的著作、下一代的著作都难顺利问世。我们培养的年轻一辈，也就很难为学术界所认可，在此我要向他们表示诚恳的谢意。

四、展望

最近我们制订了新的工作计划，决定向以下几个方面发展：

（一）与所外同志合作，承担大型科研项目，例如我与傅璇琮、郁贤皓、吴企明、佟培基、陈尚君等同志一起,以苏州大学与河南大学为基地,从事《全唐五代诗》的编纂,在古委会的领导与支持下,花五年到七年的时间,编成一部高质量的全新唐诗总集,为后人提供更可信据的资料。

(二)我们原以整理唐代的文献为主,下一阶段将扩大到先秦至宋代,这一方面是考虑到学科点的建设,也照顾到所有人员的业务专长和发展前途。预计最近就可以推出一批先秦至唐宋各阶段的学术成果。

(三)开展利用电脑等现代化的手段提高古籍整理与研究的水平。所内姚松、赵益等同志都有较强的研究能力,在集体项目和个人研究项目中都已取得不少成绩,还担负着繁重的行政事务,但他们都有钻研现代科技手段的爱好和才能,我感到这是一种崭新的开拓,因此支持他们从事这一新领域的研究。目前他们已经取得了一些成果。

我们南京大学古典文献研究所由前任所长程千帆教授作了奠基和开创的工作,我和卞孝萱教授合作,继续向前开拓。总的看来,我们的工作做得还很不够,但在古委会和本校领导的关怀与支持下,决心继续努力,培养出一批专家,为古籍整理作出贡献。我们看到,兄弟单位中也是人才辈出,他们有很多好的经验值得我们学习,我们决心和兄弟单位共同努力,为我国古籍整理的伟大事业作出应有的贡献。

(在全国高等院校古籍整理研究工作委员会三届二次委员扩大会议上的讲话,原载全国高等院校古籍整理研究工作委员会秘书处情报研究中心编《高校古籍工作通报》第44期,1994年4月)

中国唐代文学学会第五届年会暨国际学术讨论会筹备情况介绍

各位代表,各位来宾:

中国唐代文学学会第五届年会暨国际学术讨论会现在开幕了。请允许我代表组织委员会把筹备会议的经过简单地先作一介绍。

1988年山西太原召开的第四届年会理事会议上决定,第五届年会于1990年在江苏南京举行。我们江苏五所高校的代表接受了理事会的委托,回省后向所属学校的领导作了汇报,并向省教委的负责人也作了汇报,得到他们的大力支持。我们随即组成了筹备会议的组织,决定由南京大学、南京师范大学、苏州大学、扬州师范学院、徐州师范学院五所院校联合发起,并由南京大学主办这次会议。由周勋初、郁贤皓、吴企明三人担任组织委员会的主席和副主席。经过两年的准备,会议终于在这里如期举行。以往几届年会上,都有少量的国外专家前来参加会议,给我国的唐代文学的学术活动增加了光彩。我们考虑到,唐代文学的研究已经成为世界性的学术活动,唐代文学学会可以而且应该与国内外的学者建立起广泛的联系、进行学术交流,共同推进唐代文学的研究和传播工作。因此组织委员会提出了举办唐代文学国际学术讨论会的倡议,并向境外、国外学者发出了邀请,得到了众多专家的热烈响应,许多地区的研究工作者通过各种途径表示愿意与会。今天到会的,计有中国海峡两岸的学者共72人,日本学者10人,美国学者3人,中国香港地区学者2人,韩国学者1人。总计这次大会代表实到88人。世界上许多著名的唐代文学研究专家,都云集南京，这是我国江苏高等教育界的光荣。代表中，有年高德劭的老专家，有年轻有为的后起之秀，更多的是正处在学术前沿的一大批中年专家学者。《诗经》上说，"嘤其鸣矣，求其友声"，以文会友，向来是我国学者重视和追求的活动，我们希望大会成功，代表们能畅所欲言，共同开好这次会议。

（原载《1991 唐代文学研究年鉴》）

中国唐代文学学会第八届年会暨国际学术讨论会闭幕词

各位代表：

中国唐代文学学会'96 西安国际学术讨论会经过七天会议之后，今天就要闭幕了。回顾这七天的议程，大家都感到有收获，过得很愉快，很充实。

我们唐代文学学会自 1982 年成立以来，已经举行过八次会议，这在全国各种学会中，活动算是很正常的。继南京、厦门、新昌会议之后，这次会议又有很多国外和中国港台地区的朋友参加，大家济济一堂，就唐代文学方面的问题广泛交换意见，交流学术信息，商讨学术问题，对今后唐代文学的发展，无疑将起有力的促进作用。

这次会议的收获主要有以下几个方面：

一、与会代表提交了几十篇高质量的论文，显示出唐代文学研究的繁荣景象，为进一步开展唐代文学研究积累了新的资源。

唐代国力极为强盛，社会风气很开放，与国外的联系很紧密，文化交流也很发达。因此，文学艺术一直处在欣欣向荣的状态。从文学的角度来说，诗歌占有重要的地位，不论是古体、今体，抑或是乐府等等，名家辈出，名篇迭见。新兴的传奇与词等文体，也留下了不少名篇。从这次会议代表们提交的论文来看，与以往几次会议一样，题材也很广泛，研究大作家的固然不少，研究中小作家的文章也占一定比重，而且从各种不同的角度进行考察，有的着重研究社会风气对作家的影响，有的注重文人集团群体的研究，有的着重宏观的考察，有的注重微观的赏析,各尽其妙,都有新的创获。对于散文、骈文、变文、律赋等文体及其代表作,也有很多位代表提交了质量高、视角新的论文。

文献整理与理论探讨并重,一直是我们唐代文学学会所倡导的,这次会议也体现了这一特色。有的代表介绍了总集编纂的情况,有的代表提供了新的研究资料,有的代表则以考证为题,他如辑佚、辨伪等等,也都有人涉及。这也反映了唐代文学研究工作的多样性。大家相互尊重,互通信息,从对方的研究成果中汲取滋养,使唐代文学研究在整体上不陷于偏颇而得到均衡的发展。或许可以说,文献与理论并重,正是我们唐代文学研究兴旺发达的重要保证。

唐代宗教极为兴盛,文人往往受其影响。探讨文学与宗教的关系,是近年来发展很快的一个方面。这次会议上有好几位代表提交了这方面的论文,使研究工作上了一个新台阶。

二、会议顺利地完成了换届工作。按照厦门会议上的决议,学会的理事应有年龄的限制,一到期限,便退居二线,改处其他位置,以便学会增补新的理事。这次换届,全体代表经过郑重考虑,广泛协商,推选出了十多位新理事。他们年龄虽较轻,但已作出了很好的成绩,把他们选入学会的领导班子,显示出唐代文学界后继有人、事业兴旺。"长江后浪推前浪,世上新人接旧人",这是自然规律,我们的学会也应顺应这一规律,把学界新秀吸收到理事会中来。经过调整,理事会的年龄结构较前更为合理,有年长的,有年轻的,各自发挥其优势,共同促进学会的发展。这次改选理事,仍然考虑到了年龄、地区、院校等多种因素,但首先考虑的仍然是本人的科研成果。

学会秘书处收到过很多意见,认为理事过多,开会时占的比重过大,一般代表参加会议的机会就少了。这是一个实际困难,因为办会的人不能不首先邀请理事,但是理事过多而产生的问题确实存在,我们决定采取逐步解决的办法,把理事的名额控制到 30 以内,但这又不可能一下子实现,因此这次采取了退多增少的措施,我想这是大家都能接受的。

三、学会多次举办国际会议之后,各国之间,港、台与大陆之间,学术交流更趋正常。

唐代文学界的各方专家济济一堂,多次接触,彼此之间已相当熟悉,有的已是老朋友了。学术上不断交流,各个地区都知道对方在做什么事,研究水平已经达到了哪一个层次,这对代表所在地区的研究工作也大有好处。我想,好些朋友多次远道而来,也是有感于此的吧。

我们高兴的是,台湾代表中来了好几位年轻的新朋友,他们和大陆地区的年轻代表,或其他地方的年轻代表,或许有更多的共同语言。人受自然规律的限制,老一代的人总是要退出历史舞台的,年轻一代的人应顺利地接上来。港台地区的年轻学者和大陆的年轻学者多有交往,大家开展交流与合作,更能把唐代文学的研究成果发扬光大。

四、长安是唐代的都城,至今保留着众多的文化遗址。会议的组织者在学术讨论活动之外,还精心安排了几次文化考察活动。除组织大家参观市内的博物馆、大雁塔、古城墙、文化街等多处文化场所外,还组织大家分头到法门寺、乾陵和秦始皇兵马俑等名胜古迹游览,使大家大饱眼福。代表们亲临其地,看到唐代遗存的实物,更体会到了唐代文化的绚烂多姿。这些活动受到了与会者的热烈欢迎。

会议就此结束。预祝大家归途顺利。在日后的研究工作中取得更大的成绩。

(原载《1997 唐代文学研究年鉴》)

全国古代文学古典文献博士点新世纪学科建设发展研讨会上的发言

　　学术规范问题牵涉至广。新时期培养出来的博士研究生固然要求目光远大，思路开阔，但在开始练习写作时，还得从最基本的功夫做起。这里谈谈我对引用资料和他人成果的看法。

　　梁启超在《清代学术概论》中曾总结朴学家研究工作中普遍遵循的几项原则，如云"选择证据，以古为尚"，"孤证不为定说"，"隐匿证据或曲解证据，皆认为不德"……这是清代朴学家建立的学术规范。我们今日从事研究工作，仍然应该遵循这些原则。但清人处理材料时，还有不够细密之处，我们今天尚须参照近代西方学者所树立的规范，结合本国国情，详细记录材料的出处或所据版本。

　　清人引书，往往仅提书名，吾人引书，必须兼及篇名。先秦古籍大都出于后人所编，故习惯上不必提卷数；有些史籍书名、篇名文字很多，也可不提卷数，但必须注出篇名，否则他人如何核对？

　　有些残佚的古籍，如桓谭《新论》，引用时必须注明出自何种辑本，或从哪一种类书上转引。如果引用《世说新语》中的注文，应该标明刘孝标注引某人书而不能径题刘孝标注，更不能仅称《世说新语》注，因为此书已有好几种注本。

　　引用今人成果，必须注明最初出处，如果引用的书印刷多次，必须注明哪一年印刷，因为作者在新版中每有改动。有的还必须注明地点，如抗战时期商务印书馆出的书，有的在重庆印刷，有的在长沙印刷，中间会有不同。

有人提示出处,径引《辞源》《辞海》,工具书为集合前代材料而成,最好不用作学术著作的出处。有人注曰某一论点出于某一文学史,因为文学史类的著作大都是综合他人论点而成,因此也以少引为好。应该直接引用这一论点的首出著作。

我国学术,20 世纪 70 年代之前喜谈辩证法,80 年代之后喜谈天人之学,但在指导博士生时,首先得让他们掌握形式逻辑。如立论不能自相矛盾,推论必须适度,演绎法使用要慎重,否则易流于以论带史,归纳法较稳健,但得注意资料的完整性等。然后在这基础上求得提高与深化。

上述云云,实在是"卑之无甚高论",但博士生入学伊始就能养成良好的写作习惯,将终生受益。

日本访书散记

　　我国研究古典文献的学者,如有机会到日本访书,无疑是一件大好事。我在日本讲学期间,蒙彼邦学者帮助,看到了不少珍贵文物,今对若干种罕见文献略作介绍。

　　两汉经学大盛,著述繁多。魏晋南北朝时受到玄风的冲击,势似少衰,但仍有不少经学家在孜孜不倦地进行讲学与从事著述。作为封建社会中的官方学术,经学起到了确立人伦准则、稳定社会秩序的作用,一直在学术领域中占有主导地位。隋代经学家刘焯、刘炫声名藉甚,《隋书》卷七五刘焯本传上称"论者以为数百年以来,博学通儒,无能出其右者"。《隋书·经籍志》中著录二刘著作多种,刘炫的著作为数尤多,内有《尚书述义》二十卷,《毛诗述义》四十卷,《春秋左氏传述义》四十卷,《千文孝经述义》五卷,《论语述义》十卷,"述义"云云,当是通论性质的著作。这些著作后代陆续散佚,唐初修《五经正义》,更加速了亡失的厄运。清代之时,我国已无这一类著作留存,但日本京都大学中央图书馆善本书室却还藏有钞本《孝经述义》卷首与卷四部分。我在京都大学文学部中文研究室主任兴膳宏教授的陪同下获见此书,始知二刘的经学著作还有残存于世者。兴膳宏教授在《京大附属图书馆所藏之汉籍抄本》一文中曾对此书作过介绍,誉之为"天下孤本",诚非虚语①。可惜我国研究经学与哲学的文字中均未曾提及过此书。

　　我因正在从事《全唐五代诗》的编纂,因此希望能够多看一些有关唐、五代的钞本。在天理图书馆金子和正研究员的帮助下,除了

---

　　①　载京都大学附属图书馆报《静修》Vol. 30,No. 3,1994 年 1 月。

看到稀世之珍《刘禹锡文集》的宋本之外，还看到了《赵志集》的卷子，一种疑为《翰林学士集》残卷的单页，和几种白居易《新乐府》的古钞卷子。

《赵志集》的情况甚为复杂。大阪市立大学斋藤茂副教授组织了一个研究小组，对此进行深入研究，已有多种成果问世。他们认为这十首诗不都是赵志写的。诗中把繁体字叶（葉）中的"世"字和堞中的"世"字都写成"云"字，乃避太宗之讳而改。所用词汇每与李峤、骆宾王等人所用者合。况且卷首有"兴福传法"印与"山阶传法供"之注记，"山阶"为奈良兴福寺之古称。有这类标记的文书，一般都是平安初期之前的文物，因此他们认为赵志等人大概是初唐时期的人。这种意见值得参考。

白居易的诗歌，关心民瘼，而又通俗易懂，故在白氏生前就已远播海外，博得了周边许多国家的人民的喜爱。白氏于会昌五年（845）所撰的《文集后记》中说："集有五本……其日本、新罗诸国及两京人家传写者，不在此记。"这一说法完全符合事实。至今日本各地的图书馆和私人藏书室中还保存着不少相当于唐、宋、元、明时期的古钞本。我除在天理图书馆中看到白诗的古钞卷子外，还在日本东洋文库、庆应大学斯道文库、京都大学图书馆中看到好几种卷子。其他见于书目而未能目睹的卷子为数甚多，有些卷子藏于寺院或私人手中，外人不知者为数亦夥。有关白诗对日本文化的影响，严绍璗教授曾作详细的论述，可以参看①。

如果说，日本珍藏的这些卷子分散各处，中国学者不易获得，因而难于利用，那么勉诚社于1984年已将各处所藏的金泽文库本《白氏文

---

① 载《中日古代文学关系史稿》第五章《白居易文学在日本中古韵文史上的地位与意义》，湖南文艺出版社1997年版。

集》二十多卷影印,分装四大册行世,勉诚社未曾收入的另一种金泽文库本《白氏文集》第三十三卷,也由天理图书馆辑入该馆的善本丛书。可惜国人对此仍然未能多所注意。

京都大学平冈武夫、今井清二人广搜众本,曾有《白氏文集》校定本三册行世。他们用以校勘的底本极为广泛,而工作态度又极为严谨,一笔不苟,朱墨灿然,足见所花心血之多,为后人留下了至可宝贵的成果。平冈武夫教授在序说中曾对各种钞本、版本作了详细的介绍。此书由京都大学人文科学研究所发行,乃非卖品,因而我国学者能看到的机会也就更少。

由于日本藏有如此众多的白集古钞本,彼邦学者一直有人从事这方面的研究,留下了可观的业绩。当代的白诗专家花房英树等人都有篇幅巨大的专著问世。太田次男、小林芳规合著《神田氏白氏文集的研究》,就介绍了平冈武夫的校定本,并开列了其所用以校勘的数十种珍贵钞本和其他版本①。太田先生的高足任教于帝冢山大学的神鹰德治先生曾向我详细介绍过白氏文集古钞本的收藏处及各本之优劣。我想当代学者整理白氏著作时,如果对其中最重要的钞本部分,即与白氏原作时代最为接近,因而最为近真的文本都未寓目,那么他们的成果必然会有很多局限。

《四部丛刊》影印日本那波道圆活字本后,国人对于此一名贵版刻始有了解,但那波道圆本在日本有很多种留存。据彼邦学者介绍,《四部丛刊》影印的这一种,不能算是最好的,大阪府立图书馆所藏的一种那波道圆本,就要好得多。但我国学者怕是很难前往借读。

我们在东京大学大学院总合文化研究科教授兼图书馆馆长长尾龙一先生的陪同下,参观了该校的一所图书馆,只是正值星期日,只能

---

① 此书于 1982 年由勉诚社出版。

在内部兜了一转,并听取了他有关东大图书馆情况的介绍,但对其内容的丰富,已留下深刻的印象。斯道文库尾崎康教授陪同参观庆应大学图书馆,则看得比较仔细,其规模之大,藏书之富,设备的先进,管理之有效,深有所感。反观国内的一些图书馆,规模也不算小,动辄自称藏书几百万,但借书时手续繁复,管理与服务工作大都不能满足教师和同学的要求,因此藏书的使用率往往不高,这些地方都有向人家学习的必要。

在斯道文库中,还看到了李峤《杂咏》的两种古钞本,令人颇饱眼福。

李峤为唐初的文人,著作甚多,《旧唐书》本传与《新唐书·艺文志》均云有文集五十卷,然至宋代即已散佚。《全唐诗》中存诗五卷,卷五九、六〇即《杂咏》诗,虽仍存一百二十首,而字句多残缺。日本天瀑山人将彼邦所存李峤《杂咏》辑入《佚存丛书》,时当宽政、亨和年间,相当于我国清代嘉庆时。《佚存丛书》本字句比我国原来保存的《杂咏》诗为完整,大家转而重视此书。《佚存丛书》本卷首引有天宝六载(747)登仕郎守信安郡博士张庭芳所撰之序,这又可以纠正我国文献记载的失误。晁公武《郡斋读书志》四上作《李峤集》一卷,云"集本六十卷未见,今所录一百二十咏而已,或题曰《单题诗》,有张方注"。可见早在宋代,《杂咏》诗已有单行本,《唐才子传》卷一李峤本传亦云:"《杂咏诗》十二卷,《单题诗》一百二十首,张方为注,传于世。"实则《杂咏》诗十二(?)卷即《单题诗》一百二十首,张方为张庭芳之误。如果说晁公武记张氏名字有误或系偶然笔误,那么辛文房记载错误当由未见原书所致,此亦可证元代之时李峤《杂咏》张注本已失传。近代敦煌石窟发现唐诗佚诗多种,王重民、刘修业见斯坦因所得五五五号,存残诗十七行,有注:伯希和所得三七三八号,存残诗六行,亦有注。二者同出一人手抄。对照《佚存丛书》本天瀑山人"李峤杂咏序",断定此为张庭芳注。王氏将其考订经过载于《敦煌古籍叙录》，确是一次重要的发现①。我在斯道文库和天理图书馆中就看到了两种张庭芳注本。由此想到，如果过去中日文化交流畅通的话，这类事情或许很快就能澄清。

《大东急纪念文库书目》四集部、别集类于(二)唐、五代部分著录《高常侍集》六卷，云是"临安书棚本，明刊覆宋"。这就引起了我的兴趣。因为我过去写过《高适年谱》一书，曾到北京、上海、南京各地图书馆借阅过不少唐人别集，对高适诗集的版本也曾留意。可以说，有关高适集的版本，大体都寓目过，但却从未见过有关临安书棚本字样的明覆宋本。临安府棚北大街睦亲坊南陈宅书籍铺主人陈造能诗，刻印了许多唐人诗集，向来为人所重。明代出现过好些半叶十行、行十八字的唐人诗集，很多学者以为当是临安书棚本的覆刻本，但在这类书中，未见有出自临安书棚的任何标记。大东急纪念文库的这本高适诗集，封面题签曰"高常侍诗集　宋椠本"，书有六卷，目录中六卷诗题之后的文字已被裁去，印有"临安府睦亲坊南陈宅经籍铺印"的这一行字肯定不在目录的原有位置，因为高诗原为八卷，这一行字应在八卷目录之后，或者放在其他地方，如八卷诗后等等。我和日本奈良女子大学横山弘教授前往访书时，正值星期六，照例不接待读者，而我们在东京又不能久耽，于是在尾崎康教授的帮助下，经与大东急纪念文库联系，得到了该库学艺部长冈崎久司先生的热情帮助，才破例获睹。尾崎康先生是研究宋版书籍的专家，横山弘教授早年曾在天理大学任教，对版本亦有见地。我们饶有兴趣地研究了这一罕见版本。按大东急纪念文库出版有《大东急纪念文库贵重书解题》，长泽规矩也、川濑一马合编，馆藏《高常侍诗集》被定为明覆宋本，当出二人鉴定。尾崎

---

① 　载《敦煌古籍叙录》卷五集部，商务印书馆 1958 年版。

先生以为,比之他种书棚本,此书字体似略瘦,但仍不排除此本真有可能为宋刻。目下尾崎康、横山弘二先生仍在继续研究中,希望不日能有新的鉴定结果发表。

中国境内的高适诗集,应推北京图书馆所藏的清初影宋钞本为善。此书乃汲古阁影宋精钞,保留着宋版的真面目,我将手边所藏此书本文第一页照片与大东急纪念文库藏本对照,完全一致,可证这部"临安书棚本"确是宋刻或源出宋本的覆刻本。杨守敬《留真谱》所留《高常侍集》之"真"亦即此书。关于《高常侍集》的版本,土屋泰男有《高常侍集之版本》一文,内有关于大东急纪念文库所藏此书的详细介绍①。阮廷瑜《重订高常侍集传本述要》内容丰富,然对"临安书棚本"则未有介绍②。

总的看来,不管此书真是宋本抑或覆刻,均可视作存世最佳之本。郑振铎原藏正德本《高常侍集》八卷,现存北京图书馆,与大东急纪念文库所藏之书亦颇近似,而书中墨钉数量为少,此亦可见大东急藏本年代更早。这类明刊唐人诗集,均与书棚本有直接或间接的渊源关系,这一问题,可参看拙撰《〈唐十二家诗〉版本源流考》一文③。

日本市河世宁据彼邦流传之《千载佳句》《文镜秘府论》《游仙窟》等书中之诗,择取其中不见清康熙御定《全唐诗》之佚诗,辑成《全唐诗逸》三卷,嘉庆时传入我国,鲍廷博刻入《知不足斋丛书》,国人方知彼邦保存着很多唐诗方面的珍贵材料。1990 年时我主编《唐诗大辞典》一书,日本弘前大学植木久行教授撰《〈唐诗大辞典〉寸评》一文,多所

---

① 载《汉文教室》第 150 号,昭和六十年(1985)四月。
② 载《书目季刊》十一卷三期,1977 年发行;附载《(订正再版)高常侍诗校注》,台湾编译馆中华丛书编审委员会 1980 年 11 月版。
③ 载《文史探微》,上海古籍出版社 1987 年版。

嘉许①，如云唐代诗人送空海、最澄回国的诗篇，《辞典》中已有介绍，弥补了前此有关著作之不足，但植木教授也遗憾地指出，有关送日僧圆珍归国的所谓《唐人送别诗》，则介绍得还不周全。他并提到小野胜年《入唐求法行历之研究——智珍大师圆珍篇》下 385 页以下可参考②。至堪庆幸的是，近承大阪市立大学村田正博副教授的大力帮助，提供了圆城寺珍藏的这一国宝的复印件，内有高奉诗三首、蔡辅诗十一首、李达诗一首、詹景全诗两首、道玄诗一首，与《圆珍篇》中的记载尚有出入。这对《全唐五代诗》一书的编纂大有帮助。

通过访书，我产生了一个强烈的印象，即日本保存我国古代文物之多及其保管之善，都值得我们这一文物输出故国的重视。正像彼邦学者所指出的，这些唐代文物，很多是日本遣唐使携回的，他们满怀学习唐代文化的热忱，冒着生命的危险，才能取回，因此即使仅为片纸只字，也视若拱璧。日本国民这种学习外来文化和珍惜文物的精神，值得我们好好学习。

在日期间，正值正仓院一年一度的展览时期。在这短短的二十天中，奈良近畿站至国立博物馆展览厅的一段路上，行人如卿，很早就有人在厅外排队等候。自早至晚，参观者摩肩接踵，排队在文物之前参观。好些一千多年之前的遗物，还能鼓动起当代日本人民缅怀古代文化的热情，激发他们学习古代文化的兴趣，他们那种认真专注、热情好学的精神，令人感动。

每年的正仓院展，都印有一册精美的展品介绍出售，参观者中很多人手持介绍对照展品细加欣赏，以增进对展品的理解。这次展览内容丰富，其中箜篌的实物与王勃《诗序》钞本长卷最令人瞩目。

---

① 载《东方》132 期，日本东方书店。
② 法藏馆，1984 年。

唐人诗中,常见箜篌一词,《旧唐书·音乐志》中详细记录了箜篌的形制,但世上怕已难以见到这一乐器的实物了。只有正仓院还保留着箜篌的主要部件,据之复原,当近真相。

王勃《诗序》钞本长卷,末署"庆云四年七月廿六日",时当中宗景龙元年(707),上距王勃之死,不过三十年左右。应该说,这是最为接近王集原貌的一种本子了。上述题署下有小注:"用纸二十九张",细察之,系用各种彩色麻纸粘合而成,至今纸色如新,无一水渍鼠蚀之痕。历时千年之物,保管如此之善,令人惊叹。正仓院乃国宝集中之所,日本人以为颇有神秘色彩,这些地方确是有其非凡魅力,国外观众也无不称奇。

说到这里,就会使人想起罗振玉对中日文化交流的贡献。罗振玉得到正仓院《王子安集》印本,校杨守敬《日本访书志》中所载之《王子安集》佚文十三篇,加上上野氏与神田氏所藏《王子安集》古写残卷影本,成《王子安集佚文》一卷,辑入《永丰乡人杂著续编》中,于是王勃的文字流传东瀛的情况始广为人知。

罗振玉在《佚文序》中还深以富冈谦藏所藏的《王子安集》卷二十九与卷三十未能影传于世为憾,今此二卷已归东京国立博物馆,且已辑入《京都帝国大学文学部景印旧钞本丛书》第一集,1970年时二玄社又将其辑入《画迹名品丛刊》,影印发行。

京都帝国大学文学部影印旧钞本中,要以《文选集注》的容量为最大,亦最名贵。此书中土一无记载,注中引及李善、五臣、陆善经、《音决》、《钞》诸书,其中陆、公孙二氏的《文选》旧注,此间亦已一无留存,仅《唐语林》卷二曾谈到公孙罗释茆之事,当出《刘宾客嘉话录》。罗振玉于民国七年(1918)将《文选集注》残本十六卷影印行世,中国学者始知《选》学中尚有《集注》这一种至为宝贵的钞本。

京都大学影印的《文选集注》,除了收入罗氏印过的十六卷外,又加以搜罗到的八卷。残膏剩馥，嘉惠士林，功德无量。但此事仍得到罗振玉的支持。罗继祖《永丰乡人行年录（罗振玉年谱）》于中华民国八年己未（1919）春记事曰："捐净土寺町寓宅于京都文科大学，俾鬻之为影印东邦所藏古写卷子本书籍之资，托内藤、狩野两博士经理其事。后陆续刊行凡十集，即所谓京都大学文学部影印旧钞本丛书也。"[①]这是中日文化交流史上的一段佳话，为珍贵文献的传播作出了贡献。

罗振玉其人，由于政治上的失节，遭到人们的鄙视，但其保存与传播文献之功，确是不容埋没的。访书之余，颇有这么一种感想：评价一个人，要具体分析，不能以政治态度概括一切；有些政治上反动的人对保存与传播文化未必无功，有些政治上"革命"的人对保存与传播我国传统文化未必有功。

（原载《古籍整理研究学刊》1995 年第 1、2 期合刊）

---

① 载该书第 75 页，江苏人民出版社 1980 年版。

追念自叙

我所了解的胡小石先生

我于 1950 年考入南京大学中文系,二年级时始从胡小石师问学,那时他已 63 岁,当我于 1957 年重回母校从他进修副博士课程时,他已 69 岁,因此我们这一届学生实为他的晚年弟子。对于他早年的情况,多得之传闻;新中国成立之后的情况,有的为亲历,有的仍属传闻。因为我的身份只是一名普通学生,有些难得明白的事,一时还不清楚,今为纪念老师计,竭尽所知,从教学、政治和新中国成立后的一些经历分三个方面作些介绍,供各界人士参考。

一

小石师一辈子以教书育人为职志,而他之进入高等学校任教,是在 1920 年时由陈中凡师推荐,应北京女子高等师范学校(后改称女子师范大学)之聘,出任该校教授兼国文部主任开始的。这时从他受教的,有冯沅君、苏雪林、黄庐隐、程俊英等多位日后的名流。小石师初上高校讲台就培养出了这么多的英才,一直以为快事。时值"五四"时期,女学生更有冲决封建罗网的要求。女高师中曾有一件轰动一时的壮举。袁昌英编了一部《孔雀东南飞》的话剧,剧中人物均由同学扮演。程俊英年轻貌美,出演刘兰芝;冯沅君出身于封建大家庭,曾经缠足,又显得年老,故演焦母。这一文坛佳话,近代文学史上应该大书特书。小石师应邀观看演出,晚年提到此事仍兴味益然。

1957 年,我回南京大学当小石师的副博士研究生,曾赴华东师范大学从束世澂先生学习中国古代史,小石师遂修书问候时在该校任教的程俊英先生。俊英先生拜读老师信件后，激动异常，追忆往事，连着说"四十年了，四十年了"。我等回宁时，俊英先生又修书致候，并买了四听茶叶分赠小石师与中凡师。1960年时，小石师因病住上海华东医院，俊英先生遂偕丈夫张耀翔教授前往探视。1990年时，我负责筹办胡小石、陈中凡、汪辟疆三教授百年诞辰纪念会，正值王元化先生邀请我前去参加他的博士生答辩，于是至程府面请她来宁参加纪念会。俊英先生已近90高龄，心情很沉重，表示心有余而力不足，但一定要写两篇回忆录，纪念两位老师，这就是后来发表在南京大学古典文献研究所编《古典文献研究》(1989—1990)上的《胡小石老师在女高师》《陈中凡老师在女高师》两文。

小石师于1922年转至武昌高等师范学校任教，学生中有刘大杰、胡云翼、贺扬灵、李俊民等人，又是英才辈出，均为日后学界的名流。

小石师在女高师与武昌高师时，都开设中国文学史课，培养出来的学生，在这一领域中卓有建树的为数尤多，冯沅君、刘大杰、胡云翼等几位成绩更为突出。沅君先生与小石师一直保持着密切的联系，每次来信都恭执弟子礼。大杰先生在复旦大学讲课时，对小石师倍加赞誉，曾向学生介绍小石师的教学情况，认为既有诗意又富激情，听讲者都会产生强烈的共鸣。

大家知道，中国虽然早在清末就已出现中国文学史这一新兴学科，但与所谓"国学"仍未划清界线。小石师参照西洋学说，澄清了驳杂模糊的文学观念，为古代文学的发展勾勒出了一条清晰的线索。他在文学史上的贡献是卓越和深远的。

1924年后，小石师回南京出任金陵大学与中央大学的教授，先后培养出来的学生也就更多了。

小石师的那本《中国文学史讲稿》，是在1929年时用学生苏拯的一份笔记匆忙付印的，未足反映他的学术造诣，但也可从中看出小石师的治学特点。每讲一个问题，都有他个人的心得体会，条理清晰，见解深刻，对每一个阶段的文学现象，都能有精到的概括，例如他把汉赋的发展分为四期，就一直为后来的文学史研究者所承用。

近人论学科建设，总是谈到林传甲、黄人如何首编文学史，谢无量等人如何编写大文学史，小石师的那本文学史发表在后，而且只有上编，因此人们一般都不能正确评价他在建设这一学科时所作出的贡献。如果大家知道他在 1920 年时就开始讲授文学史，而且先后培养出了众多文学史专家，也就不难看出他在这一领域实有奠基之功。

小石师在两江师范求学时，学堂监督李梅庵先生为兴新学，聘请了许多日本学者前来授课，小石师在北京女高师时开始讲授修辞学，或许可称国内讲授这一新学的首创者。

小石师在各校都曾讲授过古代诗歌。由于他自己有丰富的创作经验，且对古代文学有深刻的领会，教学效果极佳。钱仲联先生撰《近代诗钞》，选择至严，而录小石师的诗歌达 80 多首，且加评语曰："得李瑞清之清隽，沈曾植之瘦硬，陈三立之镂刻，加之融会变通，形成了自己玄思鸷想、百锻千炼的独特诗风。"可见他在近代诗坛上的地位。

1934 年，金陵大学中文系开设国学研究班，由小石师与黄季刚先生等开设专题课。当时规定每一位教授开设八门新课，在四个学期中选授，小石师开设的新课为"书法史""程瑶田考古学"等，都是他人从未涉及的专题，于此亦可见其学识的广博和精审。

小石师对学生极为爱护，游寿、曾昭燏等几位求学时，经常住在他家里，随时请益。他对学生的作业，提出宝贵意见，常能使人终身受益。王季思先生晚年经常拿他早年受教之事作例，告诫后学。他曾写作一篇文章，用《晋书·陆机传》上张华"平吴之役，利获二俊"之语诠释元好问的《论诗绝句三十首》中"论功若准平吴例，合著黄金铸子昂"二句，小石师以为此说不太贴切，因而叫他去读《国语·越语》。季思先生始知勾践曾用黄金为范蠡铸像，此处当用这一典故，诠释才算正确。小石师随后又告诫说："这些地方，聪明人要用笨功夫。"季思先生于半个世纪之后重返母校，为青年学生讲治学心得，追溯这一往事，不禁老泪纵横，使听者感到强烈的震撼。教师的追求是得天下英才而教育之，小石师能得众多英才多方面地发扬光大其学术，地下有知，亦当感到快慰。

二

小石师从不介入政治活动，一生从未参加过任何党派。但他特富正义感。中年处在北洋军阀至国民党统治时期，政治黑暗，民不聊生，因而常是站在进步人士一边。

他在北京女高师任教时，与李大钊友情甚笃，过往甚密。有一次，二人一起参加北京高校的索薪运动，大家围在新华门外面，里面却无人出来接见并解决问题。当时李大钊极为气愤，突然高呼一声，随即昏厥倒地，小石师站在他旁边，极为震惊。后来他说："守常平时极为温和，想不到他当天反应会这么激烈。"李大钊有一次赴南方参加革命活动，路过南京，还专门下车拜访小石师，但从未说到其时组党之事。

小石师于抗日战争期间，随同中央大学迁至重庆沙坪坝，其间利用休假，还数次赴云南任教。云南昆明为民主力量集中的地方，小石师与楚图南等交往甚密，家中常有民盟成员来聚谈，对于国民党政府内宋、孔等家族大发国难财的卑污行为，深恶痛绝。其时教师生活极为清苦，这从小石师所作的诗文中可以看出。社会上的这种不公，使他对国民党的统治感到绝望。

国民党执政时期，中央大学因在首都建校，自然成了首屈一指的高等学府。黄季刚先生死后，小石师已成最负盛名的学者与名士。

1946年，蒋介石庆六十寿辰，朝野各式人等纷纷祝贺，当时的一个什么"民意机构"派人与小石师商洽，许以重金酬谢，请他写作一篇寿文，云是代表民间的意愿，敬祝领袖万寿无疆。他们的算盘也可称精明，想请一位与政治素无因缘的大手笔为总统祝寿，不是可以说明民心所向了么？孰知一当此人说明来意，小石师即坚决拒绝。那人反问："前时美军将领史迪威尔逝世，那次公祭典礼上的祭文，不是由你写作的么？"小石师答曰："史迪威尔来中国帮助我们抗战，所以我才写祭文。我只会给死人写祭文，不会替活人写寿文。"来人变色悻悻而去。

小石师的这一抗争，极为难能可贵。那时蒋介石的势力还如日中天，因此各界为其祝寿时，也有许多知名学者竞献忠心，撰文歌颂者有之、献九鼎者有之，小石师为人风骨凛然，才有此远超流俗的表现。

国民党政权覆灭前夕，政治腐败，物价飞涨，学生运动时起，并提出了"反内战、反饥饿、反迫害"的口号。小石师同情学生，力所能及地予以支持和援助。1949年4月1日，小石师和进步师生前往总统府请愿，遭到一批号称淮海战役突围出来的军官的袭击，当场打死学生两人。小石师及时进入总统府门房躲避，那些追逐师生殴打的所谓官兵隔着玻璃已看到有人在里面，但见小石师仪容伟然，知系有身份的人物，遂未闯入，否则后果真不堪设想。

国民党政权打算逐步退出大陆，行政院命令中央大学立即迁往台湾，教师内部也就分成两派，展开了激烈的斗争。绝大多数的教师主张留下来不动，并组织了一个护校委员会，由梁希、潘菽和小石师三人负责，临时代理校领导职务。国民党政权自不甘罢休。风声越来越紧，梁希与地下党联系密切，潘菽的两位堂房兄弟都是共产党的高级干部，不敢久留，也就离开了岗位，因此后期的护校委员会仅有小石师一人主持。情况极为复杂，政治、经济、人事上的种种问题，难于处理，小石师于此极尽辛劳，并且承担着巨大的风险。有一次工人突然发难，大约为了经济问题，要找小石师算账。随后不久，新政权成立，那次聚众闹事的工头立即被抓了出来。据云此人为隐藏下来的一名特务，伺机鼓动工人闹事，把矛头指向护校委员会。小石师几遭不测，可见其时处境之艰险。

三

中华人民共和国成立之时，小石师已年过花甲。他经历过清、北洋军阀与国民党执政时期，目睹民生困苦，民族灾难深重，常为国家担忧。新中国成立初期，社会上出现了蓬勃的气象。一些丑恶的社会现象，如流氓、娼妓等，立即肃清，干部也能清廉自守，这对于一个经历了几个朝代的知识分子来说，确是感到从未有过的欢畅。因此小石师在新中国成立初期，衷心拥护这一新兴政权。

此时小石师已属老一辈的知识分子。活跃在学术界的，比他要低上一辈。按照当时的阶级观点，知识分子中可以分为几种类型，像胡适一系的人物，当然是资产阶级知识分子。留在大陆上的，像俞平伯等人，也属这一阶级，所以要在全国范围内批判他的红学观点。小石师是与黄季刚、吴瞿安等先生同辈的学者，比起俞平伯等人要高上半辈，因此在先进分子的眼光里，应属封建学者。他自东南大学时起即于此任教，其后历经中央大学、南京大学，留校任教者大都是他和汪辟疆师的学生，因此有人就称中文系为"封建堡垒"。只是由于小石师一直支持学生运动，护校有功，而且在学术界具有极高的声望，因此各级领导还是甚为礼敬。江苏建省时，就曾列名第一届省政府委员，其后还出任过很多学术文化机构和参政议政机构的领导职务。

随着政治形势的变化，小石师的一些旧交情况发生了很大的变化，这对小石师也会有所影响，但他总是从大局着眼，力所能及地做些工作。

小石师曾先后出任中央大学的中文系主任和文学院院长，然因不耐庶务，实际工作由学生段熙仲、张世禄二教授经办，大家都认为二人是小石师的左右手。段先生和国民党的上层人物有些关系，新中国成立之后成了政治问题。华东革命大学成立，指定段先生去学习。当时俗称进"革大"学习为"洗脑筋"，段先生以陶渊明不为五斗米折腰自许，不愿前往，于是离职回安徽老家。据云这时他对小石师有所怨言，以为之前一直帮你办事，如今坐视此事，不帮他讲一句话。这样看问题，可谓当局者迷。小石师处此地位，又怎能讲什么话？但到1956年知识分子政策出台时，小石师随即向南京师范大学中文系推荐，使他获得了重回高校的机会。段先生后来在六华春菜馆设宴招待高校故友，席间持酒向小石师鞠躬致敬，感谢老师的关怀与帮助。

其时小石师年事已高，且担任要职，但他还是为学生开基础课。中文系规定大学三年级学生上的中国韵文选课，例由小石师和辟疆师担任，以唐、宋为界，分别讲授前后两段。小石师教学效果特别好，受到学生热烈欢迎。辟疆师诗学湛深，然而不善表达，且一口江西土话，外地学生无法懂得。以前学生仰慕高名，总有不少学生选他的课，这时学生当家作主，也就提出了撤换教师的要求。有一班学生建议韵文选课全部由小石师承担。小石师坚决不答应，以为下半段课仍应由辟疆师承担。当时高校中原来的大一语文课已被撤掉，1952年又经过院系调整，许多学校的教师集中过来，中文系的教师严重过剩。小石师出任南京大学图书馆馆长后，就把汪辟疆、刘继宣二先生吸收到了图书馆中去，且为之特辟一室，让辟疆师鉴别馆藏善本。处在这一历史转折关头，小石师不忘故旧，尽管其时个人已很难发挥人事上的作用，但他还是力所能及地照顾他人。

这时政治运动不断,但对小石师的影响还不太大。由于他年轻时家境贫寒,一生清白,虽长期在南京工作,与政界却没有丝毫关系。国民党元老于右任、吴稚晖等人组织诗社,倡导书法,南京高教界不少名流厕身其间。小石师于此宿负盛名,但从不迎合此辈附庸风雅,因此各种政治运动都牵涉不到他,党政领导对他还是非常敬重的。

　　全国的形势急剧变化,学校内部人事关系也在变化。原来中文系的中年教师大都是小石师的学生,有些人还是他留下任教的。他们与师辈在学术上水平悬殊,一时又得不到开课的机会,于是有人便在某一方面谋求优势,到处扬言"泰山压顶",后且公开向小石师表示,要求让课给他,小石师遂不再上本科生的文学史课。

　　思想改造运动中,也曾有一些人使他感到不快。如有过去的学生,当时的一位年轻教师,说国民党政府打算任命小石师为中央大学校长时,小石师虽然严辞拒绝了,但内心可能还是高兴的。这种捕风捉影的诛心之论,当然难于接受,也惹得他生气。

　　按照我的观察,小石师的政治态度,在反右派之后有些变化。之前,他对国家知识分子政策深信不疑,不断写信催三子令闻先生回来。令闻先生在美国宾夕法尼亚大学任教,学的是工科,国内正缺少这类人才。小石师时任南京市归侨委员会主任,正负责联系过去中央大学的几位教授回国。他曾对我说:"令德在联合国工作,回来做不成事,也就让他去了。令闻回来可以发挥作用,他妻子又是学小儿科的,国内也可找到合适的工作。他们可在南京就职,也可到北京科学院去工作。"但在反右之后,我就不再听到他催促儿子回国的话了。

　　反右开始时,省里领导曾在上层开过一次座谈会,听取大家的鸣放意见。小石师发了言。其中提到:"政府应该吸取明末的教训,不要亲小人、远君子。"但到《新华日报》正式发表时,记者让他看校样,他又觉得这样讲对党的形象不好,也就画掉了。事后不少人因鸣放获罪。

小石师心有余悸，他觉得，假如当时不画掉这一段话，后来的事就难说了。其后小石师也曾提起他为什么要讲这些话，事情不会凭空发生，这也是有感而发。当他主持中央大学护校委员会时，国民党政府发下过一笔钱，让学校赶忙迁往台湾。这时风声鹤唳，各种人物站在不同的立场纷纷提出不同意见，有一位院长早已离开了学校，但当听到上面有款项下来时，立即回校要求分钱，大家各奔前程。小石师气得当场拍桌子，制止住了这场风波。但政权新建，此人却又积极异常，地位步步高升。这类事情颇多。小石师秉性正直，看不惯这类事，因而规劝党政领导借鉴历史，以免重蹈前人覆辙。想不到这样一些由衷之言，反而会有那么危险的后果，这对一位直率的人来说，不能不有所警惕。

反右之后，运动接连不断，什么"交心"啊，"大批判"啊，"拔白旗"啊，同时还在组织"大跃进"，什么大炼钢铁啊，除四害打麻雀啊，等等。这些对小石师倒是影响不大，因为他已七十高龄，平时一直住在外面，可以不参加系里活动。因此除了家中铁门被拆掉拿去炼钢铁之外，其余触动不大。但他看不惯的事仍时有发生。学生大编教材，系领导作动员报告，贯彻阶级观点，大批谢灵运的诗歌，说是他的那些山水诗，东一句，西一句，连都连不起来，犹如上句在讲电灯泡，下句在讲桌子，这样的诗有什么好？陈中凡师一贯要求进步，政治热情高，他对六朝文学有很深的研究，但不喜大谢的诗，这时也跟着讲了些贬低的话。小石师知道后大为气愤。他说学生不懂事，随他们怎么讲好了，你陈老已是七十多岁的人了，怎么可以跟着讲同样的话？难道唐朝人的眼睛都瞎掉了，他们还比不上你们懂诗？于此也可看出小石师的耿直。他有他的信念，决不从时俗转移。

小石师于1962年去世。四年之后，"文化大革命"即起。在那一切都要算老账的年代，小石师还是遭到了"控诉"与"批判"。中文系的一位干部,20世纪50年代的一名学生,就曾在群众大会上声嘶力竭地揭发已去世多年的老师的"罪行"。"三年困难"前期,小石师家和当时的老百姓一样,营养严重不良,多时不知肉味。有一次,保姆夏妈不知从哪里弄到一小块肉,剁成末子,拌在稀饭里。小石师颇感惊讶,也就诙谐地说:"猪兄猪兄,久违久违!"这话不知怎么传出去了,于是惹得那位学生义愤填膺,作为反党反社会主义的反革命言论而要批倒批臭。世上既有这么一种斗志昂扬的学生,死去的老师自然难逃扑碑砸家之祸。但小石师能免于生前受辱,也可称为幸事的了。

在此我愿通过一件小事,叙述另一些人的真实心态。

反右之后,中央开了一次重要会议,俞铭璜主任回来传达,介绍最高领导人的讲话,说是好多地方的领导人都说怕教授,教授有什么好怕的? 你们回去批他们。随后也就掀起了"大批判"和"拔白旗"的运动。中文系确定先批罗根泽先生,并指定让研究生承担这一任务。研究生也不想写这类文章,因此每人只写了五六百字交差了事。俞主任也似乎并不打算真搞,只想应付一下。但新中国成立初期的知识分子对待运动还缺乏经验。罗先生认为他的《中国文学批评史》是建立在丰富的资料上的,你们几个学生讲讲大道理就能批倒了么? 因此,他多次提出"可以具体一些么,可以具体一些么!"表示不屑之意。这下子俞主任可拉不下面子来了。于是召开会议,指定我承担这项批判任务,给我两个月的时间,写一篇文章压下罗先生的傲气。当时正在掀起大字报的高潮,校领导规定每人每天要写一百张大字报,还要轮流去敲石子大炼钢铁,这些都给我豁免了,但一定得完成写文章的政治任务。

事态的发展出人意料,也无法控制。我思想上负担很重,不知道怎么办。我家上代,父亲和伯父都是当教师的,平时总希望学生尊重教师,维护尊师重道的传统。我自入南大当学生起,和罗先生一直感情很好。我本科毕业时，分配到北京去工作，临走的隔天晚上到罗先生家中辞行，罗先生说我已经向学校推荐了，希望把你留下当助教，上面说不合适，留不下来，希望你今后多努力。对于他的这番好意，我一直铭记在心，这时却要我去批判老师，真是左右为难，不知如何是好。第二天下午，仍想不出什么头绪，遂上小石师家去求指点。小石师听我介绍后，沉默半晌，最后说："文章你还是得写。但要注意态度，不要伤感情。"这真是金玉良言，也是唯一可能的选择。所谓"大批判"，当时被认为是思想战线上的阶级斗争，因此学生操笔为武器，尽管讲不上几句有力的话，但无不竭尽讽刺谩骂之能事，以"一面倒"的声势宣告胜利。我在写作时，力求磨损"大批判"的锋芒，把它写成商讨性的带有学术气息的文章。

罗先生当然感到很委屈，曾向他人表示过，胡老、陈老是最大的权威，反倒保护起来，一点不触动他们；自己治学勤奋，写的东西多，如今反而成了靶子，作为资产阶级的反面教员而供"大批判"。他对俞主任的决定颇有怨言。"大批判"运动随后定名为"拔白旗"运动。全国"轰轰烈烈"地开展，各高校之间似乎也在展开"革命"比赛。上级不断督促，大搞群众运动，实际上是运动群众，让学生对教师猛烈开火。但我校中文系的批判始终仅集中在罗先生一人身上。

有一次，俞主任又找我们研究生商讨任务，结束后把我和谭优学留下。谭优学时任研究生支部的负责人，我则为批判文章的执笔者，我们知道他在布置一番之后就要面授机宜了。这时俞主任交心了，他说："现在外面风越刮越紧，我们必须跟上去。但我们头脑也要清醒。胡小石、陈中凡都已是七十多岁的人了，还能批么？现在没有办法，只能拿罗根泽来批一下，但罗先生身体也不好，批垮了，怎么办？上面压得这么紧。这种形势，你要顶是顶不住的。我们也没有什么办法，只能走一步看一步。"显然，他心情也很沉重。以他这样政治经验丰富而又足智多谋的人来说，也无可奈何。只能外面轰轰烈烈，里面搜索枯肠，力求减缓风势。

隔了一段时间，运动停了下来，俞主任立即下令收场。在当时高校中，我中文系的批判规模可以说是很小的，小石师、中凡师等几位德高望重的耆宿始终没有触动一根毫毛。

风向转变，北京文教界的一些领导随即采取行动，为前此受到冲击的人恢复名誉。罗先生接到通知，让到北京参加《文学评论》的编委会。回来后罗先生显得很高兴，在教研组里谈了很多观感。何其芳说他们也顶不住，只能把《文学研究》改成《文学评论》，但研究的方针不会改变。周扬还走过来和他握手，鼓励他一定要写完《批评史》。这次他本想和许多老朋友见面，但清华研究院时的学长刘盼遂缺席，说是请了病假，罗先生遂抽空前去探视。一见面发现对方身体很好，也就问他为什么不愿与会。刘先生说："干了几十年，人家都说我学问不错，这次他们批我，把我说得一文不值，我还要去干什么？"罗先生反而劝他释然于怀，不必如此认真计较。通过与各界广泛接触，罗先生已彻底改变认识，连声称赞俞主任执行政策好。比起其他高校来，南京大学的"拔白旗"运动可能属于低调处理的一档。多数学校的锋芒要厉害得多。有一所高校，运动中一贯足尺加码，就曾勒令教授们手执白旗登上高台接受批判，诸多花样翻新的所谓"革命行动"，破坏了正常的师生关系，其后果是十分严重的。

罗先生对我写批判文章一事，表示谅解，有一次教研组会议结束后，我陪他回家，他就解释性地说："你这文章写得不错。"但罗师母可就不太能够这样对待了。她是一位家庭妇女，不太了解外面的形势，总以为我们二人本来师生关系很好，这次学生怎么批判老师起来了。对此我也无法辩解。隔了很长时间，她才通过许多事例了解真情。在她去世前夕，曾对赵瑞蕻、杨苡二先生说："罗根泽在这里教了这么多年的书，这么多的学生，还是周勋初常来帮我。"杨苡先生把这话转达之后，我才放下了压在心头多年的负担。

俞铭璜主任原任江苏省委文教部长，据说也因鸣放时有些话有所违碍，下放到南京大学中文系来的，后调华东局任宣传部副部长。"文化大革命"之前曾奉命撰文批判"有鬼无害论"，因此一直有人认为他是极左思潮的代表人物。1978年拨乱反正之后，高教部有一位司长来我校开座谈会，就曾问道："俞铭璜在你们这里搞了很多极左的东西吧？"我当时就不假思索地回答："没有，他是爱护知识分子的。"因为那一次有关"大批判"的谈话给我印象太深刻了，我不能昧着良心说话，应该说出事情的真相。我虽没有能力对俞主任的一生作出全面评价，但在所谓"拔白旗"运动中看到的就是这样。

人处运动之中，无法自拔，也无从躲避。不管你是什么高级干部、高级知识分子，或是芸芸众生，大家都像处在旋涡之中，只能随波逐浪，以免自己也遭灭顶之灾，非但横遭恶名，还会连累九族。只是历经磨难，人与人的正常关系几乎破坏殆尽。当然也有人乐意兴风作浪，或是出于狂热，或是出于盲从，或是借机有所表现，但我相信绝大多数的人并非心甘情愿。他们痛苦、惶惑，却又无法处身世外。当年批判罗根泽先生时，有人表示下一步应该轮到胡小石了，有人甚至提出还要给我考验，叫我继续写批判文章。这是多么可怕的前景。幸亏日后情况有变，否则我真不知如何自处？今日追念老师，仍是思绪万千，余悸犹在，愧疚郁塞，心情无法平复。但愿今后的学生不再接受这种"考验"，让大家能在正常的学术环境中传道授业解惑。

〔原载《胡小石研究》(《东南文化》专辑)，《东南文化》1999增刊〕

纪念古道热肠的洪诚先生

"文化大革命"中,学校停课闹革命,知识分子不是被斗,就是斗人,轰轰烈烈地消耗生命。但南京大学中文系在奉命修订《辞海》和编写法家著作《韩非子》时,把我和洪诚先生编在一起,前后共事很多年,却还干了一些实事。

"文革"之前,编写《辞海》的工作早已上马,"文革"开始后,造反派发现编好的稿子也是一棵大毒草,于是要求彻底改写,在每一条辞条中都加入阶级观点。如对"英雄"一词,就要着重说明有资产阶级的英雄,有无产阶级的英雄,并举不同的例子加以说明。这就苦了前面部分的编者。大家发现,笔画越少的部首越难写,像"人"部的"仁""信"等字,不知怎样写才好。我系承担全书最后的几十个部首,笔画越多,越具体,越容易写。像"鼎"字,最多说它是奴隶主阶级的用品,也就可以应付过去了。但这类东西牵涉到古代的名物制度,要讲得正确,也不容易。

洪诚先生在中央大学学习时就从王伯沆先生学习三《礼》之学,从黄季刚先生学习小学,因此修订名物制度方面的一些辞条时,显示出了深厚的功力;纠正原稿中的错误不少,把修订稿的水平提高了一大步。

但洪先生为人极谦虚。稿子修订好后,即向领导上提出,想请另外的人看看。一是在知识性上有无错误,二是有无不合毛泽东思想的地方。也是怕人打棍子的意思吧。系里提出了几个人,洪先生认为不合适,于是主动提出想叫我看看。我过去一直教中国文学批评史,之前编在文艺理论教研组,算是个吃理论饭的,这时教研组已解散,蒙洪先生厚爱,也就投入修改《辞海》的工作中去了。

这一工作拖拖拉拉干了十多年。对我来说,看洪先生定下的稿子,实际上是一次很好的学习机会。我虽读过一些先秦古书,但对名物制度所知甚浅,因此我所能做的,也只是复核一下原书,在个别文字上商量一下就是了。

有一段时间,上面还将我们集中到上海,和其他几个高校的编写人员合在一起,再加上工人和军官,组成所谓三结合的班子。他们本地人下班后就回家了,我们外地去的人就住在办公室里,过着革命化的简朴生活。这时我和洪先生朝夕相处,彼此加深了了解。星期天我还陪他到复兴公园去玩玩。他很高兴,一来他高度近视,出门不方便,二来"文革"中空气压抑,平时困在三结合班子里,身为臭老九,真话不能说,有机会到天地比较宽大的公园走走,也能使人精神一振。

《辞海》还未修订完毕,上面又下达了编写法家著作《韩非子》新注本的任务。我先奉调回宁,随后不久洪先生也加入了编写组。大约在工作的第二阶段,大家集中在后宰门的江苏人民出版社的招待所里时,他来参加集体讨论。这时仍然实行三结合的法定制度,内有工人、出版社人员和我们五六个教师。情况和上海时有所不同,出版社的编辑原是旧省委的干部和省社科院哲学所的研究人员,南京化学工业公司的几名工人,都有大学与高中水平,对老教授很敬重,因此洪先生在讨论《韩非子》中的问题时,能够畅所欲言,心情很舒畅。

我们感到高兴的是,《韩非子》是标准的法家著作,编写新注本,用不到外加什么标语口号,只要如实注释即可。不像王安石、龚自珍等人,也要拉进法家队伍,编写他们的著作时只能胡拉乱扯,纳入大量评法批儒的昏话。

我们决心把这本书编成具有较高学术质量的著作,于是在工作人员内部也作了分工。参加的几位老教师,发挥他们的所长。刘毓璜先生负责历史方面的问题，周钟灵先生负责标点和分段，洪诚先生则负责训诂。每一篇文字，都经过三结合的集体讨论，遇到难题不能统一时，就由他们拍板。因为空气较宽松，无异成了一个世外桃源，因此大家都乐于耽在里面。

洪先生工作时保持他一贯踏实负责的态度。他广泛地阅读前人著作，还精读了陈奇猷的《韩非子集释》一书，并用朱笔密密麻麻地作了标记和批语，指出了很多错误。可惜"文革"结束后，他转入了带研究生和办讲习班的繁重工作中去，未能亲自将此整理成文，这真是学界的一大损失。

洪先生投入工作的热忱，令人感动。"文革"结束，这部命名为《韩非子校注》的稿子尚待最后加工，才能考虑正式出版。可其时洪师母已病重，他们夫妻二人相亲相敬，一直相依为命，这时洪先生骤失依傍，内心的怅惘和痛苦，可想而知。洪师母在医院，他一人在家时，只能全身心地投入《韩非子》的修订中，借以排除牵挂。洪师母病危的那天晚上，洪先生还在灯下修订《韩非子》的注释稿。此情此景，大家知道后无不感动。

如果说，我因参加《辞海》的修订而受教于洪先生，获益良多，那么我因参加《韩非子》的编写而受益于洪先生，也就更多了。

进入编写《韩非子》注释稿的后期，我因读书偶有所得，写下了不少笔记，随后编成《〈韩非子〉札记》一书。我很明白，像我这样一个在中文系教批评史的教师，要想写作有关《韩非子》的文章，困难很多，弄得不好，就会错误百出。于是我向洪先生求教，每抄清一篇，就送去请他提意见。这样前前后后一共送去几十篇之多。

洪先生乐于帮助人。替人家看稿子，查资料，向来不厌其烦，从不吝惜自己的精力。当初我写这些稿子时，"文革"尚未结束，根本想不到日后还会出书。也只是书生积习难除，只是想及时记下一些读书心得，免得日后遗忘罢了。洪先生一谈起学问就兴趣盎然，为我看稿子，也不像是什么负担，但为此事而耗费他不少精力，今日思之，仍觉过意不去。

洪先生把意见批在我的稿子上。他学问好，读书认真，看稿子时一丝不苟。我当时就意识到，洪先生的这些意见，以及扶植后学的这份情意，对我来说都有永远的纪念意义。因此，我把其中几篇有代表意义的稿子一直保存着。下面就摘录他其中的一些批语，让大家一睹前辈的风采。

《〈韩非子〉札记》中有《韩非作品写作年代的推断》一文，洪先生批曰："这一篇最精辟。"题目右边加上了四个圈。他在看书时，总是浓圈密点，有些文字下面还打上曲线。我在文中提出一种看法：韩非书中有时贬低孔子，有时称颂孔子，或许反映了韩非思想上前后期的变化。洪先生在有关的几段文字底下都打上了曲线，旁边还加上了密圈，后又加按语曰："发前人所未发。"他对年轻一辈的人，只要有点滴可称，总是热情地加以鼓励。

我在文章开头就提出疑问："在同一部著作中，有许多观点相矛盾的文章，里面有没有真伪之分？"洪先生批曰："但必须在用思想区分的各篇中检查其历史故事有无矛盾。"后又批曰："矛盾与真伪无必然联系，章氏订孔，《訄书》与《丛书》皆真。"这里是指章太炎在《訄书》与《章氏丛书》中发表的观点。这些批语给我很多启发，促使我进一步去思考问题，分析各家思想时不能采取简单化的态度。

《战国时期的几起变乱佚史》一稿，考订史实的地方很多，我在"周威公举贤而身死"一节中考证出周威公死后始分东、西二周，而我在引《史记·周本纪》中的一段话时，照抄中华书局《史记》标点本，内云："……威公卒，子惠公代立，乃封其少子于巩以奉王，号东周惠公。"洪先生在"子惠公代立"下用朱笔打上句号，抹去原来的逗号，旁加批语曰："乃封的主语是威公。"后又加批语曰："郭（缘生）、张（守节）把乃封的主语看作西周惠公,郭、张之说始于徐广。见《周本纪》。"而在《周本纪》的上述引文结束时,洪先生加批语曰："这一段是关键所在,要从不明情况的人出发,作特出的说明。"这些地方,真是读书不轻易放过一字。他对此事反复叮咛,则又可见其待人之热诚。

其后我又考证东、西周之分的年代,是在周显王二年,结束时说:"《史记·周本纪》上说'王赧徙都西周',说明在这之前,显王、慎靓王一直定都东周。"洪先生把"说明"至"慎靓王"十一字删去,将前面的逗号改为句号,随即将此改写为"《春秋》昭公二十六年（即敬王四年）,敬王入居成周。昭公三十二年,诸侯城成周,敬王遂定都于此"。而在"《史记·周本纪》上说'王赧徙都西周'"下,又加上一句"从敬王到赧王初立",借与下句"一直定都东周"相连接。洪先生在重组此文后又下加批示曰:"历史有明文记载,用不上间接证明的方式。"我即径据他的指示改正。

我在《〈韩子〉的编者——刘向》一稿中,原来还有一节文字,标题曰"汉初还没有把韩非的文章编集成册",洪先生在这页的两边密密麻麻地写满了批语,指出此说之不当。他说:"《汉书》武帝纪建元元年（武帝初继位之年）丞相卫绾奏,所举贤良或治申、商、韩非、苏秦、张仪之言。乱国政,请皆罢。武帝以前,孔氏不独尊,韩非书与申、商、苏、张皆盛,贤良对策多用之。《汉志》有苏子、张子,皆书名。"又曰:"韩安国从田生学韩子,适足以证明韩子有书而为当时所尚。"证据确凿,足以破我立论的疏陋,于是我撤掉了这一节文字,避免了错误。

我送去《圣人解》一稿,洪先生批曰:"大有用之文。"内加提示曰:"《周礼·大司徒》云'六德智、仁、圣、义、忠、和',这个圣是一般的道德,《左传》之圣也不高,《论语》之圣就极高了。孟子说'大而化之之谓圣,圣而不可知之之谓神'。韩非之圣犹为古义。"于此可见其腹笥之富。我在他的启迪下,不断有所开拓,《札记》所以能写成这个样子,得益于洪先生的启迪匪浅。

中国步入改革开放新阶段后,我又回到古典文学教研组,与洪先生晤谈的机会也就少了。随后洪先生即不幸去世,从此失去了再次向他学习的机会。事后我常想,在那史无前例的昏暗时期,因缘巧合,能有机会与洪先生共事,得到他的帮助和指点,实属三生有幸。我将永远记住这份情谊。

洪先生一辈子不求名、不求利,总是诚恳待人,助人为乐。在他身上,集中体现了许多传统美德。中文系的同人,乃至整个学术界,得到他帮助的人不知有多少。人们提起他时,总是心怀敬意,这也是公道自在人心的表现吧。

在《辞海》的编写人员名单中,在《韩非子校注》的编写人员名单中,只印上了"洪诚"二字,但他作出的贡献,所花的心血,不知要高出人家多少倍。这只有我们参与的人最清楚。这种大公无私的奉献精神,永远值得后人敬仰。

（原载《文教资料》2000 年第 6 期）

深切怀念程千帆先生

　　千帆先生离开我们已有两个多月了。这两个月,我辗转各地,参加各种会议,会前会后总有一些朋友前来询问千帆先生的情况,大家对他的逝世,无不感到痛惜。我在不断奔波之余,也总是想起与他在一起时的种种往事。有些情况,似可向学术界介绍,也可寄托我对千帆先生的怀念之情。

　　千帆先生出身于书香门第,祖上几代都有文集传世。杜甫曾说"诗是我家事",程家亦以诗学名海内。千帆先生自年幼时起即学诗,后在旧体诗与新体诗的创作上都取得了很大的成就。20 世纪 30 年代,千帆先生与沈祖棻先生结婚。祖棻先生以词的创作享有盛誉,也从事旧体诗与新体诗的创作。他们夫妇俩在诗学上的成就,一直在学术界传为佳话,并被奉为楷模。

　　但千帆先生泽及后人的主要方面,在学术。他从年幼时起,即接受传统的教育,熟读经史。后入金陵大学学习,从黄季刚、胡小石、吴瞿安、汪辟疆、汪旭初、胡翔冬、刘国钧等大师问学,在朴学、文学史、诗词学、目录学等领域内积累了丰富的知识。

　　新中国成立初期,千帆先生在武汉大学担任中文系系主任,年仅四十上下,正是意气风发之时。但随后在极左思潮的摧残下,竟浪费了一二十年的宝贵时间。1978 年拨乱反正之后,他应南京大学校长匡亚明先生之请,前来中文系任教,其时已将近七十高龄。但他争分夺秒,勤奋工作,在好多方面作出了巨大成绩。这些地方,学界大都已有所闻。今结合我的一些亲身感受,缕陈如下:

一、精心培养人才

自1982年起,南京大学中文系中国古代文学专业即已建立培养博士研究生的学科点。千帆先生任主导师,我和其他几位教师任副导师。其后我又与他合作,共同培养博士生。但我毕业于新中国成立之后,过去从未培养过研究生,工作不知如何做。千帆先生毕业于抗日战争之前,看到过师辈培养研究生的情况。他交游广,与西南联大的朱自清先生等也有交往,因而对培养研究生的知识了解很多。新中国成立之后,他也带过研究生,这时结合改革开放后的新情况,也就设计出了一系列培养硕士研究生与博士研究生的方案,于是倾注大量心血,培养出了许多顶尖的人才。他对学生的生活状况与学习环境极为关心,而对他们的学习,要求极为严格。鉴于近时的一些学生基本知识太差,他提出了每位学生必须读四本至八本基本书的要求,如《诗经》《楚辞》《左传》《史记》《文选》等,要求他们一一写出读书笔记,交上后由教师认真批改,指出其中的不足之处,并提出修改意见。文章达到发表水平时,则向杂志社推荐。这既提高了学生的积极性,也帮助他们迅速成长,早日为学术界所接受。我也从中学到了许多培养人才的方法。为了努力适应教学要求,自身在业务上也得到了提高。

二、不断推出成果

千帆先生在新中国成立之前,即已出版过《文论要诠》等著作多种。来南大工作后,始终把培养人才的工作放在第一位,但教学相长,他也不断推出新的研究成果,除了写出《张若虚〈春江花月夜〉的被理解与被误解》等论文外,他还约请年轻的学者或正在跟他学习的学生,整理过去的讲义或旧稿。除与吴新雷教授合作,整理出《两宋文学史》外,还与徐有富合作,整理出《校雠广义》四种;与程章灿合作,整理出《程氏汉语文学通史》。自 80 年代初期起,千帆先生即已患了严重的心脏病,这时如欲自己一一整理旧稿,势难胜任,让学生执笔,根据旧稿进行改写,扩展成文,然后由他笔削定稿,这既保证了著作的质量,也培养出了人才,因而这是一种有效的出成果和出人才的方法。他在指导莫砺锋、张宏生学诗后,又合作写成了《被开拓的诗世界》一书。由于他为学生开设过杜诗研究的课程,又与他们合作写成了杜诗的专著,在他多种多样的培养方式下,也就涌现出了一批研究杜诗的专家。

三、把握正确方向

千帆先生在大学阶段时,随从一批知名学者学习,他们都是成长于清末民初的老师宿儒,国学基础湛深。但千帆先生并不以此自囿。新中国成立之后,他努力学习马克思主义,接受新知。因为仅将前辈学者传授的一些知识去教当时的青年学生,显然已经不够,必须充实新的知识,才能适应新的情况。但其后极左思潮愈演愈烈,学术界充溢着“假、大、空”的学风,撰文时望空立论,以标语口号营造声势,造成了一批不读书的读书人。千帆先生于 1982 年教育部委托南京大学主办的培养硕士研究生座谈会上,提出了必须开设文献学课程的方案。这是针对前时的空泛之病提出的救治良方,很多学校接受了这一主张,学界风气大为好转。随后千帆先生又提出了文献学与文艺学相结合的主张。南京大学中文系的古代文学专业一直遵照这样的方针培养学生,成效颇著。

1996 年,辽宁古籍出版社为千帆先生出版《程千帆选集》。其中要不要收入《文论要诠》一书,千帆先生很犹豫,与我商量,我力劝他纳入。这书属于中国文学批评史的范畴,但与目下流传的各种批评史明显不同,书中首列章太炎的《文学总略》,还收入了章学诚的《文德》等文。因为千帆先生的学术道路有其直承清代朴学的一面,因而论文之时,首重我国的学术传统,在这基础上吸收新知。这种观念,目下时而遭到忽视,但有识之士如欲深入中国学术的殿堂,必须由此下手把握中国学术的特点,才能对中国古代文学有总体的把握和深层的理解。千帆先生在广阔的学术领域中纵横驰骋,不断取得成绩,与他继承这一学术传统有关。

我在50年代初期进入南京大学学习,师从胡小石、汪辟疆等先生,与千帆先生出于同一学术传统。但千帆先生比我年长得多,学术早有所成,因此我每有疑难,总是向他请教。又因我学术活动多,时常应邀参加各种会议,写作各类论文,匆匆把笔,常怕出现不应有的错误,因而常是请他审阅。而他视野开阔,思绪细密,总能提出很多可取的意见,匡我不逮。例如今年年初,《文学遗产》杂志社约我在新世纪的第一期上写一篇文章,我就以《文学"一代有一代之所胜"说的重要历史意义》为题,介绍胡小石师在建设中国文学史这一新学科时的重大贡献。但我对民国时期的大学教学情况缺乏足够的了解,因而不得不烦请他审读。千帆先生随即指出,黄焯为中华大学毕业生,与刘大杰等并非同学,不能算是小石师的学生;袁昌英是否曾在北京女子高等师范学校就读,还得再查。这些意见,帮助我避免错误,开拓新知。如今老辈学者日益凋零,千帆先生又已西去,问学无门,思之不胜凄然。

千帆先生继陈中凡师之后,出任江苏省文史研究馆馆长,先后将近二十年,作出了很大的贡献。1997年时,千帆先生因耳目失聪,不便行动,提出了辞去江苏省文史研究馆馆长的请求,改荐另一位学者来承担。其时我正在美国讲学。回校后,得知省委组织部曾来中文系调查,将委任我为新的文史研究馆馆长。千帆先生后来知道了这一消息,甚为高兴。我以才学疏浅,不宜当此重任,颇感惶恐,他就鼓励我,并指示今后工作要点。回想起来,自 20 世纪 70 年代末至 90 年代末,历时二十年左右,一直得到他的指点和帮助,可以说是情兼师友。千帆先生不幸仙逝,既痛个人的骤失依傍,又痛学界的遽失典型。但斯人虽去,而遗教尚存,今后自当继续努力,为中华民族文化事业的发扬光大而尽其绵薄。

(原载《江苏文史研究》2000 年第 3 期)

纪念陶芸的文字附后　载张世林主编《想念程千帆》

顺其自然地登攀

或许由于自己已经获得了所谓高级职称，东涂西抹地写过几部书，有些朋友见面就称我为"专家""学者"，而且过誉为"学识渊博"云云。听到这一类话，我心中就发怵，真是惶恐无地。自惟才疏学浅，虽然滥竽古代文学的讲席已有二三十年，但连各类典籍的基本知识都掌握不周全，又怎敢侈谈学术？但想到为人贵表里如一，不妨坦白一番，让大家进一步了解我。如有年轻的朋友从我跌跌爬爬的经历中可以引出一些教训，能够起一些参照作用的话，也算是我莫大的慰藉。

我在学术上的发展受到主客观条件的限制。从本身条件来说，天分不高，体质又差，从十八岁起生严重肺病，一直拖到二十四岁才痊愈。先是卧床三年，入大学后，又长期住疗养宿舍，精力不及中人。从客观条件来讲，生于八年抗战的兵荒马乱之中，小学五年，换了五所学校；中学四年，换了四所学校。休学数年，跳级三次，很少有一门功课是从头学到底的，这就造成了知识的零碎和贫乏。大学毕业之后，又一直处在极左思潮控制之下，大部分的时间和精力用于应付连绵不断的政治运动，思路也受到严重的局限，这些对我的发展都有消极的影响。

但我也有一些优点，做事也还认真，总是想方设法把承担的工作做好。这样也就决定了我必然会走上当代那些所谓"光专（？）不红"者的常见道路，作为使用对象，不断奔波劳碌。又因解放之后突击任务不断，我便接二连三地被分配去完成各项紧迫的具体事务。

1954 年，我从南京大学中文系毕业后，分配在中国文字改革委员会工作。前后干了两年半，参加制订《汉字简化方案》的具体工作，实际上只是数数简化字的笔画,制成各种表格。

1956年,国内始行培养副博士研究生制度,导师胡小石先生希望我回校学习,于是又考了回去。胡先生以为治学当从小学入手,讲授《说文解字》与甲骨金文,学了一年之后,反右运动开始,随之又"大跃进"兴起,体力劳动不断。当时学生又大编教材,先编中国文学史,再编中国文学批评史,实际工作中都少不了我。书也读不下去了,1959年干脆改为助教,先教散文选,后去接替重病在身的罗根泽先生讲授中国文学批评史。1964年参加四清运动,转年重操旧业,之后就发生了摧残文化的"大革命"。我一生的黄金时代,就这么乱哄哄地闹着过去了。

自1971年起,来了一些"任务",先是江苏省五所高校合编《马克思恩格斯列宁斯大林文艺论著选读》,我被吸收参加,注释马克思《德意志意识形态》中的一段和斯大林《给高尔基的信》。随后又参加了《辞海》的修订工作,先是接受工人阶级的领导,厕身于三结合的队伍,逐条增加阶级分析的内容。打倒"四人帮"后,我又赴上海去完成我校承担的语词部分的定稿工作,并随手将修改过的地方又恢复了过来。

1974年正在修改《辞海》时,忽闻南京大学接受了注释法家著作《韩非子》的任务,自知又要参加新的突击了。果然,随即奉命返宁投入新的战斗。任务很重,全书的格局要设计,工农兵三结合百十人的庞大队伍要组织,六七个大组多次交出来的草稿要由我一人修改。具体工作做得不少,但没有资格参与领导工作,于是当时安的衔头叫"顾问"。

"文化大革命"结束,我又因形势所迫,改教魏晋南北朝文学史和唐宋文学史,开设《文心雕龙》等专题课,先后参加了三次高考语文出题,按例共隔离了半年。其后取得了硕士生、博士生导师的资格,承担了学生阅读专书的指导任务。这时我又开设了近代学者治学方法研究等新课，形势有了根本的变化。

每个人的经历都不相同。我的特点是长期"打杂"，对于那些数十年来精力专注的学者，徒起企羡之情，自知没有这种福分。今天干这事，明天又不知要干什么事，无法掌握命运。很少有完整的时间用在读书上。教过的课中，除中国文学批评史反复讲过四遍，其余都是短兵相接，没有什么备课时间，一声令下，就走上讲堂。想起一些贩卖错误知识的情景来，还不免暗自脸红。

任务多变，不可能获得一个专注的机会，因此承担某一任务时，也不存什么长时期钻研的奢望。好在秉性还不算太懒，有些想法，也不愿随便让它忘掉，于是在突击某一任务将毕，改为从事另一项目时，总是想及时地把一些心得记下来。我的几本书，绝大多数是利用突击任务的空隙，或是利用某一偶然的机缘，侥幸抢出来的。

例如搞《汉字简化方案》时，《中国青年报》来约稿，让我们写一组文章，系统地介绍汉字简化的历史，领导上就把这项任务交给了我。完成两三篇后，报社撤销了计划，只在 1956 年 3 月 14 日发表了《谈谈汉字简化的历史》一文。尽管只有豆腐干那么大，但当时却颇为高兴，这是第一次发表文章。

大学阶段，因健康等原因，功课学得很差，但在四年级时，曾从胡小石师认真地学过《楚辞》。研究生阶段，小石师本想让我作《山海经》方面的研究，后因学习中断，自知以后也难得有机会再搞什么神话传说方面的研究了，于是抓紧时间，把学习《楚辞》时所想到的一些问题写了下来。当时极左思潮已经很厉害，此书无法出版，到了 1986 年，才以《九歌新考》一名正式问世。

"文化大革命"中，我长期被放逐农场，回城之后，百无聊赖。工宣队早下令将千余册"黑书"上缴，因此已与"宣扬封资修"的古典文学脱离关系。1971 年底，郭沫若的《李白与杜甫》一书突然出现，系里看着教师也闲得慌，于是组织大家集体学习。因为这书有来头，工宣队倒也允许大家到资料室中去借古书来读，我过去因教学有严格的分工，从未好好地读过唐代文学，翻阅郭著，也看不出有什么问题，只觉得他对高适的批评太苛刻。因为我有个印象，杜甫去四川，穷愁潦倒，是靠朋友高适、严武接济为生的。这时心有疑团，反正无事可做，就找些唐代的书来读，而且尽量地利用这一读书机会，一遇问题就去查书。这样翻了一年多有关唐代文学的材料，也就写出了一部《高适年谱》。

1974 至 1976 年，我受命出力注释《韩非子》，工作了两年，书已很熟了，有了些新的感想，深知搞法家著作只能是我人生旅途中的一个偶然插曲，为防日后遗忘，也就随手记录了下来。一有空隙，就慢慢组织成文，这样竟然积累成了一部三十万字左右的《〈韩非子〉札记》。"文化大革命"结束，我又奉命将三结合产生的《韩非子》注释稿改写成一部学术著作，于是又花了半年多时间，增加了校勘等内容，于 1982 年以《韩非子校注》一名公开出版。

这时中华书局约我整理《唐语林》一书。此书文献价值甚高，但杂乱异常。我花了两年左右的零星时间，完成了整理工作，日后我担任了本校古籍所的所长，确定本所以唐代文史整理工作为重点，于是又负责主编了《唐人轶事汇编》一书。

1990 年 11 月，江苏五所高等学校负责召开唐代文学第五届年会，并邀请国外及中国台湾学者一起举行唐代文学国际学术讨论会。我被推为主要负责人。为此我主编了一部《唐诗大辞典》，内分诗人、体类、著作、名篇、格律、典故、成语、胜迹八类，作为献给会议的一份礼物。还写了五万字的《唐诗文献综述》，系统地介绍研究唐诗的各种基本材料，帮助读者掌握必要的研究手段。

回首往事，只觉得自己像是一个匆匆跋涉的过客，又像是波浪上一叶漂泛的浮萍，因缘际会，被冲刷到一些学术课题中去。聊以自慰的是，这些因偶然的机缘而匆促写成的书，承学术界不弃，还大都得到过好评，这就更使自己高兴，但也常因匆遽成书未能尽善而感到汗颜。

我深知自己的学习不足为训，当代学人怕也难得有我这样的经历，但如果有人认为可以从我身上引出什么教训的话，那我认为似可注意以下几点：

一个人总是受到客观条件的限制。有时你想研究什么，领导上却安排你干另一件工作，二者发生矛盾时，最好不要太坚持己见，还是干什么学什么。人的精力有限，白天绝大部分的时间干这样，再挤出时间来干那样，注意力分散，精力不集中，反而会两败俱伤，工作做不好，个人的研究也上不去。结合工作进行研究，顺其自然地进行攀登，既做好工作，又能产生研究成果，身心也容易保持平衡。我情况特殊，任务多变，但在每一阶段还能集中精力做好工作，并且留下一些著作。闲时翻翻，也感到高兴，这不光是敝帚自珍，也有不虚度年华的一份自慰在内。

我在古典文学的各门行当中都作过些尝试，这样做，对于提高自己综合运用各种研究手段的能力很有好处。读书偶有所得，就会想到利用哪一种方式表达最为合适。例如整理《唐语林》时，发现其中一个故事即柳珵《刘幽求传》的残文，颇欲撰文介绍，但一时又难决定用何种方式表达为佳。后来我写了《柳珵〈刘幽求传〉钩沉》一文，共分三段，首先作资料介绍，中间作文字笺释，最后作理论阐发，这或许也可说是多层次、多角度地进行研究吧。目下学界中人往往从事单项研究，或擅长注释，或擅长赏析，或擅长考证，或擅长发挥，犹如某一专业户，如遇不合自己脾胃的材料，往往视而不见。若是具有多方面的兴趣，并有相应的驾驭能力，则可充分利用所得材料，制作成合适的成品。

从事学术研究，应把"发人之所未发"作为第一要义。假如只是改头换面地抄袭前人的某些观点，或是把许多他人的观点综合一下，或是在前人的结论上再增加几条材料，都算是新创，那又有什么意味？我的几本书，如《九歌新考》中提到的东皇太一为齐地的大神，楚人不能祭祀河伯等，虽系发挥师说而成，但观察问题的角度和论证的方式均不相同，自信前人从未说过，至少可以作为一家之言吧。又如我在写《〈韩非子〉札记》时，力求每一篇文章都要有新见，至少要提出一些新的材料，段熙仲先生称赞此书为"篇篇有根据、有心得的学术论文"，恕不敢当，但自信每写一篇札记时，都曾说出若干新的道理来。

因为过去教过批评史，平时我也喜欢读读理论著作，但或许由于师承的缘故吧，接受过一些文献学方面的训练，走的不是跟着某种理论走的路子。写文章时，对征引的材料常作力所能及的搜集和考核，总想从材料中提炼观点，作出符合历史事实的结论，而不喜标举时行的理论为先导，或者演绎某种先验的结论以成文，因而过去常被加上"学风陈旧""观点不行""被封建学者俘虏"等恶谥。时移世改，有的文章终被学界承认，这是我最大的安慰。

有人著书强调内容第一，对形式则不太注意，这些人往往是不精于著述的门外汉。殊不知形式之于内容，具有举足轻重的作用。内容尽佳，形式不好，他人不能欣赏，也是枉然。我在写书时，常在体例上花一番心思。例如《韩非子校注》出版时，为把此书改为学术著作，又增加了校勘、书影、人名索引、历史地图等内容，便利读者。又如我在整理《唐语林》时，除了对每一条文字注明出处并加以校勘外，还增加了辑佚、援据原书提要、援据原书索引、人名索引等内容，读者称便。整理古书，不能光看作分分段、加上新式标点，如果仅限于此，那也太乏味了。我为《唐语林校证》一书写了长达二万字的前言，分析得较透，事后才觉过瘾。读者先读此文，可对《唐语林》及唐宋笔记小说的来龙去脉和优缺点有清晰的了解。再如《中国文学批评小史》一书，一共二十万字，却要网络上下三千年文学理论的发展和演变，为此我在"少而精"上花了一番心思。即使是引文，也曾经过推敲，遴选那些最精粹的文字编入。这书在古文论界还能占有一席之地，或许也能说明它具有若干优点吧。

读书的方法，没有什么普遍一致的道理，可以因人而异。有人喜欢做卡片，有人喜欢做眉批，这都可以，无所谓优劣之分。但我觉得应该勤作札记。读书时有些新的想法，应该立即记下，这也是一种灵感，往往稍纵即逝；如不及时记录，也就可能迅速忘却。当然，有时翻看这一记录，会觉得很幼稚，以为原不必记，但有时却会逐步升华，浮想联翩，产生新的心得。如果你在感想之余，再将有关材料逐渐积累，也就会像滚雪球似的，慢慢酝酿成文章。我的《〈韩非子〉札记》一书，就是这么产生的；又如我的论文集《文史探微》中所收的十六篇文章，大都经过长时期的酝酿，主题不断深化，材料不断积累，才逐渐组织成文的。

查资料时，要不嫌烦，尽可能地追个水落石出。记得我写《高适年谱》时，觉得对高适的生平总算——有了交代，但对高适的家世，仍然一无所知，这对写作年谱来说，总是一种缺憾。当时考虑到书面材料可能已经发掘不出什么东西，我就下定决心，翻阅石刻资料，看能不能发现什么线索。也算是皇天不负苦心人吧，翻了好久，终于在《千唐志斋藏石》中发现了一方《大唐前益州成都县尉朱守臣故夫人高氏墓志文》，经与《旧唐书》本传对勘，始知高适乃高宗时名将高偘之后。这一结论已被学术界接受。

写文章时，应该竭尽全力，不能马虎。有一些人，出席学术会议时，往往随手写一点东西充数，这样对他人固然无益，对自己也没有什么好处。我自知秉性驽钝，在出席大小会议时，总是不敢怠慢，力争递交一篇较为像样的论文，这也是"敬业乐群"的一种表现。假如你在这种场合拿不出像样的东西,那又怎能让人对你作出好的评价?

还有一点,应该抓住一切机会谋求发展。人生在世,总是面临着很多机缘,往何处发展,则很难说,看你是否能把握住它。我与唐代文学本无缘分,当年因读《李白与杜甫》而引起了一点疑问,才产生了《高适年谱》一书,对唐代的史事和文献认真地学习了一番。1978、1979 两年中曾到北京图书馆读书,校勘《韩非子》,抓住机会对《高常侍集》也作了校勘。这时始知故宫博物院藏有季振宜的《唐诗》钞本和胡震亨的《唐音统签》全帙,遂至该处要求阅读,随后就写了《叙〈全唐诗〉成书经过》一文,学术界就以为我对《全唐诗》也颇有研究的了。日后又搞《唐语林》的整理工作,对唐代的笔记小说也就比较熟悉了。接着提出主编《唐人轶事汇编》一书,又主编了一部《唐诗大辞典》,在这领域中越走越远,简直有些一发而不可收了。记得中学阶段读过一篇英文,题目曰《机会》,大意是说,人们总是羡慕他人机会好,自己碰不到好机会,实则每个人的面前都曾出现过好多机会,关键是你有没有能力,如有能力,就把握得住机会;如无能力,只能让机会在眼前滑过。这是很有道理的,我深有感触。因此我认为,年轻的朋友如想在学术上一显身手,从根本上来说还是应该提高能力,扎扎实实地干,那么好多机会都将扑面而来。

(原载《文史知识》1991 年第 4 期)

书林跋涉的自白

　　过去读一些名人传记,总说这些人少有大志,自小就确立奋斗目标,百折不回,终于取得了成功。我是一个平常的人,自小就没有什么奋斗目标,而且自年轻时起就像螺丝钉似的安在教育这部机器上,也不可能私下拟定什么个人的奋斗目标。因此,君子随遇而安,一辈子过的是平平常常的日子。

　　本书编者要我谈一些读书的事,这可不容推辞。因为大学毕业之后,除了在中国文字改革委员会工作过两年半外,一直在南京大学教书。教书就得读书,除了置身政治运动之中无法亲近书本外,平时总得看看报章杂志,摸摸书本。自知秉性迟钝,看书速度慢,因而做研究生时起,每晚总要读读写写到 12 点才休息,但也说不上有多高的热情,只是一种职业的惯性而已。觉得既然身为教师,就应备备课,讲一些新的看法,编成讲义,写成文章,这也可以说是一种职业道德。

　　我之踏上古典文学的道路,带有很大的偶然成分。高中阶段文理分科,我读的是理科。当时就有“学好数理化,走遍天下都不怕”的俗语,父亲学的是文科,毕业后长期失业,因此不让我走他的老路。可我基础特差,自小学到初中,正值八年抗战,时局动荡,家庭经济又不好,常是读读停停,小学五年级、初中二年级、高中三年级都跳级,而且经常读过半年后就转一个学校,这就违反了循序渐进的学习原则,学不好也感到吃力。例如,初中时没有学过小代数,高中时学大代数,一直处在似懂非懂的状态,引不起任何兴趣。初中时学本国历史,讲到楚汉相争就停了,高中时学本国历史,仍然讲到楚汉相争就结束。而且乡村的中小学都缺少合适的外语教师,英语没有学好,沦陷时期硬行灌输日语，大家都很反感，更是学得一塌糊涂。

但我对历史一直较感兴趣，因为小时在农村长大，没有任何文娱活动，只能听听浦东说书。什么薛仁贵征东、薛丁山征西之类，倒也头头是道，听来兴趣盎然。找章回小说来读，什么《七侠五义》《小五义》之类，读得不少。随后又读《水浒传》《三国演义》，一百零八将都背得出来，这就算是培养起了一些学文的基础。新中国成立之前，语文中文言的比重很大，什么"读《出师表》而不下泪者，非忠臣也；读《陈情表》而不下泪者，非孝子也"，因此也读了一些古代散文名篇。这样，我在忙于数理化外也接触过《古文观止》《唐诗三百首》等当时广泛流传的一些读物。

高中三年级开学不久，我突然大口吐血，始知已患了严重的肺病。随后卧床三年，几乎与世隔绝。1949年浦东解放，我为寻求出路，决定以同等学力报考大学，但原来就没有学好数理化，此时差不多已忘光了，只能报考文科。1950年时，招生广告上有一所学校说有文史系要招生，这很合我的胃口，于是我就填了个第一志愿，但随后情况有变，结果考上了南京大学中文系。

我之步入正常的读书生涯，是到南京大学开始的。当时有不少名师，如胡小石、罗根泽、方光焘、陈瘦竹等先生，都曾给我很大的影响。

回过头来看，我之所以成为现在这个样子，受社会上主流思潮的影响较小，而受老师的影响较大。新中国成立之后，教学与研究领域中理论上受苏联的影响很大，什么思想性、艺术性、人民性等新名词风行一时；现实主义、浪漫主义、反现实主义等史观，占主导地位；用马、恩、列、斯、毛的语录开道，结合古典文学中的一些材料，演绎成文，也很常见。南京大学的这些教授，当然也在进行思想改造，但仍保留着他们的治学风格，而我受他们影响，走的路子也就显得"陈旧"和"落后"。

老师们教给我哪些具体知识，现在可记不大起来了。我想从师受学，问题不在听过他多少课，因为课堂上讲授的具体知识毕竟是有限的。老师的榜样起着熏陶的作用，可能对学生的影响更大。小石师的影响，在我日后的古代文学研究中，是显而易见的。光焘师讲文艺学与鲁迅研究，不囿于一般见解，精彩时出，发人之所未发，这种言必己出的精神，对我也深有影响。瘦竹师讲曹禺《雷雨》，特别指出其受希腊悲剧的影响，这种大处着眼的观点，在当时的研究者中是看不到的。因此，从教育方面来说，我受到的启发不光来自古代文学方面，当时教过我各门功课的人，都在潜移默化地起熔铸作用，我一直怀着感激的心情纪念老师。

从学术的传授来说，又像接力赛跑中的传棒一样，老师探讨某一问题，有些想法没有深入下去，学生听后觉得还可开拓，于是在此基础上深入下去。小石师讲《楚辞》，说到东皇太一这一神名可能由"东皇""太一"二者合成，此神可能原产齐国，但他未作申述，也未见诸文字。随后我写《九歌新考》一书，其中《东皇太一考》一文，就是申述师说而成的。

小石师认为，阅读古书要看古注。他为我指定的《楚辞》读本是王逸、朱熹、戴震三家注本。王逸注《九歌》，近于隔靴搔痒，但小石师认为还得认真读，因为这是第一部古注，必然保存着许多古义。我读书时一直遵循着他的教导，注重原始文献，引用材料时，选择首出的第一手材料。这些地方也是清儒所提倡的路子。

小石师、光焘师讲课时旁征博引，时见触类旁通之妙。这种学风，具有很强的吸引力。我在年轻时喜泛读，不愿囿于文科教学过于拘守专业的时风，是与师承有关的。

从个人的研究工作来说，我完成的第一部著作是《九歌研究》（出版时改名《九歌新考》）。这是我本科生和研究生时的产物。除了阅读王逸等人的注本外，还读了游国恩的《楚辞概论》，这可说是当时最好的一本入门书。读入门书很重要，首先得摸清这一领域中有哪些问题，前人做过哪些研究，还有什么地方可以开拓。游先生的书未必能全部解决上述诸问题，但他把基本情况都介绍了。这时我还偶然买到了一本香港饶宗颐先生的《楚辞书录》，后面附有索引，介绍旧杂志上的许多文章，刚巧 20 世纪 50 年代后期我在假期中都要到北京探亲，于是按图索骥，到北京图书馆期刊室中去一一借阅。在当时来说，我研究《楚辞》时，阅读面可能比一般人要宽些。

研究生还没毕业，中苏纠纷陡起，副博士云云成了讥讽对象，于是领导决定将我改为助教，教起中国文学批评史来了。

人家都以为我在中国文学批评史方面的知识出自罗根泽师传授，实则并非如此。因为新中国成立以后此课已经裁掉，直到周扬号召建设中国的马克思主义文艺理论，中国文学批评史才走红起来，可其时罗先生已病重，这才临时拉我这个过去没有读过什么批评史的肄业研究生去充数。批评史是高年级的课，我做研究生时只学过一年的金文、甲骨，又读了些有关《楚辞》的文章，这时赶鸭子上架，感到非常吃力。但我边学边干，尽可能地多读一些东西，写成新讲稿，而不以贩卖郭绍虞、罗根泽、朱东润三家的现成著作为能事。

我仍从掌握基本文献做起，大量阅读有关批评史方面的著作。当时任务很重，自孔子到王国维，都由我一人负担；学生还想学《文心雕龙》，于是又开了新课。但到 1963 年时还有一学期轮空，于是我抓紧时间，系统地阅读有关文献。那时年轻，还没有孩子，妻子中午不回家，我就每天上午去南京图书馆看书，回家时带两个馒头凑合凑合，这样整整学了半年。

我把各家别集一本本翻阅，把有关文论的文章摘出来，逐步加工，编成了一本适合学生自学的《中国历代文学理论批评重要专著篇目索引》。这为我往后在古代文论的领域中参加各种活动打下了基础。

这份索引，曾以南京大学中文系的名义分送全国各高校征求意见。"文革"后，周来祥教授来宁，还曾让我向系里要一本，并说这是他所看到的编得最好的一本资料书。本来我还有计划继续加工，但终以任务转移而无法如愿。

"文化大革命"开始，知识分子步入了一事无成、荒废年华的悲惨时期，我也不例外。但由于我的特殊身份，即毫无价值却还有那么一点使用价值，因而后期被起用，参加了《辞海》的修订工作，还以主力身份参与了法家著作《韩非子》的注释工作。

因为这是脱产突击，精力非常集中，两年下来，原书也就读熟了，并且有了一些新的想法。那时觉得近代学术分工太细，学文学的不搞历史、哲学，学历史的不搞哲学、文学，学哲学的不搞文学、历史，这与古时的实际情况不合。我国学术起于先秦，诸子都是综合型的大师，若要全面地了解古人，也得进行综合研究。我就感到《韩非子》的每一篇文章都有前人从未言及的新义可以阐发。当时有一奇想，可就全书55篇文章写成55篇读书笔记，每篇都要有新意，雪泥鸿爪，也可作为我这段奇特经历的学习记录。同时也可告诉大家，读书可有各种不同的读法，文章可有各种不同的写法。那时浮想联翩，一口气写成了许多笔记，后因前后笔记之中每多重复，于是又依主题归类，整理成《〈韩非子〉札记》一书。或许这类沟通文史的著作不太容易见到，此书出版后颇受各界欢迎，当时远在美国的日本东京大学长尾龙一教授、正任马来亚大学中文系主任的郑良树教授都谬加赞誉，随后我们也就成了亲密的文字之交。

70年代初，工农兵大学生入学，学校的空气略有改善。郭沫若的《李白与杜甫》出版后，随之可以公开读读唐诗了，我在这偶然因素的激发下，又转到唐代文学方面来了。当时感到郭沫若对高适的批评太苛刻,于是找了本《高常侍集》阅读,越读问题越多,不断追踪下去,也就写成了《高适年谱》一书。

那时唯一可取的条件是闲得发慌,你想读书,尽可从容涉猎。读书的眼界越来越高,我就读了不少陈寅恪、岑仲勉、向达等人的著作,并在他们的启示下,读了不少有关唐代文史方面的基本文献,如《唐六典》《唐会要》《元和郡县志》《郡斋读书志》等;也读了不少清人的著作,如《登科记考》《两京城坊考》《郎官石柱题名考》等;也翻过一些石刻读物,如《千唐志斋藏石》《金石萃编》等;也查阅了一些佛教典籍,如《宋高僧传》《贞元新定释教目录》等,遇到什么问题就找有关著作来读,收获不小。我很少读近人的选本,一般都读原书和文史方面的重要文献,也爱读当代一些杰出学者的研究著作。80年代曾为研究生开过王国维、陈寅恪等人治学方法的专题研究课,随后也就写成了《当代学术研究思辨》一书。

从留校任教始,截至这时为止,我的活动还比较单纯。尽管处在极左思潮的高压下,这条道路充满着风险,学风不合时宜,随时有可能挨整,但我仍然锲而不舍地走了下去。两三年内教一门课或读一本书,精力相对集中,也就出了一些成果。过去罗根泽师介绍过王国维的读书经验,云是他在清华研究院时学生因其写过《人间词话》,喜欢与他谈词,但当时王氏的研究方向已经转移,因而常以"不懂"拒答。闻一多的情况类同,他在研究《诗经》、《楚辞》、唐诗时,集中精力,心无旁骛,好些优秀成果就是这样突击出来的。王、闻两大师的经验,值得我们效法。

"文革"结束,我又受命将法家著作《韩非子》的注释稿改写成一部学术著作,于是花了几个月的功夫,到北京图书馆去找各种《韩非子》的善本作校雠,增加校勘部分。我还利用这一机会,多方借阅有关唐诗的各种善本,水平又有所提高。

北京真是一个读书的好地方，文献的丰富，远非其他地方可以比拟。正当我勤于寻找材料时，一次偶然的机会，得知故宫博物院图书馆中藏有稀世之珍胡震亨的《唐音统签》与季振宜的《唐诗》，经恳切请求，才允许阅读。我就一鼓作气，读了半个多月，作了不少笔记，后来整理成《叙〈全唐诗〉成书经过》一文。应该说，这次偶然的访书机会，对我一生影响最大，其后也就与唐代文学结下了不解之缘。目下我正与一些志同道合的朋友主编《全唐五代诗》，就是由于这一契机而深入这一领域的。

80年代，我又写成《唐语林校证》一书，精力转到唐宋笔记小说的整理与研究上。90年代初，我主持了一次唐代文学国际会议，主编了一部《唐诗大辞典》和一部《唐人轶事汇编》，在唐代文学的路上越走越远。

我的成果之所以能够不断推出，当然得到了出版界好多朋友的支持，但也可能得益于我国学风的转变。学风"陈旧"的论文与著作，这时不再受到歧视与非议，而且往往得到好评。个人的研究成果得到同行的确认，对我来说也是最为惬意的事。

从个人爱好来说，我更重视单篇论文的写作。人们写作通史、通论一类著作时，免不了要大量引用他人成果，很难做到戛戛独造。编资料，编辞书，也很难见到智慧的闪光。但若想写出水平较高的论文，情况可就不同了。文中必须有创见，力争在学术上有所突破，这是从心灵中流出的精液，更能激发你魂牵梦萦的感受。因此，在我那些不足称道的著作中，对于《文史探微》一书，颇有敝帚自珍之感。目下我已把近年来写作的二十多篇文章编成《文史知新》一书，把研究李白的十篇文章编成《诗仙李白之谜》一书，不久即可出版。

我不太好动也不善交际，平时深居简出，只以日亲书本自娱，但自80年代中期之后，活动急剧增加，简直有些招架不住。因为我的研究工作涉及的面较广,因此不断应邀写作各类文章,参加各种各样的学术会议,自己也主持了几次国际学术会议。过去连小组长都没有当过,后来不断出任行政职务,教学上的负担越来越重,文化交流方面的事也很多,还有七七八八的杂务,分心得很。想想以前的书斋生活,颇为留恋,但形势所需,也只能马不停蹄地奔走。我很明白,自己本是一名单纯的知识分子,不是做官的料子,读读写写,才是我的安身立命之处。因此不管事情有多忙,头绪有多乱,压力有多大,还得挤出时间来看书,进行科学研究。幸亏年轻时还读了一些书,进行突击时,尚有那么一些本钱勉强应付。例如,1995年一口气要参加四五个国际学术会议,北京大学与韩国岭南大学联合举办的《文心雕龙》国际学术讨论会、郑州大学主办的《文选》国际学术讨论会、韩国成均馆大学举办的第五届东洋学国际学术会议、马来亚大学举办的"传统思想与社会变迁"国际学术研讨会、我自己还要主持一个本校的魏晋南北朝文学国际学术研讨会,这些都得提交论文,还有许多杂志社来约稿,也得完成。上半年内,还要到台湾"中央大学"参加"两岸文学创作与研究新趋势"研讨会,接着应"中研院"文哲研究所、唐代学会、东海大学、东吴大学、成功大学之邀,前去讲演,也得一一准备讲稿。校内有本国与韩国的博士生要毕业,得抓紧指导。任务纷至沓来,简直应接不暇,勉力支持,颇有捉襟见肘之感。处在知识爆炸的时代,而又抽不出时间读书,却还要不断动笔,因此内心也有矛盾,一方面为事业的不断开拓而高兴,一方面也为穷于应付而苦恼。

我国改革开放之前,闭关自守,我又困处一隅,更是孤陋寡闻。步入新时期,能有机会到外面走走,大开眼界,得益匪浅。1994年到日本讲学,抓紧时间访书,因我正在主持《全唐五代诗》的编纂工作,也就特别留意访求流传彼邦的珍贵文献,在朋友的帮助与支持下,所获颇丰,看到了不少有关王勃、白居易等人的唐钞本。这些东西太珍贵了,但我国学者却注意不够。一些日本朋友正在进行《赵志集》的研究，很多结论可供我们参考。他们还提供了圆城寺珍藏的《唐人送别诗》复印件，内有佚诗多首，太难得了。过去我总以为有关高适的材料大都寓目过，而我去东京参加日本中国学会第四十六回大会的时候，抽空到大东急纪念文库访书，看到了一种内有"临安府睦亲坊南陈宅经籍铺印"牌记的《高常侍诗集》，据庆应大学斯道文库尾崎康教授鉴定，或系南宋后期刊本，这可能是天壤之间最早的一种本子了。我就感到走出国门进行文化交流多么重要，坐井观天，只能是安于浅陋而已。

或许近年来我一直在国家古籍整理出版规划小组和高校古籍整理研究工作委员会服务，还担任了南京大学古典文献研究所的所长，而我写的文章中，少见新名词、新理论和名人语录，而在论证时文献征引不少，因此有人称我为文献学者，有人称我为考证学家，这些当然是褒词，但却愧不敢当。而且我觉得这与自身情况也不太切合。因为我写东西时，确很重视第一手材料，但并不限于资料的排比；从研究方法来说，确是较少运用演绎，而着重归纳与类推。例如我的第一篇论文《梁代文论三派述要》，这一特点就比较明显，我是从大量的文史资料中经过分析、提炼、概括而成文的，但这又怎能仅以文献与考证视之？当然，我很重视整理文献，认为这是研究工作的前提，但并不以此自限，随后总是写成研究论文或专著。例如我在编好《中国历代文学理论批评重要专著篇目索引》之后，又写成了《中国文学批评小史》一书；整理好了《韩非子校注》之后，又写成了《〈韩非子〉札记》一书；整理好了《唐语林》之后，又写成了《唐人笔记小说考索》一书；又如我在主编《唐诗大辞典》之后，还要再写一篇《唐诗文献综述》作补充；《唐人轶事汇编》完成后，还要再写一篇长长的前言作总体介绍。我所追求的，是辞章、考据、义理的结合，虽不能至，然心向往之。

回首前尘,常感乏善可陈。自知资质驽钝,任务多变,精力不敷,因而只能到这地步。人贵有自知之明,应该发现自己的才性,看能做哪一种工作,适合于做哪一种工作,可向哪一个方向发展,然后锲而不舍地去做。若能抓住机遇,肯下笨功夫,不取巧,不浮躁,不迎合时俗,力争发前人未发之覆,则或多或少总会取得些成绩。

(原载《当代百家话读书》,广东教育出版社、辽宁人民出版社1997年6月出版。文章原名《勋初自白》)

我与传统的文史之学

　　我于公元 1929 年生于上海郊区南汇县西周家宅的一个中小地主家庭。中小学阶段，由国民党统治到沦陷于日本侵略者，抗战胜利后又恢复到国民党统治，兵荒马乱，生活极不稳定，学习极不正常。小学读了五年，换了四个学校，中间还从一位秀才读了半年私塾。高小五年级未读，跳级进入上海静园小学，突击记下英语二十六个字母，随后慢慢补课直到毕业。父亲周廷槐先生，毕业于光华大学中文系，曾在全校作文比赛中夺魁，受到校长张寿镛的赏识，但在日本发动太平洋战争后即告失业。我也在读了一年初中后失学回家。闲居一两年后，又跳级就读周浦中学，并毕了业。这时正值日寇投降，父亲找到了工作，我又有了机会进入上海沪新中学读书。父亲深感文科学生求职困难，于是让我就读理科。该校只上半天课，化学、物理负担很重，但从未做过一次实验，纸上谈兵，学的都是空头理论。况且初中时未读小代数，高中二年级上大代数，一直处在似懂非懂的状态，仅能勉强应付。后来我才懂得，我的学习违反了循序渐进的原则，既学不好，还感到吃力。

　　高中三年级时，我突然大口吐血，始知患了严重的肺病，不得不回家休养。当时医药界采用静卧疗法，三年床褥，濒死者再，只是依仗父母的慈爱、兄妹的护侍，才能苟延一息。第二年时病情恶化，幸亏链霉素进入上海，才免于一死。但家庭经济日益陷于困境，只能不断变卖家产度日。

　　全国解放，家庭发生巨大变化，我为谋求出路，乃以同等学力考入南京大学中文系。以前学的数理化全已遗忘，不得不考文科。只是入学不到半年,发现肺病仍未痊愈,不知高考体检时因疏忽而让我漏网了呢,还是其时适值有所好转,这时又告复发。万般无奈,只能转入疗养宿舍,直到三年级结束时才恢复健康,转入正常的学习生活。

国家新建,需要大量补充新干部,于是我们1950年入学的一届读了三年之后提前毕业,分配工作。这时我刚结束长达七年的肺病生涯,怕不能骤然投入繁杂的工作,而且觉得因病耽误了学习,也想补读一些书,于是我向系主任方光焘先生表白了这一想法。方先生向来爱护学生,他沉思了一番说:"下一学期胡小石先生要开文学史课,他已是六七十岁的人了,以后不可能再开这课。机会难得,你也不要再听其他什么课了,这一年你还是集中听胡先生的课,跟他学吧。"胡先生听到我要跟他再学一年,也很高兴。但开学第一天,慕名而来听课者甚多,教室内坐得很挤,主管人事的一位干部就来阻拦我入内,说是以前已学过不能再听。我据理力争,仍未如愿,不得已,只能转向方先生求助。方先生赫然震怒,由于他的干预,我才有机会再次跟胡先生学习。总的说来,大学四年,只有这一年才用功读了些书。

大学毕业,胡小石、罗根泽两位老师向校领导推荐,希望把我留下任教,但终因出身不好、表现不佳而不能留校。对此我并不怪怨任何人,根据当时的标准,我自然不能进入本校教师行列。

这时中国文字改革委员会新建,需要人,我被分配到了该会的汉字整理部。前后两年半工夫,主要做编制发布《汉字简化方案》的具体工作。1956年,知识分子政策出台,胡小石先生开始招收副博士研究生,他希望我回去继续跟他学习,于是在年底又考了回去。

自此之后,我再也没有离开过南京大学。1959年改为助教,1961年升为讲师,1980年升为副教授,1984年升为教授,1986年批准为博士生导师。直到1984年,我从未出任过任何行政职务,连小组长都没有当过,自此时起,才先后出任南京大学古典文献研究所所长、南京大学研究生院副院长,随后又在国家文教机关和省内的一些机构担任了职务。

在政治标准第一的时代,我自然甘居人后,而在计划经济的形势下,自然服从组织安排工作。我的经历也就决定了我的身份,即政治条件很差,不能承担重要职务,但做事也还认真,因而可以干一些具体工作。系里开课时,我常被指定打头阵,没有什么备课时间就赶上讲堂。新中国成立初的十七年,运动不停,突击不断,诸如大编教材、修订《辞海》、搞法家著作等,都得参加。教过的课中,中国文学批评史先后讲过四遍,这已算是我教学时间最长的一门课了。任务不断改变,学习上缺少长期打算,不可能系统地积累某一方面的资料。因此我对学习情况的自我鉴定是:先天不足,后天失调,随波逐浪,力疲心劳。

可以说,直到 20 世纪 80 年代前期,我一直处在打杂的位置上,始终不知道自己有什么专业。由于我对家庭的那份感情,对师长的亲密关系,因而"地主阶级孝子贤孙""封建学者俘虏"等帽子,一直都悬在头上,"文化大革命"中终于公开蒙此恶名,为此发送农场劳动时也得加倍延长时间。只是天网恢恢,密而有漏,外恃若干领导的善意对待,内恃妻子的理解和支持,终于挨过政治上的重重高压,步入改革开放的新时期。

成　果

我也有一些优点,做事还算认真,读书还算勤奋,而且自知条件不如别人,不能指望上级给你什么优惠条件,因此承担某一任务时,如有心得,总想及时地记录下来,以免转向后遗忘。我所写的几本书,都是在任务改变前夕突击出来的。

大学阶段,跟胡小石师学《楚辞》,收获最大。研究生时,小石师本想让我作《山海经》的研究,后因急于接替重病在身的罗根泽师上中国文学批评史课,这才赶忙把学习《楚辞》时考虑过的一些问题写下,因为时间限制,只能就其中《九歌》方面的问题略抒己见,也就写成了后来正式出版时取名为《九歌新考》的第一本书。

改助教后,为五年级上中国文学批评史课。我在研究生阶段只上了一年多的甲骨、金文和《说文解字》部首,这时转向立即上高年级的新课,从孔夫子到王国维,全由我一人承担,吃力得很。但我集中精力备课,第三年时就发表了《梁代文论三派述要》一文。"文革"前夕,中华书局上海编辑所约我写作"中国古典文学基本知识丛书"中的《中国文学批评简史》一书。书稿完成后无法印出,直到 80 年代初期,经改写后才以《中国文学批评小史》一名问世。

"文革"十年,荒废年华,但由于我的特殊身份,即没有任何价值,却还有那么一点使用价值,故而后期被起用。先是参加江苏五所高校集体编写《马恩列斯文艺论著选读》的注释工作,同时参加《辞海》的修订,后又参加我校和南京化学工业公司师傅组成的法家著作《韩非子》注释组。利用空隙时间写成了《〈韩非子〉札记》一书。"文革"结束,我又受命将注释稿改写成一本学术著作,增加校勘等方面的内容,以《韩非子校注》一名正式出版。

前此我曾奉命将家中"黑书"悉数上交,因而除了"雄文四卷"之外已无书可读,后因出现了郭沫若的《李白与杜甫》一书,工宣队开禁,允许教师读唐诗。精力无处发泄,潜心阅读,随后写成《高适年谱》一书。"文革"结束,有事上北京查书。一个偶然的机会,得知故宫博物院图书馆中藏有胡震亨《唐音统签》和季振宜《全唐诗》二书,经请求蒙允准,花了半个多月精心阅读,随后写成《叙〈全唐诗〉成书经过》一文,由此进入了唐诗研究的行列。1990 年时,我主持了一次唐代文学国际会议,为了总结唐诗研究各方面的成就,我主编了一本《唐诗大辞典》,并写了《唐诗文献综述》一文作为附录。其后又为李白的一些奇特现象所吸引，试图作出新的解释，从而写下了《诗仙李白之谜》一书。刊布后，颇受各家关注，然仍未尽所怀，因而又着手写作另一种书《李白评传》，打算把他放在各种文化交相融会的背景下加以透视。

1980 年前后，我应中华书局友人之约，整理笔记小说《唐语林》。其成果即《唐语林校证》上、下两册。随后我就整理过程中发现的一些问题继续探讨，写成《唐人笔记小说考索》一书。与此同时，我主编了一本《唐人轶事汇编》，由我所内人员严杰、武秀成、姚松负责具体编纂。

这一时期，我花在唐代文学方面的精力较多，因此比较关注陈寅恪、岑仲勉等人的研究成果。80 年代中期，接受了程千帆先生的建议，为硕士生开设近代学者治学方法一课。到 90 年代，我将这一方面的论文和讲义编成《当代学术研究思辨》一书，公开出版。

除了写书之外，我还先后写过数十篇论文，编了《文史探微》《文史知新》《魏晋南北朝文学论丛》三本论文集。所收文章，上起先秦，下至当代。文章内容，以文学为主，但又不囿于纯文学的范围，而与传统意义上的文史之学联系密切。这与我的师承有关，也与我个人的特殊境地有关。

80 年代中期之后，我又把很多精力投入古籍整理项目。其中规模较大者，一是与一些志同道合的朋友主持《全唐五代诗》的编纂，希望总结唐诗文献整理方面的新成果，编成一本质量上超过御定《全唐诗》的崭新总集；一是组织我古籍所与中文系古代文学教研组内同人，整理出一部《册府元龟》的新校点本。这书犹如一座未被开发的宝库。我们将宋本与明本互校，并与史书互核，后且附以人名索引。相信这书出版后，可给文史学界的研究工作者提供不少便利。

近年来我还做了一件颇为惬意的事，将我国流散在外的珍贵古籍唐钞《文选集注》迎归故土，编辑加工出版。此书以《京都帝国大学文学部影印旧钞本丛书》内的二十三卷残帙为基础，加入台湾"中央图书馆"所藏的一卷，天津博物院所藏的一卷残帙，北京图书馆所藏的一纸残页，日本御茶之水图书馆成篑堂文库所藏的一纸残页，按一百二十卷本原来的顺序编排，命名《唐钞文选集注汇存》。各界朋友共襄盛举，我能为此少尽绵薄，实属三生有幸。

得　失

我是干一行，学一行，随之写下一些东西，留作人生记录。

在大学本科和副博士研究生阶段，我曾集中精力学习过《楚辞》。由于师承的缘故，我的治学道路有违时尚。1953 年时，世界和平理事会定屈原为世界文化名人，学术界掀起过一阵屈原热。当时发表的文章大都以"人民诗人屈原""爱国诗人屈原"为题，着重论证他爱祖国爱人民的一面。关于《离骚》等作品，则从积极浪漫主义写作方法等角度予以褒扬。我对这种研究方法不感兴趣，喜欢从神话学、宗教学、民俗学等方面进行探讨。当时这类书很少，图书馆已把新中国成立之前那些谈神说鬼之作束之高阁，境外新书又不能入内，但一次偶然的机缘，我从古籍书店中忽然看到一本香港饶宗颐先生的《楚辞书录》。此书后附论文索引，很多是发表在民国时期旧杂志上的论文。刚巧那时我新婚，妻子祁杰还在北京工作，假期中我都要去探亲，于是按照索引的提示，到北京图书馆期刊室中借阅。在当时来说，我的阅读面要比别人广，上至王逸、朱熹等人的著作，下至苏雪林、何天行等人的论文，都曾钻研。这一时期的人强调观点，旧杂志上的文章，一般人已弃之如敝屣，而我却努力探讨他们提出的新见是否可以成立，与当时年轻人应该走的方向是不合拍的。

写作《九歌新考》时，我的操作过程还比较规范，先是广泛占有材料，然后归纳成几种学说，分析他们的得失，然后提出自己的看法。《〈九歌〉异说综述》一章中，把古今有关《九歌》性质的学说分为"忠君爱国""民间祭歌""楚郊祀歌""汉人写作"四种学说，随后以《屈原创作说申述》为总结。这一结论，是在考察了先秦两汉神话、宗教、民俗的前提下，对《九歌》诸神一一进行分析研究，并与各家展开讨论，否决了以上四说的基础上提出的，这里有我的新见。

这是我完成的第一部专著，留下了学生时代的痕迹，许多重要论点，都是发挥师说而成的。小石师曾指出，东皇太一可能是齐国的神，楚人不能祭祀河伯，这都成了书中的重要章节。小石师学问博大，读书神悟，但他秉承前代学风，不轻易动笔，只在讲课时提出某种观点，而不作详细论证。我在学习《楚辞》时曾对各家之说一一比较，最后确信小石师的看法最有道理，从而服膺师说，并在他的提示下深入研究，证成此说。由此我就想到，师生之间的学术传承犹如接力赛跑一样。教师提出某种观点，学生得到启发，从而在这一点上进行开拓。从学术的发展来看，每一种学说都是在继承的基础上进行的。

小石师是清道人的学生，接触过清末的不少学者，他继承朴学传统，而又采择西洋新兴学术。我在他的指导下，也曾学过一些小学方面的著作，并对文史不分的传统表示认同。

所谓"文史不分"，从目下的情况来说，当然不能仅指文学、历史两门学科。我国古时所说的"文史"也不是这个意思。"文史"的内容是很广泛的，它包括了人文科学和社会科学的许多门类。哲学、宗教等等，尤与历代文人的思想有关，研究文学，自不能不对此有所了解。

因此，我主张综合研究，为此我曾一再申述。《文史探微》的《后记》中说，我在学习文学作品时，往往连类而及，也相应地读一些史书或哲学著作，这样做，是希望对古代学术能有更完整的认识。因为在历史上，无论是一种风尚、一个流派、一部著作的形成、发展和变化，都是纷糅交错地呈现出来的，后人当然可以分别从文、史、哲等不同角度进行探讨，但若能作综合的研究，也就可以理解得更全面、更深入。这里我还可以补充一点，就是扩大知识面后，在探讨问题时往往可以取得触类旁通的良好效应。

古代文士大都信从"一物不知，儒者之耻"的古训，因此关注的事很多，写作的范围极其广泛。后人自可从事纯文学的研究，把他们的诗歌和部分散文从整个创作内容中分离出来，但这样做常是陷于只见树木不见森林，难得把握整体。因此我们从事古代文学的研究，困难之一就在合适地处理专与博的关系。从我本人来说，尽管个人资质驽钝，还是希望尽可能地多懂得一些。1995 年我主持了一次魏晋南北朝文学国际学术研讨会，提交的论文是《魏晋南北朝时科技发展对文学的影响》。因为我注意到，其时文人大量写作《刻漏铭》《相风赋》之类的作品，又喜用玉辂胜于椎轮之类的比喻，说明文学的今胜于古，这不是说明其时自然科学方面的进步推动了文学思想的发展么？每一个作家处在各种社会思潮的交叉影响之中，如果我们局限一隅地进行考察，怕难以掌握全貌。

如上所云，我因任务急需，做过各种各样的工作，诸如校勘、注释、今译、汇编、辑佚、考订、阐发等等。古代文学研究中的各种行当，大都尝试过，但浅尝辄止，未能臻于深化。不过这样长期打杂似乎也有一些好处，观察问题和处理问题的适应性有所增强。发现问题后，随之就会想到用哪一种方法去处理最为合适，回旋的余地也就大些。例如我在整理《唐语林》时，发现内中一则刘幽求故事，当是柳珵《刘幽求传》的佚文，颇欲撰文介绍，但一时又难决定用何种方式表达为佳。后来我写了《柳珵〈刘幽求传〉钩沉》一文，共分三段，首先作资料介绍，中间作文字注释，最后作理论阐发，这或许也可说是多层次、多角度地进行研究吧。目下学界中人往往从事单项研究,或擅长注释,或擅长赏析,或擅长考证,或擅长发挥,犹如某一专业户,如遇不合自己脾胃的材料,往往视而不见。若是具有多方面的兴趣,并有相应的驾驭能力,则可充分利用所得材料,制作成各种合适的成品。

我总觉得,从事古代文学研究既要有深厚的功力,又要有敏锐的创辟能力。新中国成立以后,研究工作中首先强调的是观点,又受苏联的影响,通史、通论性质的著作最为风行,高层领导屡屡斥责烦琐考证,以此作为资产阶级学者的标志,因此长期的流行方式是语录开道,然后据此演绎成文。这种学风的直接后果,是人们不必读多少书,不必大量积累资料,只要援引几段放之四海而皆准的经典,结合一些人所共知的材料,就可写出观点正确的文章。人们在学术的探索中不能有突破,否则有些专门挥舞棍子的人就会上纲上线,提高到政治立场上去。我在写《梁代文论三派述要》时,讨论通变与新变的问题,以为萧纲等新变派也有不少贡献,当时就有一位"评论家"在《光明日报》的《文学遗产》副刊上用杂文的笔法阴阳怪气地说我是"欣赏宫体作家"的了。这样的文学批评,不必有什么论证,只凭若干先验的"原则"就可陷人于困境,试问处在这样的空气之下,人们又怎能探求真理?

做研究工作,总得有一定的学术规范。所喜者,目下人们的研究工作已渐趋规范,但我觉得还须对文献问题赋予更多关注。

我在从事法家著作的注释时,为了整理出一种《韩非子》的可信本子,曾到北京图书馆与国内其他图书馆去借阅过不少善本,随后写下了比较各种版本的论文《〈韩非子〉版本知见录》。因为这是专书研究的先行工作,所以我将该文置于《〈韩非子〉札记》中的首位。通过版本的考核,发现向被认为权威著作的《韩非子集释》一书,其校勘部分极不可信。著者陈奇猷先生撰写时尚在辅仁大学求学,无法看到多种善本,提及版本的地方,好多是转抄他人的。这种校勘上的重重转抄,以浙江书局本顶替吴鼐本,即王先慎的《韩非子集解》也不免此弊。为此我写了《陈奇猷〈韩非子刻本源流考〉商兑》一文,希望引起读者的警觉:不要迷信权威,而要独立思考。

人处运动之中,无法掌握命运,但我逆来顺受,在注释法家著作时也学到了不少东西。按照现在的归类,《韩非子》已定为哲学著作,但先秦典籍综合一切,我也随之进行了多方面的研究。突击两年,书已很熟了,我就感到《韩非子》中的每一篇文章都有前人从未言及的新义可以阐发。当时有一奇想,可就全书五十五篇文章写成五十五篇读书笔记,每篇都要有新意,雪泥鸿爪,也可作为我这段奇特经历的学习记录。同时也可告诉大家,读书可有各种不同的读法,文章可有各种不同的写法。那时浮想联翩,一口气写成了很多笔记,后因前后笔记之中每多重复,于是又依主题归类,整理成《〈韩非子〉札记》一书。或许这类沟通文史的著作不太容易见到,此书出版后颇受各界欢迎,当时远在美国的日本东京大学长尾龙一教授、正任马来亚大学中文系主任的郑良树教授都谬加赞誉,随后我们也就成了亲密的文字之交。

段熙仲先生曾撰文介绍此书,认为“篇篇都是有根据、有心得的学术论文”,这是前辈学者对年轻一代的揄扬,愧不敢当。由于我知识结构方面的局限,自觉有关历史方面的几篇文章,如《战国时期的几起变乱佚史》《韩非与“百国春秋”》等,还差强人意,有关哲学的几篇,就嫌肤浅。我也明白,一个人不能门门精通,但我在《〈韩非子〉札记》中对许多问题作了阐述,总算是用上了平时积累的各种知识,感到快意。

我教过多年批评史,需要考察学术思潮,因此对中国哲学史也较关注,平时也读读这方面的著作和文章。虽然素养不足,但也有助于发现问题。陆机何时作《文赋》,向为学术界聚讼的焦点。我在读此文时突然感到,内如“伫中区以玄览,颐情志于典坟”等句,出于《老》《庄》等玄学著作;“若夫随手之变,良难以辞逮”等句,明显地受到当时玄学领域中言不尽意论的影响。我又想到,唐长孺先生在分析《抱朴子》而推论南北学风异同的一篇文章中曾提到,吴国的学风比较保守,《易》主今文家说。陆机的从曾祖陆绩为江南的《易》学大师,世家大族以世传经学为门户的光荣,这就可以作出推断:陆机青年时期决不可能接受玄学,只在到达洛阳之后,才有这种可能。杜甫在《醉歌行》中曾说"陆机二十作《文赋》",过去学界一直沿用此说,现在看来,此说已难成立。这番论证,自觉比逯钦立的《〈文赋〉撰出年代考》进了一步。逯氏此文自是杰作,他用排比的方法考查《文赋》的写作年代,但陆云与陆机通信提及各种作品时是否严格按时序排列,难以确说,而且"文赋"二字还可作文体解释,因而还留下一些不确定因素。我用陆机的哲学思想演变作出解释,结论似乎更为可信一些。

我在该文中还曾引及刘敬叔《异苑》中记载的陆机夜遇王弼之鬼的传说,说明陆机思想的变化。这样征引材料,在老辈学者中是不多见的,但我对此很感兴趣,觉得考证文章中增加一些小说笔法的材料,能使气氛生动。当然,这类材料使用得有限制,看用在什么地方。假如把这用来考查某一件事的背景,说明其时的社会风气,就很有说服力,应该发掘这类材料的深层涵义。这种在考证文章中也喜欢用小说的脾性,可能与我毕竟出身于中文系有关。

我在研究李白时,反复阅读他的《上安州裴长史书》,内中叙及他的早年经历,对于了解李白的思想非常重要。其中说到他与蜀中友人吴指南同游于楚,指南死于洞庭之上,"遂权殡于湖侧,便之金陵。数年来观,筋肉尚在,白雪泣持刃,躬身洗削,裹骨徒步,负之而趋,寝兴携持,无辍身手,遂丐贷营葬于鄂城之东"。这就使我感到非常奇怪。中国向来以孝治天下。《孝经》上说:"身体发肤,受之父母,不敢毁伤,孝之始也。"李白却把友人尸体上的肉用刀子刮尽。这与古时的丧葬之礼差距太大了。因为我在研究《楚辞》时读过一些民俗学方面的著作,这时我又悟出,李白这里是在以剔骨葬法埋葬蜀中友人。为此我勤翻典籍,上至《墨子·节葬》篇中的材料,下至林耀华《凉山夷家》中的调查报告,终于证成李白曾受南蛮文化的影响。李白研究向为世界性的热门话题,但我相信此说自古至今从未有人说过。

前人早已指出,读书要能发现问题,应在人们习焉不察的地方读出新意。我悟性不高,但有时还能略有所获,主要就靠触类旁通。陈寅恪告诫人们读书必求正解,如从汉学规范而言,也就是在训诂上要有深厚的修养。我就觉得,当代的人要对文献资料作出正确诠释,必须具备多方面的知识,读出字词中潜藏着的深层涵义。知识越多越好,这样才能触处多悟。我对宗教问题缺乏知识,以前因研究《九歌》,对原始宗教方面的问题曾予关注,但对后起的宗教,则所知甚少了。例如对佛教和道教的教义,就近于无知,因此在读到有关材料时不能有所感悟,常是引为憾事。

有人认为我的文章选的角度一般都比较好,我想这与读书时注意发掘疑点有关。既有疑点,就得解疑。如我在阅读《三国志》时,发现内有曹氏"三世立贱"之说,这与历代帝王之家情况大异。何以如此?我从曹氏家世论及曹操的突出之处,说明他改变社会风气的努力,从而对建安文学作出新的解释。又如文体论中常引"登高能赋"之说说明赋体的产生,我就觉得里面有个概念转换的问题,因而写作《"登高能赋"说的演变和刘勰创作论的形成》一文,对后人以经说立论,吸收山水诗等创作经验,用"登高必赋"说替代儒家诗论的过程作了考察。这种穿穴式的论证方式,在目下的《文心雕龙》研究中似乎并不多见。

我在进行某一课题的研究时,往往锲而不舍,继续探讨,从而产生另一论文,甚而滚雪球似的发展成一部专著。例如写好《叙〈全唐诗〉成书经过》之后,为了弄清季振宜《唐诗》的来龙去脉,花了几年的时间,查阅资料,采访专家,进而写成《季振宜〈唐诗〉的编纂与传流》一文。二文一脉相承，但为追求自成体系，因而又有重复之处，这是须向读者致歉的。

小石师的研究工作，具有"语不惊人死不休"的气概，我虽不才，但也追求创辟之功，写作论文时，总想发前人未发之覆。目下年事日高，杂务日多，而学术活动又日益纷繁，有时应邀写作各类论文，颇感应付为难。照理说，研究某一问题，必须先把有关文献搜集全备，遍读之后，再来动笔，但我目下已无此可能。差能自信者，觉得自己的思路还有一些特点，写出的东西不大可能与人家撞车。例如90年代一口气写了有关李白的十篇文章，从文化的角度阐发李白的特异之处，故以《诗仙李白之谜》一名问世。事后表明，我所谈的问题他人确是没有谈过，至少在观察问题和论证的方式上有不同，这是我敢于在学术界继续活动的一些自信。

大家从我介绍的成果中不难发现，不论是《楚辞》《韩非子》或《文心雕龙》的研究，还是高适、李白或《全唐诗》的研究，抑或近代各种学术流派的研究，都可以说是热门话题。这样做，并不是想凑什么热闹。我的本性也不喜欢这样。但我总想在前人已说过的话之外，提出一些他人意想不到的见解，拓宽学术界的研究视野，如说王粲死于麻风病之类。大作家和重要著作中包含的内容更为丰富，可以从不同角度进行考察，挖掘出更多的深层涵义，这样才能显出个人的独到见解和思辨能力。80年代中期之后，我又把注意力慢慢转到小问题上，为此写过《"芳林十哲"考》之类的一批论文，企图采用"小题大做"的手法，通过一些他人注意不够的社会现象，揭示历史上的一些重大问题，并依此形成个人的治学风格。

《因话录》的作者赵璘，《卢氏杂说》的作者卢言，以及其他一些唐人笔记小说的作者，两《唐书》上少有记载。我对他们的生平作了考证，对作品内容作了分析，通过他们的社会活动和作品中的某些记载，抉发其中蕴涵的重大社会问题。

总的说来,我在唐人笔记小说研究上所下的功夫并不太多,如果说有什么收获的话,那就是结合承担的职务,通过古籍整理,进行考证和理论并重的工作,说明唐人笔记小说的文献价值。这也是我一贯致力的方向:着眼于笔记与正史的结合,整理与研究的结合,企图为学术界提供一些例证,在文史研究的领域中闯出一条新路。

我在唐人笔记小说的整理与研究工作中,还有意识地注意培养功力。整理《唐语林》时,不厌其烦,一本书一本书地查对,一个字一个字地考核,这里用的全是笨功夫,但所积累的知识,却都是实打实的。整理文献,需要多种知识,除版本目录等专业知识外,还要对唐代社会的民情风俗、典章制度等等都有所了解,因此要想做好文献整理工作,也不是容易的事。目下学术界还有不少人轻视文献整理,可能他们还不太了解其中甘苦,也说明过去只重通史、通论的学风还在影响学坛。

整理文献时,我很注意体例问题,因此编写《唐语林校证》《唐人轶事汇编》时,都曾作过反复考虑,务使全书使用、可靠、科学性强。二书均曾获得国家新闻出版署的古籍整理图书奖,于是我在师友辈的督促下,又邀请了葛渭君、周子来、王华宝等三位专家,主编《宋人轶事汇编》一书。多年涉猎,略有所得,因此我在《唐人笔记小说考索》的通论部分,曾对文献整理中遇到的问题多方阐发,其中《唐代笔记小说的校雠问题》一文,或许能够体现我在这方面积累的功力。

不论写作创辟性的文章,还是依仗功力的文章,我都有意多作分析。读他人文章,也喜欢那种抽丝剥茧式的论文,而不喜欢那种侃侃而谈光讲大道理的文章。《刘勰的主要研究方法——"折衷"说述评》《从"唐人七律第一"之争看文学观念的演变》等文,都可看出我的努力方向。《阮籍〈咏怀诗〉其二十新解》一文,不过四五千字,但却敝帚自珍,自以为千古以来无人曾对这一组诗中的任何一首作出具体阐释,我则对此逐字逐句作了分析，将阮籍的心曲明白剖示。友人罗宗强教授对此文表示欣赏，我一直引以为荣并许为知音。

做研究工作，与其趋同，不如立异。目下中国文学批评史类的著作日盛一日，大家都向篇幅大的方向发展，我则将自己所写的一本定为"小史"。这当然与我喜欢个人单干有关，但也体现了我追求少而精的努力方向。

最后说说我对"文献"一词的理解。过去的人一般均以此指典籍而言，现在的人则扩及其他众多资料。我在《唐诗文献综述》中，就介绍到了碑志、壁记等多种实物；而在写作《高适年谱》时，就曾依靠墓志上的记载考查高适家世。这种做法与前此的文学研究者有异。而我之所以接受文献的广义用法，也与师承有关。

屈指算来，我在古代文史领域中工作已将近四十个年头。前十七年，运动不断，突击不歇；后二十年，情况好转，社会活动却又剧增。自知天分不高，反应迟钝，体质又差，精力不敷，而又不得不随顺世故，写作各类文章。临文把笔，常是战战兢兢，生怕于此积累不足，出现不应有的错误。因此，总是想把文章多请一些专家看看，匡我不逮。为此先后得到过洪诚、孙望、程千帆、郁贤皓等多位先生的帮助，在此谨向他们致以衷心的谢意。

（原载《学林春秋》二编下册，朝华出版社 1999 年 12 月出版）

谈谈汉字简化的历史

汉字是我国人民日常应用在学习上、工作上和交际上的工具，它在社会生活中起着重大的作用，对我国悠久的文化历史有过光辉的功绩，这是我们一致承认的。但是汉字也有严重的缺点，它的笔画繁、字数多、读音乱，不容易记忆，这就变成了知识分子学习的负担，儿童和初学文化的人练习写读更是一件苦事。现在我国正处在社会主义建设的高潮中，事事讲求"效率"，而我们最常用的文字工具，却是这样笨拙、累赘，如果汉字不改革，就会严重地妨碍人民文化教育的普及和提高，这对于我们当前进行的社会主义建设是不利的。建设的浪涛已经把文字改革的问题推到人民生活议程上来了。汉字简化是文字改革的第一步。

把汉字改成容易认、容易记、容易写、容易读的文字，是我国人民自古就有的愿望。从汉字演变的历史中，我们就可以看出简化是它的主要规律。

我们知道汉字不是拼音文字，而是表意文字。它由形符与声符以各种方式搭配起来，构成几千几万个方块字。在这种方式下产生的文字，字数多和字形复杂是在所难免的。这些缺点在汉字形成时就有了，因此，简化的趋势在汉字形成的初期就开始表现出来。在甲骨文中，一个字往往有好几种形体，其间繁笔和简笔的差别很大。从大篆到小篆再发展到汉代的隶书，就是字体演变和一系列字形简化的历史。大篆是一种非常繁复的字体，到了秦代就普遍地加以简化而成了小篆，这就是许慎《说文叙》上所说的"或颇省改"。但小篆基本上还是繁复难学的，随着文字应用日广，隶书起来代替了小篆，做了过渡到楷书的桥梁。举例说吧,大篆中的"车"字,最初写作■,把两个车轮和车辐都画出来了;到了小篆时,便简化成了"車",两个车辐和一个车轮都被精简了。又如"雷"字,大篆写作■,它表示雷雨来到的时候,布满阴云的空中,好像有许多车子在奔驰,发出隆隆的响声;到了小篆时,简化成了"■",阴云不见了,剩下三个发响声的车轮;发展到隶书时,车轮只留下一个。从这些字形的演变中,可以清楚地看出简化的趋势来。汉魏之际,在隶书的基础上又正式形成了楷书,我们现在所说的简化字也跟着产生了。在汉魏六朝的碑刻中,就可以发现简化字。到了唐朝,许多经卷和唱本上都用了大批简化字。宋元明清,除了手写用简化字外,有一部分简化字更用到印刷体上去了。

"五四"时,由于革命形势的迅速发展,有些爱国人士想在中国掀起一个文化启蒙运动,要求普及教育,主张用简化字来正式代替繁体字。以后若干年中,有许多专家从事这个工作,提出了许多简化汉字的方案。这种有益于人民的工作,当然得到广大群众的欢迎。但是国民党反动政府并不关心人民的利益,1935年8月,国民党的教育部刚刚被迫公布了"第一批简体字表",跟着就有以戴季陶为代表的国民党反动阶层出来反对,这个简体字表随后就被取消了。

只有到了今天,人民掌握了政权的时候,人民的利益才被提到了首要的地位,在全国范围内,有领导、有组织、有计划、有步骤地解决中国文字改革问题才有了可能。今年1月31日报上公布的汉字简化方案,是中国文字改革委员会综合了群众的创造和专家的意见,经过长期的研究,广泛的讨论,然后才提交国务院批准的。从这里也可以看出我们国家社会制度的优越性。

但是我们还应该知道,汉字的缺点是由它的本身的体系所产生的。因此,只要汉字的体系不变,它的缺点就不能彻底根除。简化汉字只能在字形、字数方面给我们以相对的、有限度的方便。如果要使汉字的缺点全部克服,那只有在拼音文字代替方块字后才有可能。但是,拼音文字的实现不是一朝一夕所能办到的。因此,我们就有必要来简化汉字以便利目前的应用。就是在全国人民都使用拼音文字以后,对那些研究汉字的人来说,简化汉字也还是有用的。

(原载《中国青年报》1956 年 3 月 24 日)

评汉字笔顺排检法

到目前为止,通行的汉字排检法中还是部首法的势力最大。但是部首法的缺点实在太多,因而许多年来陆续兴起了很多新排检法,希望能够代替这陈旧的传统的排检法。现在可以把几百种新排检法分成几大类,笔顺排检法就是新兴起的排检法中的一大类。

一般笔顺排检法的拟制者认为:拼音文字是用几十个字母结合而成的,汉字是由几种笔画搭配成的,汉字的笔画就相当于拼音文字的字母。拼音文字字母之间的顺序(如 a、b、c、d⋯)是由传统习惯固定下来的,同样,我们也可以把汉字的各种不同笔画定出个谁先谁后的次序来。排列汉字时,可以把每个汉字逐笔还原成组成它的笔画,并且依照手写习惯顺次排列(如"田"字可分解成"丨冂一丨一","木"字可分解成"一丨丿乀")。仿效拼音文字比较上下字字母而排定文字先后次序的原则,我们也可以比较上下字笔画的顺序而确定每个汉字在字典里的固定位置。笔顺排检法的原理就是这样提出的。

笔画不等于字母

现在我们试来考察一下,汉字的笔画到底像不像拼音文字的字母呢?

在拉丁语系的拼音文字中,每一个词中的字母,照例是自左至右排列,次序是固定的。汉字的情况却不同了。在每一个方块汉字中,笔画与笔画不是依次排列而是交互错综的。汉字笔画的发展方向是没有一定的,笔画与笔画间的结合方式也是没有一定的,这比起拼音文字单纯"一面倒"的排列方式当然是复杂多了。

起笔在笔顺排检法中占重要的地位，因为起笔往往是分部的根据。如果你第一笔的写法和字表、字典上的规定有出入，那你就会错到别部里去乱找，找不到你所要的字。有些字表只取第一笔来分部的更是如此。但是解决起笔问题却有很大的困难。因为汉字的起笔不是完全固定的，许多字各人有各人不同的习惯写法，有了问题并没有什么客观的标准来判断谁是谁非。

起笔问题包括起笔笔形和起笔顺序两方面。

我们知道，印刷体和手写体的字形是不完全相同的。手写体的"言、户、亡"在印刷体中作"言、戶、亡"形，"丶"部中的字分到了"一、丿、丨"部中去了。为了解决这些汉字本身的固有的缺点，笔顺排检法的拟制者便不得不加上一条"依手写体"为准的规定。可以说，这个问题是可以由这个规定而大体上得到解决的。随着汉字标准字形的规定等一系列的措施，字体问题就可以有圆满解决的希望。异体字问题随着中国文字改革委员会整理异体字工作的逐步实施，也大体上可以解决了。

但是起笔笔形问题还不能说是已全部得到了解决，因为手写体中起笔的写法也有不同，"反、疑、刊"就有人写作"反、疑、刊"，仍有发生错部的可能。

起笔顺序问题更是复杂了。许多字的起笔存在着两歧情况。就拿旧部首来说吧，"忄、非、革、长、门、斗……"就都有两种不同的写法，有关这些部首的字都有混乱的可能。有些字的起笔更是"三可"的，像"世"字，有人从"ㅛ"起，有人从"乚"起，有人从"一"起，三种写法都有人用；但是，笔顺排检法的拟制者只能选择一种。

由起笔顺序不同而产生的后果是第一、二笔的不稳定。像"忄"旁，如果你先写"丨"时，那"丶"就成了第二笔；如果你先写"丶"时，那

"｜"就成为第二笔了。第一、二笔稳定的字第三笔还是有分歧的可能，如"耳"字，第一、二笔没有问题，第三笔却又有从中间的"一"起和从右边的"｜"起两种不同的写法。从这里我们也可以看出汉字笔顺的复杂性来。

笔顺排检法的基础是群众书写汉字的习惯。不能说我们书写汉字时的笔顺习惯毫无规律可言，但是书写汉字的习惯毕竟没有经过科学的整理。有人觉得这样写顺手，有人觉得那样写顺手，这样各种写法就并存下来了。

就是拿每个人的书写习惯来说吧，同一个字有时也会有不同笔顺。因为书写时还要考虑到每个字与上下字的联系，它内部笔画间的联系。为了使文字书写迅速和顺手，上下字的笔画应该考虑联结起来；为了避免汉字内部结构的松懈，减少上一笔与下一笔在空间上的距离，这也要求书写时对笔画结构作合理的安排。某些字起首几笔形体虽然大致相同，但每个字与内部其他笔画之间的结构、与上下字的联系还有不同，这样就是同样一个人书写起来也会发生差别了。这种情况在行、草书中更是常见。楷书中某些相同形体的书写单位的笔顺所以会发生分歧，也往往是受行、草书的影响形成的。

也有人说：汉字笔顺并不杂乱，它有规律可寻，可以从中总结出"先左后右""先上后下""先外后内""先中后边"等几条大原则来。

可惜的是这些大原则都有些例外。

（1）先左后右　有些字就是从中间开始的，如"小、水、当、变"等。有些字是从右边开始的，如"义、丰"等。有些字的左边却是个习惯上放在最后书写的旧部首，如"退、道、这、遗""巡、延、廷、建"等。

（2）先上后下　这一规则有些地方是与"先左后右"冲突的，如"花、布、戒、麦"等，往往是先写横画然后再写位于上端的一笔。有些字的最高笔在笔顺上讲却是放在后面书写的，如"心、川、由、刊"等。

（3）先外后内　真正的口形字也不纯是先外后内的，像"四、目、国、围"等字的底部一横，照例放在最后书写。有些包被字的笔顺更是"先内后外"，如"凶、函、幽、幽"等就是。

（4）左右部分相同的字，先中央后左右　"小、水、当、变"等字，与"先左后右"的原则有矛盾，为了解决这问题，有些人就另列出这一项来求得解决。但是像"辩、瓣、斑、掰"等也属于左右部分相同的字，却又是"先左后右"，而不能"先中央、后左右"了。

大原则与大原则之间常起冲突。为了更进一步解决矛盾，有些人就再加上笔画次序的规定：

（1）先横后直　像"土、井"等字，固然符合这原则，但"贵、骨、肉"等字却又是"先直后横"的了。"长、门"等部首也有人先从"直"开始的。

（2）先横后撇　"大、刀"等字是先写横后写撇的，但"九、月、母、女"等字又把顺序颠倒过来了。

（3）先撇后捺　这一条原则本身可能没有什么例外，但"义、余"等字却又与"先左后右"的大原则矛盾。

绝大多数的原则都有例外，彼此又常发生矛盾，因此仅仅规定这样一些原则还不能解决问题。

为了使这些原则精密化，有些人便在有问题处层层分析下去，分门别类地定出许多细则来限制例外字。这样做当然能够解决些问题，只是规则过多过细的排检法往往会犯上烦琐、不切实用的毛病，很难被群众接受。

也有些人主张用互见法来解决起笔笔顺分歧问题。互见法是没有办法的办法。对全部汉字说来，汉字笔顺有分歧的为数还不算大，但以个别字计算起来，为数却相当多，所以用互见法来强行解决必然会增加前后翻检的麻烦。

　　　　无为集

拼音文字字母编排上是否也有这么一大堆混乱情况存在呢？没有。因此从排检法来说,字母与笔画形式上的相似只是一种错觉,笔画并不相当于字母。

"江山千古"及其他

"江山千古"是最简单的一种笔顺排检法。所谓"江山千古"是指这四个字的首笔"、丨丿一"而说的。笔顺排检法的拟制者把汉字所能有的笔画都归并到这四种笔形中去,他们并把从汉字分解出来的笔画依"、丨丿一"次序排列。

和"江山千古"法的原理相同的还有"元亨利贞""寒来暑往""劳动世界"等多种,这都是以四字的首笔代表四种笔形而命名的。此外,也有直接命名为"点横直撇"法的。

"江山千古"法的缺点,除了上面所说的起笔问题外,还在于把笔形分析得太简单,许多曲笔没有好好地安排,只是大体上依照笔画开端的形态归并到"、丨丿一"中去。汉字笔画变化多端,硬性地把不同的笔形分派进四大部类有时就不能不勉强一些了。

由于"江山千古"法只简单地把笔形分成四种,所以在进行比较笔画而排定字的位次时,老是会碰到点对点、横对横、直对直、撇对撇的情况,许多形态截然不同的笔画会被认为是同类,许多形态截然不同的字也会被认为是笔画组织相同,这样必然会发生同部类字过多的问题。"江山千古"法过去只用于档案上,现在也只用来编排人名表、字表或小字典之类篇幅不大的东西,就是因为以上这些原因而限制了它的用途的。收字不多的东西容易处理,其中间或发生混乱时也只要前后多翻一下就行了;但是如要用来编制收字较多的字典时,那"江山千古"法就必须和部首法、笔画法等结合一起应用。

把汉字笔画分成四类无论如何是不敷应用的，就是再增加"曲笔"一项也不济事。一些笔顺排检法的拟制者有见于此，于是便不能不把笔画的种类扩大。

汉字笔画的不同形态究竟有多少种呢？

对汉字各种笔画形态的研究，过去的书法家们曾做过许多细致的工作。晋卫夫人笔阵图列笔画七种，唐欧阳询八法列笔画八种，但最著名的笔法论要算是隋智永的"永字八法"①。

"永字八法"是指构成"永"字的八种笔画而言的。有些人说汉字笔画不超出这八种，这种说法不合实际情况。

"永字八法"等等是为练习书法而提出的。书法论者的意思是叫人在精究书法之前先练好这八种基本笔画。这样的做法不是对汉字笔形作科学的分析或归类。"永字八法"与排检法上的研究笔画形态目的是不同的。

汉字的笔画到底可分多少种，各家说法不一。据陈公哲的研究，说是不同形态有 72 种之多，这就等于"永字八法"的九倍。

当然，我们在排检法中也用不到把笔画分得这么细，这样做也没有什么实用意义。一般笔顺排检法的拟制者都倾向于把汉字的不同笔画分成七类、八类或是十类。他们把最常用的称为"基本笔画"，用来统率一大批形体近似但比较不常用的"附属笔画"（或称"变形笔画"）。

无论分类怎么精当，一大群复杂的笔画归哪一"基本笔画"统率，"基本笔画"之间的先后次序如何？总要把它们强记住，这就不能不增加脑力负担。

---

① "永字八法"，有说是晋王羲之所创的，有说是后汉崔瑗、张芝所创的，也有人认为是唐张怀瓘所创的。

分类时最难于处理的有"彳八丿"等几种笔画,有些时候它们老是与其他笔画相混。处理这种笔画时要慎重考虑与其他笔画的分合问题。

我们假定某一笔顺排检法已全部解决笔画分类问题,各大类的先后次序也已确定,那它还要进一步解决编排上的一些问题。

笔顺排检法的另一难题就是汉字笔画的计算问题。汉字的笔顺问题是和笔画问题密切相关的。决定两字谁先谁后,需要将两字一笔对一笔地比下去,这里就有一个"怎样算是一笔"的问题先要解决。汉字的笔画问题历来也是混乱的,有许多疑难字《康熙字典》上就只能作硬性规定,如凹凸(5笔)亞(8笔)、臣(6笔)頤(16笔)、淵(11笔)肅(13笔)等,各人计算时会得出各个不同的笔画数来。

笔顺排检法的拟制者也曾想出许多办法,试图解决计算笔画的问题。有些人沿用习惯的计算方法,那当然会遇到一系列的老问题而难于解决;有些人主张笔画每转折一次就加算一笔,这样乛亅乚乙㇆飞等就要算成两笔三笔,进行逐笔比较时更见烦琐、复杂了;有些人主张遇到曲笔时都作一笔计算,这也不能解决问题,因为曲笔的界限有时很难确定。而且以上两种硬性规定的办法也就违反了笔顺排检法以习惯为基础的准则。

可以说,如果笔画问题不能彻底解决,那笔顺问题也就无法得到圆满的解决。

部首笔顺综合式和首末笔排检法

笔顺排检法用逐笔比较的办法来定先后,有些字一比较起首几笔就可以分出谁先谁后,有些字却不成,你总要比较到七八画之后才能确定。显然,无论排字或是检字,遇到这种情况都令人头痛。为了避免笔笔相交的麻烦,笔顺排检法的拟制者便设法只从整个字中挑取几笔来进行比较,部首笔顺综合式和首末笔排检法便是这样产生的。

部首笔顺综合式是把笔顺原则结合部首拟制的。

大多数的汉字是以偏旁作为结构单位的。根据专家的统计,左右字占汉字总数的 80％以上,而偏旁中的部首又大都集中在字的左边,所以把部首集中在一起编排是合乎汉字结构原则,使用上有着实际意义的。相同的偏旁笔顺必然相同,所以笔顺排检法的拟制者大都提出笔顺排检法有"聚同形"的作用。部首笔顺综合式是在巩固这优点的基础上来进一步解决汉字编排问题的。

光从笔顺排检法着手来"聚同形",工作还只做了一半,因为部首右边的一半还没有处理。一些收字较多的部首,如"亻、艹、氵、钅"等,每部都包含有几十或几百字之多,这中间还得分出个先后次序来。

一般的部首笔顺综合式都先比前几笔来聚部首,越过部首再从后面比几笔来定各字间的次序。用来比较的笔数随材料的不同而决定。有些收字较多的材料,问题较麻烦。像《辞海》附录"五笔检字法"中,先比前三笔聚部首,越过部首再取两笔来定同部首字之间的次序,这样已经比了五次笔形;但有些部类,如"氵"部的"、一""一丨"里面,还有三四十字之多,同部类字过多的问题还是没有得到解决。

部首笔顺综合式保存了部首法的某些好处,但也把部首法的某些缺点带进来了。像《新华字典》(音序本)"笔形部首检字表"中,"、一丨丿"四大类下还列有 126 个部首。有些字是无部首可归的,《新华字典》(音序本)"笔形部首检字表"的拟制者便只能仿效老部首法把它们硬性派给某一部首来统率,如"直"(丨)部之下含有 23 个部首,第一个部首〔丨〕下一类中还加了个附部(非),表明底下一群字是用(非)开头的,但最后却硬性地附上了"北、背、冀、凸"几个字形悬殊的字。又如"直"(丨)部〔乚〕之下排列了"以、与、㠯、與、譽、舉、歟、母、毋、貫、水、氺、沓、凼、盥、蛊、出、粜、耀、祟、收、艸"22 字,这中间的某些字实在看不出与⌐⌐有什么关系。编者所以要这样做,显然也只是因为这些"流浪儿"无家可归,因而不得不强行委托⌐⌐来收容罢了。

首末笔排检法解决问题是很巧妙的。首末笔排检法光从字首字尾取笔,取字首的笔画用以"聚同形",取字尾的笔画用以编同形字间的次序,它跳过字的中段来避免逐笔比较的麻烦。

我们假定取起首几笔已经不成问题,现在专就取末笔问题来谈谈。

在汉字中,那一笔最后写比起起笔来要固定些。但末笔的笔形也是多种多样的,各种笔形出现的次数又不一样。首末笔排检法依靠末笔来区分同部首字中间的次序,结果会把许多字集中到出现次数最多的"、一丨……"中去,这样同一部首字之间的先后次序还是很难分列清楚的。如果字数较多,那问题就更复杂。为了使过多的末笔相同的字分散,字的尾部就要取上两笔三笔……,但是从末尾逆推上去的取笔画法是有困难的,结果查检的人还得从头至尾数上一遍,才能确定出末后几笔来。这样做起来,也就和逐笔比较的麻烦相差无几了。

对初学文化的人来说,纯粹依照习惯建立起来的首末笔排检法也不太切合实际。汉字末笔的位置不是绝对固定的,大部分汉字的末尾几笔虽是集中在右下角,但也有不少的例外情况,像"寸、刃"的末笔就在左方,"戈、甫"的末笔在右上角,"女、册"的末笔在腰部,等等。要是有人不认识这些字而又要应用首末笔排检法来查对时,他就根本不知道从何处去取末笔。这样也就限制了首末笔排检法的应用。

笔顺排检法的优点

汉字体系极为复杂,因而拟制完美的新排检法有很多困难。各种不同类型的排检法的拟制者试从不同的方向去寻求解决,结果总是在顺利地解决了大部分汉字的排检问题之后,剩下一部分疑难字难于安排。

从现有各种类型的排检法看来,很难说哪一种排检法已在各方面具有绝对的优点。情形往往是这样,某种排检法具有他种排检法所没有的优点,但也带有一些自身特有的缺点,而优点和缺点又往往是交叉地并存着的。比较排检法的优劣时,主要的条件之一是看某种排检法在顺利地解决了大部分字的安排之后,剩下难处理的疑难字是多是少。又解决这些疑难字的方法是否完善。

笔顺排检法也不例外。它也是既有短处又有长处的。它既具有前几节中所谈到的一些内在障碍,但也具有不少其他类型的排检法所没有的优点。在这里我们可以举出如下几项来:

笔顺排检法能在相当大的限度内继承旧部首法的优点。笔顺与笔画不是一回事,但解决笔顺问题有助于解决笔画问题。

笔顺不是绝对一致的,但会写汉字的人大体上总有个笔顺次序。应用笔顺排检法来查字,正像其他类型的排检法一样,除了一部分例外字,大部分字都容易解决。小孩子练习书写时就已经基本上掌握了笔顺的原则,所以熟悉笔顺排检法用不着像学其他排检法那样来从头学起。

部首排检法、笔画排检法等,都不能单靠一个方案来解决全部汉字的排检问题,它们总要和其他方案结合起来,这就必然地增加了方案的复杂性,增加了使用者的困难。笔顺排检法虽然也常和其他方案结合起来,但在原则上说,它本身可以成为单一的排检法。

把汉字分解成笔画并依笔顺一一排列,由于笔画形体的杂乱,所以前后次序常是看不清楚。为了使笔画前后排列整齐,可以把笔画和号码结合起来,把不同的笔画用不同的号码代替,利用整齐的数序来排顺汉字。笔顺法和号码法的结合比起其他类型的排检法和号码法的结合来更为自然。许多笔顺排检法的拟制者便常是这样做了的。

当然，要把笔顺排检法提升成为一个科学性很强的方案，还需要做一系列的研究工作。需要注意的是：

（1）列出笔顺有分歧的例外字，全面地进行分析，简明扼要地概括出几条规则，把混乱的笔顺统一起来。

（2）合理地把所有的笔画分成几类，既不能为求简单而硬性地把形态悬殊的笔画归并在一起，又要照顾学习、记忆上的方便，不能分类过细；还要注意到解决因"同字异体"而引起的笔画分合问题。

（3）要解决笔画计算问题，以免比较笔画时发生困难。

（4）设法避免从头至尾逐笔比较的麻烦。

（5）进行笔顺排检法的研究时，要适当地重视前人已取得的成绩。笔顺部首综合式能继承旧部首法的优点，能与汉字结构的一般原则相适应；首末笔排检法能精简逐笔比较的手续，避免典型的笔顺排检法所固有的麻烦，这些都是它们进步的地方，可以供笔顺排检法的研究者作进一步研究时的参考。

（原载《中国语文》1957 年第 1 期）

禹鼎考释

一　引言

西周存世的许多铜器,除了盂鼎、克鼎、毛公鼎、散盘……之外,现藏陕西省博物馆的禹鼎也是著名的大器之一。禹鼎史料价值很高,所以近人的著述中常常称引到它。禹鼎铭文和宋人著录的穆公鼎相同,只是今拓较明晰而宋拓特别残泐,这或者是宋代拓墨的技术还不精的缘故;或者是禹铸鼎时本来就作有两器,一件在宋代出土之后随即沉湮了,另一件直到近代方始出土,二者锈蚀的程度不同,所以鼎铭有明晰和残泐的差异。总之穆公鼎就是禹鼎,则是没有什么疑问的。

穆公鼎出土在宋代的什么时候不能确切知道。《博古图》《历代钟鼎彝器款识法帖》《啸堂集古录》都曾著录,三家都有释文,《博古图》还附有图像,但是因为铭文残泐,各家的考释都有不够确切的地方。郭沫若先生将它易名为成鼎,收入《两周金文辞大系》,并且重加考释,解决了许多问题,但是也因为限于材料,有些地方有待于进一步地探索。现在我们以《商周金文录遗》上的新拓本为根据,重新加以考释,希望能够对这件史料的复原有所帮助。

二　释文

禹曰:丕显趄=皇且穆公,克夹召先王,奠四方。肆武公亦弗

叚朢賸圣且考幽大叔懿叔，命禹□賸祖考政于井邦，肆禹亦弗敢
忝朢，共賸辟之命。

禹鼎云："賸圣且考幽大叔懿叔。"叔向父叚上也说："朕皇且幽大
叔。"可知禹鼎和叔向父叚是同一人所作的器。孙诒让说："古者名字
相应。《说文》云：禹，知声虫也；重文蝺。司马相如说从向。《玉篇》
'虫部'云：'禹、禹虫也。若然，禹、禹一虫。禹字叔向，即取虫名为义。
向即蝺之省。此可证司马相如、顾野王说矣。'"（《古籀馀论》"叔向叚"）
禹的字虽然不见于禹鼎铭文，但根据上说就可以知道他一定叫叔向
父了。

"趩="，威武貌，金文常见，虢季子白盘："趩=子白"。

"夹召"者，辅佐的意思。《一切经音义》卷十二引《三苍》云"夹，辅
也"；《尔雅·释诂》"绍，继也"，又"诏，勖也"。师嫠叚"用夹召乎辟"；
盂鼎"迺绍夹死嗣戎"，倒文意思相同。

肆，《尔雅·释诂》："故也。"

"朢"假为"忘"字，马形盉尊"王弗朢乎旧宗小子"，师朢鼎"王用弗
謩圣人之后"，都假借"朢""謩"为"忘"字。"叚"读为"遐"。"弗叚朢"
读如"弗遐忘"，就是《诗·周南·汝坟》"不我遐弃"的意思，和上面引
用的马形盉尊"王弗朢乎旧宗小子"涵义也相同。

《说文》："賸，物相增加也。从贝朕声。一曰送也，副也。"《唐韵》：
"以证切。"禹鼎以賸为朕（朕），可证賸的古音应当和现在"印"的读音
不甚相远。

"懿"当定为"懿"字，异仲作倗生壶"懿德万年"，懿字的形体正如
此。幽大叔是禹的祖父，懿叔是禹的父亲。

禹下面的一个字残泐不明。

毛公鼎"毋又敢忝専命于外"，又"窈夙夕敬念王威不賜"，禹鼎把

"惷睗"连为一词。《说文》:"惷,愚也。""睗,目疾视也。"睗字的解释不合本文原义,这里应当读为"不率易也"之"易"。"弗敢惷睗"大约是说不敢昏阉玩忽。

"朕辟"指武公。"政于井邦"是说从政于井邦。武公不忘禹先世的功烈,命禹继承他的祖考为井邦的大夫,所以禹以忠诚勤奋来勉励自己。

以上叙述禹的先世,以及禹为井邦首长的事情。

> 乌虖哀哉!用天降大丧于二国,亦唯噩侯骏方率南淮夷、东夷,广伐南国、东国,至于历内。

乌虖哀哉,叹词。乌虖,金文常见,四字连用的很少见。

二国是指南国、东国。南国指江汉诸姬地,《诗·小雅·四月》:"滔滔江汉,南国之纪。"《楚辞·橘颂》:"受命不迁,生南国兮。"宗周钟:"南国服孳。"东国指齐鲁地,明公毁:"唯王令明公遣三族伐东国。""用天降大丧"者,是说噩侯骏方率领东夷、南淮夷入侵,残害这二国之地。

这个噩侯骏方应当和噩侯鼎上的噩侯骏方是同一个人。王国维说:"骏方者,盖古中国人呼西北外族之名。方者,国也。其人善御,故称御方。殷时已有此称,殷虚卜辞云:贞遘于御方。周人或以为名,噩侯鼎云:'噩侯骏方内飨于王';《博古图》二载穆公鼎(案即禹鼎——引者)云:'亦惟噩侯骏方率南夷东夷广南国东国',则骏方者,噩侯之名。以骏方为名,如郑灵公之名夷、宋景公之名蛮矣。"(《观堂古金文考释》"不娶毁盖铭考释")可见以蛮夷的国号为名,周人自有这种习俗。

《史记·楚世家》云:"熊渠……乃兴兵伐庸杨粤至于鄂。"《正义》

引《括地志》云:"邓州向城县南二十里西鄂故城,是楚西鄂。"《汉书·地理志》西鄂县属南阳郡,注引应劭曰:"江夏有鄂,故加西云。"可知西鄂的地望,应当在现在的河南南阳附近。噩为姞姓的国家,和周人的关系,叛服无常。噩侯毁曰"噩侯作王姞媵毁",可见它与王室曾有通婚之好;噩侯鼎详记王赐物事,也可以证明它曾经臣服于周。禹鼎则详细记载噩侯驭方叛周的事件,最后还被周人俘获。从这里可以推断禹鼎应当作于噩侯鼎之后。

"广伐",犹言大举进犯,这个词并见于不娶毁。

历内,地名未详。

王迺命西六𠂤、殷八𠂤,曰 剢 伐噩侯驭方,勿遗寿幼。

盠尊:"用嗣六𠂤王行。"陵贮毁:"王命东宫追以六𠂤之年。"《书·康王之诰》:"张皇六师。"《诗·大雅·棫朴》:"周王于迈,六师及之。"《常武》:"大师皇父,整我六师。"《小雅·瞻彼洛矣》:"韎韐有奭,以作六师。"《穀梁传》襄十一年曰:"古者天子六师。"《公羊传》隐五年何注云:"礼,天子六师。"《初学记》七引《竹书纪年》云:"周昭王十九年,天大曀,雉兔皆震,丧六师于汉。"《后汉书·西羌传》:"〔夷王〕乃命虢公率六师伐太原之戎。"《孟子·告子下》:"诸侯朝于天子,曰述职。……一不朝则贬其爵,再不朝则削其地,三不朝则六师移之。"《吕氏春秋·古乐篇》:"武王即位,以六师伐殷。"《穆天子传》上有关六师的记载更是数见:这些都足以证明宗周的军事设置确有六师的编制。《国语·周语下》:"王以黄钟之下宫,布戎于牧之野,故谓之厉,所以厉六师。"韦注:"名此乐为厉者,所以厉六军之众也。"《周礼·夏官》天子六军的说法,是有所根据的。

小臣𧽡毁曰:"甈东夷大反,伯懋父以殷八𠂤征东夷。"曶壶:"王乎尹氏册命舀曰,更乃祖考作冢嗣土于成周八白。"小克鼎:"王命善夫克舍令于成周,遹正八白之年,克作朕皇且釐季宝宗彝。"竞卣:"佳伯屖父以成白即东命伐南夷。""成白"金文常见,当是"成周八白"的简称。大约周公东征之后,就在宗周、成周驻扎重兵。宗周驻兵六师,对成周来说称为"西六白";驻成周的八师则直称为"成周八白";因为它常常用来镇压殷商故地的"殷顽"和殷旧同盟各族,所以又异称为"殷八白"。盠尊云:"王令盠曰摄嗣六白罙八白执。"似乎就是指他统率东西两地军旅而说的。

从传世的铜器上看来,很少见到有将西六师、殷八师同用于一次战役的。禹鼎却记载六师、八师都出动而不能立即取胜,足见这次战役斗争的激烈,规模的巨大。禹战胜敌人后得到了重赏,所以铸作这件重器来记载自己的功劳。

"曰"下一字不清楚,但以上下文推断,并且参考它中作**羊**、右旁刂形,可以肯定地认定它为"剿"字。宗周钟"戭伐乑都",羙旁从刂、从戈是没有什么分别的。

"勿遗寿幼"者,就是"勿遗丑类"的意思。周人在杀伐上本来很残酷,《书·武成》叙武王伐纣有"血流漂杵"的话,(《论衡·语增篇》:"察《武成》之篇,牧野之战,血流浮杵,赤地千里。"孟子虽然表示怀疑,但是这种古代传说一定是有来由的。)《逸周书·世俘解》:"武王遂征四方,凡憝国九十有九国,馘魔亿有十万七千七百七十有九,俘人三亿万有二百三十,凡服国六百五十有二。"案上面两种说法可能有夸大的地方,但还是可以从中看到周人的行为并不像后世儒家所粉饰的那样"仁义",这可以和"勿遗寿幼"句互证。噩侯驭方本来臣服于周人,这次竟然率领外夷入侵,成了心腹巨患,周人对此当然特别愤恨,所以首先加以讨伐,并且准备严酷地加以镇压。

肆眔弥守匒匤，弗克伐噩。

《说文》"眔，久长也"，段注："眔今作弥。""弥守"犹如说"久守"。又《说文》："匤，币也。""匒匤"犹如说"合围"。周人以西六师、殷八师伐噩侯驭方，师老无功，虽然加以围困，但未能取胜。

以上叙述兵衅之起，周人讨伐噩侯驭方未能即行取胜。

肆武公乃遣禹率公 戎 车百乘，斯驭，□徒千，曰于 匡 朕 𡉈 慕，惠西六𠂤、殷八𠂤伐噩侯驭方，勿遗寿幼。

公下一字很模糊，但右旁"戈"字相当清楚，因而可以推断它为"戎"字。"戎车"一词，《诗》中常见。

斯，人名，禹的驭者。古代用车战，特别看重御者，《左传》上叙述大战事时，每每列举出御者名字，王者临阵时甚至还有卜御的事，如《史记·晋世家》记韩原之战，晋卜御，庆郑吉。凡此都足以看出御者地位的重要。禹鼎特别提出"斯驭"，也就是这个缘故。

"□徒千"可能就是"公徒千"，《诗·鲁颂·閟宫》："公徒三万。"

匡，地名未详。

"朕"下面一个字不认识。"慕"大约是"谟（谋）"的通假。"朕𡉈慕"语不大能理解，看来总是武公命禹设谋克敌的意思。

《礼记·月令》"行庆施惠"，郑注："惠谓恤其不足也。"是惠字有帮助的意思。武公命禹率兵帮助西六师、殷八师共同伐噩；因为周王室的正规军队兵力还不够，所以地方诸侯派遣私属武装前去助战。

以上叙述武公命令禹带兵去赴援。

零禹以武公徒驭至于噩，敦伐噩休，获氒君驭方。

宗周钟："敦伐其至。"不娶毁："女及戎大敦戟。"《诗·大雅·常武》："铺敦淮濆。""铺敦"是"敦戟"的倒文，和"敦伐"意思相同，都是指的大麀战。"休"之言美，金文常见，这里是指战役的获胜。禹师出有功，协力俘获了噩侯驭方。

以上叙述禹立功的事情。

　　肆禹□□敢对扬武公丕显耿光，用作大宝鼎，禹其万年子=孙=宝用。

禹下二字残泐不可识。

毛公鼎："亡不闬于文武耿光。"《书·立政》："以觐文王之耿光。"词义与此处的"丕显耿光"全同。

最后叙述禹铸鼎缘起，金文套语。

三　国别和断代

铭文解释清楚，我们就可以进一步来讨论它的国别和时代了。

武公命令禹带兵伐噩，禹作器对扬武公休，敔毁上又有"武公入右"的话，可知武公为王的卿士；而禹为武公的大夫，又是井邦的首长。武公和禹都是穆公的后代，所以鼎铭首先称"趄=穆公"。武公为穆公之后，又是禹的上司，以宗法来说，武公是大宗，禹是小宗。

考周代各国的世系，很少见到前有穆公后有武公的。郑、齐有武公而没有穆公。晋前有穆侯后有武公，好像和禹鼎上说的世系相合，但是曲沃武公称的得立，已当东周釐王、惠王时，那时不应该再有西六师、殷八师的制度了。而且我们拿晋公盦的铭文来相校，可以看出禹鼎的书体也不像春秋时代的，所以这个鼎不能定为晋器。

案《鲁周公世家》伯禽五传为魏公㵒，《集解》引徐广曰：《世本》作微公。"《索隐》云："《系本》魏作微。"古音微、穆同纽，而且古书上常多通假，似乎可以以魏公为穆公。穆公四传为武公敖，正当宣王南北用兵之时，好像和禹鼎上说的又相合。但是禹鼎叙述始祖时光提穆公而不及姬旦、伯禽，而且出土地点又在宗周故地，所以鲁器的说法也有矛盾，说不通。

陈梦家说："禹鼎及敔簋之武公疑即卫武公。鼎铭曰'圣祖考幽大叔懿叔命禹□朕祖考政于井邦……武公迺遣禹率公戎车百乘……'。《史记·卫世家》曰'而迎桓公弟晋于邢而立之'，此邢即卫邑之河内邢，亦即禹鼎之井邦，乃禹及其祖考之食邑。此二器并记伐淮夷，疑当宣王时事。"（《西周年代考》）陈梦家定禹鼎为卫器，也是错误的。卫穆公是武公的后代，和禹鼎上的世序恰相颠倒，如果一定要想勉强地加以解释，恐怕也要像宋人解释穆公鼎那样流于荒唐。

陈梦家以为禹鼎上的井邦指的是卫邑河内之邢，这种说法也大可商榷。考周初邢地有二处：一处在现今河南、河北交界处，一处在现今陕西境内。两个地方常常混淆，我们先来简略地加以分析。

《左传》僖二十四年："凡、蒋、邢、茅、胙、祭，周公之胤也。"杜预在隐五年邢人下注云："邢国在广平襄国县。"《说文》："邢，周公子所封地，近河内怀。"《汉书·地理志》河内郡平皋下注引应劭曰："邢侯自襄国徙此。"不论邢国的都城是在襄国还是在平皋，这些地方都在现今河北、河南交界处，这就是周的东邢。东邢也有铜器传世，邢侯 簋末尾说"作周公彝"，可知这器是东邢造的。但是禹鼎却不是东邢之器，因为它称先祖首先举出穆公而不及周公。而且禹鼎又在宗周故地出土，和东邢距离很远。

现在我们确定禹鼎是关中井地的铜器。长由盉、趞曹鼎、剩鼎、师虎殷、豆闭殷、师毛父殷都有井白为王宾右的话，师奎父鼎、走殷又作司马井伯，一般都将它们定在穆、共时。以后免殷、免觯、臽鼎有井叔，臽壶有井公的记载。井白为王卿士，食邑于井，以封地为氏，跟散伯、召公同例。周代自有这种风习。古代诸侯大夫世禄，食邑的地方不变，那么主者之氏也沿袭不变。周公旦、召公奭为周初重臣，到共和行政的时候，他们的后裔还是称为周公、召公，就是一个明显的例子。（《潜夫论·志氏姓》："周、召者，周公、召公之庶子，食二公之采以为王吏，故世有周公、召公不绝也。"）井叔、井伯所以在好几代都出现，道理就在于此。大克鼎、散氏盘都记有井国，克鼎出土在陕西岐山县，散盘上所记的地方都在现在渭水流域的宝鸡附近，和禹鼎上记载的"井邦"地望都相合；而且根据陕西省博物馆函告，得知禹鼎建国之前出土在陕西岐山地方，所以它和克鼎同出一地，和散盘上的记载也相合，这些都可以证明禹鼎上的井邦应当就是岐山附近和矢、散两国毗连的井地。宋人说穆公鼎出土在华阴等等，或者是因为这个重器流徙到那儿入土的缘故，或者是传闻之间还有一些小错误吧。

井的地望已明了，我们就可以由此而推断它的时代了。

穆、共的时候，井伯在世，懿、孝的时候，还称井叔、井公，可知禹鼎的时代不能早于孝王；依照克鼎、散盘上的记载，井国到厉王时已经被瓜分，所以禹鼎的时代，不能晚于厉王。根据这些理由，我们可以推定禹鼎为夷王时器。郭沫若先生定噩侯鼎为夷王时器，并且说："《史记·楚世家》'当周夷王之时，熊渠甚得江汉间民和，乃兴兵伐庸扬越至于鄂'，与此器所记盖同时事，彼言来伐，此言往救也。"（《两周金文辞大系》"噩侯鼎释文"）这种说法应该是可信的。大约夷王初期曾经和噩侯骏方通好，所以有援噩之举；以后却又失和，噩率外夷入侵，结果就发生了禹鼎上记载的事件。

文章的风格，代代有变异，这种例子也可以在金文中找到。凡是时代、地域相近的铜器，它们的遣词造句也每每相似。禹鼎中的文句，和虢季子白盘、不娶簋、毛公鼎多相合，这也可以作为确定禹鼎时代的一项证据。而且禹鼎器身用粗环文为装饰，（见《博古图》《两周金文辞大系图录》《古代装饰花纹选集》）字体又作圆笔，这些都可以作为夷王时器的佐证。

后代常常以夷厉并称，认为都是周代的衰世，《礼记·郊特牲》："觐礼，天子不下堂而见诸侯。下堂而见诸侯，天子之失礼也，由夷王以下。"但是按之史实，夷王实在是有政绩武功可称的。《左传》昭公二十六年引王子朝之言曰："至于夷王，王愆于厥身。诸侯莫不并走其望，以祈王身。"（《太平御览》八十五引《帝王世纪》："夷王即位，诸侯来朝，王将与抗礼，诸侯德之。三年，王有恶疾，愆于厥身，诸侯莫不并走群望，以祈王身。"）从这里可以看到诸侯拥戴的情况；《北堂书钞》三十一引《竹书纪年》："夷王二年，蜀人、吕人来献琼玉。"从这里可以看到王室声威所及之远；《太平御览》八十五引《竹书纪年》："三年，王致诸侯，烹齐哀公于鼎。"从这里可以看到夷王的威力，足使诸侯就范；《后汉书·西羌传》："夷王衰弱，荒服不朝，乃命虢公率六师伐太原之戎，至于俞泉，获马千匹。"（注云见《竹书纪年》）从这里可以看到夷王的武功。现在我们再补充上新史料——禹鼎，并结合起来加以考察，那么也就可以说夷王的武功是相当强盛的了。夷厉并称的说法，应该说是不足为据的。

因为关中井地和夷王俘获噩侯骏方事都不见于史籍，（《穆天子传》："天子四日休群玉之山，乃命邢侯待攻玉者。"郭璞注："邢今广平襄邑县。"案穆王时有邢伯，常侍从王侧，见长由盉。《穆天子传》中的邢侯与金文中的邢伯可能为同一人，所以《穆天子传》中的邢侯可能是关中井地的诸侯。）因而有人或许会对此表示怀疑，那么我们就只能这样回答,古代的大事不见于史籍的实在太多了。卜辞中常见的土方、🔲方,史籍上从无记载。就拿金文来说,井地的一部分后来归入矢国,矢国就在宗周畿内,并且有一段时期甚为强盛,《贞松堂集古遗文》卷二矢王鼎:"矢王作宝尊鼎。"《周金文存》卷五矢王尊:"矢王作宝彝。"《商周金文录遗》一〇一矢白甗:"矢白作旅彝。"矢人称王,史籍上也不见丝毫踪迹,从此可知古史阙遗的地方确是极多。

又《国语·周语上》:"恭王游于泾上,密康公从。"韦昭注:"康公,密国之君,姬姓也。"同书:"厉王悦荣夷公。"韦昭注:"荣,国名。夷,谥也。"康公、夷公,享有封邑,为周王的重臣,但事迹都不详;穆公、武公类似荣、密,他们的名字仅仅依靠金文传留下来。从此可知周室的诸侯重臣,不载于史籍而遗佚的,实在是太普通了。

四 结语

禹鼎为夷王时器,作器者禹是关中岐山附近井地的大夫。

禹鼎铭文长达二百零六字。足抵《尚书》中的一篇。就其记载的史实来说,我们又可以称之为《费誓》的姊妹篇。

西周时,王室和南淮夷、东夷之间屡有征战。但是因为上古史料的不足,许多重要的史实湮没不明,影响到我们对于古代各民族之间关系的了解。禹鼎详细地记载了当时的一次大战役,噩侯驭方率南淮夷、东夷入侵而为夷王所俘获,这在西周历史上添补了宝贵的一页。

因为我们的小学知识和历史知识都很浅陋,所以在考释之中一定会有很多错误,希望方家不吝指正。

附记:文章写成后,先后读到张筱衡先生的《召禹鼎考释》(《人文杂志》1958 年第 1 期)和陈世辉先生的《禹鼎释文斠》(《人文杂志》

1959 年第 2 期），由张文方才知道陈进宜、侯外庐、郭沫若诸先生早就有所论述（《禹鼎考释》《禹鼎跋》，《光明日报》1951 年 7 月 7 日《学术》第 40 期）。因为上面这些文章的释文和论点与我们的意见不尽相同，而我们又自以为提出的某些看法恐怕还有能供他人参考之处，所以不再改作。各家文章中的差异之处也不再论述，希望读者自行识别。

（原载《南京大学学报》1959 年第 2 期。此文与谭优学合写）

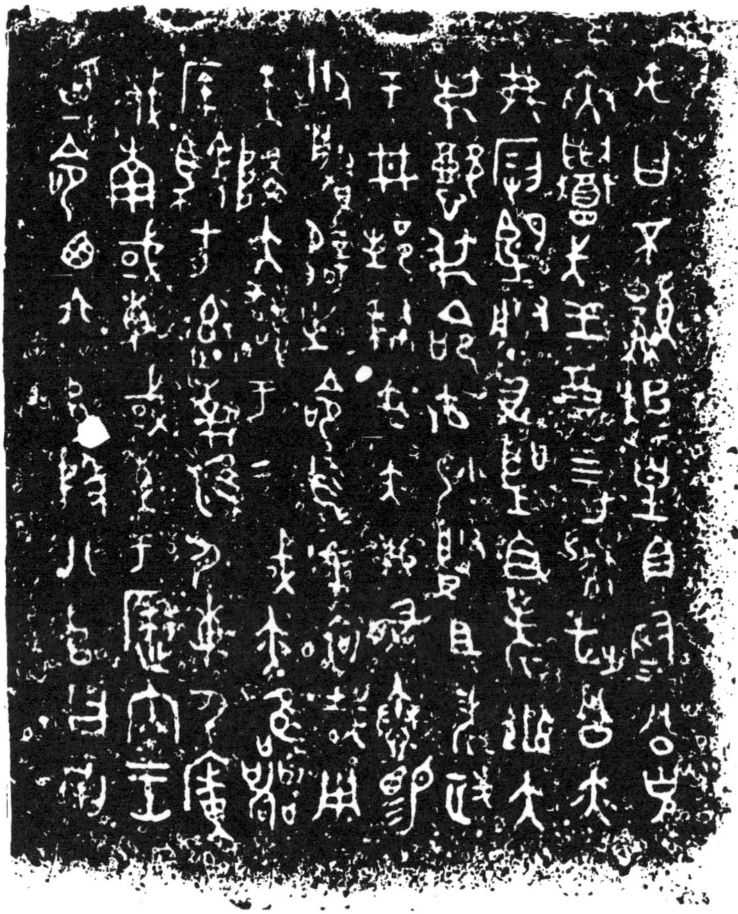

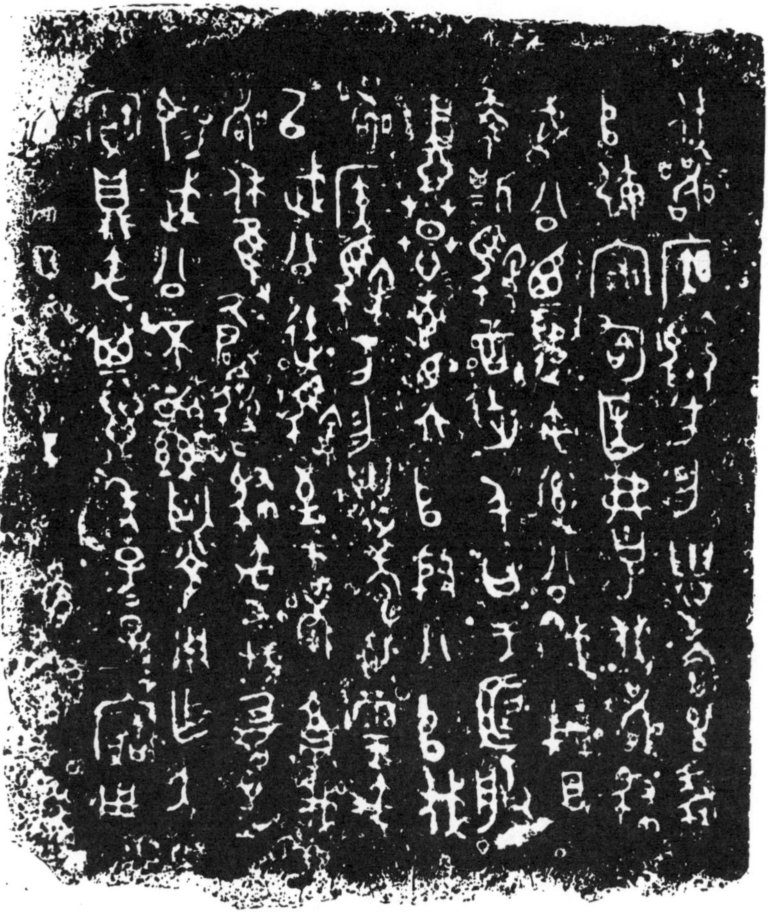

跋

《无为集》编好后，觉得还应对读者有所交代，这些五花八门的文字可以分为几组阅读。

一、自《〈楚辞〉研究的传承与发展》至《〈中国文学批评小史〉写作中的点滴心得》共八篇，介绍个人写作时的一些想法。有关内容，有的已融合在著作里，有些则未能渗入，但似仍有申述的余地，或许可供他人参考。我在教学时经常见到，学生常为不能发现问题而苦恼，他们确定题目后，又常为难于发掘材料编纂成文而苦恼，因此他们很喜欢教师作些介绍，说明自己是如何发现问题组织成文的。为此我也曾为学生们做过一些辅导。这一组文章，或许可以满足年轻学者这一方面的需求。

二、自《〈唐诗大辞典〉前言》至《张玉春〈《史记》版本研究〉评语》，是为他人著作写的序言或评语。古人有言，各类文体中"序"最难写，假如你不能针对书中内容而发，只是泛泛地叙叙交情，或是介绍一下文坛概况，也就显得空泛；但要深入书中内容，则事涉专门，谈何容易。我写的这几篇序言，大都是为学生一辈的著作撰写，既有这层情分，理难推托。《〈魏晋南北朝文学论丛〉后叙》则旨在介绍个人研究这一阶段文学的经历和想法，和其他几篇笔谈与评语内容相近，故编在一起。

三、收入《文史探微》《文史知新》中的文字或许可以说是较为规范的学术论文，但我也还写过许多与之性质有异的文字，也融入了我的一些研究成果和学术观点，今特另为一组，归入《无为集》之中。

四、纪念师友的文字。人生匆匆，如无师友的爱护，也难以在社会上立足，年事稍长，更会觉得这种感情之可贵。

五、个人经历，也是个人的人生自白。人们如能在我跌跌爬爬的一生中看到一些可以引为教训的地方，我也就很满足了。

六、年轻时写的几篇文字，专业范围已与后来的道路距离很远，但也是我人生踪迹中很可贵的一步，值得留念。以专业知识而言，或许也可以说是并非滥竽充数的东西吧。

这些文字，与我写的大块文章有别。我的十几部专著，上百篇论文，若干仰仗众力而成的古籍整理大型著作，平生精力所萃，自然视为性命的一部分，弥足珍视；但这本《无为集》，从另一侧面记录了我匆匆走过的艰辛路程，也弥足珍贵。今蒙江苏古籍出版社的好意，汇为一册，附于文集之末，一起推出。内容如有不妥处，敬祈各界批评指正。

附录 周勋初学术年表

1950 年 9 月 1 日(21 岁) 进入南京大学中文系学习。

从胡小石先生学习工具书使用法、中国韵文选、中国文学史,从罗根泽先生学习中国文学史,从陈中凡先生学习中国散文选,从汪辟疆先生学习中国韵文选,从方光焘先生学习文艺学、现代文学名著选、现代汉语,从陈瘦竹先生学习戏剧、诗歌、小说,从孙席珍先生学习中国新文学史、小说,从于在春先生学习散文,从张世禄先生学习中国语文概论。

1956 年 3 月 24 日 《谈谈汉字简化的历史》一文在《中国青年报》上发表。

1954 年大学毕业。分配到国务院中国文字改革委员会,从事编制《汉字简化方案》的具体工作。《中国青年报》为配合《方案》的公布,准备发表一组文章,论述汉字简化乃历史之必然,领导上把写作任务交给了我,但该报在发表上文后即撤销了计划,因而只发表了这一篇文章。

1957 年 3 月 《评汉字笔顺排检法》一文在《中国语文》本年度第一期上发表。

自《汉字简化方案》发布后,原来的部首排检法体系破坏,文改会乃命陈越与我研究新的排检法,企图解决这一难题。当时分工,我作部首和笔顺排检法的研究,陈越作音序、四角号码等排检法的研究,将来合成一书,由文字改革出版社出版。后因陈越被错划成右派,计划撤销,《中国语文》仅发表了我这一篇文章。

1958 年 5 月 报告文学作品《携手并进》在《雨花》本年度五月号上发表。

这是在读副博士研究生阶段，中文系组织学生采访下放干部代表而写成的一篇纪实小说。

1959 年 6 月 《禹鼎考释》一文在《南京大学学报》本年度第二期上发表。

此文与学长谭优学合写。实为学习金文的读书报告，在胡小石师的指导下完成。

1961 年 12 月 1 日至 12 月 2 日 至上海锦江饭店参加上海市高教局召开的中国文学批评史座谈会。

该会主要讨论复旦大学在"大跃进"中所编的《中国文学批评史》中陆机、严羽、王国维三节，企图从分析疑难问题着手，纠正前此研究工作中的简单化倾向。会议主要听取刘大杰、朱东润、郭绍虞等人的分析与介绍，夏征农、俞铭璜、曹未风等人的指示。参加者尚有陆侃如、钱仲联、马茂元、吴调公、胡云翼等先生。

1964 年 6 月 《梁代文论三派述要》一文在《中华文史论丛》第五辑上发表。

1962 年 3 月 13 日（星期二），李春芳、夏广溥两位同学来谈毕业论文。当时正在讲授《文心雕龙》，论及通变问题，突然想到可作一篇文章，取名《新变与通变》，认为这两个概念正代表了六朝文学中的两种主要倾向。这一思路不断发展，后又增加了保守一系，遂成三派。《中华文史论丛》审稿时认为文章名称嫌晦涩，故改用今名。

1965 年 9 月 《关于宫体诗的若干问题》一文在《新建设》杂志本年度第三期上发表。

当时学术界每以讨论为名，行批判之实。我这文章的副标题为"与胡念贻同志商榷"。事后每以卷入此事为愧，在各种论文集中不再收入此文。

1978 年 5 月至 7 月 至青岛参加教育部组织的全国高等学校统

一招生考试语文命题工作。

朱德熙教授任组长。事后至江西庐山隔离与休养。

1979 年 9 月 《辞海》由上海辞书出版社出版,我被列入"参加本书编订工作的主要编写人"。

"文化大革命"中,《辞海》内部发行的未定稿被定性为"大毒草",必须在毛泽东思想指导下改写。其中分量最大的语词共分四部分,南京大学中文系负责语词的最后部分。洪诚先生对所拟的词条不放心,让我复看,遂投入此工作。1971、1972 年两次在上海集中,工作达数月之久。1976 年"四人帮"垮台后,由我至上海辞书出版社定稿。前后工作数年,浪费精力甚多。《辞海》于 1987 年 12 月出《语词分册》,后出新一版、新二版,均列为主要编写和修订人。

1980 年 3 月 《叙〈全唐诗〉成书经过》一文在《文史》第八辑上发表。

"四人帮"搞评法批儒时,南京大学革命委员会接受了编写《韩非子》新注的任务。我在上海修订《辞海》,中途召回,负责统稿。自 1974 年起,至 1976 年止,历时两年多,完成了《韩非子校注》的草稿。"四人帮"垮台后,我又受命将《校注》稿改写成一本学术著作。为此曾在1978 年 9 月至 1979 年 2 月到北京图书馆看书,寻求各种善本进行校勘。其时得知故宫博物院图书馆中藏有季振宜《唐诗》和胡震亨《唐音统签》,遂前往请求阅读。1979 年年底,集中精力读了十五六天书,写成了这一文章。后来得知,台湾联经出版事业公司已将季振宜《唐诗》原稿印出。河南大学唐诗研究室正在修订《全唐诗》,高文先生来信征求意见,遂将所知奉告。

1980 年 5 月至 7 月 至北京参加教育部组织的全国高等学校统一招生考试语文命题工作。

出任组长。事后至浙江莫干山隔离休养。

1980 年 9 月　《高适年谱》一书在上海古籍出版社出版。

"文化大革命"中,不准接触古代文学,后因郭沫若《李白与杜甫》出版,工宣队才允许教师读有关的书。我于 1972 年时以无书可读,集中精力研究高适,写成初稿。"文化大革命"结束后,李俊民先生复职,出任上海古籍出版社社长,表示接受此稿,遂请孙望先生审读一过,并于《文学评论》1979 年第 2 期上先行发表了《高适生平若干问题的探讨》一文。

1980 年 11 月 6 日至 13 日　至武汉东湖宾馆参加武汉大学主办的中国古代文学理论学术讨论会。

我所提交的论文为《〈文心雕龙·风骨〉篇辨析》,实为"文化大革命"前讲授此书时所编讲义中的一篇。

1980 年 11 月　《〈韩非子〉札记》一书在江苏人民出版社出版。

自 1975 年起,利用空隙时间写成了这一《札记》。其中《陈奇猷〈韩非子刻本源流考〉商兑》一文曾在《群众论丛》1980 年第一辑上发表。

1981 年 1 月　《中国文学批评小史》一书在长江文艺出版社出版。

1965 年时,中华书局上海编辑所约我编写《中国文学批评简史》一书,列入《中国古典文学基本知识丛书》。1966 年上半年完成,"文化大革命"陡起,无法交出。1978 年交上海古籍出版社,以内容不合,遂重行改写,以《小史》为名,交长江文艺出版社出版。此书韩国许多大学,如汉城大学、外国语大学等,都曾用作教材,香港大学亦用作教材。台湾、香港、韩国均曾出现盗版。1994 年 7 月,台湾丽文文化公司出新版;1995 年 6 月,辽宁古籍出版社亦出新版。韩国学者全弘哲等译为韩文,于 1992 年由韩国理论与实践出版社出版。

1981 年 7 月　由江苏省高教局批准,升任副教授。

1981 年 9 月　日本大阪府立女子大学横山弘副教授来南京大学

作高级进修生,由程千帆教授和我负责指导。

1981 年 12 月 《魏晋南北朝人对文学形象特点的探索》一文在《文艺理论研究》1981 年第 4 期发表。

此文乃改写"文革"前旧稿而成。当时均用"形象"解释文学的特点。我以为魏晋南北朝时的文学观念最接近现代的纯文学观点,与其他时代不同,故采此说草成此文。

1982 年 2 月 《〈文赋〉写作年代新探》一文在《文学遗产》增刊第十四辑上发表。

1965 年和 1966 年,我曾先后寄出《王充与两汉文风》与《〈文赋〉写作年代新探》二文交《新建设》杂志。1979 年,我为修改《韩非子校注》,到北京进行校雠,利用北京图书馆休息时间,前往中国社会科学院查问,得知《新建设》杂志社已裁撤,但有部分稿子转存中华书局。后得当时负责《文史》杂志编辑事务的傅璇琮先生的帮助,找到了这两篇稿子。《王充与两汉文风》后刊登于《古代文学理论研究丛刊》第二辑,1980 年 7 月出版。《〈文赋〉写作年代新探》交《文学遗产》,该社编辑以为陆机四十作《文赋》之理由说得还不充分,我遂重读《三国志》,从陆机抛弃家传经学转治玄学这一新的角度进行论证,始觉论点圆满。

1982 年 3 月 28 日至 4 月 6 日 至陕西师范大学参加全国唐诗讨论会。

我所提交的论文为《皇甫冉〈秋夜有怀高三十五兼呈空和尚〉诗发微》,乃将《高适年谱》中的一段扩展而成。写《高适年谱》时认为此诗乃刘长卿所作。

1982 年 11 月 《韩非子校注》在江苏人民出版社出版。

我自奉命投入此事,从拟订体例,修改各组提交的草稿,一直承担主要任务。负责定稿后,自 1980 年 10 月至 1981 年 2 月,全面进行修改。书影介绍和编制人名索引等,均由我选定、拟撰和编制。《韩非子校注》"后记"中说："全书的文字统一和校勘工作是由周勋初同志负责的。"

1983 年 3 月　《阮籍〈咏怀〉诗其二十新解》一文在《文史知识》本年度第一期上发表。

《咏怀诗》极要眇之思，然不易确解。我通过典故的考索而求得此诗正解。此文后收入《古典诗词名篇鉴赏集》，中华书局 1984 年版。其他书籍转载者颇多。

1983 年 5 月 4 日至 5 月 9 日　至安徽亳县参加建安文学讨论会。

我提交的论文为《魏氏"三世立贱"的分析》。这种文章，亦文亦史，在目前学科分工很细的情况下，不知该在哪一种杂志上发表。但因该文视角颇有其特点，受到与会者的好评。

1983 年 5 月 18 日至 6 月 22 日　在北京昌平县北京大学分校集中，参加教育部组织的全国高等学校统一招生考试语文命题工作。

出任组长，事后在西安丈八沟宾馆隔离并休养。

1983 年 6 月　《马恩列斯文艺论著选读》在江西人民出版社出新版。

我在"文化大革命"前曾教过四年中国文学批评史。"文革"后期，江苏五所高校的文艺理论教师联合起来，集体编写马恩列斯有关文艺理论的名著选读，我负责注释马克思、恩格斯《德意志意识形态》中论"统治阶级的思想在每一时代都是占统治地位的思想"部分和斯大林《答高尔基的信》。自 1971 年起，前后有两年多。此书《后记》中说我"曾在一段时间内参加编写"。

1983 年 8 月 8 日至 13 日　至青岛参加《文心雕龙》学会成立大会。

1983 年 9 月　开始为硕士研究生讲授"近代学者治学方法研究"。

我以王国维、陈寅恪的几篇学术论文为例，说明他们何以能取得成功。此课前后讲过几次，写成的五篇讲义后均编入《当代学术研究思辨》。本来还有计划作顾颉刚等人的研究，以精力不敷而无法实现。

1983 年 11 月 11 日至 15 日 至北京大学参加全国高等院校古籍整理研究工作委员会会议。

此为委员会成立前的预备会议。

1984 年 2 月至 7 月 为中文系本科生上《文心雕龙》选修课。

20 世纪 60 年代初期，我曾教过两三年《文心雕龙》课。80 年代初期，重开此课。其后又连续开过多次。《〈文心雕龙〉解析》（十三篇）即为讲课用的讲义。本想增加另外篇章并作注释，终因过于忙碌而未能如愿。

1984 年 3 月 30 日 南京大学古典文献研究所成立，程千帆教授任所长，我任副所长。

1984 年 8 月 由国家教育委员会特批为教授。

1984 年 8 月 20 日至 26 日 至兰州参加西北师范学院主办的唐代文学学会第二次会议，当选为常务理事兼副秘书长。

后于 1988 年辞去副秘书长之职。

1984 年 11 月 19 日至 24 日 至上海参加复旦大学主办的中日学者《文心雕龙》研讨会。

我提交的论文为《刘勰的主要研究方法——"折衷"说述评》。1983 年 6 月 30 日，读《文选》与《文心雕龙》时，有所感悟，遂草拟提纲，其后不断加工而成文。原拟发表在《文心雕龙学刊》第四辑，后中国文学理论学会取出，发表于《古代文学理论研究丛刊》第十一辑上。

1984 年 12 月 1 日 南京大学研究生院成立，我出任副院长，分管文科。

后以社会活动负担过重，于 1986 年底辞去此职。

1985 年 2 月 5 日 《高适年谱》获江苏省哲学社会科学优秀成果

二等奖。

1985 年 5 月 《柳珵〈刘幽求传〉钩沉》一文在《中华文史论丛》第四十七辑上发表。

自 1981 年起，我接受了中华书局的邀约，开始整理《唐语林》。在校读过程中，不断发现问题。1982 年 12 月 22 日，读《类说》时，发现《明皇十七事》中羼入《戎幕闲谈》文字，遂对唐人笔记小说中的混乱现象增加了认识。此文亦为校读过程中发现的问题之一。

1985 年 6 月 《程千帆教授的学诗历程》一文在《唐代文学研究年鉴》1984 年号"专家研究"栏内发表。

千帆先生其后又出版了许多著作与论文，为此我将此文改写，增加了新的内容，以《程千帆先生的诗学历程》为题，发表在《当代学术研究思辨》内。

1985 年 7 月 15 日至 18 日 全国高校古籍整理研究委员会在北京开会，决定编写一种《古代文史名著选译丛书》。

章培恒、董治安二教授与我负责选目。其后古委会开过多次会议，我参与定稿，并组织南京大学古籍所内成员从事选译工作。自1986 年始，至 1992 年止，我先后审阅了《列子选译》《世说新语选译》《谢灵运鲍照诗选译》《魏书选译》《南齐书选译》《梁书选译》《陈书选译》《隋书选译》《史通选译》《新五代史选译》《陈子昂诗文选译》《柳宗元诗文选译》《唐文粹选译》《唐五代笔记小说选译》《宋代传奇选译》《清代文言小说选译》《龚自珍诗文选译》，计十七种。台湾锦绣出版社于 1993 年曾重印这一丛书。

1985 年 8 月 完成傅璇琮主编《唐才子传》中高适传记之笺证工作。

1985 年 10 月 《韩非》一书由江苏古籍出版社出版。

这是一本通俗读物，但融入了我在《韩非子校注》和《〈韩非子〉札记》中的研究成果。

1985 年 10 月 26 日 至邵武参加福建师范大学主办的严羽学术讨论会。

我所提交的论文为《从"唐人七律第一之争"看文学观念的演变》，提前发表于《文学评论》1985 年第 5 期，故未收入会议论文集中。

1986 年 4 月 14 日 国家教育委员会特批教授任职资格的批文下达。

1986 年 8 月 《九歌新考》一书由上海古籍出版社出版。

我在大学四年级时，曾在胡小石先生指导下，认真学习过《楚辞》。回校当副博士研究生时，又听胡先生讲过一次，产生了很多想法。1959 年，系里将我改为助教，讲授中国文学批评史，想到此后不可能再搞《楚辞》了，遂抓紧时间写出了此书初稿，寄交中华书局上海编辑所。其时极左思潮日趋严重，1964 年 6 月 29 日被退回。1981 年 8 月，抽空加以修改，1982 年时重交上海古籍出版社。此书原取名《九歌研究》，已请胡小石师题签，出版社不慎将题签遗失，遂集先师遗墨而改名《九歌新考》。

1986 年 11 月 《罗根泽先生传》一文在书目文献出版社出版的《中国当代社会科学家》第八辑上发表。

1982 年起，我开始写作罗根泽先生传记，曾于年初赴上海访问郭绍虞先生，搜集材料。1983 年 12 月 8 日将初稿分送本系有关人员，作修改后，又于 1984 年 2 月 23 日分送全国各地与罗先生相识的人，征求意见，得到杨向奎等先生的指点，然后定稿。此文后改名《罗根泽传略》，编入《中国现代社会科学家传略》第九辑，山西人民出版社 1987 年 7 月出版。前此曾以缩写的稿子《开拓型的学者罗根泽》为题，发表在《光明日报》1985 年 6 月 18 日《文学遗产》683 期。其后又经改写，以《罗根泽先生在三大学术领域中的开拓》为题，发表在拙著《当代学术研究思辨》中。再后,《学林往事》和《中国文学研究现代化进程续编》二书中均曾刊出。

1986 年 11 月 30 日至 12 月 3 日 参加汕头大学主办的韩愈学术讨论会。

我所提交的论文为《韩愈的〈永贞行〉以及他同刘禹锡的交谊始末》,上海古籍出版社提前发表于《中华文史论丛》1987 年第 2、3 期合刊,故未收入会议论文集中。

1987 年 3 月 《论黄侃〈文心雕龙札记〉的学术渊源》一文在《文学遗产》1987 年第 1 期上发表。

1985 年 10 月,我系主办"纪念黄侃先生诞生一百周年逝世五十周年学术讨论会",代表递交的论文集中在小学方面,程千帆先生乃让我作一个有关《文心雕龙札记》的报告。是年 3 月 26 日读王乘六、诸祖耿记录的《章太炎国学讲演录》,内中提到民国初年黄氏任教北京大学时与桐城派相争一段,受到启发,遂草成此文。其后对近代学术日益提高了兴趣。

1987 年 7 月 《唐语林校证》一书于中华书局出版。

1981 年时,我应中华书局邀约,整理《唐语林》。自 9 月起,每天到南京图书馆找原出的笔记小说互校。1983 年 2 月,开始写作《唐语林校证·前言》。1984 年至 1985 年,编写附录与各种索引,1985 年 3 月 15 日交稿。该局列入《唐宋史料笔记丛书》。

1987 年 12 月 《文史探微》一书在上海古籍出版社出版。

1984 年时,我与上海古籍出版社联系此书的出版,得到支持。此书共收论文十六篇,除《北宋文坛上的派系和理论之争》一文因《中国美学》这一杂志后未办成而未刊出外,其他文章都曾发表过。《叙〈全唐诗〉成书经过》一文加了附记。其后段晓春先生又来函提供重要资料,乃附于《文史知新》中的《季振宜〈唐诗〉的编纂与传流》一文之后。

1988 年 2 月 11 日　南京大学中文系古代文学教研组与南京大学古典文献研究所联合申报全国古代文学重点学科点取得成功,得到国家教育委员会的正式批准。

我列为第二主要学术带头人。

1988 年 9 月 20 日至 24 日　至太原参加由山西大学主办的唐代文学第四次学术讨论会。

本年 4 月 15 日,读周本淳先生《唐才子传校正》按语,对"芳林十哲"之事有所感悟,遂草成《"芳林十哲"考》一文,作为向会议递交的论文。

江苏五所高校的代表经过商议,决定由江苏接办下次会议,并由我向大会提出申请,得到批准。

1989 年 2 月 20 日　出任《中国思想家评传丛书》副主编。

1989 年 6 月 2 日至 4 日　至安徽九华山参加中国李白学会主办的第二次年会。

我提交的论文为《李白家人及其名字寓意之推断》。是年 4 月 2 日,我在构思有关李白的文章时,觉得其子女的名字颇为怪异,本人亦颇有异端作风,遂列出几点,待日后慢慢写成一书:(1)子女命名;(2)籍贯与指树为姓;(3)剔骨葬法;(4)不尊王攘夷;(5)不崇儒,有战国馀风,从横游侠;(6)从永王璘乃必然;(7)商人家庭,散千金;(8)弃女人。后在商人家庭一点上一直不敢下结论。

1989 年 10 月 16 日至 18 日　参加古委会人才培养工作会议。

我结合南京大学古典文献研究所的特点,向全会作了培养人才的专题报告。

1989 年 12 月　是年被评为南京大学优秀研究生导师、江苏省优秀研究生导师。

1990 年 1 月　周晨的《唐人传奇选译》在巴蜀书社出版。

儿子周晨跟我学习古代文学。他在《古代文史名著选译丛书》中认领了一种《唐人传奇选译》。我为保证质量,帮他作了修改。

1990 年 4 月 26 日 拟订中国文学批评史的几个题目,打算写一批"断想"。

我在阅读几种《中国文学批评史》后,感到这类著作的写作已经形成一种套数,必须打开思路,才能出现面目有异的新著。晚上想此问题时,随手拟了几个题目:1. 杂文学与纯文学问题;2. 中国古代文论之特点——与哲学密切相关(文论术语、气论、有无之辨);3. 中国文学批评史之建设与成就;4. 古代文论研究中之缺憾(① 不联系作品;② 不能进行综合的研究;③ 研究者缺乏创作经验);5. 古为今用的问题——艺术性的分析,艺术经验的总结。其后我将这些"断想"再行扩大,准备为硕士研究生开一新课,第一堂课讲"古代学人对文学批评的认识"。后因事忙,研究方向转移,只写了一篇《目录学家对文学批评的认识与著录》,发表在南京大学中文系主办的《文学研究》第一辑上。

1990 年 6 月 28 日至 29 日 主持胡小石、陈中凡、汪辟疆三教授百年诞辰学术纪念会。

此会本应于 1989 年举办,后因"六四"事件而延后。为配合这次会议,还筹办了三人学术著作与诗文、书法展览会。事后又将纪念文字汇编出版。

1990 年 6 月下旬 《全唐五代诗》之准备工作就绪,我被推举为第一主编。

傅璇琮、郁贤皓、吴企明、许逸民、陶敏等先生在北京议定,《全唐五代诗》的编纂采取主编负责制,周勋初、傅璇琮、郁贤皓、吴企明、陈尚君任主编,许逸民、陶敏等任常务编委。我还负责向古委会申报立项,取得经济上的支持。办公室设在苏州大学。

1990 年 10 月 15 日至 19 日 至济南出席山东大学主办之首届国

际赋学术讨论会。

我提交的论文为《司马相如赋论质疑》。本月 3 日即着手草拟此文，至 27 日，发现《上林赋》中与《西京杂记》中"宇宙"一词的用法不同，遂重行改写。此文山东大学提前发于《文史哲》1992 年 5 月。

1990 年 11 月　《唐诗大辞典》于江苏古籍出版社出版。

自 1988 年 10 月 30 日起，即着手编写《唐诗大辞典》，准备作为江苏举办下一届唐代学会时之礼物。我任此书主编，莫砺锋、严杰任副主编。为此召开座谈会，拟定体例，提供样稿，分请各地唐代文学专家分别写稿，由主编统一体例与文字。我写作的《唐诗文献综述》，利用空隙时间完成。最后还请朋友帮助，与故宫博物院、辽宁博物院、中国科学院考古研究所、敦煌研究所等地联系，采入珍贵图片多幅。

1990 年 11 月 21 日至 25 日　主持中国唐代文学学会第五届年会暨唐代文学国际学术讨论会。

这次会议，国内的著名唐代文学专家大都与会。日本方面的学者，有兴膳宏、松浦友久、筧文生、筧久美子、西村富美子、横山弘、内山知也、森瀬寿三、斋藤茂、市川桃子等；美国方面的学者，有倪豪士、李珍华、车淑珊等；韩国方面的学者，有车柱环。我国香港地区的学者，有邝健行、陈志诚。当时此间对台湾学术界的情况还不清楚。由于拙作《梁代文论三派述要》一文曾由罗联添教授选入他主编的《中国文学史论文精选》，我遂与他联系，希望台湾学者能来参加会议。台湾方面乃获准组成该地区第一个正式得到批准的学术团队前来与会，领队为杨承祖，顾问为王梦鸥，团员有罗联添、汪中、罗宗涛、吴宏一，秘书为李丰懋、王国良；此外前来的台湾学者还有李殿魁、郑向恒、沈谦等人。各地代表济济一堂，极一时之盛。会后还组织部分代表赴浙东旅游，彼此加深了了解。这次会议由莫砺锋任秘书长。

1991 年 1 月 7 日　找万业馨商量，请她整理与抄写《胡小石文集》

第三册。

《胡小石文集》第三册中收集的是甲骨、金文与《声统表》等小学方面的著作，无法排版，只能请人抄写。万业馨工作五年，始告完成。此书于 1995 年 10 月出版。我在全书《后叙》中介绍了先师遗集整理出版的经过。

1991 年 6 月 18 日至 21 日 参加新加坡国立大学主办的"汉学研究之回顾与前瞻"会议。

会议规模很大，内容偏于介绍世界各地汉学研究与教学之情况。我过去因历史的原因，对此缺乏了解，通过会议，得到了不少新的讯息。

1991 年 6 月 28 日至 7 月 1 日 参加本校中国思想家研究中心主办的中国传统思想文化与二十一世纪国际学术研讨会。

我提交的论文为《"三教论衡"与文士心态》。这次会议，我自始至终参加了筹备工作。

1991 年 7 月 《顺其自然地登攀》一文在《文史知识》1991 年第 4 期上发表。

该文置于"治学之道"栏内。

1991 年 11 月 23 日至 30 日 至香港中文大学中文系作短期访问。

28 日，作关于李白之讲演。

1991 年 12 月 6 日至 11 日 至天津参加新闻出版署召开的首届古籍整理图书评审会议，任评审委员。

《唐语林校证》获二等奖。

1991 年 12 月 获南京大学首届研究生导师教书育人奖，同年评为江苏省优秀研究生教师。

1992 年 4 月 12 日至 23 日 受古委会委托，举办审稿会议。

在东郊宾馆集中十多人,修改《古代文史名著选译丛书》中的几部稿子。

1992 年 5 月　《文士传》辑本在南京大学古典文献研究所主编的《古典文献研究》(1989—1990)上发表。

我没有做过辑佚工作,因以此题作一尝试。自 1989 年开始,7 月 14 日至 15 日写好前言。怕有遗漏,故拖后数年始正式发表。

1992 年 5 月 25 日至 30 日　至北京出席国务院古籍整理出版规划会议。

本年 4 月 20 日,受聘为国务院古籍整理出版规划小组成员。

1992 年 9 月 21 日　主持程千帆先生八十华诞庆典。

1992 年 9 月 23 日　《全唐五代诗》主编会议决定,与河南大学唐诗研究室联合。

增列佟培基为此书主编。

1992 年 11 月 12 日至 16 日　至厦门参加厦门大学主办的唐代文学第六届年会暨国际学术讨论会。

我当选为唐代文学学会副会长。

1992 年 12 月　《陈寅恪先生的"中国文化本位论"》一文发表。

此文收在《纪念陈寅恪先生诞辰百年学术论文集》中,北京大学出版社出版。之前曾在《南京大学学报》1989 年第 5 期上发表,文字略有不同。

1993 年 5 月　《当代学术研究思辨》在南京大学出版社出版。

此书内容,有的是 20 世纪 80 年代教学的讲义,有的是国外会议或至香港讲学的论文,有的是纪念师长与前辈学者的文字,1992 年 3 月写成的《当代治学方法的进步》等文亦一起附入。《古今文史观念的演变》一文原是为《唐人轶事汇编》所写的前言,二者之间的例证有一些不同。

1993 年 6 月 8 日至 12 日　参加香港中文大学主办的魏晋南北朝文学国际研讨会。

我提交的论文为《郭璞诗为晋"中兴第一"说辨析》,后作过大的修改。香港中文大学中文系主任邓仕樑教授建议,下次会议由我校主办;我随后与之商定,再下次可请台湾某大学主办,如此在两岸三地轮流举行,推动学界的融洽与认同。

1993 年 7 月 11 日至 14 日　我校文学院主办海峡两岸文学研究新趋势研讨会。

台湾"中央大学"与台湾其他高校前来参加的学者很多,实际上是"中央大学"校友间促进交流的一次会议。会上决定明年由台湾"中央大学"主办,请此间人士前去访问。后因千岛湖事件而未果,改于后年前往。

1993 年 11 月 21 日至 24 日　至北京参加全国高校古籍整理研究工作委员会成立十周年纪念大会。

古委会主办了十年古籍整理成果展览,我让徐兴无参加筹办。《全唐五代诗》在会后举行的评审会议上获得通过,正式立项。

1994 年 3 月 9 日　接受河北教育出版社邀约,整理《册府元龟》,出一新的点校本。

我接受姚松、武秀成的建议,接受这一任务,目的有三:(一)让参加者认真地读一些史书;(二)通过整理,熟练地掌握电脑操作技术;(三)年轻教师生活条件很差,可以借此有所补益。

1994 年 5 月 23 日　接人民文学出版社陈建根先生电话,嘱为该社的《世界文学名著文库》编写《白居易选集》。

我言明,此书由严杰编写。但该社坚持要我在前面具名。类似的情况,在 1994 年 3 月上海古籍出版社出版的《中国古典文学基本知识丛书》中的《高适与岑参》一书中同样出现过,该书实为姚松写作。

1994 年 8 月 1 日至 11 月 3 日 应日本国立奈良女子大学之邀，前往讲学三个月。

这次讲学的身份为日本国文部省外国人特聘教授，享受最高待遇，故得以从容至各地参观与购买文献图籍。10 月 1 日，至京都大学文学部作有关《全唐诗》之讲演。6 日，至东京参加日本中国学会的年会。7 日，访问庆应大学斯道文库。8 日，至大东急纪念文库观看一种《高常侍集》的善本。9 日，在东京大学法律系教授长尾龙一的陪同下，参观东京大学。11 日，至东洋文库看书。15 日，至大阪市立大学作关于唐人笔记小说的讲演。26 日，参观正仓院展览。27 日，在京都大学兴膳宏教授陪同下，观看该校所藏善本。28 日，接受《读卖新闻》记者访问，有关报导发表在 10 月 30 日该报。我在日本的学术活动，大都由该校横山弘教授陪同。

1994 年 11 月 22 日至 26 日 至浙江新昌县主持唐代文学学会第七届年会暨国际学术讨论会。

该会由竺岳兵先生联系，得新昌私营企业资助，而由我校向教委申报主办。为此我与郁贤皓教授等曾于 1993 年内数度来往磋商，并于是年 7 月 18 日至 22 日会同学会负责人与一些学者前往新昌实地考察。

1994 年 12 月 《〈酉阳杂俎〉成书考》发表。

香港饶宗颐先生荣任复旦大学名誉教授，乃邀大陆各界友人写稿，在上海古籍出版社出版《选堂文史论苑》一书。其时我正在研究唐人笔记小说，乃撰此文以应命。

1995 年 4 月 《日本访书散记》在《古籍整理研究学刊》1995 年 1、2 期合刊上发表。

该刊为纪念创刊十周年，约我写稿，乃以此文应命。

1995 年 4 月 11 日至 16 日 至台湾"中央大学"出席海峡两岸文

学研究新趋势研讨会。

去台前夕,我受古委会委托,前去寻找一个单位,共同举办两岸古籍整理方面的学术会议,故在会议结束后延留三日。经与"中央研究院"及很多大学内的朋友研究后,决定与汉学研究中心联合举办这一会议。其时还接受了很多单位的邀请,前往讲演,17 日至东海大学作高适研究的讲演,18 日至东吴大学作大陆古籍整理情况之介绍,19 日上午在"中央研究院"文哲研究所讲《全唐诗》编纂中的问题,下午在台湾"中央图书馆"为该地唐代学会作唐代笔记小说的讲演,20 日在成功大学作李白研究的讲演。

1995 年 6 月 29 日　至南开大学参加服部千春的博士论文答辩会。

日本服部建设株式会社董事长服部千春于经营企业之余潜心研究《孙子兵法》,著有《孙子兵法校解》一书。他经中国国家教育委员会批准,向南开大学中文系申请博士学位,我应该校之邀前往参加答辩。

1995 年 7 月 21 日　日本福冈大学甲斐胜二副教授寄来《魏氏"三世立贱"之分析》的日译本。

该文发表在日本福冈大学《人文论丛》第二十七卷第一号。

1995 年 7 月 28 日至 31 日　参加北京大学主办的《文心雕龙》国际学术研讨会。

我提交的论文为《"登高能赋"说的演变和刘勰创作论的形成》。1985 年,我曾为硕士研究生开设《诗经》讲座,并在 4 月 28 日写成《"登高能赋"辨》一文,至是乃扩展为参加《文心雕龙》会议而递交的学术论文。

1995 年 8 月 1 日　至北京图书馆观看季振宜《唐诗》钞本,即编纂御定《全唐诗》时所用之底本。

我曾利用各种机会多次观看此书。1979 年时看过故宫图书馆所藏的进呈钞本,在台湾"中央图书馆"看过该书原稿。这次经反复查对,断定此稿确是原藏邓邦述家的一种。但我对此书何以在运往台湾后又为北京图书馆所收藏,一直搞不清楚。1996年4月和李致忠先生一起赴台湾参加会议,得到他的帮助,才能将此事彻底搞清。原来此书运抵香港大学后暂存冯平山图书馆,后由该馆退还南京图书馆,其后文化部决定将此书交北京图书馆收藏。

1995年8月3日至7日 至郑州参加郑州大学主办的《文选学》国际学术讨论会。

我提交的论文为《〈文选〉所载〈奏弹刘整〉一文诸注本之分析》,并向代表介绍了《文选集注》等几种珍贵的文献。大家慨叹无法见到这类书籍,要求我设法公开印出。复旦大学陈尚君先生也劝我将所藏的《文选集注》复印件付印,并与上海古籍出版社联系,该社与我商洽,决定将此书影印出版。

1995年10月11日至12日 《文学遗产》创刊四十周年暨复刊十五周年纪念学术报告会召开。

《文学遗产》编辑部让我在会议上作一发言。我以将去韩国开会,乃让曹虹代为宣读。此文后已收入《〈文学遗产〉纪念文集》。我此文题名《文献学与综合研究》,这既是我治学的特点,也是我指导研究生的方针。

1995年10月13日至14日 至韩国参加成均馆大学举办的第五回东洋学国际学术会议。

我在该校教师陪同下,参观了成均馆与李朝时代的皇宫,对韩国汉学的情况有了一些实际的认识。

1995年11月14日至17日 主持南京大学中文系与南京大学古典文献研究所联合主办的魏晋南北朝文学国际学术研讨会。

我提交的论文为《魏晋南北朝时科技发展对文学的影响》,企图为研究这一时期的文学寻找一些新的视角。这次会议由张伯伟任秘书长。

1995 年 12 月　《唐人轶事汇编》一书由上海古籍出版社出版。

1986 年 2 月，开始考虑编写《唐人轶事汇编》，其后参加编纂者有严杰、武秀成、姚松三人。1987 年 2 月，上海古籍出版社表示接受，1992 年时已大体完成。

1995 年 12 月　被评为江苏省普通高等院校优秀学科带头人，江苏省教育委员会颁发奖状。

1995 年 12 月 16 日至 17 日　至马来西亚参加马来亚大学主办的中华文化发展与变迁国际学术研讨会。

我在参观吉隆坡与马六甲等地后，对马来西亚的华人文化有了一些感性的认识。

1996 年 3 月 14 日至 18 日　至苏州参加《全唐五代诗》定稿会议。

六位主编共同认为，初唐、盛唐部分的稿子大体上已完成，但为保证质量计，仍请陈尚君重行审订。

《全唐五代诗》办公室的日常工作，移交河南大学唐诗研究室承担。

1996 年 4 月 18 日　古委会与香港中文大学中国文化研究所举行有关传统文化与现代化之座谈会。

古委会与台湾汉学研究中心联合主办两岸古籍整理学术研讨会，古委会成员路过香港时，由我与香港中文大学中文系联系，住宿于该校曙光楼，遂与该校中国文化研究所举行这一座谈会。

1996 年 4 月 21 日至 23 日　至台湾参加两岸古籍整理学术研讨会。

我提交的论文为《御定〈全唐诗〉的疏误和〈全唐五代诗〉的编纂》。

1996 年 6 月　《唐人笔记小说考索》在江苏古籍出版社出版。

此书之写作历时甚久。《唐语林校证》后附《〈唐语林〉援据原书提要》一种,内有我对各种笔记小说的研究心得,随后慢慢扩展成专题论文。至北京图书馆读书时也不忘这方面的研究,如 1983 年 11 月 16 日就去查阅了原藏海日楼的《贾氏谈录》钞本。有的文章,如《赵璘考》等,还经过多次改写。本只打算写成一本光讲文献的著作,但在发表了《就〈唐语林校证〉事答客问》一文受到各界关注之后,决定续写唐人笔记小说的"内涵和外延""崛兴与传播""校雠问题"等通论性文字,分上、下编出版。

1996 年 9 月 12 日至 13 日 参加中国社会科学院文学研究所、新疆师范大学联合举办的"世纪之交中国古典文学及丝绸之路文明"国际学术研讨会。

我提交的论文为《陈寅恪研究方法之吾见》。会后参观了交河古城、高昌古城、北庭遗址等古迹,自觉对理解唐人边塞诗有所帮助。

1996 年 11 月 《诗仙李白之谜》由台湾商务印书馆出版。

此书共收十篇论文,大都在国内杂志上发表过,如《李白剔骨葬友的文化背景的考察》一文,1993 年 6 月发表于《中国文化》第八辑;《李白两次就婚相府所铸成的家庭悲剧》一文,发表于《文学遗产》1994 年第 6 期。

1996 年 11 月 24 日至 26 日 参加台湾政治大学主办的台湾第三届唐代文化学术研讨会。

我提交的论文为《季振宜〈唐诗〉的编纂与传流》。会议的前一天,即 23 日,应邀至台湾师范大学中文系作李白研究之讲演。

1996 年 12 月 25 日至 28 日 至北京参加全国高校古籍整理研究委员会换届会议,即四届一次会议。

我在本届古委会上当选为副主任。

1997 年 2 月 修改严杰《白居易选集》稿。

这一工作前后约达两个多月。

1997 年 7 月 22 日 主持日本国会议员、东北福祉大学校长萩野浩基的博士论文答辩。

萩野浩基提交的论文为《佛与儒的融合与冲突》,副标题为《东方文化信念体系的再考察》。他本可在欧美获取博士学位,但为了表示崇敬东方文化,决定在其兄弟院校南京师范大学申请博士学位。

1997 年 9 月 2 日 台湾清华大学朱晓海教授来访,邀请我前往讲学。

1997 年 9 月 20 日至 25 日 至苏州参加《全唐五代诗》审稿会议。

大家对陈尚君审订的稿子再行讨论,决定由河南大学唐诗研究室中人员带回作技术上之处理后,移交陕西人民出版社出版。

1997 年 10 月 14 日至 1998 年 1 月 18 日 至美国作学术访问。

10 月 22 日,在密歇根州立大学作关于李白问题之讲演,乃纪念古委会兼职教授李珍华逝世四周年而作。11 月 14 日赴西雅图华盛顿大学作讲演,12 月 4 日赴休斯顿莱斯大学作讲演,均以李白为题。中间还曾在 11 月 26 日赴佛罗里达州的萨拉索塔访问美国唐代学会会长艾龙教授。

1997 年时,接受了三联书店的约稿,为《中国人文百年》内古代文学学科作总结性的文章,这时住女婿杨剑宇、女儿周月家,开始写作有关《中国古代文学研究现代化进程的思考》的系列文章。

1998 年 3 月 5 日 南京博物院研究人员郑旗、庄天民、谢建华来访,谈编《胡小石研究》专刊事。

胡小石师曾任南京博物院顾问,今年为他一百十岁冥寿。

南京博物院准备举办胡小石书法展览会,并编《胡小石研究》一册,作为《东南文化》专刊之一,用以纪念。我写了《我所了解的胡小石先生》一文,并向同门及先生亲属一一发出征稿信,并帮助筹款,提交书法、相片等实物充实展览内容。

1998 年 4 月　周晨的《韩非子选译》在人民文学出版社出版。

此书于 20 世纪 80 年代中期即已完成，我作了修改和审订的工作。

1998 年 5 月 6 日至 8 日　应邀参加北京大学为纪念建校百年而举办的汉学研究国际会议。

与日本京都大学名誉教授清水茂共同主持了二组首场讨论会。

1998 年 5 月 11 日至 13 日　参加古委会与台湾汉学研究中心联合主办的两岸古籍整理学术研讨会。

按原先约定，这次会议在北京举行。我提交的论文为《"全"字号古籍整理项目的重大意义》。自古委会为《全宋诗》《全宋文》等大型整理古籍项目立项后，资助的经费很多，各界持不同意见者批评之声不断。我在文章中从学理与事实上说明了这类项目的重大作用。

1998 年 8 月 21 日至 22 日　举行《宋人轶事汇编》编写工作的第一次会议。

丁传靖的《宋人轶事汇编》一书，存在着不少缺点。程千帆先生一直劝我重编一种。《唐人轶事汇编》问世后，颇得好评，学界希望我们编写一本内容相当的《宋人轶事汇编》，而古籍所内人员都有研究项目在进行，我乃约请葛渭君、周子来、王华宝三位宋代文学方面的专家一起工作，商讨体例样稿，研究如何分工协作。此书仍由我任主编，并负责与上海古籍出版社商谈出版事宜。

1998 年 8 月 31 日至 1999 年 1 月 30 日　至台湾清华大学中文系任教，为本科生开设李白研究选修课，为博士班与硕士班开设唐诗文献学选修课。

这次讲学，由清华大学中文系向台湾"国科会"申报，享受讲座教授待遇，故能从容至各地参观与搜集资料。10 月 22 日至 25 日，曾回南京主持南京大学中文系与南京大学古典文献研究所联合主办的第四届辞赋学国际学术研讨会。这次会议由许结任秘书长。清华大学讲课之余,也曾应邀到各校开会与讲演:11 月 7 日至 8 日,参加成功大学主办的台湾唐代第四届文化学术研讨会,12 月 28 日至 30 日,参加中国文化大学主办的魏晋南北朝文学研讨会,提交的论文为《左思〈三都赋〉成功经验之研讨》。又 7 月 10 日,赴玄奘大学作阮籍研究的讲演,11 月 23 日、24 日至东海大学与中兴大学作阮籍《咏怀诗》的讲演;12 月 22 日上、下午,在逢甲大学中文系、中兴大学历史系作唐人笔记小说的讲演;1999 年 1 月 5 日,在台湾交通大学作大陆中文系教学情况的报告。

1999 年 2 月 8 日　出任江苏省文史研究馆馆长。

此事我在美国时即已酝酿。去年自台湾回南京开会时,省统战部即已准备宣布,因时间紧迫而未果。本日江苏省委统战部举行新春茶话会,俞兴德常务副省长宣布,江苏省人民政府省长季允石聘任我为江苏省文史研究馆馆长。

1999 年 4 月 13 日　至上海古籍出版社商讨《唐钞文选集注汇存》出版的具体事宜。

我要求将吴正岚编制的《文选集注引书索引》列入,得到他们的支持。

1999 年 4 月 26 日　开始将前此写作的《中国古代文学研究现代化进程的思考》一文改写为《西学东渐与中国古代文学研究》,并重订章节。

1999 年 5 月 25 日　至香港参加《中国思想家评传丛书》百部首发式。

5 月 26 日,参加南京大学与香港大学联合召开的中国传统文化与现代社会论坛会议。5 月 27 日,至香港教育学院、香港中文大学、浸会大学讲演,均以李白研究为题。

1999 年 8 月 12 日至 15 日　至哈尔滨与黑河参加哈尔滨师范大学主办的全国古代文学、古典文献博士点新世纪学科建设发展研讨会。

16 日曾赴阿城市参观金上京博物馆,对金代文化增进了认识。

1999 年 9 月　新闻出版署在保定举行第二届全国古籍整理评审会议,《唐人轶事汇编》获一等奖。

1999 年 9 月 8 日　江苏古籍出版社建议出版个人文集。

我在台湾教书时,得知该地学者对我研究魏晋南北朝文学的一些论文评价颇高,而又苦于不能遍览,回南京后即与江苏古籍出版社商洽,出版《魏晋南北朝文学论丛》。本日上午在系读《金楼子》时发现内有萧遥光"眉目如画"之说,可以补入《魏晋南北朝人对文学形象特点的探索》一文。因此书出版在即,遂驱车至社内要求补入。社长薛正兴先生等留坐聚谈,建议编纂《周勋初文集》,专收研究性著作,不收古籍整理及主编的几种。回家后略事统计,可收著作十多种,共两百几十万字。

1999 年 9 月 10 日　任北京大学中国古文献研究中心兼职教授。

北京大学获教委批准,成立中国古文献研究中心,聘请我任兼职教授,是日在传真发来的合同书上签字。

1999 年 9 月 17 日　《文学遗产》约稿,拟于明年第一期刊用。

《文学遗产》拟于明年改版,来信让我写一篇论文。我自 1994 年起即任该刊通讯编辑,且明年第一期上将发表我系古代文学博士点之介绍,自不容推辞,遂撰写《文学"一代有一代之所胜"说的重要历史意义》一文。搜集材料时困难不少,如苏雪林的《中国文学史》,大陆各处均无此书,遂请台湾成功大学张高评教授将其中的重要文字传真示知。

1999 年 10 月 16 日　写作《纪念古道热肠的洪诚先生》一文。

1999 年 10 月 25 日　陕西人民出版社郭文镐先生寄来审稿意见，复印后分发各主编。

《全唐五代诗》一书预定由该社出版，郭文镐任责任编辑，数月前取去样稿数种，是日寄来了详细的审稿意见。

1999 年 11 月　《魏晋南北朝文学论丛》由江苏古籍出版社出版。

责任编辑王华宝先生建议，可把当时写作文章时之构思过程写出，或对读者有所帮助，遂于最后阶段补入《后叙》，介绍个人学习魏晋南北朝文学的经过及一些体会，抒发有关南京大学中文系衰而复兴的感慨。

1999 年 12 月　《我与传统的文史之学》在《学林春秋》二编下册发表。

这是我总结个人治学之道的文字，朝华出版社收入此书。

1999 年 12 月 27 日至 29 日　至开封，研究《全唐五代诗》的发稿。

与陈尚君教授同往。经检查，认为此书的初盛唐部分已可发稿，遂通知陕西人民出版社前来取稿。

1999 年 12 月 30 日　中文系评选出四位优秀学科带头人，我忝列其中。

授奖大会上，蒋树声校长授予奖状并讲话。

2000 年 2 月　《文学"一代有一代之所胜"说的重要历史意义》在《文学遗产》本年度第一期上发表。

此文酝酿已久，因牵涉之事甚多，故迟迟不想动笔。程千帆先生劝我赶快写出，以为胡小石老师早期讲授文学史的情况，一般人已不太了解，如果不写出来，后人也许就弄不清楚这段历史了。

2000 年 2 月 24 日　日本福山大学文学部久保卓哉教授前来进修魏晋南北朝文学，实地考察南京遗迹。

2000 年 3 月 《胡小石先生与中国文学史研究》与《罗根泽先生在学术领域中的多方开拓》二文在《学林往事》中发表。

前文刊登于是书上册,后文刊登于是书中册,朝华出版社出版。

2000 年 3 月 9 日 开始写作《唐代笔记小说叙录》。

《唐语林校证》后附《〈唐语林〉援据原书提要》,内有我的一些研究心得,本想径以此稿编入《文集》,后发现此稿原为配合阅读《唐语林》而编写,不能单独行世,遂决定以此为基础,扩大而成《叙录》。时间紧促,我写好初稿后,即由妻子祁杰抄清,或输入电脑,仅花两个月左右的时间即完成。首先写作的是《〈朝野金载〉叙录》,最后完成五十七篇,于 6 月 30 日结束工作。

2000 年 4 月 3 日至 5 日 至镇江参加《文心雕龙》国际学术研讨会。

我提交的论文为《评刘勰文学观的双重标准》。

2000 年 4 月 18 日 写作《唐代笔记小说的材料来源》。

写作《谭实录》叙录时,正辅导研究生李南晖写作有关唐代偏记小说的博士论文,突然想到可作此文,说明唐人笔记小说中诸多宫廷轶闻之由来。

2000 年 5 月 16 日至 19 日 参加南京大学明清文学研究所与南京大学古典文献研究所联合主办的明清文学与性别国际学术研讨会。

其时正治痔疮,故仅作一闭幕词。这次会议由张宏生任秘书长。

2000 年 5 月 24 日 李南晖通过博士论文答辩。

我自 1982 年起任博士研究生副导师,帮助程千帆教授指导博士生,先后毕业的有莫砺锋、蒋寅、张宏生、曹虹。1986 年评为博士生导师后,和程千帆教授联合培养的博士生,先后有张伯伟、程章灿、巩本栋、陈书录、姚继舜、曾广开。1989 年程千帆教授准备退休,我请莫砺锋任副导师,培养的学生,先后毕业的有王青、徐兴无、胡传志、张天来、陈学举、梁承根(韩国)。1994年莫砺锋评为博士研究生导师,联合培养而先后毕业的有殷祝胜、俞士玲、郑杰文、徐国荣、张智华、郝润华、闵庚三(韩国)、郑玉顺(韩国)、洪董植(韩国)、吴正岚、党银平、赵益、李商千(韩国)、张俊宁(韩国)、李南晖。我指导的博士后有吴光兴、曹晋。我参加培养的硕士研究生不下数十人,因为南京大学中文系的古代文学专业培养硕士生时采取集体指导的方式,故不能一一细列。

2000年7月　《唐钞文选集注汇存》于上海古籍出版社出版。

我于1994年在日本教书时,得到横山弘教授的帮助,从天理图书馆借出《文选集注》数十册,由大平幸代同学复印一份,带回国内。后得日本、中国大陆及台湾各界朋友的帮助,又征得残卷、残片数种。我又请横山弘教授、隽雪艳和吴正岚女士等人做了几个附件,以利阅读。2011年8月又出了一种增补本,凡是目下已知的《文选集注》零卷,均已收集在内。相信这对《选》学的发展将起重大作用。

2000年7月29日至31日　参加南开大学主办的魏晋南北朝文学与文化国际学术研讨会。

我提交的论文为《魏晋南北朝时文坛上的模拟之风》。此文又交华东师范大学中文系胡晓明教授,编入王元化先生八十寿辰纪念文集。

2000年8月3日至5日　参加长春师范学院主办的第四届《文选》学国际学术研讨会。

我提交的论文为《〈文选集注〉上的印章考》,介绍《文选集注》何以会流入中国,又为什么会以断片流传于世。《唐钞文选集注汇存》未能及时运到会上展出,我对完成此书新编所遭遇之种种困难作了介绍。

2000年8月8日　《深切怀念程千帆先生》一文赶写完成。

此文在北京大学勺园中写成。江苏省文史研究馆所编的《江苏文史研究》将出程千帆先生逝世纪念专号，此文用于此刊时题作《纪念程千帆先生》。

2000 年 9 月 《周勋初文集》七卷本在江苏古籍出版社出版。